La propriété incorporelle dans l'espace OAPI-OHADA

Collection « Études africaines »

dirigée par Denis Pryen et son équipe

Forte de plus de mille titres publiés à ce jour, la collection « Études africaines » fait peau neuve. Elle présentera toujours les essais généraux qui ont fait son succès, mais se déclinera désormais également par séries thématiques : droit, économie, politique, sociologie, etc.

Dernières parutions

Boubou BA, *Les modes alternatifs de règlement des conflits en Mauritanie, Regard anthropologique et juridique,* 2024.

Dingamtoudji MAÏKOUBOU, *La médecine africaine en pays ngàmbáye au Tchad*, 2024.

Tahirou KONÉ, *Technologies socionumériques en Côte d'Ivoire. Formes d'engagement politique et médiatique*, 2024.

Guy-Eugène DEMBA, *La mise en œuvre du Droit international humanitaire en Centrafrique. De la théorie à la pratique*, 2024.

Charlie MBALLA (dir.), *L'État dans les Afriques. État des lieux en Afrique subsaharienne.* Nouvelle édition, 2024

Maman Aminou A. KOUNDY, *La gouvernance du secteur judiciaire au Niger, Regards critiques*, 2024.

Paul G. ACLINOU, *Le premier festival mondial des arts nègres. Ou la négritude cinquante-cinq ans après,* 2024.

Sous la direction de Yao-Edmond KOUASSI, *Culture, africanologie et humanisme, Hommage au professeur Abou Karamoko*, 2024.

Alpha BA, *Tragédie rwandaise : l'échec fatal de la solution négociée, Responsabilités et répercussions dans la région des Grands Lacs*, 2024.

Cédric ONDAYE-EBAUH, V*ous avez dit développement ?,* Nouvelle édition, 2024.

Nadine Josianne **BAKAM TITGOUM**

La propriété incorporelle dans l'espace OAPI-OHADA

Entre incorporalité et virtualité

Avant-propos de Isidore Léopold MIENDJIEM

Préface de Valérie VARNEROT

L'Harmattan

5-7, rue de l'École Polytechnique, 75005
Paris http://www.editions-harmattan.fr
ISBN : 978-2-336-46708-5
EAN : 9782336467085

AVANT-PROPOS

« La propriété incorporelle dans l'espace OAPI-OHADA. Entre incorporalité et virtualité ».

L'auteure qui fréquente régulièrement sur le plan juridique la matière des propriétés intellectuelles a décidé d'offrir à la communauté scientifique une œuvre qui est une tentative quasi holistique d'une analyse juridique synthétique des choses incorporelles.

Sur le plan didactique, le contenu habituellement attaché à un tel intitulé lorsqu'il désigne un enseignement de droit des propriétés incorporelles à dispenser est généralement limité aux biens intellectuels. L'auteure est allée au-delà de ce contenu pour identifier et saisir les choses ou entités incorporelles qui existent tant dans l'environnement physique que dans celui du numérique et, donc, du virtuel qui induit automatiquement la dématérialisation des biens et des procédures et contraint à faire évoluer la réflexion juridique tant dans l'espace OAPI que dans celui de l'OHADA.

La tâche n'a pas été aisée tant la question couvre plusieurs ordres juridiques et diverses disciplines du droit, mais aussi porte sur des objets en perpétuelle évolution. L'auteure a convoqué une législation nationale, supranationale et/ou communautaire variée et comparative. L'analyse est soutenue par une jurisprudence dense et diversifiée ainsi que par une doctrine riche et à jour de l'actualité sur le sujet.

L'œuvre produite est à la fois une contribution pertinente à la réflexion sur les propriétés incorporelles, un complément indispensable aux propriétés intellectuelles et un creuset de sujets de recherches.

L'auteure a la conscience de n'avoir posé que des jalons.

Isidore Léopold MIENDJIEM
Agrégé des Facultés de droit
Professeur titulaire
Chef de département de droit des affaires
FSJP de l'Université de Dschang

PRÉFACE

La systématisation du droit de la propriété incorporelle dans l'espace OAPI-OHADA représente un enjeu important à mesure que les actifs se dématérialisent et que l'économie numérique se développe. Toutefois, cet ensemble de règles relatives à des objets aussi divers que les droits de propriété intellectuelle, les signes distinctifs non enregistrés, le fonds de commerce, les secrets d'affaires, le savoir-faire ou, plus largement, toute valeur économique susceptible de réservation exclusive, n'est pas exempt de complexité. D'une part, il se répartit entre deux ordres normatifs autonomes, l'OAPI et l'OHADA. Ces deux organisations distinctes sont également sources d'intégration régionale dans un espace géographique largement commun par une législation uniforme, directement applicable dans les ordres juridiques internes de leurs États membres, et par l'existence d'organes juridictionnels et/ou arbitraux propres, notamment la Cour Commune de Justice et d'Arbitrage de l'OHADA ainsi que le Centre d'Arbitrage et de Médiation de l'OAPI. D'autre part, la spécialisation de ces deux ordres juridiques et la compétence de l'OAPI en matière de propriété intellectuelle n'excluent pas les interférences. Ainsi, tant l'Acte uniforme révisé portant sur le droit commercial général (AUDCG, art. 135 à 137) que l'Acte uniforme révisé portant organisation des sûretés (AUS, art. 156 à 161) comportent des dispositions relatives aux droits de propriété intellectuelle. C'est donc dire que l'objet était ambitieux et le pari risqué. Mais, l'ouvrage de madame Nadine BAKAM triomphe des difficultés pour offrir au lecteur une présentation aussi ordonnée que méthodique de la nébuleuse formée par le droit de la propriété incorporelle dans l'espace OAPI-OHADA.

Madame Nadine BAKAM, enseignante-chercheuse à l'Université de Douala, place les droits OHADA et OAPI au cœur de ses travaux de recherches et de ses publications scientifiques. Aussi l'ouvrage s'ouvre-t-il sur une réflexion visant à s'interroger sur la notion de propriété afin d'offrir une assise théorique à la notion de propriété incorporelle et d'en délimiter les contours. Au-delà de cette nécessaire prémisse théorique, l'ouvrage répond à une volonté d'exhaustivité et à un souci pédagogique.

Sa construction didactique explicite en premier lieu le mouvement de diversification des biens incorporels qui, au-delà des droits de propriété littéraire et artistique, des titres de propriété industrielle, de la protection du savoir-faire et du secret des affaires, du fonds de commerce et de ses éléments incorporels s'étend aux créances ainsi qu'aux valeurs mobilières. L'ouvrage livre en second lieu une étude des règles générales et spéciales applicables aux différents contrats ayant pour objet un droit de propriété incorporelle. L'auteure, qui a consacré sa thèse à *La normalisation et la libre circulation des marchandises dans les marchés communs CEMAC et UEMOA*, poursuit l'exploration de son objet par l'analyse des règles de concurrence applicables à la matière ainsi qu'à la conciliation des droits des droits de propriété intellectuelle avec le principe de libre circulation des marchandises. L'étude des enjeux liés à l'environnement numérique clôt l'ouvrage en s'attachant notamment à l'émergence de nouvelles notions, telles que celles de contenu numérique ou d'œuvre libre, et dessinant ainsi le mouvement, porteur de nouveaux défis, de transformation des objets protégés en données numériques. Ainsi saisi par le numérique, le droit des propriétés incorporelles s'ouvre à de nouvelles virtualités dont madame Nadine BAKAM révèle les lignes de force dans l'espace OHADA-OAPI.

Valérie VARNEROT,
Maître de conférences, HDR,
CURAPP-ESS UMR 7319 CNRS,
Université de Picardie Jules Verne

REMERCIEMENTS

Je tiens à exprimer ma reconnaissance à Monsieur le Professeur **Isidore Léopold MIENDJIEM** dont l'enseignement sur le droit de la propriété incorporelle, à l'époque de mes apprentissages, a suscité l'idée longtemps restée dormante d'un ouvrage sur ledit thème.

J'adresse ma profonde gratitude à Madame **Valérie VARNEROT**, préfacière de cet ouvrage, pour ses nombreuses questions stimulantes et ses précieuses observations qui ont concouru sans nul doute à la consolidation de ce travail.

Je remercie très affectueusement ma grande famille, et plus particulièrement mon père, Monsieur **TITGOUM Sébastien**, pour son soutien inlassable et ses conseils motivants.

Je remercie mes filles **Sara**, **Jessica** et **Andréa**, ainsi que mon époux **Yves-Gabriel**, pour leur patience et leurs encouragements quotidiens à l'élaboration et à l'achèvement de cet ouvrage.

TABLE DES ABRÉVIATIONS

ADPIC : Aspects des droits de propriété intellectuelle liés au commerce
Art. : Article
Ass. Plén. : Assemblée Plénière de la Cour de cassation Française
AUDCG : Acte Uniforme OHADA relatif au Droit Commercial Général
AUS : Acte uniforme OHADA portant organisation des sûretés
AUSCGIE : Acte uniforme relatif au droit des sociétés commerciales et du groupement d'intérêt économique
BOPI : Bulletin officiel de la propriété industrielle
Bull. civ. : Bulletin des arrêts des Chambres civiles de la Cour de cassation
C. S. : Cour suprême
CA : Cour d'appel
Cah. dr. Entr : Cahiers de droit de l'entreprise
Cass. civ. : Chambre civile de la Cour de cassation (France)
Cass. com : Chambre commerciale de la Cour de cassation (France)
Cass. : Cour de cassation
CCJA : Cour Commune de Justice et d'Arbitrage (OHADA)
CEDEAO : Communauté Économique des États de l'Afrique de l'Ouest
CEEAC : Communauté Économique des États de l'Afrique Centrale
CEMAC : Communauté Économique et Monétaire de l'Afrique Centrale
Cf. : Confère
Ch. : Chambre
CJCE : Cour de justice des Communautés européennes
CJUE : Cour de justice de l'Union européenne
Coll. : Collection
Contrats, conc. consom : Contrats concurrence consommation
D. : Dalloz (Recueil)
Ed. : Éditions
Gaz. Pal. : Gazette du palais
Ibid. : Au même endroit.
JCP : Juris-Classeur Périodique
LGDJ : Librairie Générale de Droit et de Jurisprudence
N° : Numéro.
OAMPI : Organisation africaine et malgache pour la propriété industrielle
OAPI : Organisation Africaine de la Propriété Intellectuelle
Obs. : Observations.
OHADA : Organisation pour l'Harmonisation en Afrique du Droit des Affaires
Op. cit. : *Opere citato (*cité plus haut)

P. / pp. : Page / pages
PIBD : Propriété industrielle – Bulletin documentaire
PUA : Presses Universitaires d'Afrique
PUF : Presses Universitaires de France
RCCM : Registre du commerce et du crédit mobilier
Rec. : Recueil des Arrêts de la Cour de justice des Communautés européennes
RIDA : Revue internationale du droit d'auteur
RLDI : Revue Lamy droit de l'immatériel
RTD civ. : Revue trimestrielle de droit civil
RTD com. : Revue trimestrielle de droit commercial
S. : Suivant(e)s
Somm. : Sommaire
Suppl. : Supplément
T. : Tome
TIC : Technologies de l'information et de la communication
TUE : Tribunal de l'Union européenne
UEAC : Union Économique de l'Afrique Centrale
UEMOA : Union Économique et Monétaire Ouest Africaine
UMAC : Union Monétaire de l'Afrique Centrale
UMOA : Union Monétaire Ouest Africaine
UNESCO : Organisation des Nations Unies pour l'Éducation, la Science et la Culture
V° : Verbo

SOMMAIRE

SOMMAIRE

INTRODUCTION GÉNÉRALE

« *L'abstrait se substitue au concret, en modifiant la substance même des concepts* »
René SAVATIER, « Essai d'une présentation nouvelle des biens incorporels », *R.T.D.civ.*1958.331.

1. La conception de la propriété est plurielle et évolutive. La propriété qui n'a pas toujours existé sous sa forme contemporaine est le fruit des mutations sociologiques, politiques et idéologiques des sociétés humaines dont les défis se succèdent en se renouvelant[1]. Trois bornes temporelles permettent d'identifier les transformations majeures de la propriété telle qu'envisagée en droit civil, même si l'individualisme et l'exclusivisme qui en sont les piliers, demeurent constants : le temps de la corporalité ancré dans le Code civil de 1804, l'expansion de l'incorporalité amplifiée par la Révolution industrielle, et le temps de la virtualité qui innerve la société de l'information. Ces bornes ne doivent pas être appréciées isolément, car, comme les notes d'une musique, elles ponctuent l'évolution de la société.

2. Cet ouvrage se propose d'étudier le traitement juridique de la propriété incorporelle dans l'espace OAPI-OHADA. L'espace d'étude se veut composite afin d'appréhender de manière intégrale la propriété incorporelle souvent réduite à la propriété intellectuelle. L'invocation du droit comparé enrichira ponctuellement l'étude dans son contenu et ses perspectives. Il importe de cerner préalablement l'évolution historique de la propriété (§ 1), la notion de propriété (§ 2) ainsi que la notion d'incorporalité (§ 3).

§ 1. L'évolution historique de la propriété

3. À l'origine, la propriété ne s'appliquait qu'à des choses matérielles. Et, la chose matérielle qui a toujours existé en raison de sa fixité est le sol, la terre. Il n'est donc pas surprenant que la propriété mobilière ait d'emblée reçu moins de considération que la propriété foncière. La terre a suscité, au fil des siècles, moult conflits et compromis en vue de son appropriation eu égard à l'importance économique et symbolique particulière qui lui était et qui lui demeure, aujourd'hui encore, attachée[2]. L'histoire du droit des biens rend compte de cette primauté foncière aussi bien en Afrique noire ancestrale (A) qu'en Europe au Moyen Âge (B).

---

[1] ZENATI (F.), *Essai sur la nature juridique de la propriété. Contribution à la théorie du droit subjectif*, thèse de doctorat en droit, Université Jean Moulin, Lyon III, 1981, p. 887 ; sur la notion de la propriété lire utilement LEVENEUR (L.) et MAZEAUD-LEVENEUR (S.), *Droit des biens. Le droit de propriété et ses démembrements*, LexisNexis, coll. « Manuels », 2e éd., 2023, 322 p. notamment pp. 50 et s. ; MALAURIE (P.), AYNES (L.) et JULIENNE (M.), *Droit des biens*, LGDJ, coll. « Droit civil », 10e éd., 2023, 456 p notamment pp. 75 et s. ; VANBRABANT (B.) *La propriété intellectuelle. Nature juridique*, Larcier, coll. « Création Information Communication », 1re éd., t. 1, 2016, 662 p. notamment p. 471.

[2] TOURME-JOUANNET (E.), *Le droit international, le capitalisme et la terre : histoire des accaparements de terres d'hier à aujourd'hui*, Bruylant, coll. « Coll. de droit international », 1re éd., 2021, 412 p. notamment pp. 17 et s.

A-En Afrique noire ancestrale

4. À l'époque ancestrale, l'appropriation correspondait en Afrique noire, à l'affectation de la terre à un usage et non à l'attribution du droit de disposer comme consacré en droit civil français ou par la théorie de l'*ownership* britannique. À cette époque-là, l'on avait une conception de l'appropriation qui s'inscrivait dans l'histoire des migrations et se fondait sur une affectation de l'espace en autant d'usagers que de groupes successivement installés dans l'espace commun. Celui-ci était organisé à partir de lieux particuliers, sièges de divers pouvoirs sur les génies, les eaux, les terres, les arbres ou les hommes, les animaux ou les minéraux, selon des distinctions fonctionnelles qui permettaient à chaque groupe d'exercer, en fonction de son ordre d'arrivée et de son activité, des attributs particuliers.

5. Dans ces sociétés animistes fondées sur le communautarisme, la propriété était caractérisée par l'exercice d'une pluralité de droits sur des espaces circonscrits par des limites naturelles, la terre appartenant à la divinité ou aux ancêtres (d'où l'expression très africaine de « la terre de nos ancêtres »)[1]. La propriété en matière foncière avait pour fonction l'attribution de l'usage et la jouissance des terres à des personnes ou groupes de personnes[2]. Mais, il demeure qu'en matière mobilière, la propriété individuelle prévalait. Pour certains auteurs, la sanction du vol de la chose d'autrui marque la consécration de la propriété individuelle[3].

6. La colonisation est un tournant marquant dans l'histoire des sociétés africaines. En effet, elle a fondamentalement modifié les normes sociales au sein des entités africaines contraintes de se soumettre au droit étranger de la puissance coloniale notamment française[4] ou britannique[5]. Malgré une certaine résistance[6], la conception de l'appropriation fondée sur la complémentarité ne va cependant pas résister à l'influence arabe, puis à la colonisation occidentale marquée notamment par l'individualisme, le capitalisme marchand et les principes issus du droit romain. Ceci eut pour effet d'imposer à la société

---

[1] ZENATI (F.), « Notion de propriété au sens de la Convention européenne des droits de l'homme », *RTD civ.*, 1995, p. 652 ; ZENATI (F.), « Notion de la propriété », *RTD civ.*, 1999, p. 859 ; lire aussi VAREILLES-SOMMIÈRES (P. de), « La définition et la notion juridique de la propriété », *RTD civ.*, 1905, p. 443.

[2] LE BRIS (E.), LE ROY (E.) et MATHIEU (P.), *L'appropriation de la terre en Afrique noire*, Karthala, 1991, 364 p. notamment p. 15.

[3] HALPERIN (J.-L.), *Histoire du droit des biens*, Economica, coll. « Corpus », 2008, p. 3.

[4] Lire à cet égard les décrets du 16 avril 1924 fixant le mode de promulgation et de publication des textes réglementaires au Togo et au Cameroun, et du 22 mai 1924 rendant exécutoire dans les territoires du Cameroun placés sous le mandat de la France les lois et décrets promulgués en Afrique équatoriale française antérieurement au 1er janvier 1924, modifié par le décret du 5 mai 1926. Lire aussi la Circulaire du Ministre des colonies du 10 septembre 1931 relative à la promulgation et à la publication aux colonies de certains textes législatifs et réglementaires.

[5] Pour le Cameroun, lire à cet effet le « *Southern Cameroons High Court Laws 1955* », qui encadre l'application du droit local.

[6] MELONE (S), « Le Code civil contre la coutume : fin d'une suprématie (À propos des effets patrimoniaux du mariage) », *RCD*, n° 1, 1972, p. 12.

africaine une nouvelle conception de la terre[1], celle de « la terre comme le bien par excellence »[2]. Il devient dès lors impossible d'envisager « le lien de propriété en dehors d'un pouvoir, d'une maîtrise, d'une liberté, d'une faculté, d'un titre ou encore d'une responsabilité »[3].

7. Bien que les us et coutumes soient entretenus par leur transmission de génération en génération, la réalité est que, lorsqu'ils n'ont tout simplement pas été effacés ou dénaturés, les droits traditionnels africains apparaissent comme subsidiaires, voire subordonnés au droit dit « moderne » hérité de la colonisation[4]. À titre illustratif, la Cour suprême du Cameroun a décidé en 1962 que dans toutes les matières où le législateur national a légiféré, cette législation doit l'emporter sur la coutume[5].

8. La configuration moderne du droit des biens, dans les États d'Afrique noire, est fortement influencée par un héritage juridique colonial, lui-même bâti sur les acquis historiques des sociétés occidentales. D'inspiration romano-germanique, le droit des biens appliqué dans les États de l'espace OAPI-OHADA se fonde principalement sur les dispositions du Code civil napoléonien. Mais, l'on y assiste au développement d'un droit des biens « hors le Code civil »[6] applicable aux droits de propriété incorporelle. Les instances créatrices de cette législation sont d'une part, nationales et d'autre part communautaires. Au plan communautaire, ces instances émanent tantôt d'un système supranational d'intégration juridique comme l'OAPI[7] et l'OHADA[8], tantôt, et ce dans une certaine mesure, d'un système d'intégration régionale à l'instar de la CEMAC[9], de l'UEMOA[10], voire de la CEDEAO[11] et de la CEEAC[12].

---

[1] MELONE (S.), *La parenté et la terre dans la stratégie du développement. L'expérience camerounaise : étude critique*, Paris, Klincksiech, 1972, p. 201 ; voir aussi : BLANC (P.), « L'Afrique : passé et présent d'un « réservoir » de terres », *in Terres, pouvoirs et conflits*, 2018, pp. 283-364

[2] LE BRIS (E.), LE ROY (E.) et MATHIEU (P.), *op. cit*, p. 15.

[3] OMEONGA WA KAYEMBE (N.), *La propriété foncière en Afrique subsaharienne : essai juridique sur un totem d'État*, Thèse de doctorat en Histoire du droit et des institutions, Université Paris Nanterre, 2022, 388 p. notamment p. 15.

[4] NGONGO (L.P.), *Histoire des institutions et des faits sociaux du Cameroun*, tome 1 (1884-1945), t. 1 : 1884-1945, Paris, Éditions Berger-Levrault, coll. « Monde en devenir », n° 16, 1987, pp. 177-180. MVENG (E.), *Histoire du Cameroun*, tomes 1 et 2, CEPER Yaoundé, 1984 ; MBARGA (E.), *Cours d'histoire des institutions du Cameroun*, Presses du Centre d'Édition et de Production des Manuels et d'Auxiliaires de l'Enseignement, Yaoundé, vol. 2, 1976, pp. 12 et s. ; MBOME (F.), *Histoire des institutions et des faits sociaux*, Yaoundé, Fasst Éditions, 2000.

[5] CS cor (Cameroun oriental), arrêt n° 445 du 3 avril 1962, *aff. Bessala Awona c/ Bidzogo Geneviève*, *Penant*, 1963, p. 230, note P. Lampue.

[6] SEUBE (J.-B.), « Le droit des biens hors le Code civil », *Petites affiches*, n° 9, 2005, p. 4.

[7] OAPI signifie Organisation Africaine de la Propriété Intellectuelle. La plupart des États membres de l'OAPI sont simultanément membres de l'OHADA. Cependant, la Mauritanie est le seul État membre de l'OAPI n'ayant pas adhéré à l'OHADA, de même que la République démocratique du Congo qui est membre de l'OHADA, ne fait pas partie de l'OAPI.

[8] OHADA signifie Organisation pour l'Harmonisation en Afrique du Droit des Affaires.

[9] CEMAC signifie Communauté Économique et Monétaire de l'Afrique Centrale.

[10] Il faut entendre par UEMOA, Union Économique et Monétaire Ouest Africaine.

[11] CEDEAO signifie Communauté Économique des États de l'Afrique de l'Ouest.

[12] Par CEEAC, il faut entendre Communauté Économique des États de l'Afrique Centrale.

B-En Europe

9. Au Moyen Âge, la notion de *dominium* à travers la seigneurie s'appréhendait à la fois comme propriété et comme autorité ou pouvoir[1]. Ainsi, dans le système féodal, la propriété foncière appartenait à un seigneur qui concédait soit à un vassal noble (Fief), soit à un paysan (Tenure), un usufruit sur la terre. Puis, sous l'Ancien Droit, cette propriété partagée ou « propriétés simultanées »[2] fut désignée domaine éminent (du seigneur) et domaine utile (concédé). Au fur et à mesure, la détention d'un fief va se rapprocher de la pleine propriété, les restrictions diminuant en réalité. À partir du XVIe siècle, il est même possible de recevoir en héritage, d'échanger, de mettre en gage, d'aliéner et de partager des tenures paysannes, seul le propriétaire éminent ayant toutefois le droit de les instituer ou de les révoquer.

10. D'importance moindre, la propriété mobilière existait sur les biens non liés au sol. À la différence de la propriété foncière, cette forme de propriété était conçue comme absolue et individuelle et même accessible aux serfs. Le seigneur avait un droit successoral sur les biens meubles de ses serfs. Étaient considérés comme biens mobiliers : les effets personnels, les meubles, les ustensiles de ménage, le bétail et les maisons en bois, de même que les biens de commerce et les titres. La propriété mobilière englobait également les droits seigneuriaux portant notamment sur le bétail abandonné et les essaims d'abeilles échappés, sur la chasse et sur la pêche[3].

11. Des penseurs ont développé des théories de la propriété fondées sur le droit naturel. D'après la conception chrétienne de Thomas d'AQUIN, l'individu a vocation à un droit de propriété privée assorti cependant d'une obligation sociale et le devoir de faire de sa propriété un usage conforme au bien commun. Cette conception a fondé l'éthique sociale protestante et la doctrine sociale catholique[4].

12. Au siècle des Lumières, les défenseurs du droit naturel moderne, tels que KANT, développèrent la théorie de la propriété individuelle dans le sens d'une relation étroite et d'une interdépendance entre la propriété et la liberté de l'individu[5]. HEGEL, pour sa part, envisagea la propriété privée comme une condition essentielle à l'épanouissement de la personnalité humaine, justifiée

---

[1] La notion de *dominium* est à l'origine de la conception civiliste de propriété ; lire : Michel VILLEY (M.) et VILLET (M.), « L'idée du droit subjectif et les systèmes juridiques roumains », *Revue historique de droit français et étranger*, vol. 24, 1945, p. 201.

[2] PATAULT (A.-M.), *Introduction historique au droit des biens*, Paris, PUF, 1989, n° 1, p. 336.

[3] DUBLER (A.-M.), *Dictionnaire historique de la Suisse, Propriété*, traduction AUBERSON (L.), version du 20 août 2012.

[4] Jean XXIII, Encyclique, *Pacem in terris*, 1963, n° 22 : « *La propriété privée comporte en elle-même une fonction sociale* ».

[5] Sur le sujet, lire : FOESSEL (M.), « Kant ou les vertus de l'autonomie », *Études*, n° 3, tome 414, 2011, pp. 341-351 ; COLLIOT-THELENE (C.), « Du droit de l'humanité au droit de propriété », *in Le commun de la liberté. Du droit de propriété au devoir d'hospitalité*, sous la direction de Catherine COLLIOT-THELENE, Paris, PUF, « Hors collection », 2022, pp. 81-102.

par l'objectif d'atteindre et de garantir la liberté[1]. Cette conception libérale de la propriété fut intégrée dans les grandes codifications juridiques occidentales de la fin du XVIIIe siècle : La Déclaration des droits de l'homme et du citoyen du 26 août 1789 en France, le *Bill of Rights* de 1791 en Amérique, et toutes les constitutions du continent européen du XIXe siècle. À titre illustratif, l'article 2 de la Déclaration des droits de l'homme et du citoyen affirme : « Le but de toute association politique est la conservation des droits naturels et imprescriptibles de l'homme. Ces droits sont la liberté, la propriété (…) ».

13. En France, le Code civil de 1804 émit le régime de la propriété en conjuguant l'idéal théorique d'une propriété individuelle libre avec son application pratique. Comme d'autres codes, le Code napoléonien a été introduit dans les États francophones de l'espace OAPI-OHADA au moyen de la colonisation et a influencé les législations nationales de ceux-ci après leur indépendance. Le droit de propriété, tel que défini à l'article 544 dudit Code à savoir « le droit de jouir et de disposer des choses de la manière la plus absolue (…) », a connu dans ces États une consolidation constitutionnelle.

14. Cette conception unitaire et individuelle de la propriété, typique des droits romano-germaniques, contraste avec la conception de la propriété dans la *Common Law*. En effet, l'Angleterre fut préservée de l'influence du droit romain du fait de son insularité et de l'importance des Cours de Westminster. Elle est restée attachée au système de propriété hérité de son histoire féodale en matière immobilière. Aujourd'hui encore, la propriété foncière y est conçue comme un faisceau de droits sur le même fonds. Le droit anglais reconnaît à chaque titulaire d'*estate* ou d'*interrest* un ensemble de prérogatives appelées *rights and privileges*[2]. Quant à la propriété mobilière, même si ses composantes sont souvent réunies entre les mains d'une seule personne, elle est aussi conçue comme une juxtaposition de droits sur la même chose. Le système de propriété anglais est ainsi qualifié de « linéaire » en ce que les différentes composantes d'un ensemble sont considérées comme éminemment divisibles, alors que le système romano-germanique est qualifié de « collatéral ou allodial » dans la mesure où un tel ensemble est conçu comme un tout en principe indivisible[3].

§ 2. La notion de propriété

15. Du latin *proprietas*, la propriété est un terme polysémique qui peut renvoyer à « ce qui est propre à… », « le caractère de… », « ce qui appartient à… ». La propriété traduit alors tantôt la caractéristique de quelque chose c'est-à-dire ce qui fonde cette chose et la distingue des autres, tantôt un lien d'appartenance. Sous l'angle de l'appartenance et dans un sens objectif, la propriété désigne la

---

[1] XIFARAS (M.), « L'individualisme possessif, spéculatif (et néanmoins romain) de Hegel. Quelques remarques sur la théorie hégélienne de la propriété », *in* KERVEGAN (J.-F.) et MARMASE (G.), *Hegel, penseur du droit*, Paris, CNRS Éditions, 2003, pp. 63-79.

[2] CAYOL (A.), *Le droit des biens en tableaux*, Éllipses, coll. « Le droit en fiches et en tableaux », 2019, p. 10.

[3] NOYES (C.R.), *The Institution of Property. A Study of the Development, Substance and Arrangement of the System of Property* in *Modern Anglo-American Law,* Longmans, 1936, p. 514.

chose appartenant en propre à quelqu'un. Dans un sens subjectif, la propriété est un droit subjectif consacré à l'article 544 du Code civil de 1804, à savoir « *le droit de jouir et de disposer des choses de la manière la plus absolue (…)* ». Distincte de la notion de domaine (A), la propriété suppose l'appropriation d'un bien (B) et la patrimonialité de celui-ci (C).

A-Propriété et domaine

16. La construction du concept de propriété en tant que droit subjectif participe de la conception libérale des artisans du Code civil. Élément d'une révolution sémantique, le terme propriété se substitue à celui de domaine en vigueur à l'époque féodale. En effet, issu des étymons « *dominus* » (le maître) et « *dominium* » (la maîtrise), le terme domaine exprimait dans le régime féodo-seigneurial, la puissance légale que l'homme exerce sur les choses qui lui appartiennent. Une autre acception introduite par le terme « *domanium* » renvoyait au domaine matériel du roi à savoir les terres ne faisant pas l'objet d'une concession. Le terme domaine était donc synonyme d'héritage, de fonds et de biens publics. L'abandon du terme domaine au profit de celui de propriété par les rédacteurs du Code civil s'explique sans doute par son pouvoir d'évocation de la féodalité et son incompatibilité avec l'idée d'un droit subjectif de disposer des choses. Au plan doctrinal, la théorie du double domaine (*dominium directum* (droits du seigneur) et *dominium* utile (droits du vassal) développée aux XIIe et XIIIe siècles par la doctrine médiévale paraissait incompatible avec l'idée d'un droit exclusif et opposable à tous[1].

17. Cependant, l'abandon du concept de domaine n'est pas total puisque l'on retrouve en droit moderne le terme de domaine de même que les mécanismes qu'il mettait en œuvre. Par exemple, la propriété commerciale assure au commerçant des droits tout en limitant ceux du propriétaire de l'immeuble. Au surplus, le terme domaine a évolué vers une spécialisation pour désigner les biens publics[2]. Dans les dictionnaires, il est généralement assorti du qualificatif « public » pour désigner le « domaine constitué par les biens qui sont affectés soit à l'usage du public soit à un service public et soumis en tant que tels à un régime juridique particulier »[3]. Ce régime est celui de la domanialité publique fondée sur des règles spécifiques d'affectation et d'utilisation ainsi que sur les principes d'inaliénabilité, d'insaisissabilité et d'imprescriptibilité. Cependant, reste à relever qu'en droit de la propriété intellectuelle, le terme domaine public renvoie à un régime de libre et gratuite exploitation des biens intellectuels à l'expiration du droit exclusif dont ils faisaient l'objet. Une constance demeure, la propriété telle qu'envisagée à l'article 544 du Code civil est la maîtrise individuelle et exclusive d'un bien alors que la notion de domaine renvoie à un

[1] HALPERIN (J.-L.), *Histoire du droit privé français depuis 1804*, Paris, PUF, coll. « Quadrige », 2012, n° 31, p. 52.

[2] PFISTER (L.), « Domaine, propriété, droit de propriété. Notes sur l'évolution du vocabulaire du droit français des bien », *Revue générale de droit*, n° 38, 2008, p. 330.

[3] CORNU (G.), *Vocabulaire juridique*, Association Henri Capitant, Presses universitaires de France (PUF), 2020, V° *domaine public*.

régime collectiviste de répartition des biens. Il est donc courant de parler de propriété privée pour rendre compte de l'appropriation, mieux, de la privatisation d'un bien.

B-Propriété et biens : l'appropriation

18. La propriété est un rapport d'appropriation entre une personne et un bien. C'est ce rapport qui permet aux choses d'être des biens. D'un point de vue taxinomique, les biens correspondent *a priori* à « tous les objets possibles des désirs individuels, mais des désirs qui peuvent être satisfaits »[1]. L'appropriation constitue alors le préalable juridique qui ouvre à la personne la possibilité de faire ce qu'elle veut de sa chose, et partant de satisfaire matériellement son désir initial. Cependant, il n'est pas indispensable que la chose soit effectivement appropriée pour exister en tant que bien, il suffit qu'elle soit appropriable. La doctrine définit l'appropriabilité d'un bien comme « son aptitude à être soustrait à un usage collectif, au profit d'une dévolution individuelle, exclusive de toute intervention extérieure »[2]. L'appropriabilité opère un double mouvement de soustraction et de réservation privative.

19. L'appropriation est le mode idéal de protection des biens. Un exercice pourrait consister à déterminer de manière chronologique son point de départ. Cependant, pour les biens corporels, et comme l'a relevé Jean-Marc MOUSSERON, l'appropriation primaire remonte dans des temps si anciens que son repérage chronologique relèverait « plus des fantasmes que de souvenirs »[3]. Néanmoins, ses effets juridiques demeurent d'actualité. L'appropriation confère au maître des biens la liberté d'en transformer la structure. La composition ou la transformation de ces biens peut alors donner naissance à des biens corporels nouveaux. L'appropriation primaire prend la forme de l'accession lorsque le nouveau bien est issu d'une création *ex nihilo* ou résulte de la fusion de biens appropriés par des personnes différentes. Le résultat appartient en général au propriétaire de la chose principale, que ce soit en importance ou, le plus souvent, en valeur.

20. Quant aux biens incorporels nouveaux, produits de la force de travail[4], ils naissent toujours déjà dans le patrimoine d'un titulaire qui s'en réserve les utilités, ou bien sont directement rattachés à une personne en tant qu'accessoires[5]. L'appropriation prend la connotation d'une réservation, concept adapté à la consistance de ces biens. La réservation privilégiée consiste en un dépôt ou un enregistrement, voire en la seule existence de l'œuvre protégée. Toutefois, il existe un mode alternatif de protection, à savoir la réservation par le secret, qui assure la protection d'une valeur immatérielle par

---

[1] LIBCHABER (R.), « Biens », *in Encyclopédie Dalloz, Répertoire de droit civil*, 2019, n° 5.

[2] LIBCHABER (R.), *op. cit.*, n° 11.

[3] MOUSSERON (J.-M.), « Responsabilité civile et droits intellectuels », *in Mélanges offerts à Albert CHAVANNE, Droit pénal – propriété industrielle*, 1990, Litec, p. 247.

[4] REVET (T.), *La force de travail. Étude juridique*, Litec, coll. « Bibliothèque de droit de l'entreprise », 1992, n° 494, p. 546.

[5] LIBCHABER (R.), *op. cit*, n° 38.

des moyens d'ordre factuel. Le détenteur prend dans ce cas toutes les précautions utiles pour éviter que la valeur ne parvienne à la connaissance des tiers (mise sous coffre, accès sécurisé à ses laboratoires, procédures d'autorisation, codage)[1]. La réservation par le secret n'établit aucun droit de propriété au profit du détenteur de la valeur, même si la loi sanctionne accessoirement son usurpation.

21. L'appropriation peut aussi prendre la forme de l'occupation qui se définit comme le fait d'appréhender la chose et de la faire sienne par un mouvement souverain de volonté[2]. L'occupation porte sur des choses sans maître, soit qu'elles n'ont jamais fait l'objet d'appropriation (*res nullius*), soit qu'elles ont déjà été appropriées, mais la propriété a été abandonnée sans intention de retour (*res derelictae*). En dehors des hypothèses de l'accession et de l'occupation, l'acquisition de la propriété s'opère par transmission soit pour cause de mort (succession) soit entre vifs. La transmission n'est possible qu'à condition que le bien soit cessible, c'est-à-dire susceptible de commerce juridique.

22. Juridiquement, trois éléments sont cumulativement nécessaires à la caractérisation d'un bien. Le bien est tout d'abord une chose de valeur ; c'est la traduction juridique du désir que l'on peut en avoir. Ensuite, le bien est une chose appropriée ou tout simplement appropriable ; c'est le préalable juridique à l'assouvissement du désir sus-évoqué. Enfin, le bien est une chose cessible. Cette qualité est, en général, la condition d'une appropriation du bien. Elle l'insère dans la sphère interindividuelle du commerce juridique[3].

C-Appropriation et patrimonialité des biens

23. Le commerce juridique des biens traduit l'aliénabilité de ceux-ci. L'aliénation est le moyen par lequel un bien est transféré d'une personne à une autre, la première abdiquant le rapport d'appropriation exclusif au profit de sa renaissance dans le patrimoine de la seconde. Le patrimoine trouve son intérêt dans sa vocation à accueillir la pluralité des biens et droits patrimoniaux. La consécration de la liberté de l'être et de celle de l'avoir[4], qui se manifeste en droit civil respectivement par la personnalité juridique, et le caractère absolu et exclusif du droit de propriété, a pour conséquence la reconnaissance d'un patrimoine individuel susceptible de contenir l'actif et le passif des sujets de droit. La doctrine identifie un lien étroit entre la propriété, la liberté et la

---

[1] VANBRABANT (B.), *La propriété intellectuelle. Nature juridique*, Larcier, coll. « Création information communication », 1re éd., t. 1, 2016, p. 91.

[2] ARNAUD (A.-J.), « Réflexions sur l'occupation en droit romain classique et en droit moderne », *Rev. hist. dr.*, 1968, p. 183.

[3] ZENATI-CASTAING (F.) et REVET (T.), *Les biens*, Paris, PUF, coll. « Droit fondamental », 3e éd., 2008, n° 2, p. 18.

[4] Selon Jean-Jacques-Régis de CAMBACERES, l'homme dispose « d'une double propriété », en ce sens où il est « propriétaire de sa personne et de ses biens » ; cité par BART (J.), « L'individu et ses droits », *in* THERY (I.) et BIET (C.) (dir.), *La famille, la loi, l'État de la Révolution au Code civil*, Paris, Imprimerie Nationale, Centre Georges Pompidou, 1989, p. 356 ; voir aussi POUGHOM (J.-M.), « Cambacérès. Des approches du droit civil », *Histoire de la justice*, n° 19, 2009, p. 161.

personnalité. Ainsi, d'après René SAVATIER, « la Révolution française avait prolongé, par un patrimoine incorporel, sa conception de la propriété en tant que liberté élargie de la personne »[1]. Quelle que soit la nature du bien, son appropriation individuelle le destine à un patrimoine.

24. Charles AUBRY et Charles RAU ont posé les jalons d'une théorie juridique du patrimoine[2]. Ces auteurs donnent de celui-ci une définition qui en fait le substrat de la personnalité juridique du point de vue des considérations matérielles. Le patrimoine est ainsi « l'ensemble des rapports de droit appréciables en argent, qui ont pour sujet actif ou passif une même personne et qui sont envisagés comme formant une universalité juridique ». Établies par la loi, les universalités de droit ou universalités juridiques « se caractérisent par le fait qu'elles comportent non seulement un actif, c'est-à-dire des droits ou des biens existant au profit d'une personne, mais également, et indissolublement lié, un passif, c'est-à-dire des obligations dont la personne est tenue envers d'autres »[3]. Les universalités de droit s'opposent aux universalités émanant de la volonté des particuliers appelées universalités de fait.

25. Par ailleurs, alors que certains droits ne peuvent être compris dans le patrimoine, car strictement attaché à la personnalité juridique, d'autres en revanche participent plutôt d'une idée d'appropriation et sont donc compris dans le patrimoine. Les premiers sont des droits extrapatrimoniaux, et les seconds, des droits patrimoniaux. Néanmoins, dans des cas exceptionnels, la patrimonialité d'un droit purement personnel est admise compte tenu du droit de représentation que peut exercer son titulaire. La faculté de présenter un successeur à l'agrément de l'autorité administrative peut donner lieu à rémunération. Cette dissociation entre le titre d'exploitation ou le titre professionnel, placés hors du commerce juridique, et la patrimonialité de l'activité qui s'y trouve attachée, connaît des applications très variées. La jurisprudence française énonce par exemple que : « si l'office notarial et le titre de notaire ne sont pas dans le commerce [juridique], le droit, pour le notaire, de présenter un successeur à l'autorité publique constitue un droit patrimonial qui peut faire l'objet d'une convention régie par le droit privé »[4].

Néanmoins, il ne s'agit là que d'une déclinaison particulière de la distinction du titre et de la finance, excédant largement la sphère professionnelle en ce qu'elle permet de faire le départ entre ce qui relève de la propriété ou de la patrimonialité, d'un côté, et ce qui relève soit du pouvoir, soit de la titularité du

---

[1] SAVATIER (R.), *Les métamorphoses économiques et sociales du droit privé d'aujourd'hui*, Paris, Dalloz, 1959, (troisième série), Approfondissement d'un droit renouvelé, 340 p. notamment p. 12.

[2] AUBRY (C.) et RAU (C.), *Cours de droit civil français*, t. II, Marchal et Billard, 5e éd., 1897, [sect] 224 bis.

[3] TERRE (F.) et SIMLER (P.), *Droit civil, les biens*, Dalloz, coll. « Précis », 8e éd., 2009, p. 188, n° 233.

[4] Cass. civ. 1er, 16 juill. 1985, *M. Y*, n° 84-13.745, *Bull. civ.* 1985, I, n° 224 ; *JCP N.* 1986. II. 20595, p. 253, note M. Dagot ; *RTD civ.* 1987, p. 88, note J. Mestre ; *Defrénois* 1986, p. 785, obs. J.-L. Aubert; *Defrénois* 1985, art. 33636, obs. G. Champenois) ; voir aussi : LAURENT-BONNE (N.), « Le droit de présentation des notaires : un privilège digne d'un autre temps ? », *D*, 2015, n° 4, p. 251.

droit, de l'autre. Le droit connaît ainsi des illustrations pratiques de dissociation entre les différents attributs de biens au sens large, attachés à une personne mais dont la valeur économique est d'une certaine façon autonome[1]. Le droit des sociétés OHADA, par exemple, organise une première dissociation entre la propriété et le pouvoir ; la propriété des biens apportés en société ou acquis par celle-ci est détenue par la personne morale mais le pouvoir est aux mains des associés. Une seconde dissociation entre la patrimonialité des titres sociaux et les prérogatives attachées à la qualité d'associé peut être trouvée dans l'admission des actions de préférence sans droit de vote[2] puisque les titres sociaux demeurent la propriété de l'associé « muet » mais celui-ci est dépourvu de droit de vote d'ordinaire attaché à la qualité d'associé. Ces différentes applications illustrent une extension du domaine de la patrimonialité et concourent à une certaine « désubstantialisation de la notion de bien »[3]. Ces phénomènes contemporains sont associés à la dématérialisation des biens.

§ 3. La dématérialisation des biens

26. La matière est le critère traditionnel de détermination de la nature du bien, objet de propriété. D'ailleurs, pour le doyen Jean CARBONNIER, la propriété a été « édifiée sur la matière et pour la matière »[4]. Ce critère est à l'origine de l'acception restrictive de la notion de bien entendu alors comme une chose corporelle susceptible d'appropriation. C'est la conception dominante du Code civil de 1804 qui, sans ignorer les biens incorporels, fait de la corporalité « l'épicentre des biens »[5]. Cette conception matérialiste se vérifie à travers la *summa divisio* des biens, à savoir la catégorie des biens meubles et celle des biens immeubles[6]. Néanmoins, au fil du temps, le paradigme de la matière a été supplanté par celui de la valeur, face à l'émergence de nouveaux biens sans support corporel qui sont venus enrichir la catégorie autrefois résiduelle des biens incorporels (A), régis en contexte africain, aussi bien par les Actes uniformes de l'OHADA que par les textes de l'OAPI (B). Par ailleurs, les mutations contemporaines en matière de propriété soumettent celle-ci en permanence à des mouvements extensifs ou restrictifs de son domaine (C).

---

[1] FILOSA (D.), « La notion de biens : biens corporels et biens incorporels », *Fiche pratique*, 2019, n° 3295 (développements sous le titre « Prise en compte de la valeur patrimoniale d'un droit personnel »).

[2] Art. 778-1 de l'Acte uniforme relatif au droit des sociétés commerciales et du groupement d'intérêt économique (AUDSC), révisé le 30 octobre 2014 : « Lors de la constitution de la société ou au cours de son existence, il peut être créé des actions de préférence, avec ou sans droit de vote, assorties de droits particuliers de toute nature, à titre temporaire ou permanent (…) ».

[3] BEAUSSONIE (G.), « La désubstantialisation de la notion de bien par la Cour européenne des droits de l'homme (À propos des arrêts de la CEDH du 29 mars 2010) », *Petites affiches*, n° 204, 2010, p. 4.

[4] CARBONNIER (J.), *Flexible droit. Pour une sociologie du droit sans rigueur*, LGDJ, coll. « Anthologie du droit », 2013, p. 225.

[5] REVET (T.), « Les biens nouveaux », Rapport français, *in* Travaux de l'Association H. Capitant, t. 53, *La propriété*, 2003, n° 19, p. 285.

[6] Art. 516 du Code civil de 1804.

A-La conception doctrinale de la corporalité et de l'incorporalité

27. D'après François TERRE, « en s'élevant sur la pente de l'intellect, on discerne les choses corporelles, puis le droit de propriété portant sur elles, ensuite les démembrements de ce droit et, sur la voie de la dématérialisation, nombre d'autres droits incorporels (...) »[1]. Les termes corporalité (ou corporéité) et incorporalité renvoient l'une à une certitude et l'autre à des variations. Au centre de ces variations se trouve la question de la propriété des droits. La corporalité, relativement à la propriété des biens, ne pose pas de difficulté particulière puisque la tangibilité dont elle rend compte a pour effet de dissiper les incertitudes sur l'existence et la consistance du bien. Shalev GINOSSAR[2] définit les biens corporels comme des « choses matérielles du monde physique sur lesquelles la propriété s'exerce principalement par la possession ». L'auteur les oppose aux biens incorporels qui sont des droits subdivisés en « droits relatifs » et en « droits intellectuels ».

28. Les premiers, encore qualifiés de « droits d'obligation », consistent dans le pouvoir d'exiger une prestation active ou passive d'une autre personne ; ils sont « personnels », « réels » ou « mixtes » en fonction du « mode de détermination du sujet passif individuel ». Quant aux droits intellectuels, ils « sont de toute évidence des droits absolus, puisque l'obligation qui leur correspond est passive et universelle ». Bien qu'il résulte de cette approche que la propriété est le paradigme du droit subjectif »[3], elle a toutefois été critiquée du fait de sa conception trop large de la notion de propriété qui finalement se confond à celle de la « titularité »[4]. La notion de titularité s'est imposée en droit des biens par assimilation à la propriété dès lors que des droits ont pu être juridiquement considérés comme des biens. Autrement dit, la titularité participe de la relativité des notions de biens et de propriété.

29. Philippe MALAURIE et Laurent AYNES, traitant de l'incorporalité, établissent une distinction entre les biens incorporels et les droits incorporels[5]. Dans la catégorie des droits incorporels, ils classent d'une part les droits de créances et d'autre part les droits réels. Les droits de créance naissent des rapports d'obligations entre personnes ou sujets de droit, qualifiés pour cette raison de droits personnels. Le Code de 1804 reconnaît expressément les droits de créance comme des droits incorporels et fixe le régime de leur cession aux articles 1689 à 1701 avec pour titre : « Du transport des créances et autres droits incorporels ». Quant aux droits réels, ce sont des droits qui portent directement sur les choses (biens corporels mobiliers ou immobiliers) et qui sont normalement incorporels en dépit de la matérialité des biens sur lesquels ils

[1] TERRE (F.), « Variation de sociologie juridique sur les biens », *Arch. phil. dr.*, 1979, p. 17.

[2] GINOSSAR (S.), *Droit réel, propriété et créance. Elaboration d'un système rationnel des droits patrimoniaux*, Paris, LGDJ, 1960, n° 68, p. 187.

[3] VANBRABANT (B.), *op. cit.*, p. 423.

[4] DABIN (J.), « Une nouvelle définition du droit réel », *RTD civ.*, 1962, p. 27.

[5] MALAURIE (P.) et AYNES (L.), *Droit civil. Les biens*, LGDJ, 7e éd., 2017, n° 200 et s, p. 61.

portent. Il importe cependant de préciser que tous les droits réels n'ont pas la nature de droits incorporels. Ainsi, bien que la théorie classique du droit de propriété assimile traditionnellement le droit de propriété sur la chose à la chose elle-même, il n'est pour autant pas qualifié de droit incorporel. De même, les droits réels immobiliers constituent normalement des immeubles par nature.

30. Dans la catégorie des biens incorporels, sont classées des richesses immatérielles qualifiées par ces auteurs de « propriétés incorporelles ». Si l'appellation peut apparaître comme une curiosité langagière étant donné que la propriété est un droit et que les droits sont par nature abstraits et donc incorporels, elle s'avère cependant commode pour rendre compte de la physionomie particulière des biens concernés[1] et de leur régime propre. De plus, expliquent les auteurs, « les propriétés incorporelles n'ont pas de débiteur déterminé, puisqu'elles sont opposables à tout le monde, ce qui les distingue des droits de créance. En outre, ayant pour objet l'immatériel, elles ne portent pas sur des choses corporelles, ce qui est la première différence, évidente, avec les propriétés ordinaires »[2]. Les propriétés incorporelles sont décrites comme liées au travail ; elles constituent des richesses ; elles sont dans le commerce juridique et font souvent l'objet d'une réglementation particulière afin d'en assurer la protection ; elles constituent des meubles incorporels.

31. Les propriétés incorporelles sont, elles-mêmes, réparties par la doctrine en deux sous-catégories. La première reçoit l'appellation de droits à la clientèle et la seconde celle de monopoles d'exploitation. Ceux-ci sont protégés par le droit de la propriété intellectuelle. Les monopoles d'exploitation tendent tantôt à protéger des signes distinctifs en matière commerciale et industrielle (marques de fabrique, enseigne, nom commercial, etc.), tantôt à protéger les créations intellectuelles (les créations littéraires et artistiques, les brevets d'invention, les dessins et modèles, les logiciels, les bases de données…).

32. Les développements scientifiques et technologiques ont favorisé l'essor de cette catégorie plurielle de biens, rendant leur qualification peu aisée. En cela, le Code civil de 1804 peut être qualifié de visionnaire puisqu'il fait des biens incorporels, une catégorie ouverte, susceptible de recevoir les actifs immatériels que le législateur aura déterminés comme des biens, sous l'effet des mutations socio-économiques.

B-L'incorporalité, trait d'union entre l'OHADA et l'OAPI

33. Constituées quasiment des mêmes États membres, l'OHADA et l'OAPI sont deux organisations africaines d'intégration juridique aux domaines de compétence distincts. L'OHADA se donne pour mission d'harmoniser le droit des affaires dans l'espace couvert, afin de garantir la sécurité juridique et

---

[1] « *Quae tangi non possunt* », GAÏUS, 2, 2, 14 ; JUSTINIEN, Inst., 2, 2, 2 ; voir aussi UMBERTO GOUT (E.), « L'énigme laissée par la division romaine des choses - Retour sur le concept de propriété », *Petites affiches*, n° 076, 2021, p. 9 ; VINCELETTE (D.), « Définition et notion de la propriété. Plaidoyer pour la vraisemblance », *Revue générale de droit*, vol. 31, n° 4, 2001, p. 677.

[2] MALAURIE (P.) et AYNES (L.), *Les biens,* Defrénois, 5e éd., 2013, § 225.

judiciaire des sujets de droit et contribuer ainsi au développement économique de ses États membres. Quant à l'OAPI, elle a vocation à protéger les droits de propriété intellectuelle sur le territoire couvrant l'ensemble de ses États membres, en tant qu'Office de délivrance des titres de propriété industrielle et, plus récemment, comme Centre d'arbitrage et de médiation.

34. Malgré cette répartition claire de leur domaine de compétence, l'incorporalité constitue leur point commun. En effet, certains biens incorporels sont régis par le législateur OHADA à l'instar du fonds de commerce, des valeurs mobilières et des créances ; d'autres sont régis par son homologue de l'OAPI à savoir les biens intellectuels (marques, brevets, dessins et modèles, etc.). L'immatérialité constitue cependant un point de croisement lorsque les textes respectifs de chaque Organisation prévoient simultanément des modalités de publicité dans des registres qui leur sont propres. Tel est le cas d'une cession de fonds de commerce comprenant des droits de propriété intellectuelle. Il se pose alors un problème de priorité voire de primauté. La solution se dégage des dispositions de l'Acte uniforme OHADA portant organisation des sûretés qui exigent une double publicité dans le Registre du Commerce et du Crédit Mobilier et dans les registres spéciaux de la propriété industrielle logés à l'OAPI[1].

C-Les défis de la propriété

35. De nos jours, la propriété fait face à de nombreux défis, tels que celui suscité par la diminution des ressources naturelles. En effet, les biens corporels ne sont pas en stock illimité. Composés de matière terrestre, ils sont sujets à épuisement. Dès lors, et comme l'indique Rémy LIBCHABER, « la liberté d'utilisation de la matière dont notre planète est faite, n'est plus de saison : face au dépérissement des ressources, une reprise en main peut se justifier »[2]. C'est à cette préoccupation contemporaine que se rapporte la thématique du développement durable. De plus en plus, l'on oppose au caractère exclusif de la propriété individuelle la gestion collective des ressources, car de nouvelles perspectives doivent être envisagées en vue de limiter les effets dispendieux des désirs individuels qu'incarne la catégorie juridique du propriétaire exclusif.

36. La notion de « choses communes » n'est pas méconnue du Code civil de 1804[3]. Elle tire son origine du droit romain qui désignait par « *res communes* », les choses qui relèvent de tous sans appartenir en propre à personne. La notion romaine entretenait cependant une confusion avec les biens publics[4]. Celle-ci ne cessa qu'à la faveur de l'élaboration de la notion d'État qui permettait de distinguer les biens appropriés par lui, directement ou par l'intermédiaire de collectivités publiques, et ceux qui, par nature, devaient être considérés comme

---

[1] Art. 160 al. 3 de l'Acte uniforme OHADA portant organisation des sûretés adopté le 17 avril 1997, révisé et adopté le 15 décembre 2010.

[2] LIBCHABER (R.), *op. cit.*, n° 270.

[3] Art. 714 du Code civil de 1804.

[4] DANIS-FATÔME (A.), « Biens publics, choses communes ou biens communs », *in Mélanges en l'honneur de d'Etienne FATÔME,* Dalloz-Sirey, 2011, 478 p. notamment p. 99.

d'appartenance commune à l'instar de l'eau, l'air, etc. Bien qu'elle soit favorable à la problématique actuelle du développement durable, la reconnaissance de la catégorie des choses communes apparaît en droit civil comme une volonté de soustraire celles-ci à toute emprise individuelle par le sceau limitatif de l'inappropriabilité, afin qu'elles continuent de profiter à tous selon les besoins de chacun. Au niveau international, l'implémentation de l'idée des « communs » (en anglais *commons*) prend l'habillage terminologique de « patrimoine commun de l'humanité »[1]. Le concept est consigné dans divers instruments internationaux, régionaux et nationaux. Loin de s'opposer au modèle propriétaire, ce mouvement de patrimonialisation commune vise à éviter la possible dégradation de la catégorie des choses concernées afin de permettre aux générations futures d'en hériter[2]. Il est reconnu à ces catégories de choses une appartenance commune incompatible avec l'idée d'une appropriation privée.

37. Dans la perspective de la propriété intellectuelle, l'UNESCO et l'OMPI reconnaissent un « patrimoine culturel et intellectuel des peuples autochtones » qui désigne l'ensemble des pratiques, connaissances et modes de vie traditionnels propres à un peuple[3]. Ce concept est à l'origine de la notion de « propriété intellectuelle autochtone » qui recouvre le savoir, les pratiques, les convictions et la philosophie propres à chaque culture. La propriété intellectuelle autochtone reçoit la qualification juridique d'expressions culturelles traditionnelles et vise à garantir, par le droit d'auteur, que soient équitablement partagés les avantages découlant de l'utilisation scientifique et commerciale des pratiques et connaissances traditionnelles de ces peuples.

38. La reconnaissance des droits de propriété incorporelle dans l'espace OAPI-OHADA est un héritage colonial qui date du siècle des Lumières et dont la valorisation résulte de l'évolution économique. Les législateurs africains ont repris à leur compte la consécration de cette catégorie de biens qui n'ont de cesse de se diversifier (Titre I). Susceptibles d'opérations diverses, les biens incorporels font face aux défis du numérique qui invitent à arrimer leur dispositif juridique au contexte de la société de l'information (Titre II).

---

1 TREBULLE (F.-G.), « La propriété à l'épreuve du patrimoine commun : le renouveau du domaine universel », *in* BAUDOIN (J-L), BÉNABENT (A.), BERGEL (J.-L) et *al.*, Études offertes au professeur Philippe Malinvaud, Paris, Litec, 2007, pp. 659-685.

2 GAILLARD (E.), *Générations futures et droit privé. Vers un droit des générations futures*, LGDJ, coll. « Thèses », 2011, pp. 110 et s.

3 BOUCHER (F.), « La politique de la propriété culturelle et le patrimoine des peuples autochtones », *Les Cahiers de la Société québécoise de recherche en musique*, vol. 11, n° 1-2, 2010, pp. 125-136.

Titre I
La diversification des biens incorporels

39. En prévoyant la catégorie des meubles « par détermination de la loi »[1], le Code civil de 1804 fait de la catégorie des meubles le domaine de l'incorporalité c'est-à-dire le réceptacle des biens qui ne comportent aucune matière, mais dont le droit reconnaît l'existence par une opération intellectuelle et abstraite[2]. Par conséquent, au sein de la catégorie des biens incorporels, l'unité fait défaut car ces biens sont le plus souvent des biens autarciques, chacun ayant un régime propre que le droit a conçu *intuitu rei*, au cas par cas[3]. Dans ce foisonnement de régimes, certains émanent du législateur OHADA qui, sous le sillage du Code civil, en développe et modernise les mécanismes (créances, valeurs mobilières, fonds de commerce) ; d'autres sont l'œuvre de l'Organisation africaine de la propriété intellectuelle (OAPI). Cependant, le domaine de la propriété intellectuelle offre particulièrement un terreau fertile à l'émergence de nouveaux biens. Ce qui donne à penser que la propriété intellectuelle est prédominante en droit de l'incorporalité.

40. En effet, Charles DEMOLOMBE donnait une définition assez large du bien. Il déclarait : « Il n'y a de bien, pour nous jurisconsultes, que ce qui peut servir à l'homme, être employé à ses besoins »[4]. Or, comme renseignent la biologie et l'archéologie, l'homme est dans le règne animal un être supérieur en ce qu'il est doté d'intelligence. *Homo sapiens*, l'homme transforme son environnement par son intelligence, sa pensée et sa création. *Homo faber*, il fabrique des objets, des outils dont les matériaux sont tirés de son environnement naturel. En raison de la permanence des difficultés et de la constante nécessité d'améliorer sa fabrication, l'*homo faber* a vocation à changer, innover, améliorer et perfectionner. L'insatiable désir d'innover est le trait majeur de la civilisation post-moderne.

Ainsi, les besoins de l'homme repoussent les limites de la propriété et déterminent le droit à investir le domaine de la création. L'idée de protéger la propriété intellectuelle peut vraisemblablement être perçue à l'Antiquité. Les inventeurs et les commerçants jouissaient déjà de droits de monopole dans la Grèce Antique. Au Moyen-Age, il existait en Europe des privilèges similaires consistant à organiser la production et la commercialisation autour des artisans et des systèmes de guildes. Mais la propriété intellectuelle, sous sa conception actuelle, est tributaire de la notion de « propriété » telle que conçue à la Révolution de 1789. Concrètement, il s'agit d'une propriété c'est-à-dire un droit subjectif, exclusif et opposable *erga omnes*. Reste à relever qu'il s'agit d'une

---

[1] Art. 529 du Code civil de 1804.

[2] MALAURIE (P.), AYNES (L.) et JULIENNE (M.), *Droit des biens*, Paris, LGDJ, coll. « Droit civil », 10e éd., 2023, n° 225 ; LEVENEUR (L.) et MAZEAUD-LEVENEUR (S.), *Droit des biens*, Lexisnexis, coll. « Manuels », 2023, pp. 46 et s.

[3] LOISEAU (G.), « Biens : biens meubles par détermination de la loi ou meubles incorporels », *JCl. Notarial*, Fasc. 70, 2019, § 2.

[4] DEMOLOMBE (C.), *Cours de Code Napoléon*, t. XXIV, 1970, n° 538-540, pp. 458-460.

propriété spécifique de par son objet immatériel, sa durée en principe limitée, et sa source spécifique.

41. Pour la quasi-totalité des États membres de l'OHADA, la propriété intellectuelle est placée sous l'égide de l'OAPI. La création d'une organisation dédiée à cette thématique est l'expression d'une volonté d'autodétermination de certains États francophones qui, après les indépendances, n'entendaient plus dépendre de l'office français de la propriété industrielle. Ainsi, un Accord fut signé le 13 septembre 1962 à Libreville au Gabon créant l'Organisation africaine et malgache pour la propriété industrielle (OAMPI). Cet Accord fut, par la suite, révisé à Bangui en République centrafricaine le 2 mars 1977 pour donner naissance à l'Organisation africaine de la propriété intellectuelle. Cette nouvelle appellation prend en compte le retrait de Madagascar et l'extension du domaine de l'Organisation à la propriété littéraire et artistique. L'Accord de Bangui connaîtra une révision le 24 février 1999 (entré en vigueur le 28 février 2002) afin de contribuer à la croissance économique à travers notamment le renforcement de la créativité. La récente révision de l'Accord adopté à Bamako en date du 14 décembre 2015 (entré en vigueur le 14 novembre 2020) a eu pour effet d'étendre les missions de l'OAPI à la promotion de l'innovation ainsi qu'à la protection des expressions culturelles et des savoirs traditionnels[1].

42. La propriété intellectuelle occupe une place saillante dans le domaine de l'incorporalité aussi bien sous l'angle de la propriété littéraire et artistique (chapitre 2), que sous celui de la propriété industrielle (chapitre 3). Mais, la diversification dont elle est l'issue est tributaire de la flexibilité de la catégorie juridique des meubles à laquelle elle se rattache (chapitre 1).

---

[1] L'Acte de Bamako est entré en vigueur à la même date que les Annexes concernant les indications géographiques, la propriété littéraire et artistique, la concurrence déloyale et les obtentions végétales.

Chapitre 1
La flexibilité de la catégorie juridique des biens meubles

43. Le droit romain concevait l'appropriation « comme une maîtrise physique souveraine des corps »[1] en mettant en avant la chose (« *res* »). Cette conception qui a dominé le Code civil de 1804 ne l'a cependant pas enfermé dans une approche dogmatique. En retenant non pas le vocable de « chose » mais plutôt celui de « bien », le Code fait timidement le départ entre l'objet physique et le droit patrimonial que celui-ci représente. La catégorie juridique des biens apparaît comme une construction intellectuelle qui peut certes recouvrir les choses, réalités physiques, mais également des biens sans corps et des droits à caractère patrimonial. Ainsi, la doctrine a pu affirmer que « bien et personne sont des concepts, dessinés par le droit, par lesquels la réalité peut être appréhendée, façonnée, dénaturée, voire niée par lui. Les choses et les êtres appartiennent au monde réel ; les biens et les personnes appartiennent exclusivement au monde du droit. On ne peut définir les seconds par les premiers sous peine de confondre les deux mondes »[2].

44. Or, les biens sont soit meubles soit immeubles. Ceux-ci sont caractérisés par leur fixité alors que les meubles, par essence mobiles, sont sujets à la circulation et aux échanges commerciaux. Il est donc évident que les mutations des activités humaines sont créatrices de nouvelles réalités que le droit n'hésite pas à prendre sous son égide en leur attribuant la nature juridique de biens. La catégorie juridique des biens meubles offrant cette flexibilité, le Code de 1804 a laissé la possibilité à la loi d'y rattacher ces nouveaux biens (section 1) tout en identifiant au préalable certains biens incorporels (section 2).

Section 1. Les biens incorporels, biens meubles par détermination de la loi

45. Il résulte de l'article 527 du Code civil que « les biens sont meubles par leur nature, ou par détermination de la loi ». Cet énoncé augure le pouvoir créateur de la loi en matière mobilière. En d'autres termes, un bien est meuble soit parce que sa réalité physique le détermine comme tel, soit du fait de la volonté de la loi. Les biens incorporels qui participent de cette seconde alternative, ont vocation à enrichir la catégorie des biens meubles. Comme le relève justement un auteur, « consacrés *ut singuli* en marge des constructions du Code civil, les biens incorporels forment un groupe composite, évolutif, en peine d'identité. S'ils accèdent à la propriété, c'est d'une certaine manière dans l'angle mort du droit des biens »[3]. En effet, les activités humaines offrent un vivier de phénomènes nouveaux que le droit appréhende en leur octroyant la nature

---

[1] BERLIOZ (P.), *La notion de bien*, (préf. L. AYNES), Paris, LGDJ, coll. « Bibl. dr. privé », t. 489, 2007, 596 p. notamment n° 462.

[2] CARON (C.) et LECUYER (H.), *Le droit des biens*, Paris, Dalloz-Sirey, 2002, p. 18.

[3] LOISEAU (G.), « Biens : biens meubles par détermination de la loi ou meubles incorporels », *JCl. Notarial*, Fasc. 70, 2019, § 2.

juridique de biens meubles. Il convient de dégager les critères qui permettent d'élire un phénomène au rang des biens meubles (§ 1), avant d'envisager leur spécificité qui donne lieu à une extension et une adaptation de la règle de droit commun (§ 2).

§ 1. Les critères de rattachement des biens incorporels à la catégorie des meubles

46. Théoriquement, l'identification des critères est un exercice préalable au rattachement d'un phénomène social à une catégorie juridique. Celle-ci peut se définir comme un ensemble de situations factuelles soumises à un régime juridique commun[1]. L'on a ainsi dégagé trois critères qui s'appliquent aux biens incorporels et dont la réunion permet de les rattacher à la catégorie des meubles : la valeur (A), l'aliénabilité (B) et l'opposabilité (C).

A-Le critère de la valeur

47. L'évolution du droit des biens a conduit à la déconstruction de la conception matérialiste dominante à l'époque de l'élaboration du Code civil. Peu à peu, le domaine des biens meubles s'est élargi par l'entrée en scène de nouveaux biens existant sous forme abstraite. Désormais, « que les choses soient corporelles ou incorporelles d'origine, ce n'est pas une analyse de leur nature intrinsèque qui détermine la loi à les transformer en biens : c'est leur adaptation aux besoins de l'homme »[2]. Le besoin d'une chose traduit donc son utilité. Toutefois, le concept de l'utilité est insuffisant pour déterminer la valeur économique d'une chose ; en témoigne le « paradoxe de l'eau et du diamant »[3] : il n'y a pas plus utile que l'eau (ne dit-on pas que l'eau c'est la vie !), mais sa valeur économique est moindre par rapport au diamant qui a certes moins d'utilité (on peut s'en passer) mais que l'on peut échanger contre une très grande quantité d'autres marchandises.

48. La doctrine a, à travers le temps, recherché le fondement de la valeur des choses. C'est ainsi qu'elle a dégagé deux aspects de la valeur des choses au sens juridique du terme : la valeur d'usage et la valeur d'échange[4]. La valeur d'usage traduit la réservation de la chose et confère une exclusivité à son propriétaire. Un bien sur lequel l'on jouit d'une exclusivité a, de ce point de vue, plus de valeur économique et offre plus de sécurité juridique qu'un bien identique dont la jouissance est partagée. Quant à la valeur d'échange, elle est relative à la circulation du bien et de ses utilités et tient à la capacité du bien à sortir

---

[1] CUMYN (M.) et GOSSELIN (F.), « Les catégories juridiques et la qualification : une approche cognitive », *McGill Law Journal / Revue de droit de McGill*, 62 (2), 2016, p. 335.

[2] DEMOLOMBE (C.), *Cours de Code Napoléon*, t. XXIV, 1970.

[3] LAKEHAL (M.), *Dictionnaire d'économie contemporaine et des principaux faits politiques et sociaux*, Vuibert, 2è éd., 2001, p. 780.

[4] ARISTOTE, *Politique*, Traduction Française par J. Barthélemy Saint-Hilaire, Paris, Dumont, 2e éd., 1848, p. 30, § 11 ; voir DROOS (W.), « Une approche structurale de la propriété », *RTD civ.*, 2012, p. 419. Selon cet auteur, « la valeur d'usage de la chose révèle sa finalité propre alors que la valeur d'échange est étrangère à la substance même de la chose et ne surgit qu'accidentellement ».

définitivement du patrimoine de son propriétaire en vertu de sa transmissibilité[1].

49. Cependant, sous l'influence des théories économiques, cette décomposition a été dépassée au profit d'autres concepts tels que la « valeur-travail », la « valeur-utilité » et la « valeur-rareté ». Prenant la valeur d'usage d'une chose comme première condition, ces théories cherchent les déterminants essentiels à la valeur d'échange. Selon Adam SMITH, le travail productif « ajoute de la valeur à l'objet sur lequel il s'exerce »[2]. D'où la notion économique de « valeur-ajoutée ». Considérant l'eau et le diamant, l'auteur explique que ce qui constituera la valeur d'échange de l'eau, c'est le travail qu'aura l'homme pour la puiser, et de la même manière pour extraire les pierres précieuses. En d'autres termes, la valeur d'échange de l'eau ou du diamant sera proportionnelle à la difficulté que l'on aura à amener l'eau ou le diamant de même qu'à sa valeur d'usage sur un marché.

50. Les concepts économiques ci-dessus étaient bien présents à l'esprit des jurisconsultes lors des travaux préparatoires du Code civil. Dans l'exposé des motifs sur la propriété, PORTALIS déclare que « le besoin et l'industrie sont les deux principes créateurs de la propriété »[3]. Il s'ensuit que c'est en considération de la valeur économique (travail, utilité, rareté) des choses immatérielles que celles-ci sont érigées en biens par le droit. Ceci explique le caractère hétéroclite des biens incorporels. De ce fait, leur étude en tant que catégorie de biens ne doit pas être effectuée sous le prisme de leur nature, mais sous celui de leur patrimonialité, car en tout état de cause, « la caractéristique essentielle du bien est sa valeur patrimoniale, valeur qui dans l'absolu ne présente pas de matérialité et ne s'apprécie que par rapport à une prérogative juridique »[4]. La conséquence de cette analyse est de considérer comme « biens » tous les droits patrimoniaux c'est-à-dire « les droits qui constituent l'actif du patrimoine »[5] et qui se déclinent en droits réels et en droits personnels.

51. Suivant cette logique, le Code civil de 1804 apparaît singulièrement modeste puisqu'il n'a somme toute recensé, parmi les meubles par détermination de la loi, que des droits personnels. La tendance du droit contemporain est cependant de concevoir ces derniers comme des biens, non plus en ce qu'ils sont des droits réputés meubles du point de vue de l'article 529, mais en tant que choses en soi, susceptibles à ce titre d'être des objets de propriété. La propriété des créances est aujourd'hui reconnue par la loi. Ainsi, l'Acte

---

[1] GIDROL-MISTRAL (G.), « Les biens immatériels en quête d'identité », *Revue de droit de l'université de Sherbrooke*, vol. 46, n° 1, 2016, p. 90 ; lire aussi : BOUL (M.), « Le retour des biens publics immatériels », *AJDA*, 2022, p. 1958.

[2] SMITH (A.), *Recherche sur la nature et les causes de la richesse des Nations (*1776), Les classiques des sciences sociales, éd. Électronique, 2002, p. 52.

[3] PORTALIS (J.-E.-M.), *Discours relatif au titre du Code civil consacré à la propriété, in* P.-A. FENET, *Recueil complet des travaux préparatoires du Code civil,* t. 11, Paris, Videcoq, 1836, p. 112.

[4] PIEDELIEVRE (A.), *Le matériel et l'immatériel. Essai d'approche de la notion de bien, in* Études réunies en l'honneur de Michel de Juglart, LGDJ-Litec, 1986, p. 56.

[5] MARTINEAU (P.), *Les biens*, Montréal, Les Éditions Thémis, coll. « Cours de Thémis », 5è éd., 1979, p. 2.

uniforme OHADA sur les sûretés envisage la créance comme une « propriété cédée à titre de garantie »[1]. Par cette démarche, un droit réel porte sur un droit personnel. Mais, cela ne devrait pas surprendre dès lors qu'on envisage la créance ou la valeur mobilière comme une valeur objectivement placée au pouvoir du créancier ou de l'associé, c'est-à-dire comme un objet sur lequel peut s'exercer une relation d'appartenance[2]. La propriété se conçoit alors comme « un droit sur une valeur »[3]. Cette conception renforce l'aliénabilité de la valeur devenue bien.

B-Le critère de l'aliénabilité

52. L'aliénabilité désigne le caractère cessible ou transférable d'un bien ou d'un droit. D'après Christophe CARON, ce sont les droits sur les choses qui ont de la valeur, et non les choses elles-mêmes[4]. Autrement dit, une chose n'a légalement de valeur au sens économique que lorsque le droit en fait le siège de droits subjectifs par le mécanisme de l'appropriation.

53. Le critère de l'aliénabilité met en exergue les différentes connotations de la valeur. Il faut alors distinguer la valeur au sens économique et la valeur au sens de ce qui est sacré. En effet, la valeur économique ne concède pas automatiquement à une chose son aptitude à être érigée en bien. Le droit considère que certains objets doivent être mis à l'abri du commerce juridique par certains mécanismes tels que l'extra-patrimonialité ou l'extra-commercialité. Les considérations mises en avant sont ainsi le caractère sacré (indisponibilité du corps humain) ou vital de la chose concernée (exemple, l'eau), la morale, l'éthique, etc. Ces éléments permettent d'apprécier « l'appropriabilité » des choses.

54. Les choses immatérielles rentrent dans la sphère des biens en vertu de leur valeur patrimoniale. Elles sont intégrées, par appropriation, dans un patrimoine privé. Aussi, les droits patrimoniaux sur ces biens peuvent-ils circuler d'un patrimoine à un autre. Ce qui fait dire que, « une chose ne devient effectivement un bien que lorsqu'elle est l'objet d'une circulation licite entre les individus »[5]. La licéité de la circulation est respectée lorsque l'aliénabilité de la chose est admise par la loi.

55. De ce point de vue, l'on assiste à deux cas de figure où la circulation se déroule en marge de la loi. D'une part, le caractère dynamique des activités humaines fait que les phénomènes sociaux sont généralement en avance sur la loi. Entre le moment de leur émergence et celui auquel la loi intervient pour

---

[1] Cf. Section 2 intitulée « Propriété cédée à titre de garantie » suivie de la sous-section 1 consacrée à la « Cession de créance à titre de garantie » de l'Acte uniforme OHADA sur les sûretés.

[2] EMERICH (Y.-L.), *La propriété des créances : approche comparative*, (préface F. Zenati-Castaing), LGDJ, coll. « Bibl. dr. privé », t. 469, 2007, p. 234.

[3] RIPERT (G.) et ROBLOT (R.), *Traité de droit des affaires*, LGDJ, t. 1 : « Actes de commerce, baux commerciaux, propriété industrielle, concurrence, sociétés commerciales », 17e éd., (par M. GERMAIN et L. VOGEL), 1998, n° 1509, p. 1110.

[4] CARON (C.) et LECUYER (H.), *op. cit.*, p. 19.

[5] *Ibid.*

secréter des règles, il y a une période de vide juridique qui fait de ces phénomènes des situations de fait ou situations de non-droit. C'est par exemple le cas du phénomène de la cryptomonnaie dite *bitcoin* et de celui du *blockchain*[1]. Très souvent, en attendant l'intervention de la loi, c'est la jurisprudence qui, par son pouvoir d'interprétation, procède à une qualification par extension ou par adaptation à un régime juridique existant. D'autre part, la circulation de certaines choses est à proprement parler illicite parce que proscrite par la loi. Il en est ainsi du trafic des choses interdites au commerce en raison de leur valeur sacrée, de leur dangerosité voire de leur caractère stratégique (exemple, trafic de données stratégiques). De tels échanges s'inscrivent alors dans la clandestinité pour échapper à la sanction de la loi.

C-Le critère de l'opposabilité *erga omnes*

56. C'est la suite logique des deux précédents critères. L'opposabilité est définie comme l'» aptitude d'un droit, d'un acte, d'une situation de droit ou de fait à faire sentir ses effets à l'égard des tiers (c'est-a-dire de personnes qui ne sont ni titulaires du droit ni parties à l'acte ni ayants cause ou créanciers de ces parties ni concernées en premier par la situation) non en soumettant ces tiers aux obligations directement nées de ces éléments (…), mais en les forçant à reconnaître l'existence des faits, droits et actes dits opposables (…), à les respecter comme des éléments de l'ordre juridique et à en subir les effets, sous réserve de leur opposition lorsque la loi leur en ouvre le droit »[2]. De cette définition, l'on relève que l'opposabilité est une qualité qui donne en l'occurrence au droit sur un bien toute sa vigueur. Elle est en lien avec le caractère exclusif des droits réels et permet au titulaire du droit d'exiger des tiers le respect dudit droit. Ceux-ci sont tenus de s'abstenir de tout trouble de jouissance sans qu'il soit nécessaire pour le titulaire d'établir qu'ils avaient connaissance de l'existence du droit. L'opposabilité à l'égard de tous est l'expression même du monopole du propriétaire sur le bien. Il peut arriver que plusieurs personnes aient sur le bien un même titre de propriété ; le monopole n'est pas remis en cause, il est juste aménagé.

57. L'incorporalité donne au principe de l'opposabilité une physionomie particulière. La durée de l'opposabilité étant identique à celle du droit, il arrive que celle-ci soit limitée dans le temps. Par exemple, en matière de brevet d'invention, le titre de propriété industrielle qui est délivré au déposant de l'invention, ne confère à son titulaire qu'une exclusivité temporaire d'exploitation. À l'expiration du brevet, son titulaire perd son monopole et, par conséquent, toute action contre les tiers qui peuvent dorénavant exploiter l'invention. C'est là l'une des spécificités des biens incorporels.

---

[1] PERRIN (A.), « Le *bitcoin* et le droit : problématique de qualification, enjeux de régulation », *Gestion et finances publiques*, n° 1, 2019, pp. 84-93 ; LEGEAIS (D.) « Blockchain », *JCl. Commercial*, Fasc. 534, 2018 ; voir aussi : MARAIN (G.), « Le *bitcoin* à l'épreuve de la monnaie », *AJ contrat*, 2017, p. 522.

[2] CORNU (G.), *Vocabulaire juridique*, Association Henry Capitant, PUF, 2020, V° *opposabilité*.

§ 2. La spécialité de la propriété incorporelle

58. Certains auteurs, prenant en considération la maîtrise de la chose possédée, contestent la propriété des droits. D'après eux, les propriétés incorporelles ne seraient que des extrapolations spécifiques à la propriété et ne caractériseraient pas de « véritables » propriétés[1]. Leurs défauts tiendraient du fait que le droit sur certains biens incorporels est temporaire et pour d'autres, le droit se perd par le non-usage. De manière générale, ils sont liés plus ou moins étroitement à l'activité de leur titulaire et ont « besoin de cette activité pour subsister tout autant que pour naître »[2]. De plus, n'ayant pas de corps qui leur permettent d'être possédés, ils sont distraits des règles organiques de la propriété mobilière comme celle de l'article 2279 al. 1er du Code de 1804. Pourtant, l'économie de l'immatériel milite clairement en faveur de l'appropriation des droits et des biens incorporels. Cette réalité consolide l'idée d'une propriété des droits puisque, au demeurant, la propriété est l'instrument unique de l'appropriation des choses dans le système du Code civil[3]. Les différents reproches relevés ne devraient donc pas être formulés comme tels c'est-à-dire comme des défauts. Ils devraient être formulés comme des particularités qui n'excluent pas l'application des règles relatives aux meubles (A) mais suggèrent l'adaptation de celles-ci eu égard à l'hétérogénéité des biens incorporels (B).

A-L'applicabilité de la possession aux biens incorporels

59. Les biens incorporels ne sont pas des meubles comme les autres. Ceci se vérifie à travers la possession mobilière. La règle posée à l'article 2279 alinéa 1er du Code civil de 1804 est *a priori* inopérante en matière incorporelle. Aussi, pourrait-on dire qu'en fait de meubles incorporels, la possession ne vaut pas titre puisqu'elle est matériellement impossible. L'impossibilité relève du fait que les biens incorporels ne sont pas tangibles de sorte que le corpus, requis pour caractériser la possession, ne peut pas s'exercer sur eux. Ils ne sont susceptibles de faire l'objet que d'actes juridiques et non d'actes matériels.

60. L'incorporalité peut même affecter le régime d'un meuble corporel lorsque celui-ci est compris dans un ensemble constituant un meuble incorporel. La Cour de cassation française a ainsi décidé que « l'article 2279 du Code civil ne s'applique qu'aux seuls meubles corporels individualisés ; que la licence d'exploitation d'un débit de boissons ayant la même nature de meuble incorporel que le fonds de commerce dont elle est l'un des éléments et ne se transmettant pas par simple tradition manuelle, c'est de bon droit que la Cour

---

[1] MALAURIE (P.) et AYNES (L.), *Droit civil. Les biens*, *op. cit.*, n° 206 et s., p. 80 ; voir aussi : SIMLER (Ph.) et TERRE (F.), *Droit civil. Les Biens*, Dalloz, 10e éd., 2018, pp. 74 et s.

[2] CATALA (P.), « La transformation du patrimoine dans le droit civil moderne », *RTD civ.* 1966, p. 203, n° 22 ; Voir aussi RIPERT (G.), *Les forces créatrices du droit*, Paris, LGDJ, 1955, p. 211 ; PIEDELIEVRE (A.), « Le matériel et l'immatériel, essai d'approche de la notion de bien », *in Mélanges De Juglart*, 1986, p. 55.

[3] LAURENT (J.), *La propriété des droits*, LGDJ, coll. « Thèses », t. 537, 2012, 584 p. notamment pp. 25 et s.

d'appel a écarté pour ladite licence d'exploitation la présomption prévue par ce texte »[1].

61. Pour sa part, la Cour commune de justice et d'arbitrage (CCJA) n'arbore pas la même rigidité. Alors que, suivant les dispositions de l'Acte uniforme portant droit commercial général (AUDCG), l'établissement d'un acte juridique est rendu nécessaire pour la cession d'un fonds de commerce[2], la Cour présume le transfert de gestion d'un fonds de commerce du seul fait que « le fils, en se comportant comme le véritable propriétaire pendant sept (7) ans a fait croire légitiment qu'il agissait en son nom et pour son compte, dans la mesure où il possédait tous les cachets, qu'il signait lui-même les bons de commande et les reconnaissances de dettes »[3]. Il s'agit en l'espèce, d'une application de la théorie de l'apparence dont l'effet est de considérer une situation de fait pour en tirer des conséquences de droit favorables aux tiers qui ont légitiment pu croire en la propriété de celui avec lequel ils ont contracté.

62. La doctrine soutient de plus en plus que les biens incorporels peuvent parfaitement être l'objet d'une possession[4]. Considérant notamment les œuvres de l'esprit, ceux-ci ne découlent en général d'aucun bien préexistant. À cet égard, Anne PELISSIER a pu indiquer que : « l'occupation se présente alors comme le seul mode d'appropriation de ces meubles incorporels »[5]. En outre, la possession d'un droit peut s'exercer par des actes d'exploitation, sans nécessaire emprise sur la chose qui fait l'objet de ce droit[6]. Aussi, l'exploitation d'une œuvre fait-elle présumer à l'égard des tiers la titularité du droit de propriété intellectuelle de l'auteur[7].

63. Par ailleurs, l'article 1607 du Code civil dispose que « la tradition des droits incorporels se fait, ou par la remise des titres, ou par l'usage que l'acquéreur en fait du consentement du vendeur ». Ainsi, s'agissant du don manuel des titres dématérialisés, il a été décidé que ceux-ci peuvent être l'objet d'un don manuel.

---

[1] Cass. com., 7 mars 2006, n° 04-13.569, *Bull. civ.* IV, n° 62 ; *D.* 2006, p. 2897, note C. Kuhn ; *D.* 2006, p. 2363, obs. B. Mallet-Bricout et N. Reboul-Maupin ; *RTD civ.* 2006, p. 348, obs. T. Revet ; *JCP* 2006. II. 10143, note G. Loiseau.

[2] Art. 149 de l'Acte uniforme portant droit commercial général.

[3] CCJA, 1re chambre, *Société industrielle de transformation de plastique et de produits chimiques c/ Monsieur A. N.*, arrêt n° 016 du 25 mars 2010, obs. M. Samb, *Revue de l'ERSUMA*, n° spécial, 2011.

[4] REVET (T.), « L'appréhension par le droit de l'incorporalité. Le droit commun est-il apte à saisir l'incorporel ? », *in* CICILE-DELFOSSE (M.-L.) (dir.), *L'appréhension par le droit de l'incorporalité*, *RLDC*, 2009, suppl. au n° 65, p. 47 ; ZENATI (F.) et REVET (T.), *Les biens*, PUF, coll. « Droit fondamental. Droit civil », 2e éd., 1997, pp. 520 et s., notamment n° 169 et 305-b.

[5] PELISSIER (A.), *La possession et les meubles incorporels*, Dalloz, coll. « Thèses », 2001, p. 227 ; également MOUSSERON (J.-M.), « Valeurs, biens, droits », *in Mélanges Breton et Derrida*, 1991, p. 283, n° 13.

[6] Cass. civ. 1er, 9 janv. 1996, *Sté Christian Dior c/ Sté C.L. Design*, n° 93-21.519, *JCP G* 1996, IV, 496; *D.* 1996, p. 285 ; *RTD com.* 1997, p. 95, obs. A. Françon ; *RIDA* 1996, pp. 341 et 209, obs A. Kéréver.

[7] Cass. civ. 1er, 22 févr. 2000, *Ateliers Jean Perzel c/ Sté Sofar*, n° 97-21.098, *Bull. civ.* I, n° 58 ; *D.* 2001, p. 2635, obs. P. Sirinelli, *Comm. com. électr.* 2000, comm. 42, obs. Ch. Caron ; Cass. com., 20 juin 2006, *Céline c/ SSL et a.*, n° 04-20.776, *Bull. civ.* IV, n° 147 ; *D.* 2006, p. 1894, obs. J. Daleau ; *Propr. intell.* 2006, n° 21, p. 457, obs. C. de Haas).

Dans ce cas, au lieu d'une remise de la main à la main, la tradition nécessaire à la formation du contrat s'effectue par virement de compte à compte[1]. Le possesseur qui prétend avoir reçu des actions par don manuel, doit bénéficier d'une présomption. Il revient alors à celui qui revendique la chose de rapporter la preuve de l'absence d'un tel don[2]. S'agissant des titres nominatifs, leur inscription sur les registres de transfert d'une société constitue une présomption de propriété[3]. Ces arguments visent à ce que la règle de l'article 2279 du Code civil soit appliquée par adaptation ou par extension aux meubles incorporels.

B-Les spécificités caractéristiques de la propriété incorporelle

64. La spécificité de la propriété incorporelle a suscité de vives controverses sur sa réelle nature. Il a fallu répondre à un certain nombre de questions : La propriété incorporelle est-elle à proprement parler une propriété ? La notion de propriété s'accommode-t-elle de l'incorporalité ou devrait-on trouver un terme qui sied le mieux aux biens incorporels ?

65. En effet, la propriété est l'instrument unique de l'appropriation des choses dans le système du Code civil. Or, traditionnellement, elle était conçue comme un pouvoir direct et immédiat sur les seules choses matérielles[4]. Cette conception est un héritage historique du *dominium* romain dont on distinguait les *res corporales* des *res incorporales*. Les *res corporales* désignaient les choses objets d'un droit alors que les *res incorporales* étaient constitués des droits qu'il est possible d'avoir sur les choses (droits réels) ou à l'encontre des personnes (obligations)[5]. Pour les Romains, la propriété était matérialisée dans son objet corporel, raison pour laquelle elle ne figurait pas parmi les *res incorporales*.

66. La doctrine civiliste a conservé cette confusion entre le droit de propriété et l'objet matériel, support du droit[6]. Une explication peut être trouvée dans la relation entre la personne et la chose[7], le droit n'envisageant les biens qu'en considération de la personne qui, par eux, exerce ou peut exercer son activité. Ce qui explique l'inclusion du droit dans la catégorie des biens : les biens juridiques. La notion de bien juridique repose sur une conception bicéphale et

---

[1] Cass. com., 19 mai 1998, n° 96-16.252, *Bull. civ.* IV, n° 161 ; *JCP G* 1999, I, 118, obs. A. Viandier et J.-J. Caussain ; *D.* 1998, p. 551, note D.-R. Martin ; *D.* 1999, somm. p. 308, obs. M. Nicod ; *RTD civ.* 1999, p. 677, obs. J. Patarin.

[2] CHAZAL (J.-P.), « L'inscription des titres en compte constitue une présomption de propriété au profit du titulaire du compte », *RTD com*, 2003, p. 324.

[3] Cass. com., 10 juin 1997, n° 95-16.235, *Aubertin*, *Bull. civ.* IV, n° 186 ; *D.* 1999, p. 89, note H. Causse ; *BJS* 1997, p. 859, note J.-J. Daigre ; *Banque et Droit* 1997, n° 55, note H. de Vauplane.

[4] PLANIOL (M.) et RIPERT (G.), *Traité pratique de droit civil français*, t. 3, « Les biens », 2e éd., par M. Picard, n° 110, p. 113.

[5] OURLIAC (P.) et MALAFOSSE (J. de), *Droit romain et ancien droit français*, Paris, PUF, t. 2 : « Les biens », 1961, p. 4.

[6] GINOSSAR (S.), *Droit réel, propriété et créance : Elaboration d'un système rationnel des droits patrimoniaux*, Paris, LGDJ, 1960.

[7] ZENATI (F.), *Essai sur la nature juridique de la propriété : Contribution à la théorie du droit subjectif*, Thèse pour le doctorat d'Etat, Université Jean Moulin – Lyon, 1981, n° 36, p. 61.

désigne à la fois les choses matérielles sur lesquelles portent les droits, et les droits qui reposent sur elles[1]. Cette conception des biens, objet de la propriété, exclut l'idée que la propriété puisse porter sur un droit.

67. Mais, l'étroitesse de la conception traditionnelle a été remise en cause par une partie de la doctrine. D'après Bruno OPPETIT, ces concepts « manquent singulièrement de rigueur et de précision en la matière ; en effet, si l'on se refuse à parler de propriété, au sens technique du terme, à propos de biens incorporels (…), on admet pourtant que l'usufruit s'étend à tous les biens incorporels : c'est donc reconnaître que la propriété d'un bien incorporel peut être démembrée, alors qu'il est d'autre part bien établi qu'un tel bien n'est pas susceptible de propriété ! »[2].

68. À ce jour, la reconnaissance de la propriété des biens incorporels est indéniable. La doctrine moderne lui préfère généralement la notion de « titularité des droits » dans laquelle serait comprise celle de propriété[3]. On dira par exemple, qu'une personne est titulaire d'un droit de propriété ou d'un autre droit réel sur un bien.

69. Pourtant, analysée comme le siège de prérogatives reconnues depuis le droit romain, la propriété s'applique effectivement aux droits patrimoniaux. En effet, les attributs traditionnels de la propriété à savoir l'*usus*, le *fructus* et l'*abusus*, s'exercent sur ceux-ci, certes sous réserve de certaines nuances. L'usage des biens incorporels consiste en des actes d'exploitation par le propriétaire. S'agissant des fruits, ce dernier peut percevoir des intérêts (créances), des dividendes[4] (droits d'associés et valeurs mobilières), des royalties (propriété intellectuelle), des loyers (fonds de commerce). Ces revenus sont des fruits civils. Quant à l'*abusus*, le propriétaire d'un bien incorporel peut exercer sur son bien son pouvoir de disposition en le cédant à un tiers soit à titre gratuit, soit à titre onéreux.

70. Par ailleurs, les caractères classiques de la propriété (absolutisme, perpétuité, exclusivisme) s'appliquent à la propriété des biens incorporels même si cela nécessite parfois quelques adaptations. Le caractère absolu de la propriété traduit la suprématie du droit de propriété ; le propriétaire a sur son bien le pouvoir de tout faire. Ce caractère connaît cependant de nombreuses limites imposées par le droit contemporain. Dès lors, son application à la propriété des

---

[1] Sur le concept de bien juridique, lire : SEBBAN (G.), *Le bien juridique. Essai sur le système des droits patrimoniaux*, éd., Éditions Panthéon-Assas, coll. « Nouvelle recherche », 2023, 622 p. notamment pp. 45 et s.

[2] OPPETIT (B), « Le trust dans le droit du commerce international », *Rev. crit. D.I.P*, 1973, n° 1, p. 9.

[3] EMERICH (Y.), « Faut-il condamner la propriété des biens incorporels ? Réflexions autour de la propriété des créances », *Les Cahiers de droit*, vol. 46, n° 4, 2005, p. 923.

[4] Pour la Cour de cassation française, « les dividendes participent de la nature des fruits », Cass. com., 23 oct. 1984, *Caillol c/ Molinier*, n° 82-12.386, *Bull. civ.* IV, n° 281, *Rev. sociétés.* 1986, p. 97, note J.-J. Daigre ; *RTD civ.* 1986, p. 165, obs. J. Patarin ; *Defrénois* 1985, art. 33629, p. 1384, obs. J. Honorat ; Cass. com., 23 oct. 1990, *Directeur général des impôts c/ François M.*, n° 89-13.999, *Bull. civ.* IV, n° 247, *D.* 1991, p. 173, note Y. Reinhard ; *RTD civ.* 1991, p. 361, obs. F. Zenati ; *JCP E* 1991, II, p. 97, obs. M. Marteau-Petit.

biens incorporels comme des biens corporels se vérifie à travers l'*usus*, le *fructus* et l'*abusus*.

71. S'agissant de l'exclusivisme, il se vérifie en ce que le propriétaire du bien incorporel a le monopole sur son bien. Le propriétaire a le droit de s'opposer à ce que les tiers n'empiètent sur son bien sans qu'il soit nécessaire de se demander si cet empiètement lui cause un préjudice ou non. La doctrine déclarait alors « qu'il est de l'essence de la propriété d'appartenir à un seul »[1]. Le caractère exclusif revêt une valeur particulière en matière de propriété incorporelle et, plus précisément, en matière de propriété industrielle. Dans ce domaine, l'exclusivité ou le droit exclusif d'exploitation est un privilège sur un brevet, une marque de produits ou de services, etc. qui nécessite au préalable le dépôt ou l'enregistrement du droit. Ces actes marquent le début d'une protection qui est délimitée dans le temps et dans l'espace. Pendant la durée du monopole, nul ne peut, sans l'accord explicite et non équivoque du propriétaire, s'approprier le droit protégé.

72. La limitation de la propriété incorporelle dans le temps et dans l'espace montre que la perpétuité connaît une application particulière lorsque la propriété s'applique aux biens incorporels. Contrairement à la propriété des choses corporelles qui est perpétuelle et peut même être oisive, la propriété des biens incorporels comporte généralement un terme extinctif. Tantôt elle est assortie d'une date d'expiration (cas des brevets d'invention, par exemple), tantôt le non-usage du bien peut conduire à la disparition du droit de propriété (cas de la marque). En revanche, alors que pour les choses corporelles, la perpétuité est limitée par la durée d'existence du bien (une partie de la doctrine lui préfère de ce fait le terme de « permanence »), l'auteur jouit durant sa vie du droit exclusif d'exploiter son œuvre sous quelque forme que ce soit et d'en tirer un profit pécuniaire. À son décès, ce droit persiste au bénéfice de ses ayants droit pendant l'année en cours et les cinquante (50) années qui suivent[2].

73. Le caractère perpétuel du droit de propriété apparaît donc comme essentiellement contingent. Ce qui nécessite de l'analyser au cas par cas surtout en matière incorporelle où l'on retrouve un ensemble disparate de biens.

Section 2. Les biens incorporels déterminés par le Code civil

74. D'après le Code civil, la loi peut désigner tel bien comme étant un meuble. On en dit que c'est un meuble par détermination de la loi. L'article 529 en énumère certains de façon non exhaustive, en ces termes : « sont meubles par détermination de la loi, les obligations et actions qui ont pour objet des sommes

---

[1] Motion de M. le vicomte de Mirabeau concernant la propriété des biens ecclésiastiques, lors de la séance du 30 octobre 1789 ; Cité par MALAFOSSE (J. de), *Histoire des institutions et des régimes politiques, de la Révolution à la IVe République*, Paris, Montchrestien, coll. « Collection université nouvelle », 1975, 357 p. notamment p. 21 ; lire aussi : TARLET (F.), « Les origines du patrimoine culturel », *Dr. adm.*, n° 6, 2024, comm. 63.

[2] Art. 26 de l'Annexe VII de l'Accord de Bangui (révisé le 14 décembre 2015 à Bamako) relative à la propriété littéraire et artistique.

exigibles ou les effets mobiliers, les actions ou intérêts dans les compagnies de finance, de commerce ou d'industrie (...). Ces actions ou intérêts sont réputés meubles à l'égard de chaque associé seulement, tant que dure la société ». Si le Code civil désigne ainsi clairement les créances (§ 1), il adopte néanmoins une appréhension rudimentaire des droits d'associés et des valeurs mobilières qui, depuis lors, ont connu une nette évolution (§ 2). C'est en dehors du Code, à travers des textes spécifiques, en l'occurrence le droit uniforme OHADA, que le régime juridique de ces biens incorporels est véritablement déterminé.

§ 1. Les créances

75. Dans une formulation aussi bien désuète qu'incomplète, l'article 529 susvisé s'intéresse en premier lieu aux « (...) obligations et actions qui ont pour objet des sommes exigibles ou les effets mobiliers (...) ». Les actions mobilières dont il s'agit sont celles qui se rapportent à une chose elle-même réputée meuble, comme l'action en paiement d'une somme d'argent ou l'action en exécution d'une obligation de faire ; ce qui donne une idée de la place considérable qu'elles occupent dans la pratique. Cependant, alors qu'en matière immobilière les actions personnelles sont les plus rares, c'est sans conteste l'action réelle mobilière qui se rencontre le moins. Le Code civil reconnaît la qualification de meubles à toutes les créances de sommes d'argent. Même s'il précise le caractère exigible des sommes d'argent, rien n'exclut qu'il puisse s'agir de créances à terme, l'article 529 opposant tout simplement les créances ordinaires aux rentes qu'il envisage par la suite à son alinéa 2. En réalité, sont visées toutes les créances de sommes d'argent au sens d'un capital que le créancier peut exiger, à la différence des rentes pour lesquelles le créancier ne peut réclamer un capital puisque celui-ci est transformé en revenus[1]. L'admission des créances au rang des droits de propriété incorporelle (A) invite de tenir compte de leurs atouts dans les échanges (B), toute chose qui rend opportun l'analyse du régime de leur cession (C).

A-L'admission de la propriété des créances

76. Pour la conception traditionnelle, la créance incarne le prototype même du droit personnel tandis que la propriété représente le droit réel par excellence. La propriété des créances serait une construction irrationnelle au regard de la distinction classique des droits patrimoniaux en droits réels et en droits personnels. Comment comprendre qu'un droit réel, lien entre les personnes et les choses, puisse porter sur un droit personnel alors que le droit ne saurait être en même temps un objet de droits[2] ? En effet, la créance consiste en un lien interpersonnel soumis au régime du droit des obligations. Le droit romain

[1] PLANIOL (M.) et RIPERT (G.), *Traité pratique de droit civil français*, t. 3, « Les biens », 2e éd., par M. Picard, n° 110, p. 113.

[2] ZENATI (F.), *Essai sur la nature juridique de la propriété : Contribution à la théorie du droit subjectif*, Thèse de doctorat, Université de Lyon, 1981, n° 36, p. 61 ; voir aussi SCABORO (R.), « Le droit de propriété, un droit absolument relatif », *in Droit et Ville*, n° 76, 2013, p. 237.

primitif concevait l'obligation comme étant un lien personnel et formaliste dominé par l'intransmissibilité aussi bien de la créance que de la dette[1].

77. Mais, il a fallu dépasser cette intransmissibilité et se rendre à l'évidence que les créances sont véritablement des biens susceptibles d'appropriation. Considérer qu'une créance puisse être cédée[2], c'est reconnaître le transfert à autrui d'un meuble incorporel, objet d'un droit de propriété[3]. La reconnaissance des créances comme des biens et par conséquent de la propriété dont elles peuvent faire l'objet, est consacrée par l'article 529 du Code civil de 1804. Dans l'espace OHADA, la circulation des créances est régie par des textes particuliers[4] avec l'intervention majeure du droit uniforme qui évoque clairement la « propriété (des créances) cédée à titre de garantie »[5].

B-Les mécanismes de circulation des créances

78. Le droit OHADA organise la circulation des créances entre vifs ou à cause de mort. La continuation de la personne du défunt est l'idée qui a justifié la transmission à l'héritier des obligations du défunt, actives et passives, sauf si elles étaient viagères. Entre vifs, la cession de créance est une convention par laquelle une personne, le cédant, transmet sa créance à une autre, le cessionnaire. Quant au débiteur cédé, il ne participe pas à l'opération, il la subit. Tout au plus, il peut être avisé de l'existence de la cession de créance par une notification[6]. La cession de créance peut avoir pour effet une transmission de droit, un paiement ou la constitution d'une sûreté[7].

79. D'abord, la transmission de droit représente la fonction translative de la cession de créance. Dans ce cas, la cession est tournée vers l'avenir, l'objet étant une créance non encore échue. La transmission peut se faire à titre gratuit ou à titre onéreux. En cas de transmission à titre gratuit, le cédant fait tout simplement une libéralité au cessionnaire. Dans la seconde hypothèse, il s'agit d'une opération de spéculation qui permet au cédant de se procurer tout de suite de l'argent, et au cessionnaire d'attendre un bénéfice puisqu'il exercera à terme sa créance pour son nominal alors qu'il l'a acquise pour un montant moindre. En application de la fonction translative de la cession de créance, le sous-acquéreur peut se prévaloir contre le vendeur initial des droits transférés

---

[1] BONFANTE (P.), *Histoire du droit romain,* Librairie du Recueil Fournier, 3e éd., t. 1, 1928, p. 489.

[2] Art. 1689 à 1701 du Code civil de 1804.

[3] FRANÇOIS (J.), « Les créances sont-elles des biens ? », *in* Liber Amicorum Christian Larroumet, Economica, 2010, p. 149.

[4] Loi sénégalaise n° 63-62 du 10 juillet 1963 entrée en vigueur le 15 janvier 1967 portant Code des obligations civiles et commerciales (COCC). Encore appelé le « père des codes africains », le COCC rassemble dans une réglementation unique toutes les obligations civiles et commerciales de droit moderne et de droit coutumier ; voir NDIAYE (I.-Y.) et *al., Code des obligations civiles et commerciales du Sénégal (COCC). Cinquante après*, L'Harmattan, coll. « Études africaines », vol. 2, 2018, pp. 10 et s.

[5] Voir le titre 2 (chap. 3 - section 2) de l'Acte uniforme OHADA organisant les sûretés (AUS).

[6] Art. 84 de l'AUS.

[7] MALAURIE (P.), AYNES (L.) et STOFFEL-MUNCK (P.), *Droit des obligations*, Paris, LGDJ, coll. « Droit civil », 12e éd., 2022, p. 906.

par le vendeur intermédiaire ; de même que dans le cadre d'un crédit-bail, le locataire dispose d'une action résolutoire transférée par le crédit-bailleur contre le fournisseur.

80. La cession de créance peut ensuite avoir une fonction de paiement lorsqu'elle produit un effet extinctif. En l'occurrence, comme la dation en paiement, la délégation ou la compensation conventionnelle, elle constitue un mode de paiement qui fait échapper son bénéficiaire au sort commun des créanciers. Si d'aventure le débiteur-cédant subit une procédure collective, le bénéficiaire obtiendra son paiement d'un tiers c'est-à-dire le débiteur cédé. C'est pourquoi la cession de créance réalisée pendant la période suspecte était considérée, suivant l'ancien article 68 de l'Acte uniforme portant organisation des procédures collectives d'apurement du passif, comme un paiement anormal, inopposable à la masse des créanciers. Mais, la réforme du 24 décembre 2015 intervenue en cette matière a opéré une ouverture en complétant cette disposition pour considérer comme normal tout autre mode de paiement « communément admis dans les relations d'affaires du secteur d'activité du débiteur ». Le législateur OHADA s'arrime ainsi à une « évolution souhaitée »[1], devancé en cela par la loi[2] et la jurisprudence françaises. En effet, la Cour de cassation française a considéré dans une affaire concernant un commerçant en redressement judiciaire que la Cour d'appel s'est déterminée « par un motif d'ordre général, sans rechercher si la société DUXAL (le solvens) établissait que dans les relations d'affaires du secteur professionnel de la construction considéré, le paiement des fournisseurs par la cession de créances que l'entrepreneur détient sur les maîtres d'ouvrages est communément admis »[3].

81. La cession de créance peut enfin être opérée à titre de sûreté. Il s'agit d'une cession fiduciaire. Dans le souci de développer la pratique du crédit dans l'espace OHADA[4], de faciliter le financement de l'économie et de contribuer à la compétitivité des entreprises, le législateur uniforme a introduit le mécanisme de la cession de créance à titre de garantie[5]. Ainsi, l'article 80 de l'Acte uniforme organisant les sûretés de 2010 (AUS) prévoit qu' « une créance détenue sur un tiers peut être cédée à titre de garantie de tout crédit consenti par une personne morale nationale ou étrangère, faisant à titre de profession habituelle et pour son compte des opérations de banque ou de crédit ». Cette sûreté est similaire à

---

1 SAWADOGO (F. M.), *Commentaire sous l'ancien article 68*, *in OHADA – Traités et actes uniformes commentés et annotés* – Juriscope, 2002, p. 873 ; JEANTIN (M.), « La cession de créance en période suspecte », *D.* 1980, chr., 309 ; LOTTI (B.), « La nouvelle cession de créance, entre droit commun et régimes spéciaux », *RTD com*, 2019, p. 581.

2 Loi française du 25 janvier 1985, art. 107 (4°) - art. L. 621-107 (nouveau) du Code du commerce.

3 Cass. com., 30 mars 1993, n° 91-15.931, *Bull. civ.* IV, n° 130 ; *D.* 1993. Somm. 320, obs. A. Honorat ; *RTD civ.* 1993, p. 582, obs. J. Mestre ; *RTD com.* 1994 p. 372, obs. A. Martin-Serf ; *JCP E* 1993, p. 453 , obs. Y.

4 KENFACK DOUAJNI (G.), « Les nouvelles sûretés introduites dans l'Acte uniforme sur les sûretés adopté le 15 décembre 2010 », *Revue de l'ERSUMA*, n° spécial, 2011, pp. 81-86.

5 FORBIN (Th.), « L'utilisation du mécanisme de transfert fiduciaire d'une somme d'argent en droit OHADA dans le cadre des contrats d'exploitation pétrolière », *Aspects juridiques*, 2019, p. 1.

la cession Dailly[1] en droit français dans la mesure où le concessionnaire est forcément un établissement de crédit. En dehors de ce domaine particulier, les créances peuvent être affectées en garantie sous la qualification de « nantissement » qui apparaît comme le droit commun en la matière.

82. Le nantissement de créance est l'affectation d'une créance, présente ou future, en garantie d'une ou de plusieurs créances, présentes ou futures, sous réserve de leur suffisante identification. En tout état de cause, l'affectation d'une créance en garantie a pour but de garantir le paiement de la créance du bénéficiaire de sûreté (le créancier nanti ou l'établissement fiduciaire). Le dénouement de l'opération dépend de l'attitude du débiteur. S'il exécute son obligation, le créancier doit lui restituer la créance nantie ou cédée, ou les deniers encaissés au cas où le tiers les a payés. Si le débiteur est défaillant, le créancier se fera payer grâce à la créance nantie ou cédée.

C-Le régime juridique de la cession de créance

83. La cession de créance est une transaction mobilière dans la mesure où la créance a, quel que soit son objet, une nature mobilière. Elle est rattachée à la catégorie des « meubles par détermination de la loi » instaurée par l'article 529 du Code de 1804. Est ainsi considérée comme mobilière, la créance résultant du prix de vente d'un immeuble[2], de même que celle résultant d'une promesse unilatérale de vente, vectrice d'une obligation de faire et non de donner[3]. Par conséquent, est compétent pour connaître du contentieux de la cession de créance, le tribunal du domicile du débiteur et non du lieu de situation de l'immeuble eu égard à la nature mobilière de l'action en exécution du créancier. Ce qui nous amène à évoquer les conditions (1) et les effets de la cession de créance (2).

1- Les conditions de la cession de créance

84. Les conditions de la cession de créance doivent être analysées sur le fond et sur la forme. Sur le fond, toutes les créances peuvent être cédées, qu'elles soient « présentes ou futures, à condition [qu'elles] soient déterminées ou déterminables »[4]. Il peut donc s'agir de créances échues ou même de créances à terme ou conditionnelles. Mais, pourrait-il s'agir d'une créance éventuelle, le rapport juridique substratum de la créance n'étant pas encore formé au moment de la cession ? La difficulté réside dans l'identification de la créance de manière à la rendre déterminable et susceptible d'être appréciable quant à sa consistance. Sont cessibles les créances issues d'un contrat successif, qui deviendront exigibles postérieurement à la cession (par exemple, les loyers).

---

[1] La cession par voie de bordereau ou « cession Dailly » a été introduite en droit français par la loi n° 81-1 du 2 janvier 1981 facilitant le crédit aux entreprises, modifiée par la loi n° 84-46 du 24 janvier 1984 (aujourd'hui codifiée aux articles L. 313-23 et s. du Code monétaire et financier).

[2] CA Poitiers, 21 mai 1906, *DP*, 1909, 2, p. 209.

[3] Cass. civ. 2e, 23 oct. 1991, n° 90-15.019, *Bull. civ.* 1991, II, n° 270.

[4] Art. 125 de l'AUS.

85. Les créances purement éventuelles sont incessibles. Sont également incessibles les créances que la loi a réservées à leurs titulaires pour les protéger contre les actes par lesquels ils s'en dépouilleraient : la créance alimentaire, la créance de salaires jusqu'à concurrence de la quotité insaisissable. Les parties peuvent convenir qu'une créance sera incessible ; elles peuvent aussi subordonner la cession à l'agrément par le débiteur cédé. Cependant, en raison de l'utilité de la circulation des créances dans le monde des affaires, « l'incessibilité de la créance ne peut être opposée au cessionnaire par le débiteur cédé lorsqu'elle est de source conventionnelle et que la créance est née en raison de l'exercice de la profession du débiteur cédé ou se trouve en rapport direct avec l'une de ses activités professionnelles, même si celle-ci n'est pas principale »[1].

86. Sur la forme, la cession de créance est un acte solennel. Elle doit être constatée par écrit. L'écrit est une formalité *ad validitatem* puisqu'elle est exigée à peine de nullité[2]. L'Acte uniforme organisant les sûretés prévoit des mentions obligatoires que doit comporter l'écrit à savoir le nom ou la dénomination sociale du cédant et du cessionnaire, la date de la cession et la désignation des créances garanties et des créances cédées ou nanties. Si ces créances sont futures, l'acte doit permettre leur individualisation ou contenir des éléments permettant cette identification tels que l'indication du débiteur, le lieu de paiement, le montant des créances ou leur évaluation et leur échéance.

87. Avant la réforme de 2010 sur les sûretés, la cession de créance était régie par le Code civil de 1804. Un formalisme d'opposabilité était imposé aux parties par l'article 1690 dudit Code, lequel énonçait que « le cessionnaire n'est saisi à l'égard des tiers que par la signification du transport faite au débiteur. Néanmoins, le cessionnaire peut être également saisi par l'acceptation du transport faite par le débiteur dans un acte authentique ». Les deux formalités laissées en option aux parties leur permettaient de rendre la cession de créance (transport de créance dans l'ancienne appellation) opposable aux tiers.

88. Avec l'intervention de l'AUS révisé, le législateur uniforme opte pour un double formalisme afin que la cession soit opposable au débiteur de la créance cédée ou nantie et plus généralement aux tiers. Le contrat de cession opère donc transfert de créance entre les parties à la date de sa conclusion indépendamment de son caractère présent ou futur et quelle que soit la date de naissance, d'échéance ou d'exigibilité de la créance cédée ou nantie.

89. En effet, la cession de créance opère transfert d'un droit personnel qui se réalise par l'établissement d'un lien entre le débiteur cédé, non partie à la cession, et le cessionnaire. Classiquement, trois procédés concourent à l'établissement de ce lien : le consentement du débiteur, sa saisine ou son information. Lorsque le consentement du débiteur est requis comme ce fut le cas dans le système du droit romain primitif, le mécanisme s'apparente à une novation par changement de créancier qui suppose l'acceptation du débiteur.

---

[1] Art. 80 al. 2 de l'AUS.

[2] Art. 81 (cession de créance à titre de garantie) et 127 (nantissement de créance) de l'AUS.

Or, la cession de créance n'est pas une novation puisqu'il n'y a pas changement de créance mais seulement changement de créancier ; il n'y a pas création d'une créance nouvelle du cessionnaire contre le débiteur cédé, mais un transfert au cessionnaire de la créance du cédant contre le débiteur cédé.

90. Quant au procédé de la saisine du débiteur cédé, elle consiste à investir le cessionnaire du droit qu'avait le cédant contre le débiteur cédé. Appliqué dans le système de l'Ancien droit en matière de vente, elle était destinée à conférer au cessionnaire la maîtrise de la créance et se constituait par signification au débiteur cédé afin d'établir un lien de droit entre ce dernier et le cessionnaire.

91. S'agissant du procédé de l'information adopté par le droit romain impérial avec Justinien, il vise à avertir le débiteur cédé du changement de créancier afin qu'il puisse payer efficacement. Ce procédé est celui choisi par le législateur OHADA qui, à l'effet d'opposabilité de la cession ou du nantissement de créance au débiteur, exige que l'opération lui soit notifiée par écrit ou qu'il intervienne à l'acte. La notification par écrit vise à informer solennellement le débiteur du changement de créancier. De même que son intervention éventuelle à l'acte fait présumer que ce dernier a, sans ambiguïté, connaissance de ce que le cessionnaire est désormais son nouvel interlocuteur. À défaut de cette information, seul le cédant ou le constituant reçoit valablement paiement de la créance cédée ou nantie[1]. *A contrario*, si malgré l'information du débiteur ce dernier venait à payer au cédant, le paiement ne serait pas libératoire et par conséquent il s'exposerait au risque de payer deux fois.

92. Le législateur OHADA rompt ainsi avec le Code civil qui, pour sa part, faisait obligation au cessionnaire d'informer le débiteur cédé par signification (il lui revenait alors de prévenir les tiers), sauf acceptation de la cession par celui-ci par acte authentique. Il a toutefois conservé, dans le cadre de la cession de créance à titre de garantie, la faculté pour le débiteur professionnel[2] de s'engager à payer directement en acceptant la cession. Il requiert une formule standard en guise d'intitulé de l'écrit devant constater cet engagement : « Acte d'acceptation d'une cession de créance à titre de garantie ».

93. À l'égard des tiers, la cession ou le nantissement de créance leur est opposable non à la date de l'acte mais à compter de son inscription au Registre du Commerce et du Crédit Mobilier (RCCM) quelle que soit la loi applicable à la créance et la loi du pays de résidence de son débiteur. En dehors du débiteur cédé, les tiers sont les ayants cause à titre particulier du cédant. Ce sont les personnes ayant acquis un droit sur la créance, lequel se trouve être en concurrence avec celui du cessionnaire. Il peut s'agir des cessionnaires successifs de la même créance ou bien des créanciers saisissants (saisie-attribution) ou encore de l'ensemble des créanciers en cas d'ouverture d'une

---

[1] Art. 84 al. 2 et 132 al. 2 de l'AUS et art. 1240 du Code civil de 1804 qui énonce que « le paiement fait de bonne foi à celui qui est en possession de la créance est valable, encore que le possesseur en soit par la suite évincé ».

[2] L'article 3 de l'AUS considère comme débiteur professionnel tout débiteur dont la dette est née dans l'exercice de sa profession ou se trouve en rapport direct avec l'une de ses activités professionnelles, même si celle-ci n'est pas principale.

procédure collective contre le cédant. Ils ont un intérêt évident, car par l'opposabilité, les droits du cessionnaire prennent date certaine et pourraient devenir préférables à leurs propres droits. L'intérêt de l'inscription de la cession ou du nantissement de créance au RCCM instituée par l'AUS est qu'elle empêche les risques de fraude qui consisterait pour le cédant et le cessionnaire à s'entendre pour antidater la cession ou le nantissement en vue de rendre l'opération opposable au véritable cessionnaire ou au créancier saisissant.

2- Les effets de la cession de créance

94. La cession opère transfert de créance du cédant au cessionnaire. Celui-ci devient le nouveau titulaire de la créance cédée. Le débiteur peut lui opposer toutes les exceptions qu'il pouvait invoquer contre le cédant et qui ont leur cause dans le contrat générateur de la créance (exemple, nullité de la créance cédée, exception d'inexécution). Quant aux exceptions fondées sur ses rapports personnels avec le cédant (paiement, remise de dette, modification de la dette, prorogation du terme), étant donné qu'à compter de la date de la cession, le cédant ne peut, sans l'accord du cessionnaire, modifier l'étendue des droits attachés à la créance cédée, le débiteur ne peut en principe les opposer au cessionnaire. Exceptionnellement, il pourra le faire si elles sont nées avant que la cession ne lui soit devenue opposable ou si le cessionnaire, en acquérant ou en recevant la créance, a agi sciemment au détriment du débiteur[1].

95. La créance cédée ou nantie peut ne pas correspondre exactement à l'étendue ou à l'échéance de la créance garantie. Ainsi, la cession de créance peut être partielle et donc porter sur une fraction de la créance cédée ou nantie, sauf si celle-ci est indivisible. Dans ce cas, le cédant et le cessionnaire sont deux créanciers du même débiteur ; ils ont des droits égaux et concourent entre eux au marc le franc. Il peut y avoir décalage entre les échéances des deux créances considérées. L'AUS prévoit par conséquent que si l'échéance de la créance nantie est antérieure à l'échéance de la créance garantie, le créancier nanti conserve les sommes à titre de garantie sur un compte ouvert auprès d'un établissement habilité à les recevoir, à charge pour lui de les restituer au constituant si l'obligation garantie est exécutée. En cas de défaillance du débiteur de la créance garantie et huit jours après une mise en demeure restée infructueuse, le créancier nanti affecte les fonds au remboursement de sa créance, dans la limite des sommes impayées. À l'inverse, si l'échéance de la créance garantie est antérieure à l'échéance de la créance nantie, le créancier peut se faire attribuer, par la juridiction compétente ou dans les conditions prévues par la convention, la créance nantie ainsi que tous les droits qui s'y rattachent. Le créancier nanti peut également attendre l'échéance de la créance nantie.

96. La créance est transmise avec ses caractères : civil ou commercial. Elle l'est également avec ses accessoires à moins que les parties n'en conviennent

[1] Art. 85 al. 2 *in fine* de l'Acte uniforme OHADA du 15 décembre 2010 portant Organisation des sûretés (AUS).

autrement. Par accessoires, il faut entendre les sûretés, les intérêts, le titre exécutoire, les actions en justice se rapportant à la créance telles que l'action paulienne de même que les clauses relatives au traitement des litiges comme la clause compromissoire.

97. Le cédant a l'obligation d'informer le cessionnaire sur les déconvenues auxquelles l'expose l'acquisition de la créance afin que ce dernier s'engage en connaissance de cause. Bien que le législateur OHADA ne le précise pas expressément, le cédant garantit de plein droit l'existence de la créance au moment de la cession. Il garantit qu'à ce moment il est créancier du débiteur cédé, que la créance est valable et que le débiteur n'a pas d'exception à faire valoir. Cette garantie s'étend aux accessoires de la créance tels qu'énumérés ci-dessus. Le cédant ne garantit pas les circonstances postérieures à la cession telles que la solvabilité du débiteur. Les parties peuvent, dans leur convention de cession, aménager la garantie soit pour la restreindre soit pour l'élargir. Dans cette dernière hypothèse, le cédant peut notamment garantir la solvabilité présente et future du débiteur à travers une « clause de fournir et faire valoir ». Mais, un tel engagement est, à peine de nullité, limité à concurrence du prix de la cession. Cette réglementation sur la garantie des cessions de créances concilie la tendance spéculative de l'une des parties avec la sécurité juridique de l'autre comme en matière de valeurs mobilières.

§ 2. Les valeurs mobilières et droits d'associés

98. Envisagés de façon imprécise à l'article 529 du Code civil, les droits d'associés et les valeurs mobilières sont des biens meubles incorporels qui sont compris dans le patrimoine de l'associé « tant que dure la société » et que demeure sa qualité d'associé. En effet, les parts sociales et les actions, en tant qu'elles correspondent à des droits personnels, droits de créance comprenant des prérogatives d'ordre financier (droit aux dividendes et au boni de liquidation) et extra-financier (droit à l'information, droit de vote...), doivent être rangées dans la catégorie des meubles incorporels. Par ailleurs, parce qu'il s'agit de biens abstraits, elles se distinguent des biens qui sont dans le patrimoine de la société. Le fait que cette dernière soit propriétaire d'immeubles est donc indifférent à leur qualification mobilière. L'on en déduit notamment que l'action en rescision pour lésion, prévue pour la vente d'immeuble, ne peut être exercée par l'associé cédant[1] ; l'associé cédant n'est pas, pour les mêmes raisons, tenu de la garantie des constructeurs[2] ; la saisie de ces parts ou actions doit suivre les règles applicables en matière mobilière[3] ; et enfin, fiscalement, les cessions d'actions ou de parts sociales ne sont pas soumises aux droits de mutation applicables en matière immobilière.

---

[1] Cass. civ. 3e, 9 avr. 1970, *D.* 1970, p. 726 ; *JCP G* 1971, II, 16925, note M. Petot-Fontaine.

[2] Cass. civ. 3e, 23 oct. 1974, *Defrénois* 1975, art. 30857, p. 233, obs. E. Morin ; *RTD com.* 1975, p. 326, obs. C. Saint-Alary.

[3] Cass. civ. 3e, 15 mai 1970, *Bull. civ.* III, n° 340 ; Cass. civ. 2e, 27 oct. 1971, n° 70-12.075, *Bull. civ.* n° 288, p. 210 ; *D.* 1972, *jurispr.* p. 473, note M. Donnier.

99. Dans l'espace OHADA, la législation a connu dans ce domaine une nette évolution avec la réforme du droit des sociétés commerciales du 30 janvier 2014 et l'intervention des autorités régionales chargées d'organiser les marchés financiers dans l'UMOA et la CEMAC. Compte tenu du dynamisme et de l'attrait dont elles bénéficient dans les milieux d'affaires, les valeurs mobilières connaissent une modernisation législative qui sera exclusivement développée dans ce paragraphe. Mais, notons que les droits sociaux désignent les droits détenus par les associés dans les sociétés de personnes. Devraient y être associées les parts sociales émises par les SARL en raison de l'importance de l'*intuitu personae* qui affecte leur régime. Il sera donc question d'évoquer la clarification du contenu (A), la flexibilité (B) et la dématérialisation des valeurs mobilières (C).

A-Le contenu des valeurs mobilières

100. La notion et les catégories de valeurs mobilières sont précisées par les textes uniformes et régionaux dans l'espace géographique étudié. L'article 111 du Règlement général relatif à l'organisation, au fonctionnement et au contrôle du marché financier régional de l'UMOA définit de manière autonome les valeurs mobilières en stipulant que « sont considérées comme valeurs mobilières pour l'application du présent Règlement général, les titres émis par les personnes morales publiques ou privées, transmissibles par inscription en compte ou par tradition, qui confèrent des droits identiques par catégorie et donnent accès directement ou indirectement a une quotité de capital de la personne émettrice, à un droit de créance général sur son patrimoine ». En des termes similaires, l'article 744 alinéa 4 de l'Acte uniforme relatif au droit des sociétés commerciales et du groupement d'intérêt économique (AUSCGIE) précise que « les valeurs mobilières confèrent des droits identiques par catégorie et donnent accès directement ou indirectement à une quotité du capital de la société émettrice, ou à un droit de créance général sur son patrimoine (…) ». L'avantage de la similitude des définitions tient en la possibilité de mettre en cohérence des textes qui peuvent s'avérer concurrents.

101. La compatibilité est privilégiée par l'AUSCGIE qui retient que les valeurs mobilières comprennent les titres de capital et les titres de créances autres que les titres du marché monétaire. Ceux-ci peuvent obéir à des règles qui leur sont propres. Il faut y associer les contrats financiers ou instruments financiers à terme dont les conditions sont fixées par l'autorité compétente de chaque État-partie.

102. La notion de titre se définit sous le double aspect de titre de capital et de titre de créance. Le titre de capital peut désigner des actions ordinaires ou des actions de préférence et correspond à un droit de propriété sur une partie du capital de la société émettrice. En plus du droit aux dividendes qui revient à l'actionnaire, le droit de vote octroyé par le titre de capital dans les assemblées générales d'actionnaires permet de participer au processus de décision et à la vie de la société.

103. Le titre de créance, quant à lui, désigne les titres participatifs, les titres subordonnés et de façon générale, tous les autres titres, simples ou composés exclusivement représentatifs d'une dette de la société émettrice. Le titre de créance représente ainsi une part d'un emprunt obligataire émis par la société sur une échéance déterminée. Il donne droit au remboursement de créance selon les conditions d'émission. Comme les titres de capitaux, les titres de créance sont négociables suivant des conditions librement aménagées dans le contrat d'émission.

B-La flexibilité des valeurs mobilières

104. Avant la révision de l'AUSCGIE, les textes étaient peu diserts sur les formes complexes de valeurs mobilières. Cette frilosité a suscité des débats doctrinaux[1] tout en présentant un risque d'insécurité pour les praticiens.

105. En vue de faciliter le financement des sociétés de capitaux, la révision du droit des sociétés OHADA introduit les valeurs mobilières composées (1) et clarifie le régime des valeurs mobilières subordonnées (2). Ces innovations sont une réponse aux besoins d'adaptation et de sécurisation des instruments juridiques complexes exprimés par les acteurs des marchés financiers réglementés de l'espace OHADA. Outre les règles communes à toutes les valeurs mobilières, ces instruments sont soumis à des règles spécifiques. Ils sont réservés aux sociétés anonymes et aux sociétés par actions simplifiée (SAS)[2].

1- Les valeurs mobilières composées

106. Les valeurs mobilières composées sont celles qui donnent accès au capital ou donnent droit à l'attribution de titres de créance. Il y a lieu de parler de titres primaires et de titres secondaires. En effet, les titres primaires sont des titres de capital ou des titres de créance émis par la société, qui donnent droit ou accès à des titres secondaires. Un titre secondaire peut consister en un titre capital ou en un titre de créance.

107. L'accent a été mis sur l'autonomie de la volonté à travers la consécration d'un principe de liberté de création de combinaisons multiples[3]. Le législateur OHADA n'a pas voulu restreindre cette liberté par l'établissement d'une liste de combinaisons exhaustive mais a laissé à l'ingénierie financière de pouvoir trouver des solutions précises à des cas concrets[4]. Ainsi, c'est dans le contrat

---

[1] Dans leur commentaire sous l'ancien article 744, les professeurs Paul-Gérard POUGOUE, Josette NGUEBOU-TOUKAM et François ANOUKAHA soutenaient déjà que « les SA peuvent créer d'autres valeurs mobilières dont le régime est laissé à la libre appréciation des parties, notamment des obligations subordonnées » (OHADA – Traités et Actes Uniformes commentés et annotés – Juriscope, 2002, p. 498).

[2] L'article 853-3 rend applicable aux SAS le régime des SA, à l'exception des articles 751 à 753 sur le droit de vote dont le régime est propre aux SAS.

[3] BETOE-BI-EVIE (O.), *Pour une promotion de la liberté contractuelle en droit OHADA des sociétés*, thèse de doctorat en droit privé, Université d'Aix-Marseille, 2014, 459 pp notamment pp. 18 et s.

[4] S'appuyant sur la place de la liberté contractuelle dans le régime des obligations, le professeur ISSA-SAYEGH concluait déjà à la possibilité pour les acteurs de mettre en place des obligations

d'émission que sont prévues les modalités de passage du titre primaire au titre secondaire. Ce passage peut consister en un droit de conversion, d'échange, de remboursement, voire l'exercice d'un bon de souscription (exemple, bons de souscription d'actions, bons de souscription d'obligations). Le contrat d'émission détermine également dans quelle mesure la qualité initiale reconnue au détenteur du titre primaire pourra être perdue ou maintenue lors du passage au titre secondaire. De même, le contrat d'émission peut comporter une clause d'indissociabilité qui prévoit que les titres primaires et les titres secondaires auxquels ils donnent droit ne pourront être cédés et négociés qu'ensemble. Cette indissociabilité permet d'éviter notamment que les titres peu rentables et moins attractifs ne soient délaissés au profit de titres à forte rémunération[1].

108. Par ailleurs, la liberté de création de combinaisons multiples s'étend aussi à l'émission de valeurs mobilières de sociétés d'un même groupe de sociétés[2]. Il est possible pour une SA ou une SAS d'émettre des valeurs mobilières composées donnant accès au capital de la société-mère de l'émetteur du titre primaire possédant directement ou indirectement plus de la moitié de son capital ; ou au capital de la filiale de l'émetteur du titre primaire possédée directement ou indirectement à plus de 50%. Pour sa mise en œuvre, l'émission doit être autorisée par l'assemblée générale extraordinaire de la société appelée à émettre ces valeurs mobilières et par celle de la société au sein de laquelle les droits sont exercés. Par conséquent, les deux sociétés devront statuer sur deux rapports de leurs organes sociaux et des commissaires aux comptes. À défaut de telles autorisations, l'émission est nulle[3].

109. En prévoyant que « les sociétés par actions peuvent émettre des valeurs mobilières donnant accès au capital »[4], l'AUSCGIE envisage visiblement que les valeurs mobilières composées résultent de l'émission d'actions nouvelles et participent de l'augmentation du capital social suivant des modalités simplifiées[5]. Cela est conforme à l'interdiction faite aux sociétés de racheter leurs propres actions sauf pour les annuler ou pour les attribuer gratuitement aux salariés ou dirigeants. De la même manière, les titres de capital ne peuvent être convertis ou transformés en titres de créance. Une telle mesure est de nature à empêcher la conversion de titres de capital en titres de créance, bénéficiant d'un meilleur rang, à l'approche d'une procédure collective.

---

convertibles en actions (« Réflexions sur l'émission d'obligations convertibles en actions dans le droit OHADA », *Ohadata* D-03-08).

[1] NOUVION (F.), « Les valeurs mobilières composées et les valeurs mobilières subordonnées », *Penant*, n° 887, 2014, p. 221.

[2] Art. 822-6 de l'Acte uniforme relatif au droit des sociétés commerciales et du groupement d'intérêt économique (AUSCGIE).

[3] GRANIER (T.), « Le renouvellement du droit des valeurs mobilières », Dossier : « Réforme du droits uniforme des sociétés des États membres de l'OHADA », *Journal des sociétés : mensuel du juriste et de l'entreprise*, n° 120, juin 2014 ; lire aussi BODIAN (Y.), « La saisie des droits d'associés et des valeurs mobilières dans le droit uniforme OHADA », *La Lettre juridique Lexbase*, n° 708, juillet 2017.

[4] Art. 822 (nouveau) de l'AUSCGIE.

[5] Art. 822-16 de l'AUSCGIE.

2- Les valeurs mobilières subordonnées

110. Les valeurs mobilières subordonnées ne sont pas nouvelles en droit des sociétés OHADA ; elles existaient déjà dans l'ancien Acte uniforme bien qu'à un état embryonnaire[1]. Il ressort de l'article 747-1 de l'AUSCGIE que lors de l'émission de valeurs mobilières représentatives de créances sur la société émettrice ou donnant droit de souscrire ou d'acquérir une valeur mobilière, il peut être stipulé que ces valeurs mobilières ne sont remboursées qu'après désintéressement des autres créanciers. Dans ces catégories de valeurs mobilières, il peut être également stipulé un ordre de priorité des paiements. Le droit OHADA admet donc l'émission d'obligations subordonnées et même super-subordonnées ainsi que les bons de souscription.

111. Les titres super-subordonnés sont des titres qui ne seront remboursés qu'après les autres créances ; ils établissent un droit de créance de dernier rang. En raison des risques élevés qu'ils présentent, ces titres de dette sont corrélativement assortis d'une rentabilité en principe supérieure à celle des titres de dette de meilleur rang. Ils sont émis à durée indéterminée et ont une rémunération annuelle généralement conditionnée par le paiement d'un dividende ou par la réalisation d'un résultat. Ils sont très souvent émis par des banques pour renforcer leurs capitaux propres. Mais, ils peuvent aussi être émis par des entreprises afin de renforcer la structure de leur bilan sans en affecter le capital social à l'inverse des autres outils hybrides d'accès au capital social tels que les actions de préférence qui ont pour effet de diluer celui-ci.

C-La dématérialisation des valeurs mobilières

112. Avant la réforme du droit des sociétés commerciales OHADA, les modalités de transmission des actions variaient selon qu'il s'agissait d'une société anonyme faisant ou non appel public à l'épargne. Pour une société anonyme ne faisant pas appel public à l'épargne, les actions étaient transmissibles par inscription sur les registres de la société lorsqu'elles étaient nominatives, ou par simple tradition lorsqu'elles étaient au porteur (application de la règle de l'article 2279 du Code civil de 1804, « en fait de meubles, possession vaut titre »). Quant aux sociétés anonymes faisant appel public à l'épargne, outre ces options, les actions nominatives ou au porteur pouvaient être représentées par une inscription dans un compte ouvert au nom du propriétaire et tenu soit par la société émettrice, soit par un intermédiaire financier agréé par le ministre chargé de l'économie et des finances de l'État-partie.

113. Désormais, l'article 744-1 de l'AUSCGIE fixe un régime juridique unifié quelle que soit la forme des valeurs mobilières ou de la société émettrice. Ce régime est caractérisé par un système unique de dématérialisation des valeurs mobilières qui consiste en leur inscription en compte au nom de leur propriétaire, la transmission s'opérant par virement de compte à compte. Ce

[1] Art. 822 de l'AUSCGIE alors applicable.

renouveau des valeurs mobilières dans l'espace OHADA remet au goût du jour les questions liées au transfert de propriété des titres. La problématique est d'actualité eu égard à l'évolution des techniques boursières, des procédures de règlement-livraison et des modes de représentation du titre.

114. Le transfert de propriété résulte d'une inscription des valeurs mobilières au compte-titre de l'acquéreur. Autrement dit, la valeur de l'inscription en compte va au-delà d'un simple moyen de preuve ou d'une simple mesure d'opposabilité ou de publicité. Elle représente la valeur mobilière elle-même. Le transfert de propriété ne s'opérant pas dès la négociation[1], il n'y a pas lieu de distinguer selon que l'opération est au comptant ou que le règlement est différé : le vendeur demeure propriétaire des titres jusqu'à l'inscription des valeurs mobilières au compte-titre de l'acquéreur.

115. L'inscription des valeurs mobilières est effectuée à la date convenue d'un commun accord par parties et notifiée à la société émettrice ou selon les règles fixées par les autorités de marché pour les valeurs mobilières admises aux opérations d'un dépositaire central ou livrées dans un système de règlement et de livraison agréé[2]. En effet, pour les valeurs mobilières cotées, le marché est seulement le lieu des engagements de faire et non celui dans lequel intervient l'échange ou le règlement des valeurs. Le système de règlement et de livraison interpose généralement une série d'intermédiaires entre le vendeur final et l'acquéreur final. Sa cohérence repose donc sur l'adéquation entre les titres émis par la société émettrice, les titres comptabilisés dans les livres du dépositaire central et les titres au porteur.

116. En général, la forme nominative s'impose principalement aux valeurs mobilières, la forme au porteur étant réservée aux valeurs mobilières admises aux négociations sur une bourse des valeurs ou aux opérations d'un dépositaire central. Ce constat fait penser que la poussée de l'immatérialité[3] aboutira inéluctablement à la disparition des titres au porteur, car finalement, nul ne peut plus « porter » un titre. Sur le plan pratique, la dématérialisation a pour avantage d'alléger le coût de la conservation et la sécurité juridique dans la circulation des titres.

117. Le titulaire du titre dispose à l'encontre de la société émettrice d'un droit de créance pour les titres de créance, ou d'un droit d'associé pour les titres de capital. Il existe un lien direct entre le titulaire de titres et la société émettrice,

---

[1] Le Tribunal de commerce de Paris (16 mars 1992, *affaire Perrier*) avait, face au silence de la loi, décidé que le transfert de propriété s'opérait dès la négociation. Mais cette solution posait problème car elle favorisait la création artificielle de titres et était contraire aux règles de pratique boursière.

[2] Dans une perspective de dématérialisation, l'article 111 alinéa 2 du Règlement général du Conseil régional de l'épargne publique et des marchés financiers (CREMAF) exige, à compter de l'application du règlement général, que toutes les nouvelles émissions et les titres cotés à la Bourse régionale des valeurs mobilières soient dématérialisés et conservés chez le dépositaire central/banque de règlement (sous réserve de l'instruction du CREMAF de 1998 habilitant les banques à tenir les comptes-titres).

[3] EMERICH (Y.), « Les biens et l'immatérialité en droit civil et en *common law* », *Les Cahiers de droit*, n° 2, vol. 59, 2018, p. 389.

que les titres soient détenus directement ou par l'intermédiaire d'un établissement teneur de compte[1].

118. Il se pose alors la question de la nature du droit du titulaire de compte à l'encontre du teneur de compte. En d'autres termes, quelle est la nature juridique du support dématérialisé en l'absence de tout titre physique dans le contexte de fongibilité qui caractérise notamment les valeurs mobilières cotées ?[2] Est-ce un droit réel ou un droit personnel ? Le consensus est trouvé relativement à la qualification de droit réel sur les valeurs inscrites en compte. D'après René ROBLOT, « le titulaire n'a pas réellement seulement contre l'émetteur ou l'intermédiaire habilité un droit de créance qui assujettit le teneur de comptes à un certain nombre d'obligations rigoureuses. Il a, par la valeur représentée par l'inscription, un droit qui se rattache à la catégorie des droits réels, par les pouvoirs qu'il confirme en vue de l'utilisation directe et immédiate et par son opposabilité absolue »[3]. La jurisprudence française retient, elle aussi, la qualification de droit réel lorsqu'elle considère que « (...) le titulaire du titre conserve un droit réel de propriété sur la valeur matérielle des titres faisant l'objet de l'inscription en compte, le seul effet de la dématérialisation du titre étant que la preuve de la détention du titre, lequel n'est plus, par lui-même, individualisé ou individualisable, n'est plus constituée par son support matériel mais par son inscription en compte qui est devenu l'élément déterminant ayant la force attachée, avant la dématérialisation des valeurs mobilières, à la possession du titre papier »[4].

119. En raison de la dématérialisation, il est exigé des sociétés par actions la tenue d'un registre de titres nominatifs contenant toutes les mentions relatives aux opérations de transfert, de conversion, de nantissement et de séquestre des titres. Qui plus est, les dirigeants ont l'obligation d'établir une déclaration attestant de la tenue conforme dudit registre. Cette déclaration doit figurer en annexe du rapport général annuel du commissaire aux comptes qui est lui-même chargé de constater l'existence du registre des titres nominatifs et de donner son avis sur sa tenue conforme[5].

120. En somme, le Code civil de 1804 a voulu la catégorie des meubles assez ouverte et flexible pour recevoir de nouveaux biens. Certes, une partie de la doctrine relève, pour en affirmer la désuétude, que la *summa divisio* des biens est une division qui se veut universelle alors qu'elle est inadaptée pour une grande

---

[1] BODIAN (Y.), « La saisie des droits d'associés et valeurs mobilières dans le droit uniforme OHADA », *La lettre juridique Lexbase*, n° 708, juillet 2017.

[2] Conseil national du crédit et du titre (France), *Problèmes juridiques liés à la dématérialisation des moyens de paiement et des titres. Annexe au rapport / Conseil national du crédit et du titre*, 1997, 2 vol., II-179, p. 283.

[3] ROBLOT (R.), *La dématérialisation des valeurs mobilières*, éd., Association nationale des sociétés par actions (ANSA), vol. 185, 1984, p. 158, spéc. n° 1 et s.

[4] CA Paris, 9e ch., 16 mars 1995 ; Cass. crim. 30 mai 1996, *Tuffier, Py, Souffrant, Thilloy, Spire*, n° 95-82.487, *Bull. crim.* 1996, n° 224 ; *Rev. soc.* 1996, p. 806, note B. Bouloc ; *Rev. sc. crim.* 1997, p. 129, obs. J. Riffault-Treca.

[5] Voir les articles 746-1 et 746-2 de l'Acte uniforme relatif au droit des sociétés commerciales et du groupement d'intérêt économique (AUSCGIE).

masse des richesses modernes. Les biens « incorporels absolus »[1], c'est-à-dire ceux qui ont pour objet une chose incorporelle et qui ne correspondent qu'à des réalités abstraites, ne seraient inclus dans la division que de manière artificielle. Étant donné le critère physique de la *summa divisio*, les biens incorporels n'y entreraient que par forçage occasionnant de ce fait, une « déformation monstrueuse de notre droit »[2].

Pourtant, d'autres auteurs émettent leur satisfaction en soutenant que « la *summa divisio* se porte bien et accueille l'immatériel »[3]. Selon Rémy LIBCHABER, « il faudrait à l'inverse se féliciter de ce que les meubles n'aient pas été particulièrement protégés, car le développement de la révolution industrielle en aurait alors été entravé (...). Et si l'on veut faire son éloge, on dira de la réglementation du Code civil qu'elle a stabilisé la civilisation rurale finissante, et permis le développement de la civilisation marchande et industrielle qui s'annonçait »[4]. Il faudrait donc reconnaître qu'en réalité, le Code civil de 1804 pose les jalons de l'incorporalité en prévoyant la sous-catégorie des meubles par détermination de la loi à laquelle il rattache d'emblée les créances et les valeurs mobilières. L'on peut, de ce point de vue, qualifier de visionnaires ses rédacteurs, eu égard à l'émergence de la propriété intellectuelle qui, des siècles plus tard, se présente comme un vivier dynamique de biens existants et à venir.

---

[1] CARBONNIER (J.), *Droit civil, Les Biens, Les obligations*, PUF, vol. 2, 2004, n° 713 ; CORNU (G.), *Droit civil. Les biens*, LGDJ, coll. « Précis Domat », 13e éd., 2007, n° 12.

[2] SAVATIER (R.), « Vers de nouveaux aspects de la conception et de la classification juridique des biens corporels », *RTD civ.*, 1958, p. 1, n° 1.

[3] TERRE (F.), « Meubles et immeubles », *in Le Discours et le Code, Portalis, deux siècles après le Code Napoléon*, Litec, 2004, p. 281.

[4] LIBCHABER (R.), *op. cit.*, n° 144.

Chapitre 2
La consécration des droits de propriété littéraire et artistique

121. Encore appelée droit d'auteur, la propriété littéraire et artistique résulte de la nécessité d'encourager le progrès scientifique, littéraire et artistique tout en rétribuant les personnes dont la créativité offre à l'humanité ces connaissances. À cet égard, l'article 27 de la Déclaration universelle des droits de l'homme du 10 décembre 1948 soulignait déjà que : « Toute personne a le droit de prendre part librement à la vie culturelle de la communauté, de jouir des arts et de participer au progrès scientifique et aux bienfaits qui en résultent. Chacun a droit à la protection des intérêts moraux et matériels découlant de toute production scientifique, littéraire ou artistique dont il est l'auteur ».

122. Historiquement, sous l'Ancien Régime, existait un système de privilèges dont la fonction double était à la fois économique (à travers l'octroi aux éditeurs des monopoles de fabrication et de vente des ouvrages) et politique (à travers la censure et le « contrôle sur l'idée »[1] exercés par la royauté). Ce système va toutefois être renversé à l'avènement du mouvement des Lumières par l'apparition d'une sphère publique indispensable pour le développement de l'activité critique et la circulation de l'imprimé. C'est utilement qu'à la Révolution française, et pour asseoir la légitimité du droit d'auteur, l'on ait invoqué l'autorité du droit naturel de la propriété[2]. En effet, la sacralisation de la propriété à l'aube du système moderne traduisait la mise en place d'un ordre dans lequel cette institution (la propriété) jouerait un rôle structurel.

123. La protection du droit d'auteur fut d'abord appliquée aux auteurs d'œuvres de l'esprit au sens des Beaux-arts à travers les lois révolutionnaires des 19 et 24 juillet 1793. L'évolution législative conduisit ensuite à l'application de la protection à une plus grande variété d'œuvres littéraires et artistiques à travers la loi française du 11 mars 1957. C'est cette loi qui sera appliquée dans les colonies françaises et même quelques années après les indépendances. Le développement de nouveaux moyens techniques de diffusion et de fixation matérielle des œuvres et la reconnaissance progressive d'un droit en faveur des auxiliaires de la création ont donné la configuration extensive actuelle de la propriété littéraire et artistique. De nos jours, la propriété littéraire et artistique recouvre non seulement le droit d'auteur, mais également les droits des auxiliaires de la création sous le vocable de « droits voisins ». Cette notion est une construction jurisprudentielle qui a connu une consécration internationale avec la Convention de Rome de 1961.

124. En ce qui concerne l'espace OAPI, l'Accord de Bangui consacre son Annexe VII à la propriété littéraire et artistique. La nouvelle version de cette Annexe est issue de la révision de l'Accord de Bangui résultant de l'Acte de

---

[1] POUILLET (E.), *Traité théorique et pratique de la propriété littéraire et artistique et du droit de représentation*, Paris, Imprimerie et Librairie générale de jurisprudence, 3e éd., 1908, p. 8.

[2] Art. 1er de la loi des 19 et 24 juillet 1793 instituant le droit exclusif de reproduction des Beaux-arts.

Bamako signé le 14 décembre 2015 et entré en vigueur le 14 mai 2020. Elle concède aux États membres une marge de manœuvre plus ou moins grande selon la question envisagée. Aussi relève-t-on la suppression du titre 6 de l'Annexe VII consacré à la protection du patrimoine culturel qui relève dès lors du seul droit national de chaque État membre. De plus, il est explicitement prévu que l'Annexe VII constitue un cadre normatif minimal[1] du droit d'auteur pour les États membres. Ceux-ci ont la possibilité d'adopter leur propre législation nationale en la matière en tenant compte des particularismes locaux sous réserve toutefois que les aménagements et compléments apportés accordent une protection plus favorable que celle prévue par la législation OAPI[2]. Quelle que soit la technique légistique employée, la protection de la propriété littéraire et artistique est gouvernée par un certain nombre de principes dont certains sont nouvellement consacrés par l'Acte de Bamako à l'instar de l'indépendance des propriétés de l'œuvre et du support ainsi que l'épuisement des droits de distribution (section 1). Cette protection obéit également à un régime juridique précis (section 2).

Section 1. Les principes gouvernant la propriété littéraire et artistique

125. La propriété littéraire et artistique a vocation à l'universalité et à la perpétuité (sur son aspect moral)[3]. Il s'avère donc nécessaire d'établir des mécanismes qui soient à la hauteur de la protection du droit d'auteur en même temps que la préservation des droits des tiers. Aussi dégagerons-nous, d'une part, les principes communs aux droits de propriété intellectuelle (§ 1) et, d'autre, part les principes propres à la propriété littéraire et artistique (§ 2).

§ 1. Les principes communs aux droits de propriété intellectuelle

126. Ces principes ont pour but commun de délimiter les restrictions liées à l'exercice de la propriété intellectuelle afin de préserver les droits des tiers et de façon générale le progrès de la culture et de l'humanité. Ils concernent le libre parcours des idées (A) et l'indépendance de la propriété de l'objet matériel (B).

A-Le principe « Les idées sont de libre parcours »

127. Les idées sont par essence et par destination de libre parcours. De façon générale, ce principe gouverne la propriété intellectuelle, quelle que soit la branche littéraire et artistique ou industrielle. Il répond à l'exigence d'une mise en forme, d'une réalisation concrète de l'idée qui préside à la création ou à l'invention. Le contenu du principe mérite d'être explicité (1) au même titre que sa justification (2).

---

[1] Art. 5 de l'Accord de Bangui révisé par l'Acte de Bamako.

[2] SAWADOGO (F. M.), « La construction d'un modèle de droit d'auteur pour l'OAPI : Analyse de la technique légistique », *in* Acte du colloque sur *Le droit de la propriété intellectuelle à l'heure du numérique : les apports de l'Acte de Bamako*, *Penant*, n° 922, 2023, p. 265.

[3] LUCAS (A.), « Droits des auteurs. Durée. Transmission post mortem des droits », *Jcl. Propriété littéraire et artistique*, 2023, synthèse n° 35.

1- La signification du principe

128. La maxime « Les idées sont de libre parcours » a d'abord été formulée par la doctrine en matière de droit d'auteur. D'après Eugène POUILLET, « la pensée elle-même échappe à toute appropriation, elle reste dans le domaine inviolable des idées, dont le privilège est d'être éternellement libre »[1]. Cette idée sera par la suite soutenue par Henri DESBOIS qui relève que « les idées qu'émettent les historiens, les philosophes, les juristes, sont de libre parcours ; ils les offrent à la méditation et à la critique de leurs pairs »[2].

129. L'article 3 alinéa 2 de l'annexe VII de l'Accord de Bangui recèle cette idée de libre parcours lorsqu'il énonce que « L'œuvre est réputée créée (...) du seul fait de la réalisation personnelle, même inachevée, de la conception de l'auteur ». Cela veut dire inversement que, tant que l'œuvre n'a pas été réalisée, tant qu'elle n'est pas encore concrétisée suivant une forme d'expression donnée, elle relève de l'ordre des idées et ne peut par conséquent faire l'objet d'une protection. Mais, dès lors qu'elle est concrétisée, l'œuvre est protégeable même si elle n'est pas achevée ou qu'elle n'est pas divulguée au public. Il en va ainsi d'un brouillon ou d'une ébauche. C'est cette concrétisation qui permet de déterminer l'originalité de l'œuvre, condition de sa protection. L'originalité, c'est l'empreinte de la personnalité de l'auteur, c'est-à-dire son apport personnel, sa griffe, ce qui permet de rattacher l'œuvre à tel ou tel auteur.

130. Il s'ensuit que l'auteur d'une œuvre n'est pas celui qui a fourni l'idée ou le concept, mais celui qui a donné forme à celle-ci. Nul ne peut donc réclamer la paternité d'une idée qu'elle soit concrétisée sous une forme d'expression ou pas ; il n'y a de paternité que celle de l'œuvre. L'identité d'espèce, de genre ou de concept ne suffit pas à soulever le grief de parasitisme, car le droit d'auteur porte sur l'expression par laquelle les idées sont décrites, expliquées ou illustrées. La jurisprudence a élaboré des repères permettant de déterminer l'originalité pour chaque type d'œuvre. En matière littéraire par exemple, l'originalité se retrouve dans deux éléments à savoir la composition et l'expression. La composition est l'ordonnancement des chapitres, le déroulement de la trame, la mouture, le plan. L'expression, quant à elle, est le style, le choix des mots et des tournures de phrases. Le principe traditionnel selon lequel « les idées sont de libre parcours » permet donc lors d'un procès d'écarter le grief du parasitisme. À cet égard, le juge français a indiqué que « les idées étant de libre parcours, le seul fait de reprendre, en le déclinant un concept mis en œuvre par un concurrent ne constitue pas un acte de parasitisme »[3].

---

[1] POUILLET (E.), *Traité de propriété littéraire et artistique*, Paris, Marchal et Billard, 3e éd., 1908, p. 45.

[2] DESBOIS (H.), *Le droit d'auteur en France*, Dalloz, 3e éd., 1978, p. 22 ; lire aussi : PIERRAT (E.), *Le droit d'auteur et l'éditeur*, Éditions du Cercle de la Librairie, coll. « Droit du livre », 2013, p. 21.

[3] Cass. civ. 1er, 22 juin 2017, *Sté Lacheteau*, n° 14-20.310, *Bull. civ.* 2017, I, n° 152 ; *Contrats, conc. consom.* 2017, comm. 197, obs. M. Malaurie-Vignal ; *D.* 2017, p. 597, obs. A. Lecourt ; *RTD com.* 2017, n° 4, p. 885, F. Pollaud-Dulian.

2- La justification du principe

131. Pour la doctrine, l'évidence de la non-appropriation des idées se justifie par la préservation de trois valeurs importantes : le « fonds commun », la liberté d'expression et la liberté d'industrie et de commerce. Le fonds commun se réfère au domaine public composé de créations ne pouvant plus être protégées par l'effet du temps (par exemple, une symphonie de Beethoven). Il peut en outre être identifié comme l'ensemble des idées qui inspirent les artistes dans leur activité créatrice, la création ne se faisant pas *ex nihilo*. À ce propos, il faut relever que l'originalité requise pour une œuvre protégeable ne signifie pas qu'elle soit nouvelle. Une œuvre nouvelle est une œuvre publiée la première alors qu'une œuvre originale peut être nouvelle mais aussi créée à partir d'une œuvre préexistante. D'où la distinction de l'originalité absolue (œuvre de première main) ou de l'originalité relative (œuvre de seconde main ou œuvre dérivée).

132. L'originalité absolue renvoie à une œuvre créée sans référence explicite ou implicite à une œuvre préexistante ; l'auteur bénéficiera des droits d'auteur de façon indépendante. L'originalité relative, *a contrario*, est celle qui emprunte les éléments formels à une œuvre antérieure, à l'instar des traductions, des adaptations, des anthologies et des transformations. Dans ces cas, l'auteur bénéficie des droits d'auteurs sous réserve de redevances à l'égard de l'auteur de l'œuvre dont la sienne est dérivée[1]. Toutefois, il faut déterminer si l'emprunt porte sur la forme d'expression même de l'œuvre antérieure ou seulement sur ses idées. Les idées étant de « libre parcours », l'œuvre sera réputée de première main si elle n'a emprunté que les idées de celle antérieure.

133. Quant à la liberté d'expression que sous-tend la non protection des idées, elle correspond à la liberté de création et de recherche. L'activité créatrice serait improductive si elle supposait l'autorisation des auteurs créateurs d'idées. De même, le principe du libre parcours des idées est conforme à la liberté d'entreprendre. Les droits de propriété intellectuelle instituant des monopoles d'exploitation dérogatoires à la liberté de commerce et de l'industrie, il conforte cette dernière comme étant de principe.

En fin de compte, pour que l'œuvre de l'esprit soit protégeable par la loi, il faut qu'elle sorte du monde des idées pour s'incorporer à un support, un objet matériel. Sans ce support, la conception de l'auteur demeure une idée libre avec pour particularité d'être volatile. À la genèse, il se développe une dépendance entre l'œuvre et le support. Mais, le régime juridique applicable, une fois l'œuvre créée, repose sur une dissociation de ces deux éléments à travers la consécration d'une fiction juridique sans laquelle il ne saurait y avoir de propriété incorporelle. Il s'agit du principe de l'indépendance des propriétés corporelle et incorporelle[2].

---

[1] Art. 5 de l'annexe VII de l'Accord de Bangui.

[2] GLEIZE (B.), *De l'indépendance des propriétés incorporelle et corporelle*, *in* M. Vivant (dir.), *Les Grands Arrêts de la Propriété Intellectuelle*, Paris, Dalloz, coll. « Grands arrêts », 3e éd., 2019, 750 p notamment arrêts n°s 42-43.

B-Le principe de l'indépendance des propriétés corporelle et incorporelle

134. Le principe de l'indépendance des propriétés corporelle et incorporelle est un principe fondamental lié à la nature juridique de la propriété intellectuelle. Il est fondé sur une fiction qui consiste à dire qu'une chose matérielle en contient une autre, celle-ci étant immatérielle ou intellectuelle à l'effet d'accorder à l'auteur ou l'inventeur un droit de propriété sur cette « chose intellectuelle »[1]. Ce principe établi par les textes (1) comporte des conséquences juridiques importantes (2).

1- Le contenu du principe

135. L'indépendance traduit l'idée que l'auteur n'est pas systématiquement propriétaire du support matériel de son œuvre[2]. Les hypothèses sont diverses qui peuvent aboutir à cette dissociation de titularité. Les droits moraux étant imprescriptibles et incessibles, l'auteur (ou ses ayants droit) peut céder les droits patrimoniaux suivant une convention distincte qui précise l'étendue des droits cédés et le mode de rémunération le cas échéant.

136. En revanche, acquérir une œuvre d'art ne signifie pas que l'on détient sur cette œuvre des droits d'auteur. Le principe de l'indépendance de la propriété du support et des droits d'auteur est posé à l'article 44 de l'annexe VII de l'Accord de Bangui, qui énonce que « la propriété d'une œuvre est indépendante de la propriété de l'objet matériel. Sauf stipulation contraire, l'acquéreur de l'original ou d'un exemplaire d'une œuvre n'est investi, du fait de cette acquisition, d'aucun des droits d'auteurs prévus par la présente loi. Ces droits subsistent en la personne de l'auteur ou de ses ayants droit ou ayants cause qui ne pourront toutefois exiger de l'acquéreur la mise à leur disposition dudit objet ». À titre d'illustration, l'acquéreur d'un tableau n'est en principe investi d'aucun droit moral ou patrimonial sur l'œuvre ; ces droits demeurent acquis à son auteur. Celui-ci, ou ses ayants droit, ne peut cependant exiger du propriétaire de l'objet matériel la mise à disposition de cet objet pour l'exercice desdits droits. De même, les musées n'ont sur les objets d'art dont ils sont propriétaires que la propriété du support corporel. Ils peuvent néanmoins, à la demande de l'auteur ou de ses ayants droit émettre une interdiction de photographier l'œuvre à l'endroit des visiteurs.

137. Le législateur n'ayant établi aucune hiérarchie entre les propriétés incorporelle et corporelle, l'on ne saurait subordonner l'exercice d'un droit de propriété à un autre. Le propriétaire du support matériel de l'œuvre peut donc exercer librement son *abusus*. La difficulté se pose essentiellement lorsque l'œuvre ne consiste qu'en un seul exemplaire. L'exercice de ses pouvoirs de propriétaire a inexorablement des répercussions sur ladite œuvre, ce qui est

---

[1] BERTHILLON (F.), « Quel droit commun des biens pour la propriété intellectuelle ? À propos de l'ubiquité des biens », *Prop. Int.*, n° 1, étude 1, 2024, pp. 7-15.

[2] BREUKER (L.), « Le support de création et le support de commercialisation de l'œuvre », *Comm. com. électr*, 2003, chron. n° 2, p. 13 ;

source de conflit. Le législateur n'a pourtant expressément interdit ni la destruction ni la modification du support de l'œuvre. Le propriétaire du support peut donc en principe le détruire ou le modifier, même s'il s'agit de l'original, sans que l'auteur ne puisse invoquer son droit au respect. En revanche, il ne peut détruire ou altérer la « chose intellectuelle » de l'auteur sous peine de sanctions civiles et pénales. Il peut céder le support à un particulier, sans que l'auteur ne puisse invoquer son droit de divulgation, cet acte ne pouvant être assimilé à un acte de communication au public.

138. La doctrine et la jurisprudence ont dégagé un certain nombre de critères qui permettent de trancher ce conflit et maintenir un équilibre entre les droits de l'auteur et les prérogatives du propriétaire du support matériel. Ces critères consistent à prendre en compte les motifs du propriétaire, la nature de l'œuvre, et éventuellement la destination de celle-ci à figurer dans un lieu public ou dans un lieu privé. La doctrine propose aussi d'obliger le propriétaire à informer préventivement l'auteur de ses intentions[1]. En outre, en précisant que l'auteur ou ses ayants droit ou ayants cause « ne pourront toutefois exiger de l'acquéreur la mise à leur disposition dudit objet », le législateur OAPI méconnaît à l'auteur un droit d'accès à sa « chose intellectuelle » sur laquelle porte la propriété incorporelle. Les propriétés corporelle et incorporelle étant de véritables droits réels, l'idée de servitude ou d'un droit réel d'usage accessoire pourrait être légitimement invoquée.

2- La portée du principe

139. Le principe de l'indépendance des propriétés corporelle et incorporelle a pour fondement l'indépendance des corps de règles auxquelles sont soumises ces propriétés : les règles de la propriété intellectuelle pour le droit d'auteur et les règles du Code civil pour la propriété du support matériel. Cette disparité de fondements affecte considérablement le régime applicable à ces deux catégories de meubles. Ainsi, ce principe rend inapplicables la théorie de la possession et les règles de l'accession mobilière aux œuvres de l'esprit.

140. Une jurisprudence très ancienne posait déjà pour principe que la propriété littéraire, objet incorporel, n'était pas susceptible de possession matérielle[2]. Cette position est demeurée inchangée, les juges décidant que l'article 2279 du Code civil ne permet pas d'acquérir des droits incorporels, « de sorte que l'artiste ne saurait être privé par le possesseur du droit moral qu'il garde toujours sur son œuvre »[3]. Néanmoins, si l'application de l'article 2279 ne trouve pas à s'appliquer de façon générale aux droits de propriété incorporelle, la possession a pu cependant être expérimentée au sujet de la divulgation d'une œuvre de l'esprit. Sur le fondement de la possession, la jurisprudence française a créé une présomption de titularité des droits au bénéfice des personnes

---

[1] CA Paris, 10 juill. 1975, *Scrive c/ SCI Centre commercial Rennes-Alma*, *D.* 1977, p. 348, note C. Colombe *RTD com*, 1976, p. 359, obs. H. Desbois.

[2] Cass. civ., 26 févr. 1919, *Plon--Nourrit et Cie c/ Dame Modot*, *DP*, 1923, I, p. 215.

[3] CA Paris, 10 sept. 2001, *Le Groumellec c/ Binoche*, *CCE*, 2002, comm., n° 95, note C. Caron.

morales qui exploite une œuvre. Elle analyse alors l'exploitation commerciale d'une œuvre comme un acte de possession de nature à faire présumer, à l'égard des tiers contrefacteurs, et en l'absence de revendication de la part des auteurs personnes physiques, que la personne morale est titulaire sur cette œuvre du droit de propriété incorporelle[1].

141. Par ailleurs, en déclarant que « l'acquéreur de l'original ou d'un exemplaire d'une œuvre n'est investi, du fait de cette acquisition, d'aucun des droits d'auteurs prévus par la présente loi », le législateur OAPI rejette l'accession mobilière comme mode d'acquisition de la propriété intellectuelle consécutive à l'aliénation de l'objet matériel. En effet, l'accession est un mode légal par lequel le propriétaire d'une chose acquiert, par extension, les droits sur les produits de cette chose, de même que sur tout ce qui s'y unit ou s'y incorpore. En application de ce mécanisme, l'acquéreur de la chose corporelle devrait acquérir accessoirement le droit de propriété intellectuelle incorporé dans cette chose. Mais, le principe de l'indépendance des propriétés corporelle et incorporelle fait obstacle au transfert du droit d'exploitation d'une œuvre par accessoire. En ce sens, la jurisprudence décide que le droit d'accession ne s'applique qu'aux choses corporelles et matérielles[2].

142. Ce principe comporte cependant deux exceptions, l'une relativement aux œuvres dites posthumes, l'autre à la volonté des parties. Les œuvres posthumes sont celles qui sont demeurées non divulguées au décès de l'auteur. Si la divulgation est effectuée à l'expiration du délai *post mortem*, « les droits appartiennent à l'ayant droit ou à l'ayant cause qui a procédé ou a fait procéder à cette publication »[3]. En fait d'« œuvre », il s'agit en réalité du support matériel. En investissant le publicateur des droits patrimoniaux liés à l'œuvre, le législateur crée un monopole d'exploitation qu'il détache de la propriété incorporelle pour le joindre aux prérogatives liées à la propriété corporelle. Le propriétaire du manuscrit, de la correspondance ou, du moins, du support matériel, ne peut toutefois procéder à la divulgation du support que si l'auteur n'avait pas exprimé le souhait de ne jamais le divulguer.

143. Quant à l'exception conventionnelle, en précisant « sauf stipulation contraire », le législateur accorde aux parties à un contrat de cession la liberté de transférer aussi bien la propriété corporelle que le droit d'exploitation de l'œuvre. La jurisprudence française va plus loin en déduisant des modalités contractuelles l'intention implicite des parties. Ainsi, il a été décidé qu'une société d'édition n'a pas besoin de rapporter la preuve d'une clause contractuelle lui cédant expressément la propriété matérielle de clichés photographiques. Le fait d'avoir financé les supports vierges et les frais techniques de développement suffit à la reconnaître propriétaire originaire

---

[1] Cass. civ. 1er, 24 mars 1993, *Sté SMD c/ Sté Aréo*, n° 91-16.543, *Bull. civ.* I, n° 126 ; *JCP G* 1993, II, 22085, note F. Greffe ; *RTD com.* 1995, p. 418, obs. A. Françon ; *RIDA* 1993, n° 158, p. 91, obs. A. Kerever.

[2] CA Paris, 13 janv. 1993, *Epx. Riou c/ Epx. Delthil*, *D.* 1993, IR, p. 90.

[3] Art. 38 de la loi camerounaise n° 2000/011 du 19 décembre 2000 relatif au droit d'auteur et aux droits voisins.

desdits supports[1]. Même s'il entretient un lien étroit avec le droit d'auteur, le principe de l'indépendance des propriétés corporelle et incorporelle s'applique communément aux droits de propriété intellectuelle. Il existe d'autres principes propres à la propriété littéraire et artistique.

§ 2. Les principes propres à la propriété littéraire et artistique

144. Ces principes visent une meilleure efficacité de la propriété littéraire et artistique à travers l'admission du droit d'auteur sur des objets d'arts appliqués au domaine industriel et le regroupement des auteurs et autres titulaires de droits voisins au sein de sociétés civiles consacrées à la défense de leurs droits. Il s'agit du principe de l'unité de l'art (A) et de celui de la gestion collective du droit d'auteur (B).

A-Le principe de l'unité de l'art

145. Le principe de l'unité de l'art repose sur l'idée selon laquelle on ne saurait faire de distinction raisonnable entre les œuvres qui s'appliquent à l'industrie appelées « arts appliqués », et les œuvres qui ne s'appliquent qu'aux objets de pur ornement et de fantaisie appelées « beaux-arts ou arts purs ». Il convient de présenter la construction de ce principe (1) pour en dégager la portée pour les entreprises (2).

1- La construction du principe

146. Le principe de l'unité de l'art allie à la fois unité et multiplicité. Il renvoie en réalité à une « multi-protection » ou « multipropriété » c'est-à-dire à un cumul de protection par le droit d'auteur et le droit de la propriété industrielle. Le principe de l'unité de l'art est l'application en droit de la propriété littéraire et artistique de la règle du cumul des droits qui est d'application générale en droit de la propriété intellectuelle. En effet, le cumul des droits de propriété intellectuelle désigne une concurrence de droits de nature différente sur un objet identique. Il résulte d'un émiettement de ces droits par le législateur dans un système où l'admission d'un droit sur le même objet vient en addition et non en substitution des droits antérieurement existants. Ainsi, la forme d'un produit peut faire l'objet de protection à la fois sous le droit d'auteur, le droit des dessins et modèles, le droit des marques voire le droit des brevets[2]. En l'occurrence, le principe revient à appliquer conjointement à l'art industriel les règles de la propriété littéraire et artistique et celles relatives aux dessins et

---

[1] Cass. civ. 1er, 28 oct. 2015, *Sté Hachette Filipacchi presse*, n° 14-22.207, *Bull. civ.* 2016, n° 838. Dans le même sens, voir : CA Versailles, 24 janv. 2002, *Faunières c/ Sté Meunier Promotion*, *Propr. Intell.* 2002, n° 5, p. 50, obs. A. Lucas ; *Légipresse* 2002, n° 191, I, p. 55, pourvoi rejeté par Cass. civ. 1er, 8 juin 2004, 02-13.096, *Propr. Intell.* 2004, n° 13, p. 925, obs. A Lucas.

[2] C'est l'exemple du *Rubrik's* cube, ce célèbre jouet tridimensionnel de logique très en vogue dans les années 1980 et dont le succès se poursuit jusqu'à ce jour. Le mécanisme a été protégé à titre de brevet (brevet hongrois déposé en 1975 par Erno Rubrik), la forme du cube a été protégée par le droit des dessins et modèles, et aujourd'hui encore par le droit d'auteur et le droit des marques.

modèles industriels lorsque l'œuvre remplit les exigences propres à chaque corps de règle.

147. Les origines de ce principe sont d'ordre doctrinal et légal. La théorie de l'unité de l'art fut d'abord développée par Eugène POUILLET dans ses travaux sur les dessins et modèles, lorsqu'il raisonne ainsi : « D'où vient la difficulté que l'on éprouve à déclarer clairement la nature et le caractère du dessin et du modèle de fabrique ? Elle vient selon nous de ce que l'on s'est mis en tête de séparer deux choses faites pour s'allier et s'unir, l'art et l'industrie (...). Admettez, au contraire, avec nous que la loi doit être uniforme pour toutes les œuvres qui tiennent de l'art »[1]. Ainsi conceptualisée, l'unité de l'art fut donc admise par le législateur qui formula dès 1902 que le droit d'auteur « appartiendra aux sculpteurs et dessinateurs d'ornements, quels que soient le mérite et la destination de l'œuvre »[2]. Ce principe est désormais appliqué dans les systèmes contemporains de cumul absolu tels que celui de l'OAPI où la protection par le droit d'auteur est « indépendante du mode ou de la forme d'expression, de la qualité et du but de l'œuvre »[3].

148. En vertu du principe de l'unité de l'art, l'article 1er alinéa 3 de l'Annexe IV de l'Accord de Bangui relatif aux dessins et modèles industriels énonce : « La protection conférée par [les dessins et modèles industriels] n'exclut pas les droits éventuels résultant d'autres dispositions législatives des États membres, notamment celles qui concernent la propriété littéraire et artistique ». Ce qui justifie que l'article 4 alinéa 1(x) de l'Annexe VII de l'Accord de Bangui relatif à la propriété littéraire et artistique énumère « les œuvres des arts appliqués » parmi les œuvres bénéficiant de la protection par le droit d'auteur, au même titre que les œuvres issues de l'art pur. Le principe de l'unité de l'art, ainsi admis et appliqué, comporte des avantages indéniables mais également des inconvénients.

2- La portée du principe

149. Considérant la forme d'un produit, alors que le droit d'auteur protège son originalité en tant qu'œuvre, le droit des dessins et modèles protège l'apparence nouvelle et le caractère propre dudit produit, tandis que le droit des marques protège le signe distinctif permettant de le désigner. Il est donc évident que le cumul des droits présente un certain nombre d'avantages pour les entreprises. Comme avantages, l'unité de l'art permet de contourner l'aléa jurisprudentiel sur l'existence et la validité de la protection escomptée d'une part et, d'assurer une plus grande valeur à l'objet de la protection d'autre part. Concrètement, l'acquisition de chaque droit est soumise à des conditions distinctes et les droits

---

[1] POUILLET (E.), *Traité théorique et pratique des dessins et modèle*, éd. MARCHAL et GODDE, 5e éd., 1911. Sur le plan législatif en droit français, le livre V de la deuxième partie du code de la propriété intellectuelle (français) est consacré aux dessins et modèles (articles L. 511-1 à L. 522-2 du code de la propriété intellectuelle).

[2] Art. 1er modifié de la loi de 1793 précitée.

[3] Art. 4 al. 2 de l'Annexe VII de l'Accord de Bangui, Accord de Bamako, relatif à la propriété littéraire et artistique.

ne sont cumulativement protégés que si l'objet est conforme aux conditions respectives des protections alléguées telles que l'originalité pour le droit d'auteur, la nouveauté et le caractère propre pour des dessins et modèles[1] et la distinctivité pour le droit des marques. C'est dire que la forme d'un produit peut être protégée au titre de l'un des droits et refusée au titre des deux autres.

150. Il s'ensuit que le cumul des droits sur un même produit confère à l'entreprise des exclusivités multiples et constitue donc un atout concurrentiel important. L'entreprise peut efficacement se défaire d'une concurrence qui voudrait copier son produit. En effet, l'étendue de la protection diffère selon les droits. Le droit d'auteur et le droit des dessins et modèles offrent une protection absolue, c'est-à-dire qu'ils permettent de s'opposer à toute reproduction de la forme protégée. En revanche, en vertu des principes de territorialité et de spécialité, le droit des marques confère une protection relative en limitant l'interdiction de reproduction à la désignation dans la vie des affaires de certains produits ou services. La contrefaçon par imitation n'est pas appréhendée selon les mêmes critères. Pour le droit d'auteur, le critère est celui de la reprise des traits caractéristiques originaux ; pour le droit des dessins et modèles, l'impression visuelle d'ensemble non différente ; et pour le droit des marques, le risque de confusion[2]. Le cumul de protections favorise la qualification de la contrefaçon au titre de l'un des droits[3].

151. Économiquement, la multiplication des droits favorise la conclusion de contrats de cession et surtout de licence. Lors de la négociation, pour déterminer la contrepartie à l'octroi d'une licence, le titulaire des droits pourra faire valoir une rémunération au titre de plusieurs droits. Toutefois, bien que les droits de propriété intellectuelle soient des actifs importants dans le capital social ou le fonds de commerce, le produit ne peut y être inscrit qu'une seule fois. La « multi-protection » consolide la valeur de la forme du produit qui, sur le plan comptable, est alors appréhendée dans son unité.

152. Comme inconvénients, le cumul des droits a pour effets de diversifier les titulaires potentiels sur un même objet et de favoriser le détournement de la finalité des protections. De fait, l'attribution de la titularité obéit à différents régimes selon le droit de propriété intellectuelle considéré, avec pour mode de constitution la création pour le droit d'auteur et l'enregistrement pour les dessins et modèles[4] et pour les marques[1]. Il n'y a pas de réelle difficulté lorsque

---

[1] PEROT-MOREL (M.-A.), « À propos du maintien de l'unité de l'art dans le nouveau droit des dessins et modèles », *Propr. industr.* 2005, étude 8 ; également, BINCTIN (N.), « L'apparence en droit des dessins et modèles : le critère du caractère individuel », *Propr. industr.* 2013, Étude 7.

[2] CHATRY (S.), « Stratégies de cumul de protection d'un bien intellectuel », *Prop. intell*, n° 78, 2021, pp. 9-22 ; du même auteur : *Le concours de droits de propriété intellectuelle : essai d'une théorie générale*, Thèse de doctorat en droit privé, Université de Nantes, 2011, 491 pages notamment pp. 70 et s.

[3] Cass. com., 16 sept. 2014, *Giovani SAS c/ Sam SAS*, n° 13-20.589, *D.* 2015, p. 1662, obs. J. Lapousterle ; *D.* 2015, p. 1662, obs. J.-C. Galloux et J. Lapousterle ; *JCP* 2015, Doctr. 484, obs. N. Binctin ; *PIBD* 2015, III, n° 94.

[4] Cass. com., 31 janv. 2024, *SA Société Coline Diffusion c/ SARL Société AVM Import*, n° 22-20.409 (n° 59 F-B), *Recueil Dalloz*, 2024, p. 212 ; *JCP G* 2024, n° 7-8, act. 224.

la personne physique auteur de l'objet de protection l'a réalisé de manière indépendante. La difficulté naît lorsque la création s'est faite dans le cadre d'une relation de travail. Celle-ci met en rapport l'employé créateur de l'œuvre et son employeur, tous deux éligibles à la titularité des droits.

153. D'après le principe d'indifférence de tout contrat en droit d'auteur, la titularité initiale appartient à l'auteur. En matière de dessins et modèles, la doctrine est majoritairement favorable à l'application de la règle de l'indifférence du contrat de travail dans l'attribution du droit. Mais, le législateur n'en adopte pas une application systématique. Au contraire, les créations faites par le salarié en exécution, soit d'un contrat de travail comportant une mission inventive qui correspond à ses fonctions effectives, soit d'études et de recherches qui lui sont explicitement confiées, appartiennent à l'employeur[2]. Lorsque le salarié n'est pas tenu par son contrat de travail d'exercer une activité créative, mais crée en utilisant les techniques ou les moyens spécifiques à l'entreprise, ou les données procurées par elle, l'employeur a le droit de se faire attribuer la propriété ou la jouissance de tout ou partie des droits attachés au certificat protégeant la création du salarié. Il en résulte donc que, pour une même œuvre, le créateur peut être titulaire du droit d'auteur et l'employeur titulaire du droit de dessins et modèles. Il revient alors aux protagonistes de déterminer conventionnellement les modalités d'exercice ou d'exploitation de leurs droits. Le législateur OAPI a trouvé comme solution que, le salarié auteur d'une création dans l'exercice de sa mission inventive ou par l'usage des moyens de l'entreprise, bénéficie d'une rémunération supplémentaire ou d'un juste prix qui, à défaut d'accord entre parties, est fixée par la juridiction nationale compétente.

154. Le cumul des droits a aussi, comme inconvénient, le possible détournement de la finalité des protections. En effet, la possibilité d'acquérir la « multipropriété » d'un bien immatériel sur différents fondements contraste avec l'unité de droit de propriété sur un bien matériel[3]. Le cumul des droits de la propriété intellectuelle peut servir de moyen pour bénéficier des avantages de chacun des droits tout en esquivant leurs inconvénients qui équilibrent pourtant le système. La cohérence de celui-ci est ainsi menacée puisqu'il accorde aux titulaires de droits des avantages démesurés, créant une inflation de droits subjectifs qui risque de vider « le droit objectif de son contenu »[4]. Comme solution à cette dérive potentielle, il est préférable soit de neutraliser l'exercice de l'un des droits, soit de mettre en place un mécanisme d'option, à l'image de

---

[1] BRUGUIERE (J.-M.), « Du droit des marques dans le droit d'auteur », *in Droits de la propriété intellectuelle, Liber amicorum G. Bonet*, Litec/IRPI, coll. « Le droit des affaires-Propriété intellectuelle », n° 36, 2010, p. 87.

[2] Article 6 de l'Annexe IV de l'Accord de Bangui relatif aux dessins et modèles industriels.

[3] LUCAS (V. A.) (dir.), « Rapport de synthèse », *in L'articulation des droits de propriété intellectuelle*, Dalloz, coll. « Thèmes et commentaires », 2011, p. 149.

[4] CARBONNIER (J.), *Droit et passion du droit sous la Ve République*, Paris, Flammarion, 1997, p. 125 ; MONTCHO AGBASSA (E.), « La marque sonore », *in* Acte du colloque sur *Le droit de la propriété intellectuelle à l'heure du numérique : les apports de l'Acte de Bamako*, *Penant*, n° 922, 2023, p. 164.

celui applicable en droit britannique dans lequel est exclue la double protection par le *copyright* et le *design right*. Ces solutions reposent sur des exigences d'intérêt général.

B-Le principe de la gestion collective

155. Le principe de la gestion collective du droit d'auteur et des droits voisins repose sur l'idée suivant laquelle, en se regroupant, les auteurs d'œuvres de l'esprit sont plus forts pour faire valoir leurs droits. Une gestion contractuelle individuelle pourrait bien être mise en œuvre mais elle s'avère inadaptée eu égard à la floraison des diffusions, l'évolution des technologies et l'internationalisation des répertoires[1]. L'Acte de Bamako de 2015 a passé sous silence les questions liées à la gestion collective du droit d'auteur, laissant aux législations nationales le soin de déterminer les règles y applicables. L'analyse des fondements de la gestion collective (1) permet de comprendre les missions des organismes dédiés à cette cause (2).

1- Les fondements du principe de la gestion collective

156. Le principe de la gestion collective du droit d'auteur a un fondement historique et juridique. Sur le plan historique, jusqu'en 1850, il n'existait pas de société de gestion de droits d'auteurs. Ce besoin va naître à la suite d'un incident survenu en 1847 en France. Dans les faits, un conflit explosa entre trois auteurs-compositeurs reconnus, et le patron d'un café-concert[2] dénommé « Les Ambassadeurs ». Les trois artistes refusèrent un soir de payer leurs consommations au motif que le propriétaire des lieux utilisait leurs œuvres sans leur autorisation et sans aucune compensation financière. Un procès s'ouvrit au bout duquel il fut donné raison aux artistes sur le fondement des textes révolutionnaires[3]. Un syndicat provisoire des auteurs, compositeurs et éditeurs de musique fut alors créé en 1850 avant de se muer l'année suivante en société civile appelée Société des Auteurs, Compositeurs et Éditeurs de Musique (SACEM). Depuis lors, celle-ci a vu le nombre de ses sociétaires exploser avec son ouverture à l'international. Cette ouverture est en harmonie avec la Convention de Berne pour la protection des œuvres littéraires et artistiques, conclue le 9 septembre 1886 à l'initiative de Victor HUGO. Cette Convention recommande fondamentalement que les États signataires accordent aux œuvres étrangères la même protection qu'aux œuvres originaires de leur propre pays ; que cette protection soit automatique dès la fixation de l'œuvre sur un support sans aucune formalité ; et que l'œuvre soit toujours protégée par la loi de l'État où elle est utilisée indépendamment de l'origine de l'auteur ou de l'État où elle a été publiée la première fois.

---

[1] VIVANT (M.) et BRUGUIERE (J.-M.), *Droit d'auteur et droits voisins*, Dalloz, coll. « Précis », 4e éd., 2019, 1402 p. notamment n° 897.

[2] Etablissement où les clients peuvent consommer en assistant à des représentations musicales.

[3] Loi sur les théâtres des 13 et 19 janvier 1791 consacrant le droit de représentation et loi des 19 et 24 juillet 1793 instituant le droit exclusif de reproduction des Beaux-arts.

157. La SACEM a été pendant longtemps la société de gestion collective du droit d'auteur pour les colonies françaises et même quelques années après les indépendances avant que ces États ne créent leurs propres organismes nationaux de gestion de droits d'auteurs aux fortunes diverses. Il va sans dire que ceux-ci s'en sont abondamment inspirés quant au statut juridique (société civile), à l'organisation et au fonctionnement.

158. L'exemple du Bureau ivoirien du droit d'auteur (BURIDA) est très illustratif. À l'indépendance, la Côte d'Ivoire demande à la SACEM de poursuivre son action de défense des droits des artistes et la loi en vigueur à cette époque est celle du 11 mars 1957 sur la propriété littéraire et artistique. La Côte d'Ivoire va par la suite s'atteler à élaborer la loi portant protection des œuvres de l'esprit qui sera adoptée le 28 juillet 1978. Le BURIDA est créé le 15 avril 1981 par un décret qui en fixe l'organisation et les attributions. En 2008, il passe du statut d'association à celui de société civile de type particulier. Le BURIDA est aujourd'hui le produit de diverses réformes en lien avec les mutations internationales et les crises successives qu'il a connues en son sein.

159. L'on pourrait multiplier les exemples[1], mais, de façon générale, l'histoire de la gestion collective du droit d'auteur dans l'espace OAPI est marquée par de nombreux soubresauts empreints parfois de conflits d'intérêts et de fautes de gestion. Au milieu de tout cela, les États s'attellent à réguler le secteur du droit d'auteur et des droits voisins par des mécanismes de délivrance et de retrait d'agrément aux sociétés de gestion collective. Classiquement, en matière de gestion collective du droit d'auteur, il existe deux modes de gestion : la gestion collective obligatoire et la gestion collective volontaire.

160. La gestion collective obligatoire met en œuvre deux techniques, à savoir la présomption de gestion collective et les licences collectives étendues. La technique de la présomption de gestion collective consiste pour l'autorité étatique à autoriser certaines sociétés de gestion collective remplissant les conditions requises, en leur octroyant des autorisations en vue de l'utilisation des œuvres dont elles n'ont pas reçu la gestion. L'organisme de gestion collective devient alors le garant des utilisateurs de l'œuvre contre d'éventuels recours des auteurs. S'agissant de la technique des licences collectives étendues, elle permet à l'organisme de gestion collective de conclure un contrat avec l'utilisateur, ce qui habilite ce dernier à utiliser un catalogue d'œuvres suivant les conditions fixées même si l'auteur desdites œuvres n'est pas membre de l'organisme contractant. En revanche, le mode de gestion collective volontaire

---

[1] Pour le Bénin, Bureau béninois du droit d'auteur et des droits voisins (BUBEDRA) ; pour le Burkina Faso, Bureau du droit d'auteur (BBDA) ; pour la Centrafrique, Bureau centrafricain de droit d'auteur (BUCADA) ; pour le Congo, Bureau congolais du droit d'auteur (BCDA) ; pour le Gabon, Bureau gabonais des droits d'auteurs (BUGADA) ; pour la Guinée, Bureau guinéen du droit d'auteur (BGDA) ; pour la Guinée Bissau, société Bissau-guinéenne des auteurs (SBGA) ; pour le Mali, Bureau malien du droit d'auteur (BUMDA) ; pour le Niger, Bureau nigérien du droit d'auteur (BNDA) ; pour le Sénégal, Société sénégalaise du droit d'auteur et droits voisins (SODAV) ; pour le Tchad, Bureau tchadien du droit d'auteur (BUTDRA) ; pour le Togo, Bureau togolais du droit d'auteur (BUTODRA).

laisse au titulaire des droits exclusifs la liberté d'adhérer ou non à l'organisme de perception[1].

161. L'Acte de Bamako de 2015 n'a pas fait preuve d'innovation relativement à la question de la gestion collective des droits d'auteurs puisque les dispositions y afférentes, dans une certaine constance, laisse aux législations nationales la charge de la réglementer. L'article 69 (ancien article 60) de l'Annexe VII dispose à cet effet que « la protection, l'exploitation et la gestion des droits des auteurs d'œuvres et des droits des titulaires de droits voisins (…) ainsi que la défense des intérêts moraux sont confiées, selon la législation nationale, à un ou plusieurs organismes de gestion collective des droits ». C'est ainsi que, les législations nationales combinent les deux modes de gestion collective (mode obligatoire et mode volontaire), étant donné que, l'adhésion des titulaires de droits demeure volontaire mais l'organisme de gestion collective doit obligatoirement obtenir l'agrément de l'État pour légalement mener ses activités.

162. Ainsi, des organismes de gestion collective sont créés pour gérer l'ensemble du droit d'auteur et droits voisins sur le territoire national de chaque État membre[2]. Ils peuvent être créés par catégories de droit d'auteur et droits voisins déterminées suivant les différents genres d'œuvres. C'est le cas du Cameroun où la gestion collective du droit d'auteur est organisée autour d'une pluralité d'organismes répartis suivant les genres d'œuvres : la société civile des arts audiovisuels et photographiques (SCAAP), la société camerounaise du droit d'auteur des arts plastiques et graphiques (SOCADAP), la société civile des droits de la littérature et des arts dramatiques (SOCILADRA), la société nationale de l'art musical (SONACAM), la société civile camerounaise des droits voisins (SCDV). Dans l'ensemble, l'objectif demeure une meilleure protection et représentation des créateurs et diffuseurs. Aussi l'acte d'affiliation à un organisme de gestion de droit d'auteur confère-t-il audit organisme mandat de son membre pour accomplir tout acte de gestion collective, tel l'autorisation d'exploitation des œuvres, la perception et la répartition des redevances de même que la défense judiciaire des droits[3].

2- Les missions de l'organisme de gestion collective

163. Traditionnellement, l'organisme de gestion collective a pour mission de négocier avec les utilisateurs des répertoires dont la gestion leur est confiée, de collecter les droits d'auteurs sous forme de redevances et de les redistribuer aux créateurs d'œuvres qui en sont membres ou à leurs ayants droit. Les modalités

---

[1] ADJALLE-DEDJI (Y. D.), « La gestion collective face à l'exploitation numérique des œuvres », *in* Acte du colloque sur *Le droit de la propriété intellectuelle à l'heure du numérique : les apports de l'Acte de Bamako*, *Penant*, n° 922, 2023, p. 272.

[2] Voir notamment, s'agissant du Cameroun, la loi n° 2000/011 du 19 décembre 2000 relative au droit d'auteur et aux droits voisins ; pour la Côte d'Ivoire, la loi n° 2016-555 du 26 juillet 2016 relative au droit d'auteur et aux droits voisins ; pour le Sénégal, la loi n° 2008-09 du 25 janvier 2008 sur le droit d'auteur et les droits voisins.

[3] Art. 77 al. 2 de la loi camerounaise n° 2000/011 du 19 décembre 2000 précitée.

de redistribution sont déterminées par chaque organisme de gestion collective. Mais, en général, la répartition est faite sur la base de relevés des œuvres utilisées fournis par les utilisateurs du répertoire considéré. Elle est aussi fonction des habitudes de consommation musicale et des sondages. La méthode du sondage a cependant pour inconvénient de pénaliser les œuvres peu exploitées et utilisées ponctuellement.

164. L'organisme de gestion collective est également chargé de financer des actions culturelles à travers la promotion des spectacles et la formation des artistes. De même, il a pour rôle d'ester en justice pour la défense des intérêts dont il a statutairement la charge, y compris les intérêts collectifs de ses membres. Toutefois, bien qu'ils aient consenti un mandat au profit de l'organisme de gestion collective, les membres demeurent titulaires de leurs droits et peuvent à ce titre mettre en œuvre des mesures techniques en vue d'empêcher ou de limiter l'accomplissement, à l'égard de leurs œuvres, d'actes qu'ils n'ont pas autorisés et qui ne sont pas permis par la loi.

165. De nos jours, la gestion collective des droits d'auteur doit relever le défi des mutations technologiques, les œuvres littéraires et artistiques ayant vocation à l'universalité. En effet, l'apparition de nouveaux médias accélère la diffusion des œuvres. Après la modulation de fréquence, ce fut le début des radios libres. Puis, le disque compact (CD) a remplacé le disque vinyle avec l'arrivée du numérique dans les années 1990. À l'ère de l'internet, de nouveaux modes de consommation et d'exploitation dématérialisés des œuvres littéraires et artistiques ne cessent de se développer tels que la musique à la demande[1], la personnalisation des sonneries dans le secteur de la téléphonie mobile, etc. Les limites de la gestion collective traditionnelle, par trop fragmentée, deviennent évidentes. Dans ce contexte d'exploitation numérique des œuvres de l'esprit et d'internationalisation du droit d'auteur, une gestion collective optimale suppose l'adaptation des outils de perception des redevances à ces nouveaux modes d'exploitation dématérialisés. La solution d'une licence globale a ainsi été proposée. Elle consiste en « un système dans lequel les sociétés de gestion collective accorderaient un accès libre aux œuvres de leur répertoire en échange d'un prix forfaitaire acquitté par chaque abonné puis réparti entre les ayants droit. Ce prix serait constitué par une quote-part du prix des abonnements internet perçus par les fournisseurs d'accès »[2].

166. Le défi de la société de l'information implique l'abandon de l'approche individuelle caractéristique de la gestion collective traditionnelle pour privilégier celle de réseaux fonctionnels entre les organismes de gestion collective et les plateformes numériques. La standardisation présente de ce fait un atout indéniable. Cette piste de solution a été explorée sous l'égide de l'Organisation mondiale de la propriété internationale (OMPI) mettant en lien les grandes

[1] BLANC (X.), « La Spedidam sera attentive à la mise en œuvre de la loi », *Juris art etc. (JAC)*, n° 27, 2015, p. 26.

[2] LE GOFFIC (C.), « Activités numériques et propriétés intellectuelles », *RLDI*, n° 102, 2014, p. 24.

plateformes transfrontalières (*Deezer, Spotify, Youtube, etc.*) et les organismes africains de gestion collective. Cette démarche a donné lieu à l'élaboration d'une procédure d'immatriculation des auteurs à un système de codification international (IPI) afin d'identifier les ayants droit. De la même manière, il a été créé un système de codification des œuvres dans lequel chaque œuvre se voit attribuer un code international normalisé (ISWC). Le même procédé existe aussi pour la musique d'enregistrement (code ISRC), pour la musique (ISMN) et pour les livres et publications en série (ISBN/ISSN). À côté de systèmes de codification payants, l'OMPI a mis en place une solution informatique gratuite appelée « *wipoconnect* ». Composée d'un module local et d'un module central, cette solution a pour objectif de faciliter la gestion collective du droit d'auteur et des droits connexes[1]. Pour les œuvres visuels, une méthode consiste à mettre à contribution, les moteurs de recherche aux côtés de l'organisme de gestion collective pour l'application d'un droit d'indexation et de référencement[2].

Section 2. Le régime de protection des œuvres littéraires et artistiques

167. La protection des œuvres littéraires et artistiques obéit à certaines conditions (§ 1) qui, une fois réunies, permettent d'associer l'œuvre à une catégorie précise et de conférer aux créateurs et diffuseurs des droits à ce titre (§ 2).

§ 1. Les conditions de la protection

168. Dans certains pays comme les États-Unis, l'octroi des droits d'auteur est subordonné au respect de certaines formalités telles que le dépôt de l'œuvre, son enregistrement auprès des organes officiels. C'est ce formalisme qui prouve que l'auteur sollicite la protection de son œuvre par le droit d'auteur (*copyright*). Ce n'est pas le cas dans les États de l'espace OAPI. Dans ces États, la protection de la propriété littéraire et artistique ne nécessite pas de formalité (A), mais l'œuvre doit respecter certaines caractéristiques (B).

A-Les conditions passives

169. L'auteur d'une œuvre n'a pas besoin d'accomplir de formalité pour assurer la protection de son œuvre par le droit d'auteur. Il jouit sur celle-ci, du seul fait de la création, d'un droit exclusif et opposable à tous appelé droit d'auteur. Seulement, aucun droit exclusif ne peut exister sur une idée, fût-elle géniale. C'est l'application du principe selon lequel les idées sont de libre parcours. Toutefois, malgré l'absence de formalités, il est recommandé aux auteurs de déposer leurs œuvres auprès de l'organisme de gestion collective des droits d'auteur pour bénéficier d'une preuve d'antériorité de la création. Cette

---

[1] ADJALLE-DEDJI (Y. D.), « La gestion collective face à l'exploitation numérique des œuvres », *in* Acte du colloque sur *Le droit de la propriété intellectuelle à l'heure du numérique : les apports de l'Acte de Bamako, op. cit.*, p. 274.

[2] VARNEROT (V.), « La gestion collective du droit d'indexation et de référencement des images d'œuvre d'arts visuels », *Communication commerce électronique*, n° 1, 2018, étude 1, pp. 1-7.

démarche permet à l'auteur, en cas de litige, de prouver qu'il est le premier à avoir créé l'œuvre et donc le seul à bénéficier de la protection du droit d'auteur sur l'œuvre.

170. Sont protégées toutes les œuvres du domaine littéraire et artistique quels qu'en soient le mode d'expression, la valeur, le genre ou la destination. Le mode d'expression est indifférent en ce qu'il n'est pas tenu compte du procédé de réalisation de l'œuvre à l'effet de sa protection. En l'occurrence, l'œuvre est protégée qu'elle soit exprimée sous forme écrite ou orale, qu'elle soit avec ou sans parole (pour les œuvres musicales), qu'elle soit un dessin, une œuvre d'architecture ou une simple photographie.

171. Dans le même ordre d'idées, la valeur d'une œuvre ou son mérite n'est pas déterminant pour décider de sa protection par le droit d'auteur. Sont protégées toutes les œuvres qu'elles soient longues ou courtes, bonnes ou mauvaises. Cela se justifie par ce que la protection ne doit pas dépendre d'une appréciation d'ordre esthétique. Aléatoire par définition, une telle appréciation serait soumise aux goûts et préférences du juge appelé à en assurer la protection. De la même manière, cette protection ne peut non plus dépendre de considérations d'ordre moral, celles-ci variant selon les lieux et les époques.

172. Quant à l'indifférence du genre de l'œuvre, elle signifie qu'une œuvre peut être présentée soit sous le genre des lettres, soit sous celui de la musique ou encore sous celui des arts. Ces derniers peuvent aussi prendre la forme plastique, dramatique ou pantomimique. Ceci étant, l'œuvre peut correspondre à un genre unique ou combiner différents genres comme les œuvres audiovisuelles ou multimédias[1].

173. L'indifférence de la destination se traduit par le fait que les œuvres sont protégées indépendamment de leur but esthétique ou utilitaire. Autrement dit, sont protégées indifféremment les œuvres d'arts appliqués et les œuvres d'art pur ; ce qui importe c'est que l'œuvre respecte les conditions actives émises par les textes.

B-Les conditions actives

174. La protection au titre du droit d'auteur nécessite que l'œuvre soit une création (1) et que celle-ci soit originale (2).

1- La nécessité d'une création

175. L'œuvre est réputée créée, indépendamment de toute divulgation publique et de toute fixation matérielle, du seul fait de la réalisation personnelle, même inachevée, de la conception de l'auteur. Est assimilée à l'œuvre créée l'œuvre photographique ou toute autre œuvre issue d'une réalisation effectuée à l'aide

---

[1] Sur la question de la propriété littéraire et artistique, et de manière générale, lire : BLANC (N.) et GAUTIER (P.-Y.), *Droit de la propriété littéraire et artistique*, LGDJ, coll. « Droit civil », 2e éd., 2023, 760 p. notamment pp. 17 et s. ; lire aussi : LE GOFFIC (C.) et BASIRE (Y.), *L'essentiel du droit de la propriété littéraire et artistique*, Gualino, coll. « Les Carrés Rouge », 3e éd., 2023, 160 p. notamment pp. 18 et s.

d'un procédé automatique[1]. C'est dire que la création intellectuelle suppose une activité créatrice et une conscience du résultat.

176. D'une part, toute activité créatrice résulte d'une conception de ce que l'on veut faire et s'achève par la réalisation de ce qui a été conçu. En d'autres termes, dans l'esprit de l'auteur, germe une idée qui ensuite éclot, murit et aboutit à la réalisation ; la notion d'idée pouvant renvoyer à la représentation d'une chose de l'esprit, une manière de voir. Au stade d'idée, le processus de création n'est pas encore abouti. Elle peut donc être librement reprise par quiconque, sans que la personne qui l'a formulée en premier puisse revendiquer le monopole sur celle-ci. La réalisation est la phase physique au cours de laquelle l'idée ou la conception est rendue réelle. L'activité créatrice est le choix opéré par l'auteur parmi tous les éléments à sa disposition pour faire venir à la vie une œuvre.

177. D'autre part, la conscience du résultat participe du libre arbitre des créateurs d'œuvres de l'esprit. La démarche créative doit impliquer un minimum de maîtrise intellectuelle du processus créateur, quand bien même la réalisation résulte d'un procédé automatique. Pour la jurisprudence, l'exercice de choix libres est un critère important pour évaluer l'effort créatif de l'auteur[2]. Ce dernier doit opérer des choix intentionnels en fonction d'objectifs précis. Il ne peut y avoir création lorsque les contraintes techniques limitent considérablement la liberté de l'auteur. C'est par exemple le cas de clichés de courses automobiles pour la réalisation desquels les photographes « étaient postés aux endroits qui leur étaient imposés, et non par choix raisonné, et agissaient selon la technique du déclenchement continu dite "prise en rafale" »[3]. Cela veut dire qu'une réalisation effectuée par un mécanisme automatique, qui ne laisse aucune marge d'appréciation à celui qui l'actionne, ne peut être considérée comme une création et encore moins une création originale.

2- La nécessité d'une œuvre originale

178. L'originalité est un critère important pour déterminer si l'œuvre peut bénéficier de la protection du droit d'auteur[4]. L'article 3 de l'Annexe VII de l'Accord de Bangui précise que « l'auteur de toute œuvre originale de l'esprit, jouit sur cette œuvre (…) d'un droit de propriété incorporelle ». Ce qui veut dire que l'auteur ne peut prétendre à un droit de propriété incorporelle sur son œuvre que si celle-ci est originale. L'annexe VII ne définit pas la notion d'originalité. La jurisprudence et la doctrine s'attellent à combler ce vide. L'originalité est comprise comme l'ensemble des expressions et éléments caractéristiques qui résultent d'une création. Une création originale est celle qui

---

[1] Art. 3 al. 2 de l'Annexe VII de l'Accord de Bangui révisé, relatif à la propriété littéraire et artistique.

[2] Cass. civ. 1er, 16 avr. 1991, *Société Isermatic France c/ Société Gerber Scientific Products*, n° 89-21.071, *Bull. civ.* I, n° 139, p. 92 ; *D.* 1992, p. 13, obs. C. Colombet ; *JCP* 1991. II. 21770, obs. H. Croze.

[3] Cass. civ. 1er, 3 févr. 2004, *Société Diffusion photo presse international*, n° 02-11.400, *Propr. intell.* 2004, n° 11, p. 633, note P. Sirinelli ; *Propr. intell.* 2004, n° 11, p. 630, obs. A. Lucas.

[4] Cass. civ. 1er, 17 oct. 2012, *Codix*, n° 11-21.641, *Propr. intell.* 2013, p. 45, obs. A. Lucas ; *RLDI* 201, n° 2934, obs. P.-D. Cervetti ; *RTD com.* 2012, p. 768, obs. F. Jonquères.

dans sa forme d'expression ou dans ses éléments caractéristiques permet de distinguer une œuvre des autres œuvres de la même espèce ou du même genre.

179. D'un point de vue subjectif, l'originalité est l'expression de la personnalité de l'auteur. L'œuvre n'est pas originale parce qu'elle se distingue de tout ce qui a été fait avant ou parce qu'elle est créative ou innovante. Si tel était le cas, elle se confondrait avec la nouveauté. Celle-ci est indifférente à la caractérisation de l'originalité d'une œuvre. Une œuvre de l'esprit est originale en raison de la touche personnelle qu'un auteur apporte à la restitution d'une idée. Cette touche personnelle doit permettre de distinguer l'auteur et son œuvre d'un autre auteur dont l'œuvre est fondée sur la même idée[1].

180. Cependant, l'approche subjective qui consiste à rattacher l'originalité à la personnalité du créateur sied davantage aux œuvres d'art pur. En fait, elle comporte des limites tirées de l'extension de la protection aux œuvres d'arts appliqués. En général, les œuvres utilitaires laissent difficilement transparaître la personnalité de leur auteur en raison de la forme industrielle qui y prédomine au détriment de l'esthétique. D'où la nécessité d'une approche objective.

181. D'un point de vue objectif, la touche personnelle de l'auteur s'entend de la description de l'idée, de son illustration, de son explication, du plan, etc. L'auteur ne doit pas avoir simplement produit une vile copie d'une œuvre antérieure ; il doit avoir investi un travail minimal d'adresse et de jugement, un minimum d'effort intellectuel, aussi humble soit-il[2], le mérite de l'œuvre étant indifférent à la protection du droit d'auteur. L'approche objective de l'originalité est retenue par la jurisprudence pour l'application du droit d'auteur sur les logiciels. En la matière, l'auteur ne peut pas exprimer sa personnalité à travers son travail. La jurisprudence retient dans ce cas qu'un logiciel est original lorsqu'il comporte « la marque de l'apport intellectuel » de son auteur[3].

182. De même, dans le domaine des arts appliqués et la photographie, l'originalité est appréciée eu égard à l'effort créatif[4] de l'auteur plutôt qu'à l'expression de sa personnalité. Cet effort doit être suffisamment créatif pour singulariser l'œuvre. Il sera insuffisant si l'auteur n'a fait que créer quelque chose de nouveau en appliquant simplement des techniques connues. De ce point de vue, la singularité des œuvres d'arts appliqués, de photographie et d'architecture se distingue de la banalité mais moins de l'impersonnalité. Ainsi,

[1] COLOMBET (C.), « Pour être protégeable, une œuvre de l'esprit doit être originale mais pas forcément nouvelle », *D.* 1998, p. 189.

[2] Cass. com., 1er juill. 2008, *Société Beauté prestige international*, n° 07-13.952, *Bull. CJCE* 2009 ; *D.* 2008, p. 2749, chron. R. Salomon et 2009, p. 1182, note B. Edelman ; *RTD com.* 2008, p. 735, obs. F. Pollaud-Dulian.

[3] Cass. ass. plén. 7 mars 1986, n° 83-10.477, *D.* 1986, p. 405, concl. X. Cabannes et note B. Edelman ; JCP 1896. II. 20631, note J.-M. Mousseron, B. Teyssié et M. Vivant ; *JCP E* 1986. I. 15791, n° 1, obs. M. Vivant et A. Lucas ; *RIDA* 1986, p. 136, note A. Lucas ; *RTD com.* 1986, p. 399, obs. A. Françon.

[4] Cass. com. 8 nov. 2017, *Mariage frères*, n° 16-10.850 (inédit), *Rev. crit. DIP* 2019, p. 547, obs. V. Pironon ; *D.* 2018, p. 966, obs. S. Clavel ; *D.* 2018, p. 1934, obs. L. d'Avout et S. Bollée ; *D.* 2018, p. 2326, obs. Centre de droit de la concurrence Yves Serra ; *Propr. intell.* 2018, p. 55, chron. A. Lucas.

l'approche objective conserve l'âme subjective de la propriété littéraire et artistique.

§ 2. La consistance des droits de propriété littéraire et artistique

183. La consistance des droits de propriété littéraire et artistique renvoie aux catégories d'œuvres qu'est susceptible de recouvrir cette propriété (A) ainsi qu'aux prérogatives qu'elle confère (B).

A-La consistance relativement aux œuvres protégées

184. Les œuvres protégées peuvent être classifiées en fonction du genre à laquelle elles appartiennent (1) ou du nombre d'auteurs qui ont œuvré à sa réalisation (2).

1- Le critère du genre des œuvres

185. La notion de genre renvoie à un ensemble d'objets, une catégorie d'œuvres par exemple, ayant la même origine ou liés par des caractéristiques communes. L'œuvre protégée par le droit d'auteur est soit du genre littéraire, soit du genre artistique.

186. Le qualificatif « littéraire » vient du latin « *litterare* » qui signifie « belles lettres ». Il renvoie à tout ce qui s'exprime sous forme de lettres c'est-à-dire sous les caractères de l'alphabet[1]. Ceci dit, on distingue les œuvres littéraires écrites, orales et les titres des œuvres. Comme œuvres écrites, l'on peut énumérer les livres, les brochures, les articles et de manière générale les écrits littéraires, artistiques et scientifiques, y compris les programmes d'ordinateur[2]. Le cas de la lettre missive attire l'attention puisqu'elle est également protégée par le droit d'auteur en tant qu'écrit littéraire. En effet, du moment où elle a été envoyée à une personne, cette dernière est copropriétaire de l'objet corporel dans lequel se trouve intégrée la correspondance. Mais, le contenu de la lettre est la propriété de son auteur. C'est ce contenu qui est l'œuvre littéraire, seul l'auteur pouvant la publier ; le destinataire de la lettre ne peut la publier qu'avec le consentement de l'auteur.

187. Certains textes, bien qu'écrits, sont cependant expressément exclus du champ de protection par le droit d'auteur. Il s'agit de textes tels que les lois, les décisions de justice et autres textes officiels ainsi que leurs traductions officielles, les armoiries, les décorations, les signes monétaires et autres signes officiels.

188. Les œuvres orales, quant à elles, concernent les contes et légendes, les conférences, les allocutions, les sermons, les livres en format audio tels que les livres sonores et autres œuvres de même nature.

---

[1] MALAURIE-VIGNAL (M.), « Concurrence déloyale. Peut-on dénigrer et parasiter une œuvre littéraire ? », *Contr. conc cons.*, n° 4, 2021, p. 59 ; MASSON (C.), « Droit d'auteur et concurrence déloyale », *Jcl. Conc. cons.*, 2021, Fasc. 136.

[2] VANBRABANT (B.), *La propriété intellectuelle. Nature juridique*, Larcier, coll. « Création information communication », 1re éd., t. 1, 2016, p. 43.

189. En ce qui concerne le titre de l'œuvre, il renvoie à la désignation de l'œuvre. Le titre est protégé comme l'œuvre elle-même dès lors qu'elle présente un caractère original. Nul ne peut, même si l'œuvre n'est plus protégée, utiliser son titre pour individualiser une œuvre du même genre au cas où cette utilisation serait de nature à créer une confusion dans l'esprit du public[1]. Ainsi, le titre de l'œuvre est protégé contre la concurrence déloyale et le parasitisme. Mais, dans la mesure où la législation n'exclut la possibilité de l'usage du même titre que pour les œuvres du même genre, il est à se demander si l'interdiction demeure lorsque les œuvres se rapportent à des genres différents.

190. Le genre artistique concerne les compositions musicales avec ou sans paroles, les œuvres dramatiques, les œuvres audiovisuelles, les dessins, les peintures, les sculptures, les œuvres d'architecture aussi bien le dessin, la maquette que la construction elle-même, les œuvres photographiques auxquelles l'on assimile les œuvres exprimées par un procédé analogue.

2- Le critère du nombre d'auteurs

191. Suivant le critère du nombre d'auteurs, on peut distinguer cinq catégories d'œuvres à savoir l'œuvre individuelle, l'œuvre de collaboration, l'œuvre composite, l'œuvre collective et l'œuvre de commande. L'œuvre individuelle est une œuvre qui a été initiée et créée par une seule personne physique.

192. Les autres catégories impliquent une pluralité de personnes. L'œuvre de collaboration est une œuvre dont la création est issue du concours de deux ou plusieurs auteurs, que ce concours puisse être individualisé ou non[2]. Ainsi, l'œuvre de collaboration est considérée comme telle même si l'on ne peut déterminer l'apport exact de chaque auteur. Soit une chanson donnée, les paroles et la musique sont concomitamment réalisées par les deux ou plusieurs personnes ensemble, ou encore la chanson est composée par un parolier et la musique par un musicien et les deux éléments mis ensemble par la suite. Dans tous les cas, les auteurs doivent conclure une convention de collaboration pour déterminer les modalités de leurs rapports d'exploitation de l'œuvre. À défaut de convention, c'est le régime de l'indivision qui leur sera appliqué. Pour l'œuvre créée ensemble et concomitamment, il s'agira d'une indivision absolue. L'exploitation de l'ensemble ou des parties de l'œuvre commune sera subordonnée à l'accord de tous les coauteurs. Pour l'œuvre créée ensemble, mais sur des parties autonomes, l'indivision sera relative. Dans ce cas, chaque coauteur est libre d'exploiter la partie autonome qu'il a créée[3] tout en demeurant cotitulaire des droits attachés à l'œuvre considérée comme un tout. Quoi qu'il en soit, les bénéfices résultant de l'exploitation de l'œuvre reviennent

---

[1] Art. 9 de la loi ivoirienne n° 2016-555 du 26 juillet 2016 relative au droit d'auteur et aux droits voisins ; voir également art. 6 de la loi camerounaise n° 2000/011 du 19 décembre 2000 relative au droit d'auteur et aux droits voisins.

[2] Art. 2 al. 2 de la loi camerounaise n° 2000/011 relative au droit d'auteur et aux droits voisins.

[3] Pour une chanson commune, par exemple, l'auteur de la musique peut l'exploiter comme générique d'un film ou autre.

à chaque coauteur proportionnellement à sa contribution dans la création, sauf si les parties en conviennent autrement.

193. En ce qui concerne l'œuvre composite, elle désigne une œuvre à laquelle est incorporée une œuvre préexistante sans la collaboration de l'auteur de cette dernière. Deux traits caractérisent cette œuvre : l'incorporation d'une œuvre préexistante et le défaut de participation du créateur de l'œuvre préexistante à l'élaboration de l'œuvre dérivée ou subséquente. L'incorporation peut être matérielle ou intellectuelle. Elle est matérielle lorsqu'elle consiste simplement en une juxtaposition ou insertion de l'œuvre préexistante dans l'œuvre nouvelle[1]. Par exemple, une juxtaposition de plusieurs poèmes de différents auteurs dans un livre pour en faire un ouvrage appelé anthologie. Celui qui juxtapose ou insère des œuvres préexistantes dans un tout pour en faire une création nouvelle fait œuvre d'auteur. Par le choix, la coordination ou la disposition des œuvres préexistantes, il appose le cachet de sa personnalité sur son œuvre, ce qui en fait une œuvre originale. Il est le premier titulaire du droit d'auteur sur son œuvre composite, mais doit respecter les droits d'auteurs des œuvres préexistantes.

194. L'incorporation intellectuelle est celle qui se réalise par voie de fusion. Ainsi, l'œuvre préexistante n'est plus insérée ou juxtaposée telle quelle. La création préexistante sert seulement d'élément pour l'élaboration de l'œuvre nouvelle. C'est le cas des traductions c'est-à-dire des œuvres qui donnent dans une autre langue l'équivalent des œuvres préexistantes. C'est aussi le cas des adaptations c'est-à-dire des œuvres constituées par la transposition dans un genre des œuvres préexistantes dans un autre genre, par exemple, du livre au film. C'est également le cas des arrangements c'est-à-dire des œuvres qui résultent des adaptations d'une composition musicale à d'autres instruments. Par exemple, l'adaptation d'une chanson au piano ou au balafon. C'est enfin le cas des transformations ; ce sont des œuvres composites qui résultent de la mutation d'un art figuratif à un autre art figuratif. Par exemple, la mutation d'un dessin ou d'une photo en une sculpture.

195. Le défaut de participation du créateur de l'œuvre préexistante à l'élaboration de l'œuvre dérivée est un élément caractéristique des œuvres composites. L'auteur de l'œuvre composite est le premier titulaire du droit d'auteur sur celle-ci, sous réserve du respect du droit d'auteur attaché à chaque œuvre préexistante incluse dans l'œuvre dérivée.

196. S'agissant de l'œuvre collective, c'est celle créée par plusieurs auteurs à l'initiative et sous la responsabilité d'une personne physique ou morale qui la publie sous son nom et dans laquelle les contributions des auteurs qui ont participé à la création de l'œuvre disparaissent dans l'ensemble de l'œuvre sans qu'il soit possible d'identifier isolément la contribution de chacun des auteurs

---

[1] Cass. civ. 1re, 29 mars 2023, *M. H. E. c/ SARLU société Karus productions et SARLU société Pause B films*, n° 22-13.809, *Légipresse* 2023, p. 204 et p. 699, chron. C. Alleaume ; *RTD com.* 2023, p. 327, obs. F. Pollaud-Dulian ; *CCE* 2023, comm. 30, obs. P. Kamina ; *Recueil Dalloz* 2024, p. 392, obs. P. Sirinelli.

dans cet ensemble. L'exemple type est le dictionnaire. Le premier titulaire du droit d'auteur sur une œuvre collective est cette personne physique ou morale. Sauf stipulation contraire, chaque auteur d'une œuvre incluse dans une œuvre collective conserve le droit d'exploiter sa contribution indépendamment de l'œuvre collective, à condition de ne pas porter préjudice à l'exploitation de cette dernière.

197. Quant à l'œuvre de commande, c'est celle créée par un auteur ou artiste pour le compte d'une personne physique ou morale dénommée commanditaire, moyennant rémunération[1]. Elle résulte donc d'une convention par laquelle l'auteur ou l'artiste s'engage envers le commanditaire à faire un travail d'ordre quelconque, moyennant une rémunération convenue. La convention peut apparaître comme un contrat de louage d'ouvrage ou un contrat d'entreprise. La prestation de l'auteur ou de l'artiste peut consister notamment en la réalisation de photographies, de sculptures, de gravures, de portraits, de phonogrammes, de films, de logiciels, de banques de données, etc.

198. La rémunération et l'accord de volonté des parties sont les éléments caractéristiques de l'œuvre de commande, que le législateur encadre rigoureusement afin de protéger l'artiste contre les risques de spoliation[2]. À cet égard, l'auteur est le premier titulaire des droits sur l'œuvre réalisée. Toutefois, sauf convention contraire, les droits patrimoniaux sur ladite œuvre sont considérés comme transférés au commanditaire qui les exerce dans les limites convenues. En revanche, l'auteur exerce son droit moral sur l'œuvre de commande sans nuire à la jouissance des droits patrimoniaux transférés.

199. Lorsque l'œuvre de commande est utilisée pour la publicité, le contrat entre le commanditaire et l'auteur entraîne cession au commanditaire des droits sur l'œuvre, dès lors que ce contrat précise une rémunération distincte due pour chaque mode d'exploitation de l'œuvre en fonction notamment de la zone géographique, de la durée de l'exploitation, de l'importance du tirage et de la nature du support. En règle générale, la rémunération de l'auteur doit être proportionnelle aux recettes d'exploitation.

B-La consistance relativement aux droits conférés

200. L'auteur dispose d'un véritable droit de propriété qui se traduit par son pouvoir d'autoriser ou d'interdire toute forme de représentation ou de reproduction de l'œuvre, sous réserve des exceptions au droit d'auteur que sont notamment le droit de citation, le droit de copie privée, le droit d'analyse et de caricature. Concrètement, il dispose de droits moraux (1) et de droits patrimoniaux (2).

[1] RACINE (C.), « Cession implicite d'une œuvre de commande entre commerçants : objet et charge de la preuve », *Communication – commerce électronique*, n° 3, 2024, comm. 86 ; POLLAUD-DULIAN (F.), « Œuvre de commande. Cession de droits d'auteur. Preuve. Rencontre de volontés. Pollicitation. Condition et réserves », *RTD com.*, 2017, p. 906.

[2] MIENDJIEM (I. L.), « Le Père Noël des créateurs et diffuseurs des œuvres de l'esprit au Cameroun : la loi n° 2000/011 du 19 décembre 2000 relative au droit d'auteur et aux droits voisins », *Revue générale de droit*, n° 32, 2002, p. 551.

1- Les droits moraux

201. A la différence du modèle anglo-américain qui conçoit le *copyright* comme un droit purement économique rattaché à la théorie du monopole légal, les systèmes de droit d'origine latine ont une vision personnaliste du droit d'auteur perçu comme relevant du droit naturel reposant sur la théorie de la propriété. C'est ce qui justifie que soient attachés au droit d'auteur des attributs d'ordre moral. Ces droits moraux sont des droits extrapatrimoniaux attachés à la personne de l'auteur contrairement aux droits pécuniaires qui ont vocation à s'en détacher. Ils ont des caractères précis et une composition plurielle.

202. En ce qui concerne les caractères, les droits moraux de l'auteur sont inaliénables, c'est-à-dire qu'ils ne peuvent être transmissibles entre vifs. Ils peuvent néanmoins être transmissibles pour cause de mort ; ce qui signifie qu'ils peuvent être transmis aux héritiers de l'auteur après sa mort. Ils sont en outre imprescriptibles. Autrement dit, ils ne s'éteignent pas après l'écoulement d'un certain temps. Les droits moraux pourront être exercés aussi longtemps que l'œuvre survivra dans la mémoire des êtres humains et fera l'objet d'une exploitation. Ces droits sont également insaisissables. En ce sens, une saisie peut porter sur l'œuvre d'art elle-même en tant que bien matériel dans lequel l'œuvre intellectuelle est incorporée ; elle peut aussi porter sur les produits pécuniaires issus de l'exploitation de l'œuvre mais les droits moraux ne peuvent être saisis. Les droits moraux de l'auteur sont par ailleurs perpétuels dans la mesure où ils subsistent à l'expiration des droits patrimoniaux.

203. S'agissant de la composition, les droits moraux comprennent le droit de divulgation, le droit à la paternité, le droit au respect de l'œuvre, le droit de retrait et le droit de repentir. Le droit de divulgation désigne le droit de l'auteur de décider de livrer son œuvre à l'appréciation du public et de déterminer les procédés et modalités de cette divulgation. C'est ce droit qui donne naissance aux attributs patrimoniaux, lesquels ne naissent sur une œuvre que lorsqu'elle est déjà divulguée.

204. Le droit à la paternité, quant à lui, consiste pour l'auteur à exiger que son nom ou sa qualité soit mentionné sur chaque exemplaire de son œuvre reproduit ou chaque fois que son œuvre est rendue accessible au public. Il s'agit d'un droit et non d'une obligation. L'auteur peut, en effet, rester anonyme ou utiliser un pseudonyme, s'il le souhaite. Cela ne remet pas en cause son droit moral ou son droit patrimonial sur l'œuvre tant qu'il en est le véritable auteur. L'ambiguïté sur la paternité de l'œuvre peut s'illustrer par la situation dite de « faux authentique »[1]. Est ainsi désignée la situation particulière d'une œuvre comportant une signature authentique sans être de la main de l'auteur ayant exécuté matériellement l'œuvre signée. Il y a, en l'occurrence, une disjonction entre le créateur de l'œuvre et son signataire ; un auteur authentifie et revendique une œuvre qui n'a pas été créée de sa main. Le faux authentique

---

[1] VARNEROT (V.), « Le faux authentique en matière artistique », *Communication commerce électronique*, n° 9, 2019, étude 16, pp. 1-7 ; voir aussi : DREYER (E.), « Trompe-l'œil sur la fraude artistique », *Rec. Dalloz*, 2001, p. 541.

peut revêtir plusieurs formes. C'est le cas d'une œuvre créée par un tiers mais authentifiée par complaisance généralement *a posteriori*, ou parfois *a priori*, par le soi-disant auteur. C'est également le cas de l'œuvre créée par délégation. L'appréciation de cette dernière situation varie selon que l'œuvre a été réalisée en toute indépendance par son créateur ou que ce dernier a reçu des instructions et exécuté l'œuvre sous le contrôle et la direction de l'artiste signataire. Lorsque l'œuvre a été réalisée en toute indépendance par le créateur, sa personnalité incarnée dans l'œuvre en constitue l'originalité[1]. Le signataire ne peut en revendiquer la qualité de coauteur. Il en est de même s'il n'a donné que de vagues instructions à l'effet de la réalisation de l'œuvre[2]. Lorsque ces instructions ont été suffisamment directives, l'œuvre est considérée comme une œuvre de collaboration du fait du concours du concepteur et de l'exécutant à la création de l'œuvre. Dans l'ensemble, le faux authentique s'apparente à une simulation par interposition de personne[3] puisque le signataire fait secrètement recours à un prête-plume.

205. En ce qui concerne le droit au respect de l'œuvre, c'est celui qui confère à l'auteur le droit de défendre l'intégrité et l'esprit de son œuvre en s'opposant notamment à sa déformation ou sa mutilation. Autrement dit, l'auteur a le droit d'interdire toute modification sans son consentement écrit, toute forme de présentation ou d'utilisation de son œuvre qui altère son sens ou sa perception. Dans une espèce cependant, il a été jugé que « l'utilisation d'une œuvre musicale par synchronisation dans la bande sonore d'une œuvre audiovisuelle, se faisant nécessairement sous forme d'extraits, ne saurait être regardée par principe comme réalisant une atteinte à l'intégrité de l'œuvre et au droit moral de l'auteur ou de l'artiste-interprète ». Ce faisant, le juge considère comme licite la synchronisation musicale dans un film[4].

206. L'auteur a également le droit de mettre fin à la diffusion de son œuvre et d'y apporter des retouches. Il peut s'agir d'un repentir. Le droit de repentir consiste pour l'auteur à interdire à son éditeur de publier l'œuvre ou lorsqu'elle est déjà publiée, d'y apporter des retouches. Il se distingue du droit de retrait qui consiste pour l'auteur à retirer l'œuvre de la circulation après qu'elle a déjà été publiée. Ces deux droits ont été accordés à l'auteur afin de lui permettre de gérer les cas de conscience. Il peut arriver que l'auteur regrette d'avoir livré son œuvre au public. Ces deux droits lui permettent de se délier de son engagement. Toutefois, l'auteur ne peut exercer le droit de retrait et de repentir qu'à charge pour lui d'indemniser le bénéficiaire éventuel d'une autorisation, cession, etc.

---

[1] TRICOIRE (A.), « Le droit pénal au secours du *ready-made* : n'est pas Duchamp qui veut », *D.* 2006, p. 1827.

[2] EDELMAN (B.), « L'erreur sur la substance ou l'œuvre mise à nu par les artistes, même ! », *D.* 2003, p. 436.

[3] VARNEROT (V.), « Le faux authentique en matière artistique », *Communication commerce électronique*, *op. cit.*, p. 2.

[4] Cass. civ. 1er, 28 févr. 2024, *SAS société Chris Music c/ SAS société Fechner films et SAS société Musiques & solutions*, n° 22-18-120 (n° 96 F-B), *Recueil Dalloz* 2024, p. 423 ; *Dalloz IP/IT* 2024, p. 120, obs. E. Rançon.

2- Les droits patrimoniaux

207. Les droits patrimoniaux confèrent à l'auteur le droit exclusif d'exploiter ou d'autoriser l'exploitation de son œuvre sous quelque forme que ce soit et d'en tirer un profit pécuniaire. Ces droits ont une composition et une durée déterminées, de même qu'ils sont susceptibles de faire l'objet de diverses opérations juridiques. Leur violation est assortie de sanctions.

a- La composition des droits patrimoniaux

208. Les droits patrimoniaux comprennent le droit de représentation, le droit de reproduction, le droit de suite, le droit de transformation et le droit de distribution. En effet, l'auteur jouit sur son œuvre d'un droit de représentation. C'est le droit de communiquer directement une œuvre littéraire ou artistique au public par n'importe quel procédé, y compris sa mise à la disposition du public de manière que chacun puisse y avoir accès à l'endroit et au moment qu'il choisit individuellement. La représentation comprend la récitation, la représentation dramatique, l'exposition publique de l'original ou des exemplaires d'une œuvre d'art. Elle comprend également la télédiffusion c'est-à-dire la diffusion sans fil ou par fil ou tout autre dispositif technique analogue de sons, d'images, de textes ou de messages de même nature. Lorsque la représentation est faite par une personne autre que l'auteur, elle doit obtenir l'autorisation de celui-ci. Lorsque l'œuvre a été rendue licitement accessible au public, l'auteur ne peut en interdire la représentation effectuée gratuitement dans un cercle familial ou celle effectuée à des fins éducatives ou religieuses.

209. L'auteur jouit également d'un droit de reproduction. Celui-ci désigne la fixation matérielle de tout ou partie d'une œuvre littéraire ou artistique par tous moyens qui permettent de la communiquer au public d'une manière indirecte, y compris par stockage permanent ou temporaire sous forme électronique. Elle s'effectue notamment sous forme de photographie, imprimerie, dessin, gravure, moulage, enregistrement audiovisuel, magnétique ou mécanique.

210. Seul l'auteur a le droit de reproduire son œuvre. Toute autre personne ne peut le faire qu'avec son autorisation écrite ou celle de ses ayants droit. Lorsque l'œuvre a été licitement publiée, l'auteur ne peut plus interdire la reproduction, l'adaptation, la transformation, la traduction destinées à un usage strictement personnel et privé de celui qui les accomplit. Cet usage exclut tout usage collectif et toute exploitation à des fins lucratives. Néanmoins, si l'auteur ne peut interdire les copies privées de son œuvre, il a tout de même droit à une rémunération sur les différentes copies[1]. Cette rémunération a pour but de compenser les pertes occasionnées par la multiplication des reproductions au moyen de la reprographie dont l'apparition a causé une diminution significative du nombre d'exemplaires d'œuvres vendus.

---

[1] Au Cameroun par exemple, cette rémunération est versée par le fabriquant ou l'importateur des machines utilisables pour la reproduction à usage privé, d'une œuvre imprimée, lors de la mise en circulation au Cameroun de ces machines.

211. L'auteur bénéficie en outre d'un droit de suite. Est ainsi désigné le droit inaliénable de percevoir une quote-part du profit de toute vente d'une œuvre graphique ou plastique ou des manuscrits nonobstant toute cession de l'original de l'œuvre ou du manuscrit lorsque cette vente est faite aux enchères publiques ou par un commerçant, quelles que soient les modalités de l'opération réalisée par ce dernier. Le droit de suite ne s'applique pas aux œuvres des arts appliqués.
212. Il est par ailleurs reconnu à l'auteur un droit de transformation et un droit de distribution. La transformation s'entend de l'adaptation, la traduction, l'arrangement ou toute autre modification d'une œuvre littéraire ou artistique alors que la distribution désigne l'offre de vente ou de location, ou proprement dit la vente, la location ou tout autre acte de mise en circulation à titre onéreux de l'original ou des exemplaires d'une œuvre littéraire ou artistique. L'auteur peut exercer directement son droit de distribution ou indirectement en autorisant la location des exemplaires de son œuvre. La location consiste à mettre à disposition pour l'usage, pour un temps limité et pour un avantage économique ou commercial direct ou indirect. Lorsqu'il autorise la location des exemplaires de son œuvre, l'auteur conserve le droit d'obtenir une rémunération équitable au titre de la location. Ce droit ne peut faire l'objet d'une renonciation. En revanche, en vertu du principe de l'épuisement, lorsque l'auteur a autorisé la distribution des supports matériels de son œuvre, son droit est épuisé par la première vente ou tout autre transfert de propriété des exemplaires de ladite œuvre dans le marché national ou régional concerné.

b- La durée des droits patrimoniaux

213. Dans l'espace OAPI, l'on observe tantôt des constances tantôt des variations de la durée des droits patrimoniaux des créateurs sur leurs œuvres. Ainsi, ces droits sont protégés pendant toute la vie de l'auteur et persistent au bénéfice de ses ayants droit après son décès. Si la protection *post mortem* des droits patrimoniaux de l'auteur est unanimement admise par les législations nationales et régionales y relatives, sa durée varie cependant d'une législation à une autre. Le législateur OAPI prévoit pour cette protection *post mortem* une durée de cinquante (50) ans[1]. Mais, l'Accord de Bangui révisé par l'Acte de Bamako ayant clairement défini son Annexe VII comme étant un cadre normatif minimal, les législations nationales peuvent dès lors consacrer une durée supérieure ou égale à cinquante ans. Elles ne sauraient, en revanche, prévoir une durée de protection *post mortem* en deçà de cinquante, ans car cette durée constitue en réalité le seuil minimum[2].
214. La même durée de cinquante ans est retenue en droit camerounais. Celui-ci prévoit que « les droits patrimoniaux de l'auteur durent toute sa vie. Ils persistent après son décès, pendant l'année civile en cours et les cinquante

[1] Art. 26 de l'Annexe VII de l'Accord de Bangui relatif à la propriété littéraire et artistique.
[2] SAWADOGO (F. M.), « La construction d'un modèle de droit d'auteur pour l'OAPI : Analyse de la technique légistique », *in* Acte du colloque sur *Le droit de la propriété intellectuelle à l'heure du numérique : les apports de l'Acte de Bamako*, *Penant*, n° 922, 2023, p. 262.

années qui suivent »[1]. Certaines autres législations nationales optent pour une durée de protection *post mortem* plus longue. Cette durée est alors de soixante-dix (70) ans après l'année civile au cours de laquelle a eu lieu le décès[2].

215. Ces durées de protection *post mortem* sont les mêmes dans le cas des œuvres de collaboration avec pour point de départ la mort du dernier auteur survivant. Il en est de même des œuvres pseudonymes et des œuvres posthumes avec comme point de départ l'année civile de publication autorisée.

c- Les opérations juridiques relatives aux droits patrimoniaux

216. Il s'agit des contrats dont l'auteur est partie, et qui portent sur son œuvre : les contrats de représentation, les contrats d'édition, les contrats audiovisuels et les contrats d'exploitation. L'autorisation d'exploitation peut revêtir la forme d'une cession de droits ou d'une licence d'exploitation, la cession opérant comme une vente et la licence comme une location. L'autorisation doit, à peine de nullité, être stipulée par écrit. Elle peut porter sur tout ou partie des droits patrimoniaux. La portée de l'autorisation est en général limitée au mode d'exploitation prévu dans l'acte. La rémunération de l'auteur est proportionnelle aux recettes d'exploitation de l'œuvre[3].

d- Les sanctions de la violation du droit d'auteur

217. Les sanctions sont tantôt préventives, tantôt curatives. Les sanctions préventives peuvent être initiées par l'auteur, ses ayants-droits ou par l'organisme de gestion collective lorsque les droits d'auteur sont violés ou sont menacés de l'être. Elles consistent en la saisie des exemplaires constituant une reproduction illicite, la saisie du matériel devant servir à la reproduction illicite, la fermeture temporaire de l'établissement où a (ou aura) lieu une représentation illicite, la saisie des recettes d'exploitation, etc.

218. Quant aux sanctions curatives, elles sont constituées, sur le plan pénal, par l'incrimination des actes de contrefaçon matérialisés par la représentation, la reproduction, la transformation ou la distribution illicite par quelque moyen que ce soit. Ainsi, aux termes de l'article 70 de l'Annexe VII de l'Accord de Bangui, « constituent le délit de contrefaçon : (1) toute édition, reproduction, représentation, exécution publique ou diffusion par quelque moyen que ce soit, d'un objet protégé par la présente Annexe ; (2) l'exportation, l'importation et la distribution à des fins commerciales sur le territoire national d'un objet protégé en violation des dispositions de la présente Annexe ; (3) toute fixation, toute reproduction, toute communication, mise à la disposition du public, à titre onéreux ou gratuit, ou toute télédiffusion d'une œuvre, d'une interprétation ou exécution ou d'une émission, effectuée au mépris des droits protégés par la présente Annexe ; (4) la commercialisation d'œuvres graphiques et plastiques en

---

[1] Art. 37 de la loi camerounaise n° 2000/011 du 19 décembre 2000 relative au droit d'auteur et aux droits voisins.

[2] Par exemple, art. 47 de la loi ivoirienne n° 2016-555 du 26 juillet 2016 précitée ; art. 51 de la loi sénégalaise n° 2008-09 du 25 janvier 2008 portant sur le droit d'auteur et les droits voisins.

[3] Sur la rémunération de l'auteur, voir *infra* n° 568 et s.

violation du droit de suite ». L'article 71 subséquent assimile à la contrefaçon notamment la fabrication ou l'importation, pour la vente ou la location, d'un dispositif ou moyen spécialement conçu ou adapté pour rendre inopérant tout dispositif ou moyen visant à empêcher ou à restreindre la reproduction d'une œuvre ou à détériorer la qualité des copies ou exemplaires réalisés ; la neutralisation frauduleuse des mesures techniques efficaces dont les titulaires de droits d'auteur et de droits voisins se servent pour la protection de leurs productions contre les actes non autorisés ; la fabrication ou l'importation, pour la vente ou la location, d'un dispositif ou moyen de nature à permettre ou à faciliter la réception d'un programme codé radiodiffusé ou communiqué de toute autre manière au public, par des personnes qui ne sont pas habilitées à le recevoir ; la suppression ou la modification, sans y être habilité, de toute information relative au régime des droits se présentant sous forme électronique, etc.

Au plan civil, les sanctions consistent en la condamnation à des dommages et intérêts. La contrefaçon des œuvres de l'esprit est sanctionnée en raison de l'exclusivité d'exploitation reconnue à l'auteur. La notion d'exclusivité revêt le sens économique de « monopole » s'agissant des droits de propriété industrielle.

Chapitre 3
La reconnaissance des droits de propriété industrielle et commerciale

219. Les finalités et les conditions d'exercice du droit de propriété ont subi une évolution caractérisée par une extension de son champ d'application dans des domaines tels que le commerce et l'industrie. Dans ces domaines, des monopoles d'exploitation sont admis et servent d'instruments de concurrence permettant à leurs titulaires de capter et de conserver la clientèle nécessaire à l'entreprise. Ainsi, pour Paul ROUBIER, « la théorie de la propriété industrielle (…) est fille de la liberté de commerce et de l'industrie, car c'est seulement sous le régime de concurrence économique qu'elle a pu s'épanouir et se développer. En quoi consiste-t-elle ? Essentiellement en une régularisation juridique de la concurrence entre producteurs »[1]. Cette affirmation pourrait tout autant tenir pour la propriété incorporelle à caractère commercial. En effet, en matière commerciale, le droit contemporain a élevé au rang de propriété des phénomènes à caractère immatériel. La promotion de l'activité commerciale et la protection des « petits commerçants » ont conduit à la reconnaissance d'un droit de propriété du commerçant sur son fonds de commerce avec pour corollaire ce que l'on a longtemps appelé la propriété commerciale représentant le « droit du locataire sur son pas-de-porte »[2].

220. Dès lors, il y a lieu d'étudier les droits de propriété industrielle (section 1), les droits de propriété incorporelle à caractère commercial (section 2) avant d'analyser d'autres biens incorporels, dont la nature et la légitimité de l'appropriation, font débat (section 3).

Section 1. Les droits de propriété industrielle

221. Dès la Révolution française, l'on reconnaissait déjà que « ce serait attaquer les droits de l'homme dans leur essence que de ne pas regarder une découverte industrielle comme la propriété de son auteur »[3]. Contrairement à la propriété littéraire et artistique où la propriété revêt une essence personnelle (d'où les droits de la personnalité ou droits moraux), la propriété industrielle est dominée par la notion de monopole. L'expression trouve son origine dans le grec « *mono pôlein* » qui renvoie littéralement à l'idée de « vendre seul ». Un monopole est un régime de droit (monopole de droit) ou une situation de fait (monopole de fait) ayant pour objet ou pour résultat de soustraire à toute concurrence sur un marché donné une entreprise privée ou un établissement public[4]. Ainsi, l'idée de monopole se conçoit par rapport à un marché. Sa connotation économique transparaît dans la définition de la propriété industrielle.

222. La propriété industrielle désigne, en effet, le droit exclusif de son titulaire sur une invention ou un signe distinctif, conféré en vue de son exploitation

---

[1] ROUBIER (P.), *Droit de la propriété industrielle*, t. 1, « Partie générale », Recueil Sirey, 1952, p. 1.
[2] CARBONNIER (J.), *Flexible droit : pour une sociologie du droit sans rigueur*, *op. cit.*, p. 355.
[3] Préambule au décret révolutionnaire du 7 janvier 1791 sur les brevets.
[4] CORNU (G.), *Vocabulaire juridique*, Association Henry Capitant, PUF, 2020, V° *monopole*.

dans le domaine industriel et commercial. Pour le titulaire d'une technologie innovante, elle constitue un « instrument pour faire de la concurrence, en ce que ce droit protège sa technologie, laquelle, à son tour, lui permet de rivaliser avec des concurrents détenteurs de technologies de substitution »[1]. L'inventeur et le titulaire d'un signe distinctif bénéficient donc d'un droit exclusif, dont l'acquisition (§ 1) et la conservation (§ 2) obéissent à des régimes précis.

§ 1. L'acquisition des droits de propriété industrielle

223. À la différence de la propriété littéraire et artistique qui s'acquiert de plein droit du seul fait de la création de l'œuvre, l'acquisition primaire (*ab initio*) des droits de propriété industrielle est essentiellement administrative. Ces deux aspects du droit de la propriété intellectuelle obéissent l'un à la conception du droit naturel qui voudrait que le titulaire présomptif du droit soit le créateur, et l'autre au critère de la priorité qui suppose que la protection découle non pas de l'invention, mais de son dépôt ou de l'enregistrement du signe distinctif auprès de l'organisme compétent, en l'occurrence l'OAPI. En tant qu'organisme d'établissement et d'application des dispositifs de protection de la propriété industrielle, l'OAPI assure l'équilibre entre les intérêts privés des déposants et l'intérêt public puisque l'innovation est par essence un bien public. Tel est le fondement de son intervention dans la procédure d'acquisition des droits sur les créations techniques (A) et sur les signes distinctifs (B).

A-L'acquisition des droits sur les créations techniques

224. Les créations techniques sont protégées par différents instruments juridiques à l'instar du brevet d'invention, des modèles d'utilité, des dessins et modèles industriels, des obtentions végétales et des schémas de configuration des circuits intégrés. Mais parmi tous ceux-ci, le brevet d'invention présente les caractéristiques du droit de propriété industrielle le plus complet et le plus efficace[2] alors que les autres se caractérisent par la subsidiarité. Le déposant devrait solliciter le brevet si sa création technique présente les éléments constitutifs d'une invention brevetable. Par exemple, lorsqu'un objet peut être considéré à la fois comme un dessin ou un modèle nouveau et comme une invention brevetable, si les éléments constitutifs de la nouveauté du dessin ou du modèle sont inséparables de ceux de l'invention, ledit objet ne peut être protégé que sous le régime du brevet d'invention ou des modèles d'utilité. Le brevet d'invention constitue donc d'une certaine manière le droit commun des créations techniques de par ses conditions d'obtention (1) et des prérogatives qu'il confère (2).

---

[1] ULLRICH (H.), « Propriété intellectuelle, concurrence et régulation – limites de protection et limites de contrôle », *Revue internationale de droit économique*, n° 4, 2009, pp. 399 à 450 notamment p. 410.

[2] TANKOANO (A.), « La mise en conformité du droit des brevets de l'Organisation Africaine de la Propriété Intellectuelle avec les prescriptions de l'ADPIC », *RTDCDE,* n° 3, 2001, p. 623 ; AZEMA (J.), « Propriété industrielle. Brevet d'invention. Application industrielle. Contrefaçon. Expertise », *RTD com.*, 1999, p. 863.

1- L'obtention du brevet, principal titre de propriété industrielle

225. Pour certains auteurs, la demande de brevet d'invention constitue un acte juridique unilatéral d'appropriation[1]. Elle est la manifestation de la volonté du déposant d'acquérir la propriété du brevet. Toutefois, cette volonté à elle seule ne suffit pas pour réaliser cette appropriation. Il faut, en plus, que certaines conditions soient respectées (a) et qu'un contrôle soit opéré par les autorités compétentes (b).

a- Les conditions d'obtention du brevet

226. L'obtention du brevet d'invention comporte des conditions de fond et des conditions de forme.

i- Sur le fond

227. Les conditions de fond relatives à l'obtention d'un brevet d'invention sont aussi bien positives que négatives. Du point de vue des conditions positives, la demande de brevet doit réellement porter sur une invention. L'invention brevetable consiste en une solution technique à un problème technique. Ainsi, il existe quatre catégories d'invention : l'invention de produits (invention d'un corps certain ayant des caractères spéciaux), l'invention de procédés (invention de moyens ou méthodes destinés à obtenir un produit), l'invention d'applications (invention de moyens connus pour parvenir à un résultat éventuellement connu mais dans un rapport nouveau), et l'invention de combinaison (exploitation de moyens connus mis ensemble pour obtenir un résultat industriel nouveau).

228. L'invention se distingue de la découverte que le Traité de Genève sur l'enregistrement des découvertes scientifiques définit comme la reconnaissance d'un phénomène, d'une propriété ou d'une loi de l'univers matériel non encore reconnu et pouvant être vérifié. Le départ entre ces deux notions se situe, non pas au niveau du mérite de l'apport des connaissances réalisées, mais à celui de la finalité technique ou pratique que l'on peut concéder à l'apport. Le droit des brevets exclut de son champ d'application certaines connaissances de nature trop large pour être couverte utilement par un droit exclusif accordé à un seul titulaire. Au rang de ces connaissances, l'on retrouve entre autres les découvertes, les théories scientifiques ou les méthodes mathématiques. L'exclusion de ces connaissances a pour but la préservation du domaine public du savoir.

229. Pour être brevetable, l'invention doit rendre compte d'une innovation technique. Elle doit à cet effet être nouvelle, relever d'une activité inventive et être susceptible d'application industrielle[2]. Dire que l'invention doit être nouvelle signifie qu'elle ne doit pas avoir d'antériorité dans l'état de la technique. Celui-ci est constitué par tout ce qui a été rendu accessible au public,

---

[1] PELISSIER (A.), *Possession et meubles incorporels*, Dalloz, coll. « Nouvelle bibliothèque de thèses », 2001, 384 p. notamment p. 231.

[2] Art. 2 al. 1er de l'Annexe I de l'Accord de Bangui révisé en 2015 sur les brevets d'invention.

quel que soit le lieu, le moyen ou la manière, avant la date de dépôt de la demande de brevet ou d'une demande de brevet déposée à l'étranger et dont la priorité a été valablement revendiquée[1]. La jurisprudence considère le mot « public » comme désignant toute personne non tenue au secret[2]. Et, pour la doctrine, l'accessibilité de l'information technique est considérée comme acquise toutes les fois que le public a eu la possibilité d'en prendre connaissance même si cette possibilité n'a pas été réalisée[3].

230. Critère fondamental en droit des brevets, l'exigence de nouveauté revêt un caractère objectif et absolu différent de la nouveauté relative que l'on retrouve en droit des marques. En cette matière, l'exigence de nouveauté ne constitue pas un obstacle au réemploi d'une marque préexistante dont le propriétaire aurait été dépossédé par défaut d'usage. *A contrario*, la nouveauté de l'invention est indispensable pour se prémunir contre des monopoles abusifs ; elle se vérifie en comparant l'objet de la demande de brevet aux données existantes du domaine technique considérées au moment du dépôt de la demande.

231. En outre, pour le législateur OAPI, l'invention résulte d'une activité inventive si, pour un homme de métier ayant une habileté et des connaissances moyennes, elle ne découle pas d'une manière évidente de l'état de la technique[4]. Autrement dit, il n'y a pas d'activité inventive si toute personne disposant d'une compétence ordinaire dans la technique dont relève l'invention, aurait perçu le problème de la même manière et dégagé la même solution. La notion d'« évidence » permet donc d'exclure toute banalité résultant du seul développement des connaissances.

232. S'agissant de l'application industrielle, l'invention respecte cette condition si son objet peut être fabriqué ou utilisé dans tout genre d'industrie. Mais de façon globale, elle est considérée comme étant d'application industrielle en raison de son objet, de son application et de son résultat. L'invention étant par définition une solution technique à un problème technique, elle doit relever du domaine de la recherche appliquée et non de celui des créations esthétiques. De même, parce que la médecine ne relève pas du domaine industriel, les méthodes de traitement chirurgical ou thérapeutique appliquées au corps humain ou animal sont exclues de la brevetabilité, de même que les méthodes de diagnostic applicables au corps humain ou animal. Comme le relève Jean-Marc MOUSSERON, « cela signifie que les moyens de l'invention doivent produire un effet premier qui soit de nature technique et qui doit se situer dans l'ordre industriel »[5]. L'industrie ici renvoie à toutes les activités humaines dans le cadre desquelles la matière et la nature sont façonnées et utilisées. Le législateur OAPI dégage une énumération qui rend compte des domaines prioritaires eu

---

[1] Art. 3 de l'Annexe I de l'Accord de Bangui précité.

[2] CA Paris, 17 sept. 1997, *JCP E* 1999, p. 414, obs. J. M. Mousseron ; voir dans ce sens, l'article L. 611-11 du CPI français.

[3] MOUSSERON (J. M.), *Traité des brevets*, Paris, Litec, tome 1 « L'obtention des brevets », 1984, p. 44 ; ROUBIER (P.), « Le droit de la propriété industrielle », *Recueil Sirey*, 1952, p. 145.

[4] Art. 4 de l'Annexe I de l'Accord de Bangui précité.

[5] MOUSSERON (J.-M.), *op. cit.*, p. 237.

égard au développement socio-économique des États membres. Il s'agit de l'artisanat, de l'agriculture, de la pêche et des services[1].

233. En ce qui concerne les conditions négatives, l'invention ne doit pas être contraire à l'ordre public ou aux bonnes mœurs. L'Accord de Bangui ne donne aucune définition de l'ordre public ni des bonnes mœurs. Mais, l'on considère qu'une invention ne respecte pas cette prescription lorsqu'elle contrevient à une valeur considérée comme fondamentale dans une société donnée dans laquelle elle doit être divulguée ou exploitée. Il en serait ainsi des procédés de clonage ou de l'utilisation d'embryon à des fins industrielles et commerciales[2].

ii- Sur la forme

234. Certaines formalités doivent être remplies de la demande du brevet à la délivrance de celui-ci. Ainsi, la demande doit être déposée auprès de l'OAPI ou de l'administration nationale chargée de la propriété industrielle. Le dossier doit contenir une demande de brevet adressée au directeur général de l'Organisation, la pièce justificative du versement de la taxe de dépôt et de la taxe de publication, un pouvoir sous seing privé si le déposant est représenté par un mandataire et un pli cacheté. Ce pli comprend une description de l'invention faisant l'objet du brevet demandé, les dessins nécessaires ou utiles pour l'intelligence de l'invention, la ou les revendications définissant l'étendue de la protection recherchée, un abrégé descriptif résumant ce qui est exposé dans la description ainsi que des indications suffisantes sur la meilleure manière d'exécuter l'invention connue de l'inventeur à la date du dépôt[3]. La demande est limitée à un seul objet principal ; ce qui justifie la description sommaire et précise de l'objet de l'invention. En effet, le défaut de précision est source de contentieux et, en pareille circonstance, il est de jurisprudence constante que l'invention n'est pas brevetable lorsque le brevet porte « sur un principe purement théorique dont les applications pratiques ne sont pas précisées »[4].

235. En outre, la règle 17 du Règlement d'application de l'Accord de Bangui, Acte de Bamako[5], apporte des informations supplémentaires sur la composition du dossier spécifique à une invention faite en commun ou par un salarié. Il en ressort qu'en plus des pièces ci-dessus énumérées, le dossier doit comprendre un règlement de copropriété, si plusieurs personnes ont fait une invention en commun et que le brevet demandé leur est délivré en copropriété. En fait, il est possible que plusieurs personnes soient cotitulaires d'un même droit sur un brevet. Cette situation suppose une réalisation commune d'une invention par des inventeurs titulaires d'une propriété simultanée, qui déposent en commun

[1] Art. 5 de l'Annexe I de l'Accord de Bangui précité.

[2] CHEMTOB CONCÉ (M.-C.), « La non-brevetabilité des procédés de recherche destructifs d'embryons humains », *Propr. Ind.*, n° 1, 2012, comm. 2 ; BYK (C.), « Bioéthique », *JCP G*, n° 8, 2019, p. 117.

[3] Art. 13 de l'annexe I de l'Accord de Bangui, Acte de Bamako.

[4] Cass. com. 31 mars 1954, *Ann. propr. ind.*, 1954, p. 266.

[5] Résolution n° 60/29 du Conseil d'administration de l'OAPI signée le 8 décembre 2020 à Lomé au Togo.

une demande de brevet et constituent une « indivision de brevet »[1] (même si le terme retenu par le texte est celui de « copropriété »).

236. Le règlement de copropriété fixe notamment les conditions de l'exploitation de l'invention, l'indemnité à verser aux autres copropriétaires qui n'exploitent pas personnellement l'invention, de même que la répartition de la quote-part abandonnée par un copropriétaire. Lorsqu'il s'agit de la création technique d'un salarié, le dossier doit également comporter les pièces attestant de l'information et de la renonciation expresse de l'employeur au droit au brevet.

237. Une fois déposée, la demande fait l'objet d'une publication. Suivant la règle 19 du Règlement d'application précité, la publication consiste pour l'OAPI à publier au Bulletin officiel de la propriété industrielle (BOPI) sous forme électronique, les données bibliographiques et le mémoire descriptif contenu dans la demande. Cette publicité vise à porter à la connaissance des tiers l'existence de la procédure en cours afin de permettre à toute personne intéressée de formuler une opposition ou une revendication.

238. En cas d'opposition, l'OAPI examine si les motifs formulés empêchent la délivrance du brevet. Sans pouvoir aller au-delà, elle limite son examen aux seuls motifs d'opposition invoqués par l'opposant. Dans l'hypothèse où l'opposition serait limitée à une partie des revendications, l'OAPI examine uniquement celles visées. Cependant, si l'opposition porte uniquement sur une revendication indépendante, les revendications dépendantes sont considérées comme étant couvertes implicitement par l'étendue de l'opposition et peuvent être examinées. À l'issue de l'examen, l'OAPI rend une décision motivée, soit de rejet de la demande de brevet, soit de rejet de l'opposition. Dans l'hypothèse de rejet de la demande de brevet, elle indique l'ensemble des motifs qui empêchent la délivrance du brevet. Si elle estime que la demande de brevet ne peut être maintenue sans modifications, elle en informe le titulaire en lui précisant les motifs et lui donne la possibilité de modifier, si possible, la description, les revendications et les dessins. En cas de décision de rejet de l'opposition, l'opposant peut faire recours devant la Commission supérieure de recours, dans un délai de soixante (60) jours à compter de la notification.

239. S'agissant de la revendication du droit au titre ou revendication de propriété de la demande, elle donne à tout tiers la possibilité d'obtenir le transfert, à son profit, de la demande de brevet. En cas de revendication, l'OAPI en examine les motifs et délivre une décision motivée, soit de rejet de la revendication, soit de transfert total ou partiel au profit du revendiquant. Comme pour l'opposition, cette décision peut donner lieu à un contentieux devant la Commission Supérieure de Recours de l'OAPI. En cas de succès de la revendication, le revendiquant prend la place du demandeur dans la procédure d'obtention du brevet. Il peut à cet effet, soit la poursuivre en prenant la partie revendiquée de la demande à son compte, soit déposer une nouvelle demande

---

[1] ALBIGES (C.), « Indivision : généralités », *Rép. droit immobilier*, 2023, § 89 ; ZÉNATI-CASTAING (F) et REVET (T.), *Les biens*, PUF, 3e éd., 2008, n° 371.

de brevet pour la même invention, soit encore demander le rejet pur et simple de la demande.

240. Cela étant, pour chaque demande de brevet, il est effectué un rapport de recherche. Celui-ci comporte les éléments sur l'état de la technique qui peuvent être pris en considération pour apprécier la brevetabilité de l'invention. Ces éléments peuvent se rapporter à un produit, un procédé, un dispositif ou à l'utilisation de ceux-ci. Le rapport de recherche mentionne les documents pertinents du brevet, relevant du domaine technique et disponible non seulement dans le fonds documentaire de l'OAPI mais également dans les bases de données accessibles des principaux offices du monde délivrant les brevets. Reste à relever que l'Acte de Bamako en fait désormais une obligation pour l'Organisation et non plus une faculté comme antérieurement dans l'Accord de Bangui de 1999[1].

241. Lorsque les conditions et les caractères d'une invention sont réunis, le directeur général de l'OAPI délivre le brevet au requérant. Le brevet délivré fait une fois de plus l'objet d'une publicité[2]. Celle-ci atteste objectivement de la naissance du droit privatif et fait connaître à tous l'étendue du droit[3]. La délivrance du brevet est donc un acte constitutif en ce qu'il établit la titularité du déposant sur le brevet et toutes les prérogatives qu'il confère.

242. Pendant toute la durée du brevet, le breveté a droit d'apporter à l'invention des changements, perfectionnements ou additions. Ces modifications sont constatées par des certificats d'addition qui sont délivrés dans les mêmes formes que le brevet principal et prennent fin avec lui. Le certificat d'addition prévue par l'Annexe I de l'Accord de Bangui doit être distingué du certificat complémentaire de protection prévue en droit communautaire européen. En effet, le certificat complémentaire de protection (CCP) est un instrument juridique spécifique, qui vise à procurer à l'industrie pharmaceutique un retour sur investissement suffisant dans un contexte de concurrence renforcée en prolongeant les droits conférés par le brevet[4]. Ses conditions d'octroi sont les suivantes : le produit doit être protégé par un brevet de base en vigueur ; il doit avoir obtenu en tant que médicament une autorisation de mise sur le marché (AMM) en cours de validité ; celle-ci doit être la première AMM en tant que médicament ; et le produit ne doit pas avoir déjà fait l'objet d'un CCP. Le juge joue un rôle important dans le contrôle des conditions d'obtention de cet instrument[5].

---

[1] Art. 23 et 25 de l'Annexe I de l'Accord de Bangui, Acte de Bamako.

[2] Art. 35 de l'annexe I de l'Accord de Bangui, Acte de Bamako.

[3] LEVEL (P.), « Les rapports du droit et de la formalité en matière de propriété industrielle », *Rev. trim. dr. com.*, 1961, p. 243.

[4] SERGHERAERT (E.), « Certificat complémentaire de protection : comment la fameuse affaire Irbesartan®/hydrochlorothiazide® serait-elle rejugée avec les récentes directives de la CJUE ? », *Revue générale de droit médical (RGDM)*, 2021/29, pp. 103-113.

[5] Cass. com. 1er févr. 2023, n° 21-15.221, *D. actu.* 2023, obs. C. Maréchal. Dans cette affaire, le juge décide qu'il n'est pas possible d'obtenir un certificat complémentaire de protection (CCP) sur la base d'un brevet qui protège la combinaison d'un principe actif et d'un nouvel excipient si ce principe actif a déjà fait l'objet d'une autorisation de mise sur le marché (AMM) antérieure.

b- Le contrôle des conditions d'obtention du brevet

243. Ce contrôle est de deux ordres : l'un est administratif et l'autre judiciaire. Le contrôle administratif consiste en une instruction de la demande d'obtention de brevet telle que décrite ci-dessus. Lorsque la demande porte sur une invention qui ne peut être brevetée, l'OAPI la rejette. Mais, aucune demande ne peut être rejetée sans que l'on ait donné au déposant, le cas échéant, l'occasion de la corriger à travers une régularisation[1].

244. Quant au contrôle judiciaire, il intervient *a posteriori*. La nullité du brevet peut être prononcée lorsque l'un des caractères de l'invention fait défaut[2]. Cette nullité frappe aussi les certificats d'addition correspondants. Certes, d'après l'adage « foi est due au titre », le brevet doit normalement être respecté, tant qu'il n'a pas été annulé. Mais sa délivrance ne vaut que présomption de validité, une présomption simple qui cède devant une cause d'annulation.

245. Le breveté peut aussi être frappé de déchéance. C'est le cas lorsqu'il n'a pas acquitté son annuité à la date anniversaire du dépôt de sa demande de brevet. Néanmoins, lorsque la protection conférée par un brevet n'a pas été renouvelée en raison de circonstances indépendantes de la volonté du titulaire de brevet, celui-ci ou ses ayants droit peuvent en demander la restauration moyennant paiement de la taxe annuelle requise, ainsi que le paiement d'une surtaxe dont le montant est fixé par voie réglementaire. La restauration du brevet permet au breveté d'être rétabli dans ses droits et de pouvoir exercer les prérogatives attachées à son titre.

2- Les prérogatives conférées par le brevet

246. Ces prérogatives ont un contenu et une étendue déterminés par l'Annexe I de l'Accord de Bangui. Mais, il faut relever au préalable qu'elles sont réservées aux personnes physiques ou morales qui ont déposé la première demande. Il peut s'agir de l'inventeur ou des inventeurs lorsque plusieurs personnes ont concouru à une invention. Dans cette dernière hypothèse, les prérogatives attachées au brevet sont exercées en commun. Lorsque l'invention est faite en exécution d'un contrat de travail ou d'un contrat d'entreprise, ces droits appartiennent à l'employeur ou au maître d'ouvrage.

247. Le brevet confère à son titulaire le droit exclusif d'exploiter l'invention brevetée. Il a le droit d'interdire à toute personne l'exploitation de son invention. Il a également le droit de céder ou de transmettre par voie successorale le brevet ou même de conclure des contrats de licence d'exploitation.

248. L'étendue des droits du breveté a des limites spatiale et temporelle. Sur le plan spatial ou territorial, ces droits se limitent au territoire de l'État qui a délivré le titre. Dans le cas des États membres de l'OAPI, il s'agit du territoire couvert par cette organisation. Du point de vue temporel, la durée de validité

---

[1] Art. 27 de l'annexe I de l'Accord de Bangui.

[2] PY (E.), « Annulation du brevet », *Jcl Brevets*, 2024, Fasc. 4495.

du brevet est limitée à 20 ans à compter de la date de dépôt de la demande[1]. Pendant l'exploitation, le brevet connaît une autre limitation liée au principe de l'épuisement des droits qui s'applique également aux droits portant sur les signes distinctifs.

B-L'acquisition des droits sur les signes distinctifs

249. Les signes distinctifs sont des signes auditifs ou visuels destinés à être perçus par un public afin de désigner et d'individualiser des produits ou des services (la marque), des établissements (le nom commercial) ou des lieux de production ou de fabrication[2] (les indications géographiques). Dans un marché concurrentiel, la protection des signes distinctifs vise à stimuler et assurer une concurrence équitable entre les opérateurs économiques, et à protéger les consommateurs en leur permettant d'opérer des choix éclairés entre les différents biens et services. De manière générale, la protection du signe distinctif est subordonnée à son enregistrement. Faisant exception à cette règle, l'acquisition du nom commercial s'effectue aussi bien par enregistrement que par premier usage, avec tout de même une certaine primauté du nom commercial enregistré[3].

250. L'Acte de Bamako a étendu la législation sur le nom commercial aux activités civiles. Cette approche extensive est également notée en matière d'indications géographiques. En effet, le système OAPI adopte une définition large de l'indication géographique[4]. Par essence collective, celle-ci est définie comme une indication servant à identifier un produit comme étant originaire d'un lieu, d'une région ou d'un pays, dans les cas où une qualité, une réputation ou une caractéristique déterminée du produit peut être attribuée essentiellement à cette origine géographique[5]. L'Acte de Bamako innove en la matière en consacrant les indications géographiques transfrontalières[6]. L'enregistrement de ces éléments d'individualisation a pour but d'informer le public de l'existence et des caractéristiques du signe réservé. En d'autres termes, l'enregistrement est un

[1] Art. 8 de l'Annexe I de l'Accord, Acte de Bamako.

[2] En général, des produits du terroir tels que le miel blanc d'Oku et le Poivre de Penja au Cameroun, le café Ziama Macenta de Guinée, le chapeau Saponé du Burkina Faso, les toiles de Korhogo en Côte d'Ivoire.

[3] NSIE (E.), « Présentation introductive » (commentaire de l'Annexe V sur les noms commerciaux) *in OAPI : Accord de Bangui, Acte de Bamako, Accord et Annexes commentés et annotés*, FOMETEU (J.) (dir.), *Juriscope*, 2022, p. 477.

[4] D'autres systèmes conçoivent de manière restrictive la notion d'indication géographique. Il en est ainsi de l'Union européenne (Règlement (CEE) n° 2081/92 du 14 juillet 1992) et de la France (art. L. 721-2 du Code de la propriété intellectuelle).

[5] Art. 1er de l'Annexe VI de l'Accord de Bangui relative aux indications géographiques.

[6] L'Acte de Bamako reconnaît les indications géographiques couvrant une aire géographique étendue sur deux ou plusieurs États. Au plan international, la consécration de ce type d'indications géographiques s'est faite à travers l'Acte de l'Arrangement de Lisbonne adopté à Genève le 20 mai 2015 ; lire sur le sujet, NANEH-AZIAGBA (A. M.), « La consécration des indications géographiques dans l'Accord de Bangui, Acte de Bamako », *in* Acte du colloque sur *Le droit de la propriété intellectuelle à l'heure du numérique : les apports de l'Acte de Bamako*, *Penant*, n° 922, 2023, p. 227.

acte de réservation du signe. La marque étant le signe distinctif le plus complexe, nous analyserons ses conditions d'acquisition (1), ainsi que la protection des droits qu'elle confère (2).

1- Les conditions d'acquisition du droit sur la marque

251. La marque est définie à l'article 2 alinéa 1 de l'Annexe III de l'Accord de Bangui, Acte de Bamako, comme un « signe visible ou sonore utilisé ou que l'on se propose d'utiliser et qui est propre à distinguer les produits ou services d'une personne physique ou morale ». Une définition similaire est prévue en droit français à l'article L. 711-1 du Code de la propriété intellectuelle. Ainsi, à la différence de l'indication géographique qui ne doit impérativement désigner qu'un seul produit, la marque peut désigner un groupe de produits ou de services. Théoriquement facultative, la marque apparaît *de facto* comme obligatoire dans la mesure où les entreprises ont besoin d'en créer une pour distinguer leurs produits ou services de ceux des nombreux autres concurrents[1]. L'apposition de la marque devient obligatoire *de jure* lorsque l'autorité administrative la déclare comme telle[2].

252. Pour obtenir un monopole sur une marque, il faut que le signe remplisse les conditions d'admissibilité (a) et de validité (b) et que le demandeur accomplisse les formalités requises en vue de son enregistrement (c).

a- L'admissibilité du signe

253. L'admissibilité du signe se vérifie au travers de l'énumération faite à l'article 2 (1) de l'Annexe III de l'Accord de Bangui. Antérieurement à l'Acte de Bamako, cette disposition n'énumérait que certains signes dits « traditionnels »[3], ne sollicitant que la vue. Mais, les choses ont bien évolué depuis 1999[4]. L'évolution contemporaine consiste à admettre comme marque, tout signe susceptible de perception sensorielle, quel que soit le sens sollicité. L'on justifie ce phénomène d'une part, par le caractère de plus en plus sophistiqué des consommateurs et d'autre part, par la démarche des services publicitaires des entreprises qui, avec l'aide de la technologie, ont développé de nouveaux concepts dits de « marketing sensoriel »[5] consistant à jouer sur tous les sens humains en vue de susciter l'acte d'achat des consommateurs. L'Acte de Bamako a le mérite d'étendre l'admissibilité des signes au-delà des signes visibles avec également une innovation en matière de marques collectives.

---

[1] MADIA (F.), *Commentaire sous annexe III de l'Accord de Bangui*, *in OAPI : Accord de Bangui, Acte de Bamako, Accord et Annexes commentés et annotés*, FOMETEU (J.) (dir.), *Juriscope*, 2022, 1002 p. notamment p. 302.

[2] Il en est ainsi en matière pharmaceutique où l'apposition de la marque sur le médicament est obligation. À la différence des autres produits, la marque apposée sur le médicament a une fonction de garantie d'origine et de qualité.

[3] NOUNAMO KEMOGNE (D.), « Les marques non traditionnelles et le droit OAPI », *Juridis Périodique*, n° 123, 2020, pp. 103-112, spéc. p. 104.

[4] La dernière révision de l'Accord de Bangui datait du 24 février 1999.

[5] FILSER (M.), « Le marketing sensoriel : la quête de l'intégration théorique et managériale », *Revue française du Marketing*, 2003, p. 5.

i- Les signes précédemment admis par l'Annexe III

254. L'Annexe III de l'Accord de Bangui ne visait par le passé que les signes classiques sollicitant la vue du public. Ces signes demeurent admis et sont susceptibles de constituer des marques nominales ou des marques figuratives.

255. La marque nominale ou verbale est constituée de signes comprenant des lettres ou des chiffres qui n'ont pas forcément de signification. Ils ont en commun le fait qu'ils peuvent être écrits et prononcés. Perçus par le public comme distinctifs, ils peuvent consister en des noms patronymiques, des prénoms, des pseudonymes, des lettres, des chiffres, des sigles et des dénominations fantaisistes. Le nom patronymique, en tant que signe distinctif, peut être celui du déposant ou celui d'un tiers. Ce choix comporte un certain nombre d'inconvénients. D'une part, il peut entraîner la perte éventuelle du contrôle de l'usage commercial du nom. D'autre part, il peut porter atteinte aux droits de la personnalité d'un tiers homonyme s'il existe un risque de confusion, le patronyme étant notoirement connu[1]. Ce risque est moindre pour les dénominations fantaisistes du fait que, consistant en des néologismes sortis tout droit de l'imagination, elles bénéficient d'un pouvoir distinctif fort.

256. Bien que l'article 2 (1) de l'Annexe III ne le mentionne pas, l'on pourrait envisager que le signe puisse porter sur le nom d'un lieu. À titre de droit comparé, la jurisprudence européenne a reconnu la possibilité d'enregistrer une dénomination géographique, suivant la théorie dite du « second sens », en ces termes : « Une dénomination géographique peut être enregistrée en tant que marque si, d'après l'usage qui en a été fait, elle est devenue apte à identifier le produit pour lequel est demandé l'enregistrement comme provenant d'une entreprise déterminée, et donc à distinguer ce produit de ceux d'autres entreprises. En effet, dans un tel cas, la dénomination géographique a acquis une nouvelle portée et sa signification, qui n'est plus seulement descriptive, justifie son enregistrement en tant que marque »[2].

257. S'agissant des lettres et des chiffres, ils sont normalement dans le domaine public et doivent de ce fait rester disponibles pour tous. Ce qui explique sans doute la réticence de l'OAPI à admettre de tels symboles comme signe unique. Elle exige à cet effet que la lettre ou le chiffre soit associé à des éléments graphiques particuliers. Ce qui donne lieu à des marques complexes associant le chiffre ou la lettre et un élément figuratif.

---

[1] La Cour de cassation française déclare non contraire aux règles d'ordre public sur l'inaliénabilité du patronyme, le contrat par lequel le tiers autorise l'usage de son patronyme (Cass. com., 12 mars 1985, *D.* 85, II, 471, note J. Ghestin). Toutefois, le consentement donné par le tiers qui porte un patronyme notoirement connu est un consentement limité (Cass. com., 6 mai 2003, *Ducasse c/ Sté Alain Ducasse Diffusion*, n° 00-18.192, *Bull. civ.* IV, n° 69 ; *D.* 2003, II, 2228, note G. Loiseau ; Somm. 2003, p. 2629, obs. S. Durrande ; *RTD civ.* 2003, p. 679, obs. J. Hauser ; *Propr. intell.* 2003, p. 437, obs. X. Buffet-Delmas).

[2] CJCE 4 mai 1999, *Windsurfing Chiemsee*, aff. jointes C-108/97 et C-109/97, *Rec. CJCE* 1999, I, p. 2779 ; *PIBD* 1999, III, p. 381 ; *RTD. eur.* 2000, p. 127, obs. G. Bonet ; pour en savoir davantage, lire : LE GOFFIC (C.), « Les marques géographiques dans la tourmente », *Propr. Ind.*, n° 7, 2023, p. 6.

258. Les signes figuratifs sont ceux qui ne sont ni nominaux ni sonores et qui s'adressent à la vue. Énumérés à l'article 2 (1.b) de l'Annexe III, ils peuvent être classés en trois catégories : les signes figuratifs élémentaires, les formes et les couleurs. Les signes figuratifs élémentaires ou à deux dimensions regroupent les dessins, les étiquettes, les cachets, les liserés, les reliefs, les hologrammes, les logos et les images de synthèse. Ces signes ne posent en général pas de problème particulier dans la mesure où, relevant de l'imagination, ils sont assez arbitraires pour répondre aux fonctions d'une marque.

259. Dans la catégorie des formes ou signes tridimensionnels, l'on range la forme du produit, la forme du conditionnement et la forme caractéristique du service. Seulement, la forme du produit ne peut constituer une marque que si elle n'est imposée ni par sa nature ni par sa fonction et elle ne confère non plus au produit toute sa valeur marchande[1]. De même, la forme du conditionnement ne doit être ni usuelle ni imposée par une fonction technique. Ces restrictions visent, d'une part, à maintenir accessibles aux concurrents certaines formes nécessaires à la production ou la commercialisation du type de produit concerné[2]. D'autre part, il faut éviter que le droit des marques ne soit utilisé comme moyen de contournement du droit des brevets ou des dessins et modèles, qui offrent des monopoles limités dans le temps.

260. Dans la catégorie des couleurs, celles dites « de base » ne peuvent pas être déposées en tant que marque car, elles sont dans le domaine public. Cette impossibilité se déduit de la lecture de l'article 2 (1.b) de l'Annexe III qui n'envisage que « les dispositions, les combinaisons ou nuances de couleurs ». Une disposition de couleurs est un agencement de couleurs élaboré suivant une forme et une position déterminées qui lui attribuent un caractère distinctif alors qu'une combinaison est une association de couleurs différentes sans cohérence particulière entre elles. Une nuance est un mélange de couleurs qui, par fusion, en donne une nouvelle.

261. La combinaison peut aussi consister en un assemblage de plusieurs catégories de signes. L'ensemble ainsi constitué forme une marque complexe. Il peut s'agir soit d'une association de plusieurs éléments susceptibles de constituer individuellement des marques simples, soit une composition d'éléments qui ne pourraient être protégés séparément.

ii- L'extension des signes admis par l'Acte de Bamako

262. L'extension concerne les signes sonores, les signes audiovisuels et les signes en série. Les signes sonores peuvent consister en des sons ou des phrases musicales. Ils sont particulièrement utiles pour la promotion des produits et services dans les médias tels que la radio, la télévision et l'internet. Le son est en l'occurrence un bruit, un son non musical produit soit par l'homme, soit par un animal, soit par un dispositif créé par l'homme ou provenant de la nature. Il est

---

[1] Par exemple, ce qui confère à un sac à main sa valeur substantielle c'est sa forme particulière ; pour cette raison, ladite forme doit être protégée sous le droit des dessins et modèles.

[2] Par exemple, la bouteille est généralement la forme de présentation des boissons.

en soi délicat à déposer. La pratique a élaboré la technique des spectrogrammes de sons pour les dépôts mais cette technique a été jugée insuffisante pour permettre une connaissance objective du signe par le public. En revanche, la phrase musicale présente une certaine facilité de dépôt due à la possibilité de la transcrire sur une portée musicale. Elle peut même faire l'objet d'un cumul de protection aussi bien par le droit des marques que par le droit d'auteur en fonction de son originalité[1].

263. Les signes audiovisuels sont des signes constitués de séquences animées d'images sonorisées ou non. Rentrent dans cette catégorie, les *GIF* (*Graphic Interchange Format*) qui désignent des formats d'images numériques permettant de créer des images animées ou à fond transparent. En tant que marques, ces formats animés ont pour avantages d'être légers et faciles à mettre en œuvre, de capter facilement l'attention et d'avoir une forte capacité à se répandre sur les médias sociaux. L'Acte de Bamako consacre ainsi une catégorie de signes que l'on peut créer et véhiculer sur des outils informatiques. Nul doute que le dépôt d'un fichier numérique pourra valablement satisfaire à la condition de reproduction du signe[2].

264. La notion de signes en série, ou marques en série, est introduite par l'Acte de Bamako qui n'en donne aucune définition. En réalité, la notion est une construction de la jurisprudence européenne. Suivant celle-ci, l'on parle de marques en série ou familles de marques, lorsque plusieurs marques antérieures présentent une caractéristique commune[3]. Il est alors possible de les regrouper sous une même catégorie dénommée « famille » du fait de leurs similitudes et de leur appartenance à un même titulaire[4]. Une analyse de cette jurisprudence permet d'en déduire qu'il doit s'agir de marques présentes sur le marché. En effet, une famille de marques ne peut en elle-même faire l'objet d'un enregistrement et ne peut donc bénéficier d'une protection en tant que telle ; c'est son usage qui pourra affecter la perception du consommateur moyen. C'est dire qu'un consommateur ne saurait être en mesure de détecter un

---

[1] MONTCHO AGBASSA (E.), « La marque sonore », *in* Acte du colloque sur *Le droit de la propriété intellectuelle à l'heure du numérique : les apports de l'Acte de Bamako*, *Penant*, n° 922, 2023, p. 163.

[2] MADIA (F.), *Commentaire sous annexe III de l'Accord de Bangui, in OAPI : Accord de Bangui, Acte de Bamako*, *op. cit.*, p. 306.

[3] TPICE 4e ch., 23 févr. 2006, *Il Ponte Finanziaria SpA (Italie) c/ Office de l'harmonisation dans le marché intérieur* (marques, dessins et modèles) (OHMI), aff. T-194/03, *Rec.* 2006 II-00445, *Propr. ind.*, 2006, p. 19, obs. A. Folliard-Monguiral et sur pourvoi CJCE 4e ch., 13 sept. 2007, C-234/06, *Il Ponte Finanziaria SpA c/ F.M.G. Textiles Sarl*, *Rec.* 2007 I-07333, *D.* 2007, p. 2815, point de vue M. SCHAFFNER et S. GEORGES ; *Propr. indust.* 2007, p. 30, obs. A. Folliard-Monguiral. Cette affaire portait sur l'opposition d'un titulaire de marques nationales antérieures ayant toutes en commun la composante « *BRIDGE* », à l'enregistrement par un tiers au niveau communautaire, de la marque « *BAINBRIDGE* ». La notion de famille de marques fut évoquée et retenue comme « marques défensives » par le juge pour rejeter l'opposition.

[4] Illustration, famille de marques McDonalds : McDONALD'S, McFISH, McTOAST ; McMUFFIN, McRIB, McFLURRY, CHICKEN McNUGGETS, McCHICKEN, EGG McMUFFIN, McFEAST (toutefois, marque contestée : MACCOFFEE). En l'occurrence, l'élément caractéristique est constitué par « Mc » + terme verbal désignant un produit alimentaire ou une boisson.

élément commun dans une famille de marques qui n'a jamais été utilisée sur le marché.

265. Par conséquent, pour que l'existence d'une série de marques et l'association de ses différents signes par le public puissent être prises en compte pour l'appréciation d'un risque de confusion, certaines conditions doivent être remplies. Il faudrait d'abord qu'il existe véritablement une possibilité d'association, par le public, de la marque contestée avec les marques sérielles antérieures. Il faut ensuite que le demandeur en opposition ou en nullité prouve l'usage d'un certain nombre de marques susceptibles de constituer une famille[1], ceci afin de contrer les marques défensives créées dans le seul but de rendre indisponibles le ou les signes concernés. Il faut enfin que le titulaire de la famille de marques démontre que la marque contestée est susceptible d'être rattachée à ladite famille.

266. L'extension des catégories de signes en droit des marques OAPI est salvatrice pour les entreprises désireuses d'enregistrer des marques qui soient le mieux aptes à distinguer leurs produits et services tout en étant le moins possible susceptibles de revendications. De fait, la disponibilité des signes n'est pas une source intarissable. L'extension à de nouvelles catégories de signes a pour avantage d'offrir plus de choix de signes aux usagers et d'éloigner dans une certaine mesure le contentieux de l'antériorité. Le législateur OAPI est resté mesuré dans cette option, en maintenant exclus les signes olfactifs et les signes gustatifs. L'exclusion de ces signes peut se justifier notamment par les difficultés de reproduction graphique qu'ils impliquent. En effet, tout dépôt de marque doit satisfaire à l'exigence de reproduction du signe choisi comme marque. Or, il n'existe en l'état actuel aucune forme de reproduction de signes olfactifs ou gustatifs qui fasse l'unanimité[2]. Seuls existent des moyens supplétifs tels que la description de la marque, la description verbale de la fragrance, le dépôt d'un échantillon de l'odeur ou d'une formule chimique ou la combinaison de ces procédés. Ces palliatifs sont insuffisants pour satisfaire à l'exigence de reproduction.

iii- Une extension innovante en matière de marques collectives

267. Il existait déjà en droit des marques OAPI, la catégorie des marques collectives. Est considérée comme marque collective, la « marque de produits ou de services dont les conditions d'utilisation sont fixées par un règlement approuvé par l'autorité compétente et que seuls les groupements de droit public, syndicats ou groupements de syndicats, associations, groupements de producteurs, d'industriels, d'artisans ou de commerçants peuvent utiliser, pour

[1] En général, dans une famille de marques, il est courant que la communication commerciale soit centrée sur une marque principale à laquelle seront associées d'autres marques dites secondaires. Ainsi, la preuve de l'exploitation de ces marques secondaires ne pourra être rapportée que par référence à la marque principale.

[2] À propos de la chromatographie comme moyen d'individualisation des composés olfactifs d'une source odorante, lire GALAN (D.), *La protection de la création olfactive par la propriété intellectuelle*, P.U.A.M, coll. « Institut de Droit des Affaires », 2010, 520 p. notamment p. 62.

autant qu'ils soient reconnus officiellement et qu'ils aient la capacité juridique ». Cette définition correspond aux marques collectives dites « simples », lesquelles ont pour particularité de pourvoir être utilisées par toute personne qui respecte le règlement d'usage établi par le titulaire de l'enregistrement[1]. Mais, cette particularité ne doit pas être considérée outre mesure puisque, comme les marques de droit commun, elles n'assurent ni directement ni juridiquement de fonction de garantie de la qualité des produits ou services estampillés[2].

268. L'Acte de Bamako introduit dans l'arsenal juridique de l'Organisation, les marques collectives de certification qui sont des marques appliquées à des produits ou à des services qui présentent notamment quant à leur nature, leurs propriétés ou leurs qualités, des caractéristiques précisées dans un règlement d'usage. Le règlement d'usage est un cahier de charges homologué qui instaure un système de contrôle par le titulaire. Toute personne qui respecte les normes énoncées dans ce cahier de charges peut se voir accorder le droit d'utiliser la marque.

269. Les deux types de marques collectives ont ainsi en commun l'existence d'un règlement d'usage qui doit être distingué du règlement de copropriété[3]. C'est ce règlement d'usage qui permet d'accorder l'utilisation de la marque collective à toute personne qui en respecte les normes. Dans les deux cas, la marque collective peut être déclarée nulle ou son propriétaire déchu si ce dernier laisse utiliser sciemment la marque dans des conditions autres que celles prévues par le règlement d'usage[4]. Le régime des marques collectives impose donc une obligation de contrôle qui peut être exécuté soit par l'organisme déposant de la marque soit l'un de ses membres. Par dérogation au droit commun des marques, une marque collective ne peut faire l'objet ni de cession, ni de nantissement, ni d'aucune mesure d'exécution forcée. Cependant, ces marques collectives sont différentes, car si la marque collective simple est une marque d'appartenance à un groupement, celle dite de certification est un véritable label de qualité. Cette dernière vise essentiellement l'intérêt général[5]. À cet effet, la marque de certification doit être déposée par une personne morale capable de délivrer une certification. C'est pourquoi, il est clairement précisé que le déposant ne doit être ni fabricant, ni importateur, ni vendeur des produits ou services visés[6], ceci afin de préserver l'indépendance du titulaire, gage de protection du consommateur.

---

[1] FOLLIARD-MONGUIRAL (A.), « Marques de l'Union européenne. Opposition - Arrêt BBQLoumi : une marque collective sur le gril », *Propr. Ind.*, n° 3, 2021, comm. 17 ; MONTEIRO (J.), « Marque de l'UE - Un an de jurisprudence sur les motifs absolus de refus de marques de l'Union européenne (2023) », *Propr. Ind.*, n° 4, 2024, étude n° 5.

[2] MADIA (F.), *Commentaire sous annexe III de l'Accord de Bangui*, *in OAPI : Accord de Bangui, Acte de Bamako, op. cit.*, p. 306.

[3] Règle 52 du Règlement d'application de l'Accord de Bangui, Acte de Bamako.

[4] Art. 41 al. 3(d) et 45 al. 1(d) de l'Annexe III de l'Accord de Bangui, Acte de Bamako.

[5] BINCTIN (N.) « L'émergence des signes distinctifs collectifs dans le commerce électronique », *in* Acte du colloque sur *Le droit de la propriété intellectuelle à l'heure du numérique : les apports de l'Acte de Bamako*, *Penant*, n° 922, 2023, p. 217.

[6] Art. 42 de l'Annexe III de l'Accord de Bangui, Acte de Bamako.

b- La validité du signe

270. La validité du signe est subordonnée au respect des conditions de fond posées à l'article 3 de l'Annexe III de l'Accord de Bangui. Le signe ne peut être enregistré comme marque que s'il est distinctif, licite, disponible, non descriptif et non déceptif.

271. La marque doit permettre de distinguer un produit ou un service parmi ceux, de la même espèce, offerts par les concurrents. Pour cela, il est indispensable que le signe choisi soit distinctif. Un signe n'est pas distinctif lorsqu'il consiste en la désignation nécessaire ou générique du produit ou en la composition de ce produit. Un signe est nécessaire lorsque l'on est obligé de l'utiliser pour désigner le produit lui-même ou ses caractéristiques. Une appropriation privative aurait donc pour conséquence de le retirer du domaine public, causant ainsi un préjudice aux concurrents. Le signe générique quant à lui, renvoie à la catégorie, l'espèce ou le genre auquel appartient le produit ou le service. Un signe portant sur la composition du produit est nécessairement un signe descriptif proscrit en droit des marques. En effet, la marque doit être suffisamment détachée du produit ou du service qu'elle identifie. Or, les marques descriptives définissent, indiquent ou évoquent l'objet en cause, dans sa nature, ses qualités ou bien sa destination.

272. Toutefois, seule la marque exclusivement descriptive est prohibée. Il n'en sera pas le cas, et la marque sera jugée distinctive, si les éléments descriptifs sont soit associés à des éléments non descriptifs, soit organisés d'une manière inhabituelle. De même, l'élément descriptif formulé dans l'une des langues vernaculaires des États membres de l'OAPI ne saurait rendre la marque descriptive. Elle est certes évocatrice, puisque les personnes comprenant la langue utilisée peuvent en déduire la nature du produit, mais elle est suffisamment distinctive en raison de la recherche opérée par le titulaire et l'originalité qui s'y attache[1]. Ne peuvent donc être qualifiées de descriptives, des marques telles que « *Madiba* » (« eau » en langue Douala) pour désigner une eau minérale, ou « *Tassa* » (« cuvette » en langue Bambara) pour désigner des ustensiles ou encore « *Boula* » (« Bleu » en langue Bambara) pour désigner une teinture ayant pour caractéristique essentielle la couleur bleue[2], pour ne mentionner que celles-ci.

273. Par ailleurs, le signe choisi doit être disponible, c'est-à-dire qu'il doit être libre de tous droits antérieurs. Il est indispensable qu'un autre titulaire n'ait pas déjà acquis un droit sur un signe identique en vertu, soit d'un enregistrement ou d'un dépôt antérieur auprès de l'OAPI, soit d'un droit de priorité. Prévu à l'article 4 de la Convention d'Union de Paris de 1883, le droit de priorité permet au titulaire d'une marque régulièrement déposée dans un pays de l'Union, de

---

[1] Voir pour une réflexion différente sur la question, voir MADIA (F.), *op. cit.*, p. 309.

[2] S'agissant de la marque « *Boula* », dans un contentieux en contrefaçon de la marque « *Bleu de lion* », les juges maliens décident que le signe verbal « *Boula* » revêt un caractère suffisamment distinctif (Tribunal de première instance de Bamako 30 mai 1985, *Société Reckitt et Colman c/ Société des Détergents du Mali-SODEMA*, *RIPLA*, 1985, pp. 272-277).

pouvoir la déposer dans un délai de six mois à compter du premier dépôt, dans les autres pays de l'union sans risque de voir opposer des antériorités constituées dans cet intervalle. Le droit de priorité rend indisponible la marque en question et peut donner lieu à revendication de la part de son titulaire au cas où, dans cet intervalle de temps, elle fait l'objet d'un dépôt par quelqu'un d'autre. En outre, à défaut d'identité, la similarité des signes peut également faire obstacle à l'enregistrement de celui le plus récent puisqu'une telle ressemblance comporte un risque de tromperie et de confusion avec la marque antérieure[1]. Néanmoins, la Commission supérieure des recours de l'OAPI exclut le risque de confusion lorsque « l'impression globale fournie par les marques en conflit est différente »[2].

274. Sur la base du risque de confusion, une doctrine soutient que l'antériorité ne se limite pas uniquement aux droits acquis sur une marque mais aussi à d'autres droits antérieurs. Elle déduit de la formulation large de l'article 15 al. 1 de l'Annexe III, une ouverture à ces autres droits antérieurs[3] à savoir les dessins et modèles industriels, les noms commerciaux et les indications géographiques. Le titulaire d'un tel droit antérieur serait en mesure de s'opposer à l'enregistrement d'un signe identique ou similaire déposé en vue de l'enregistrement d'une marque. Mais, d'après la jurisprudence de la Commission supérieure des recours de l'OAPI, la radiation d'une marque se justifie par le fait que les droits conférés par la marque antérieure invoquée s'étendent aux droits d'empêcher l'utilisation par des tiers de signes identiques ou similaires pour des produits identiques ou similaires des classes revendiquées. Pour la Commission, le principe de spécialité en droit des marques OAPI est donc un « garde-fou intangible qui permet de conserver la validité d'une marque postérieure en dépit de l'existence des similarités avérées avec une marque antérieure dès lors que les classes des produits revendiqués sont distinctes »[4]. La Commission n'admet la radiation qu'en cas d'identité de marques et d'identité des classes de produits ou services. Il est difficilement envisageable qu'elle accueille positivement l'opposition fondée sur des droits antérieurs autres que la marque. Reste à relever qu'il revient au déposant de faire des recherches pour savoir si le signe est disponible[5] afin de se mettre à l'abri des revendications. Ces recherches sont facilitées par la consultation du registre spécial des marques.

---

[1] CA d'Abidjan, 1ère ch. civ., *« Le parti Démocratique de Côte d'Ivoire » (PDCI) c/ « Union Démocratique de Côte d'Ivoire » (UDCI),* arrêt n° 862. Le juge ivoirien ordonne la radiation du sigle UDCI en raison de sa similarité phonique avec le sigle PDCI déposé en 1946.

[2] CSR, 17 juin 2022, *Lacoste SA c/ Maxi Skf*, décision n° 041/22/OAPI/CSR, *Prop. Industr*, n° 6, 2023, obs. Y. L. Ngombé, p. 29.

[3] MADIA (F.), *op. cit.*, p. 332.

[4] CSR, 18 mars 2022, *Al Atheed General Trading LLC c/ Colombina S. A*, décision n° 007/22/OAPI/CSR, *Prop. industr.* LexisNexis, n° 6, 2023, obs. C. Kpolo, p. 28 ; également CSR, 10 nov. 2020, *Goya Foods Inc. c/ directeur général de l'OAPI*, n° 007/OAPI/CSR, *Propr. industr.*, 2022, chron. 4, n° 6, obs. C. Kpolo.

[5] Différence avec la procédure d'obtention du brevet au cours de laquelle l'OAPI est tenue d'effectuer des recherches et d'en dresser un rapport.

275. La licéité du signe est une autre condition posée par l'article 3 de l'Annexe III. Cette disposition prévoit expressément que la marque ne doit pas être contraire à l'ordre public et aux bonnes mœurs. Ces différentes notions sont précisées par la règle 13 du Règlement d'application de l'Accord de Bangui, Acte de Bamako. L'ordre public s'entend des conceptions fondamentales de la vie commune au sein d'une société. En ce qui concerne les bonnes mœurs, ils renvoient aux habitudes et pratiques morales généralement admises par un groupe ou une société. En l'absence d'uniformisation, la difficulté qu'implique leur application tient à leur possible variation d'un État à l'autre. La difficulté est d'ailleurs perceptible lorsque le même texte mentionne que « l'ordre public pris en compte est l'ordre public national d'un État membre d'où est originaire le déposant ». C'est donc en référence à l'ordre public de l'État d'origine du déposant que doit être appréciée la validité du signe eu égard à l'ordre public. Le critère retenu semble être celui de la nationalité du déposant et non du lieu du dépôt. Est-ce à dire que le déposant est présumé exploiter le signe uniquement dans son État d'origine ?

276. En cas de contentieux sur la validité de la marque dans un autre État membre, est-ce l'ordre public national de l'État membre d'origine du titulaire qui sera apprécié suivant les règles du droit international privé ? Cette préoccupation s'inscrit dans un débat plus global sur la règle de conflit relative à la titularité des droits de propriété intellectuelle. Y sont opposées deux thèses, celle favorable à la loi du pays d'origine comme solution de rattachement et l'autre qui s'en détourne. Il s'agit de trouver une solution qui permette que le titulaire des droits soit le même sur l'ensemble de la planète afin d'éviter des incohérences et les conséquences qu'elles supposent[1]. Une chose est certaine, à l'occasion de la procédure d'exéquatur dans l'État dans lequel l'exécution de la décision est projetée, le juge tiendra compte de l'ordre public du for. La mise en œuvre de l'ordre public national porte les germes d'un fractionnement des titres dans l'espace OAPI[2]. Ce risque est de nature à perdurer jusqu'à la reconnaissance d'un ordre public communautaire qui devra être contrôlé par une haute juridiction supranationale[3].

277. Le caractère illicite peut aussi être attribué à une marque trompeuse. On dit dans ce cas que le signe choisi est déceptif. Il en est ainsi de tout signe susceptible d'induire en erreur le public ou les milieux commerciaux,

---

[1] NGOMBE (L. Y.), « Mise en œuvre du droit d'auteur dans les États membres de l'Organisation africaine de la propriété intellectuelle et questions de droit international privé », *Journal du droit international (Clunet)*, n° 2, 2006, var. 9, § 22.

[2] BINCTIN (N.) « L'émergence des signes distinctifs collectifs dans le commerce électronique », *op. cit.*, p. 216 ; FOMETEU (J.), *Commentaire sous Accord de Bangui, Acte de Bamako du 14 décembre 2015 in OAPI : Accord de Bangui, Acte de Bamako, Accord et Annexes commentés et annotés*, FOMETEU (J.) (dir.), *Juriscope*, 2022, p. 74.

[3] ISSA SAYEGH (J.), « L'ordre juridique OHADA », Communication au colloque ARPEJE, ERSUMA, Porto Novo, 3-5 juin 2004, *Ohadata D-04-02*. L'auteur définit l'ordre juridique comme un « ensemble organisé et structuré de normes juridiques possédant ses propres sources, doté d'organes et procédures aptes à les émettre, à les interpréter ainsi qu'à en faire constater et sanctionner, le cas échéant, les violations ».

notamment sur l'origine géographique, la nature ou les caractéristiques des produits ou des services concernés. La prohibition de telles marques vise à garantir la loyauté du commerce et l'ordre public économique[1]. Certes la marque n'a pas vocation à garantir la qualité des produits et services mais le signe choisi doit être assez neutre pour ne pas faire fléchir indûment le jugement du public. C'est en ce sens qu'il s'est développé dans l'actualité récente le contentieux de l'usage déceptif des marques patronymiques[2].

278. L'illégalité concerne également les signes interdits par la Convention d'Union de Paris et l'Accord sur les ADPIC que reprend l'article 3 (e) de l'Annexe III. Il s'agit de tout signe qui reproduit, imite ou contient parmi ses éléments des armoiries, drapeaux ou autres emblèmes, abréviation ou sigle ou un signe ou poinçon officiel de contrôle et de garantie d'un État[3] ou d'une organisation intergouvernementale, sauf autorisation de l'autorité compétente de cet État ou de cette organisation.

c- L'accomplissement des formalités d'enregistrement

279. L'acquisition du droit sur la marque est subordonnée à l'accomplissement d'un certain nombre de formalités en vue de son enregistrement. La procédure est ponctuée par le dépôt d'une demande d'enregistrement, par l'enregistrement de la marque et par la publication[4].

280. S'agissant du dépôt de la demande, il est effectué par la personne physique ou morale qui sollicite l'enregistrement, ou par l'intermédiaire d'un mandataire, auprès de l'OAPI. Le dossier doit donc comporter une demande ainsi que la pièce justificative du versement des taxes. Doivent également figurer dans le dossier les informations relatives à la marque. Il s'agit de la reproduction de celle-ci ainsi que de l'énumération des produits ou services concernés et des classes correspondantes en vertu du principe de spécialité qui gouverne le droit des marques. Dans certaines situations spécifiques, des pièces supplémentaires sont requises. Ainsi, lorsque plusieurs personnes font un dépôt commun et que le certificat de demande leur sera délivré en copropriété, elles doivent fournir le règlement de copropriété. Dans l'hypothèse où la marque déposée est un signe sonore ou audiovisuel, ou bien une marque de série, le déposant doit ajouter au dossier un support ou un fichier numérique et une mention y relative doit être

---

[1] PEZ (T.), « L'ordre public économique », *Nouveaux Cahiers du Conseil Constitutionnel,* 2015, n° 49, p. 43 ; FRISON-ROCHE (M.-A.), « Les différentes natures de l'ordre public économique », *Arch. phil. Droit,* 2015, n° 58, p. 147.

[2] Cass. com. 28 févr. 2024, *Société PMJC c/ Jean-Charles de Castelbajac*, n° 22-23.833, *D. actu* 12 mars 2024, obs. Y. Basire ; *JCP E*, 2004, Act. 334. *EUIPO* 15 févr. 2024, n° C 57/071, *Blip*, 4 mars 2024, obs. L. Desgrandchamps ; *JCP E* 2024, act. 334. Également, CJCE 30 mars 2006, *Elizabeth Emanuel,* aff. C-259/04, *D.* 2006. 2109, obs. D. Poracchia et C.-A. Maetz ; *ibid.* 2319, obs. S. Durrande ; *RTD com.* 2007, p. 340, obs. J. Azéma ; Lire utilement BINCTIN (N.), « Marque et patronyme – Je t'aime moi non plus », *Propr. Ind.*, n° 5, 2024, comm. 33.

[3] Exemple, rejet par l'INPI du dépôt d'un signe présentant des bandes horizontales et parallèles de couleurs différentes constituant le drapeau du Burkina Faso (Décision de rejet du Directeur général de l'INPI du 30 janvier 1987, *PIBD*, 1987, n° 408, III, 122.

[4] Art. 9 de l'Annexe III de l'Accord de Bangui.

faite sur la demande[1]. De même, s'il s'agit d'une marque collective simple ou de certification, le règlement d'usage doit être prévu. Dans le cas où le déposant fait prévaloir un droit de priorité ou que le déposant est représenté par un mandataire, il faut respectivement le document de priorité et un pouvoir sous seing privé. Le respect de ces formalités assure la recevabilité de la demande.

281. À la réception de la demande, l'OAPI procède à son examen sur la forme et sur le fond. Sur la forme, sont vérifiés l'identité du demandeur, le modèle de la marque et tous les autres éléments ci-dessus énumérés. La demande est ensuite publiée au Bulletin officiel de la propriété industrielle. Toute personne intéressée peut dans un délai de trois mois à compter de ladite publication faire opposition de la demande sur le fondement de la non-validité du signe, d'un droit enregistré antérieur, d'un dépôt antérieur ou d'une demande bénéficiant d'une date de priorité antérieure. L'opposition peut aboutir soit à son rejet, soit à un rejet de la demande[2], avec possibilité de recours dans un délai de 60 jours après la notification de la décision aux intéressés.

282. Sur le fond, l'examen de la demande porte sur la validité du signe notamment sa représentation graphique ou numérique, son caractère distinctif, sa licéité. Le défaut de l'un de ces éléments peut donner lieu à un rejet de la demande. Lorsque l'examen ne révèle aucun défaut, la demande est admise.

283. L'aboutissement heureux de la demande consiste en l'enregistrement de la marque au registre spécial des marques. Un avis d'enregistrement est alors publié au Bulletin officiel de la propriété industrielle. Une revendication de propriété peut être exercée auprès de l'OAPI, dans les trois mois à compter de cette publication, par une personne qui avait la priorité d'usage de cette marque et qui estime que le déposant avait connaissance de l'exploitation de la marque ou ne pouvait l'ignorer. Elle doit alors prouver l'usage du signe et la fraude. L'usage antérieur de la marque revendiquée se prouve au moyen d'écrits, imprimés et autres documents. Cet usage doit être en rapport avec les produits de la classe pour laquelle la marque a été déposée. Le revendiquant doit en outre effectuer le dépôt de sa demande d'enregistrement dans les trois mois suivant la publication de l'enregistrement obtenu par fraude. Les instances de l'OAPI sont, à cet effet, très exigeantes sur le caractère probant des pièces fournies. Dans une affaire où le revendiquant avait fourni des preuves photographiques et écrites n'indiquant respectivement ni le lieu ni le moment de leur prise, ni la date ni le nom du destinataire, la Commission supérieure de recours a décidé que « le revendiquant a produit des photographies et autres documents, lesquels à l'observation, ne permettent pas de retenir à l'encontre du déposant la connaissance exacte de l'usage antérieur qu'a le revendiquant de la marque contestée »[3].

---

[1] Règle 51 du règlement d'application de l'Accord de Bangui de 2020.

[2] CSR 17 juin 2022, *Ghandour Cosmetics Ltd c/ El Paradis Cosmetics*, n° 0048/22/OAPI/CSR, confirmation de la radiation de la marque « *Super Princesse + Logo* », produits de la classe 3.

[3] CSR 17 juin 2022, *LEGENDS*, n° 0039/22/OAPI/CSR, obs. R. Mabouana, *Prop. Ind.*, n° 6, 2023, p. 26 ; pour en savoir davantage, lire : LE BIHAN (E.) et DELORY (T.), « Perte de droit à agir : forclusion par tolérance », *Jcl. Marques – Dessins et modèles*, 2024, Fasc. 3700.

284. L'enregistrement ne purge pas la marque des vices qu'elle pourrait malgré tout recéler. Une action en nullité peut toujours être diligentée par le titulaire d'une marque similaire antérieure devant les juridictions nationales compétentes. Tout de même, l'enregistrement fait naître des droits sur la marque qui rétroagissent au jour du dépôt de la demande d'enregistrement.

2- La protection des droits du titulaire de marque

285. Une fois enregistrée, la marque devient la propriété de son titulaire[1]. L'enregistrement est un acte constitutif en ce sens qu'il fait du premier déposant, le titulaire de la marque. Celui-ci bénéficie d'un droit exclusif sur le signe enregistré. Ce droit exclusif est explicitement déterminé par l'Annexe III comme un droit de propriété. Mais, l'idée de droit de propriété appelle une précision. Le droit conféré au titulaire de la marque est certes exclusif, car donne pouvoir à ce dernier d'interdire au tiers de poser certains actes, mais il est assorti d'un caractère relatif eu égard à sa délimitation.

a- La délimitation de la protection des droits du titulaire de marque

286. Le titulaire de la marque a le droit exclusif de l'utiliser mais uniquement pour les produits et services pour lesquels elle a été enregistrée ainsi que les produits et services similaires. C'est la traduction du principe de spécialité posé à l'article 6 (1) de l'Annexe III de l'Accord de Bangui. En effet, essentiel en droit des marques, le principe de la spécialité signifie qu'un signe approprié à titre de marque n'est indisponible que pour désigner les produits et services figurant dans l'acte de dépôt. Le monopole du titulaire ne peut s'étendre à d'autres secteurs d'activité. La conséquence en est que le même signe peut être utilisé et déposé comme marque pour des produits ou services différents sauf s'il s'agit des marques notoires. Le plus souvent étrangère, et non enregistrée sur le territoire considéré, la marque notoire est une marque qui a acquis une notoriété particulière et qui est devenue si familière à la clientèle qu'elle l'associe automatiquement à un produit ou service ou à une catégorie de produits ou de services. Il faut la distinguer de la marque renommée. Non visée par l'article 5 de l'Annexe III de l'Accord de Bangui, celle-ci est une marque enregistrée qui, parce qu'elle est connue d'une partie significative du public, mérite une protection au-delà de la spécialité des produits ou services désignés[2]. Elles font exception au principe de la spécialité.

287. Cette exception n'est guère appliquée par les instances de l'OAPI qui, dans leurs décisions, font preuve d'une rigueur très favorable au déposant et hostile aux marques notoires. À titre d'illustration, à la suite d'un double recours en opposition et en revendication de propriété formé par la société

---

[1] THRIERR (O.), « Enregistrement de la marque », *JCl. Marques – Dessins et Modèles*, Fasc. 7210, 2023 ; KAMINA (P.), « La demande d'enregistrement d'une marque n'est pas un acte de contrefaçon », *Communication – Commerce électronique*, n° 1, 2022, comm. 2.

[2] PEROT-MOREL (M.-A.), « Notoriété et renommée : unité ou dualité de concept en droit des marques ? », *in Mélanges Jean-Jacques Burst*, Paris, Litec, 1997, p. 463 ; POLLAUD-DULIAN (F.), *La propriété intellectuelle : propriété industrielle*, Economica, coll. « Corpus », 2011, p. 841.

FACEBOOK INC. contre la marque « *FACEBOOK ENERGY* »[1], la Commission supérieure de recours décide contre toute attente que les marques de la société *FACEBOOK INC.* et celle contestée ont été déposées pour des produits totalement différents conformément au principe de la spécialité des marques et ne sauraient entraîner aucune confusion entre les marques. Elle précise par ailleurs que le contentieux de la marque notoire ne peut être soutenu ni devant l'Organisation, ni devant elle-même, car il relève de la compétence des tribunaux judiciaires des États membres.

288. Devant les juridictions judiciaires, le titulaire de marque notoire devrait effectivement pouvoir réclamer l'annulation du dépôt d'une marque susceptible de créer une confusion avec la sienne. Cependant, cela ne va pas de soi ; le caractère notoire de la marque doit être prouvé pour pouvoir déterminer le juge à annuler une marque enregistrée. À cet effet, l'on relève la prééminence de la territorialité dans l'appréciation des juges. À titre illustratif, une société chinoise attrait une autre devant le tribunal de commerce de Cotonou afin d'obtenir l'annulation de la marque « *WULING* » qu'elle qualifie de notoire, car très connue en Chine alors que celle-ci a été déposée à l'OAPI par la défenderesse quelques années plutôt. Le juge rejette la demande en motivant que bien que la requérante justifie le caractère notoire de sa marque par sa forte présence en Chine et la commercialisation de ses produits à travers le monde, elle n'apporte aucune preuve de notoriété sur le territoire de l'OAPI, et encore moins sur le territoire béninois[2]. Il en ressort que la notoriété s'apprécie par rapport au territoire et au public national.

b- La protection contre un risque de confusion présumé

289. De l'article 6 (2) de l'Annexe III se dégagent quatre sortes d'actes interdits indépendamment de tout risque de confusion : la reproduction, l'apposition et l'usage d'une marque identique ainsi que la suppression ou modification de la marque. Il existe à l'encontre de ces actes une présomption de risque de confusion due au lien direct avec la marque enregistrée, dont il résulte une contrefaçon évidente.

290. Au sens strict, la reproduction consiste à reprendre à l'identique, sans modification ni ajout, les éléments constituant la marque. Toutefois, l'Annexe III maintient la qualification de reproduction quand bien même il y aurait adjonction des termes tels que : « formule, façon, système, imitation, genre, méthode ». Cette conception extensive peut être illustrée par une jurisprudence européenne selon laquelle un « signe est identique à la marque [antérieure] lorsqu'il reproduit, sans modification ni ajout, tous les éléments constituant la marque ou lorsque, considéré dans son ensemble, il recèle des différences si

---

[1] CSR, 17 juin 2022, *Facebook Inc. c/ Barry* (deux décisions), obs. R. Mabouana, *Prop. Ind.*, n° 6, 2023, p. 26.

[2] Tribunal de commerce de Cotonou, 8 sept. 2022, aff. *Saic-Gm-Wuling Automobile Co. Ltd, LLC c/ Deng Ming*, n° 105/22/CJ1/SII/TCC, RG BJ/e-TCC/2022/044, obs. C. Kpolo, *Prop. Ind.*, n° 6, 2023, p. 26.

insignifiantes qu'elles peuvent passer inaperçues aux yeux d'un consommateur moyen »[1].

291. L'apposition désigne un acte de contrefaçon au moyen duquel un tiers, sans autorisation du titulaire, emploie une marque authentique sur des produits qui n'y ont pas droit. S'il s'agit d'un produit identique à celui qui figure au dépôt, il n'est pas nécessaire qu'il y ait danger de confusion. Il consiste à apposer sur des produits non authentiques des étiquettes, à utiliser des emballages ou des conditionnements fabriqués par le titulaire de la marque, sur des produits ou pour des services identiques mais non authentiques. Par exemple, un riz d'une marque autre que celle qui figure sur le sac de conditionnement, ou une bière d'une marque autre que celle qui figure sur la bouteille. Ces actes sont aussi parfois qualifiés de délit de remplissage. La contrefaçon peut aussi résulter de l'association d'actes de reproduction et d'apposition[2].

292. Quant à l'usage, il s'agit de la commercialisation ou de l'utilisation à des fins commerciales des produits revêtus d'une marque contrefaite. Généralement, c'est une même personne qui commet le délit de contrefaçon et de délit d'usage. Mais, cette dernière incrimination permet de poursuivre ceux qui, sans en avoir eux-mêmes reproduit la marque, se sont bornés à commercialiser ou à utiliser des produits revêtus d'une marque contrefaite par un autre. Ainsi, le commerçant qui, même de bonne foi, vend des produits marqués mais non authentiques, est passible de poursuites pour contrefaçon par usage. La Cour d'appel de Dakar a ainsi retenu à l'encontre des sociétés *Four et Bader Import*, la qualification de contrefaçon par usage, pour des faits d'introduction et de mise en vente sur le marché sénégalais de joints culasse de marque « *MEILLOR* » contrefaits[3]. De même, le constructeur de véhicules automobiles titulaire d'une marque est fondé à interdire à un tiers l'usage d'un signe identique ou similaire à cette marque pour des pièces détachées pour ces véhicules automobiles[4].

293. La suppression ou la modification d'une marque sont d'autres actes interdits sans exigence de risque de confusion. L'interdiction vise une marque authentique régulièrement appliquée par son titulaire, mais qui est ensuite soit supprimée, soit modifiée par des tiers. L'on y perçoit non seulement une négation des droits du propriétaire de la marque, mais également une atteinte à la fonction d'origine de la marque étant donné que l'altération incriminée ne lui permet plus de remplir ladite fonction[5].

---

[1] CJCE, Ass. plén., 20 mars 2003, *LTJ Diffusion SA c/ Sadas Vertbaudet SA*, aff. C291/00, *Rec.* p. I-2799 - *Propriétés intellectuelles*, 2003, n° 7, p. 203 ; *PIBD*, n° 771-III-441 ; *D.* 2003, somm. 2685, obs. S. Durrande ; *RTD eur.* 2004, p. 115, obs. G. Bonet.

[2] CANLORBE (J.) et BASIRE (Y.), « Usage illicite de la marque. Condition de mise en œuvre du droit exclusif », *Jcl Marques – Dessins et modèles*, 2024, Fasc. 7513-1, § 11.

[3] CA Dakar, arrêt commercial n° 425 du 19 juin 1998, *Société Meillor SA c/ Société Bader Import-Export Four et A. J.*, *RAPI*, 2010, n° 3, p. 19.

[4] CJUE, 4e ch., 25 janv. 2024, *Audi AG c/ GQ*, n° C-334/22, *Propr. Intell.* 2024, n° 91, p. 74.

[5] MADIA (F.), *op. cit.*, p. 318.

c- La protection contre un risque de confusion prouvé

294. Pour cette seconde catégorie, l'acte n'est constitutif de contrefaçon qu'à condition d'apporter la preuve d'un risque de confusion dans l'esprit du public sur l'origine des produits ou services. La charge de la preuve incombe au titulaire de la marque prétendument contrefaite qui doit mettre en évidence non pas la réalité de la confusion mais la probabilité élevée de sa réalisation. Les actes réprimés concernent d'une part la contrefaçon par l'exploitation de la marque pour des produits ou services similaires, et d'autre part l'imitation de la marque et l'usage de la marque imitée. Dans le premier volet, la marque est reproduite à l'identique mais pour des produits qui, sans être eux-mêmes identiques à ceux désignés dans l'enregistrement, leur sont similaires. L'appréciation doit tenir compte du principe de la spécialité. Elle porte sur le risque de confusion sur l'origine des produits et services. Le risque sera suffisant et la contrefaçon retenue si le public peut penser qu'ils proviennent de la même entreprise.

295. L'autre volet vise la contrefaçon par imitation de la marque. Ici, un signe apparaît tellement semblable à la marque authentique qu'il peut être considéré comme une imitation, qu'il s'agisse de produits identiques ou de produits simplement similaires à ceux désignés dans l'enregistrement. L'imitation peut prendre différentes formes. Ainsi, elle peut se traduire par une plus ou moins grande analogie entre les signes, ou encore apparaître plus intellectuelle et se réaliser par contraste et association d'idées. Concernant les marques nominales, l'acte matériel consiste à utiliser un signe duquel se dégage une ressemblance par analogie phonétique, par imitation intellectuelle ou par synonymie. Pour ce qui est des marques figuratives, l'imitation peut découler de la ressemblance visuelle qui existe entre les deux signes malgré des différences de détail. Ainsi, il existe une similitude visuelle constitutive de risque de confusion entre la marque *GINO* et la marque contrefaisante *XINO* dès lors qu'elles sont, toutes les deux, accompagnées de l'image d'une caricature de tomate à forme humaine arborant des chaussures[1].

296. L'imitation peut aussi consister en la reproduction d'un nom correspondant à un dessin constitutif d'une marque figurative et vice-versa. Elle peut également se déduire d'une ressemblance sonore. La contrefaçon par imitation étant une « contrefaçon par déguisement »[2], l'imitation s'apprécie dans ses ressemblances et non dans ses différences. Concrètement, la contrefaçon par l'imitation consiste par exemple à utiliser, sans l'accord du titulaire de la marque authentique, un signe si proche qu'il peut en être considéré comme une imitation, et ceci pour des produits identiques ou similaires à ceux désignés dans l'enregistrement. Les juges ont donc tendance à sanctionner, ceux qui,

---

[1] Tribunal de commerce de Cotonou, 10 nov. 2022, n° 102/22/CJ1/SII/TCC, aff. *The Gb Foods Africa Holding Company, Slu Sa (Me Rufin Tchiakpe – Scpa Ahounou & Chadare) c/ Sté Xino SARL et a.*, obs. Y. L. Ngombé, *Prop. Ind.*, LexisNexis, n° 6, 2023, p. 25.

[2] AZEMA (J.) et GALLOUX (J.-C.), *Droit de la propriété industrielle*, Précis Dalloz, 8e éd., 2017, n° 1680.

sans reproduire la marque d'autrui à l'identique, s'en rapprochent suffisamment pour générer dans l'esprit du public des confusions avec elle.

297. Selon la jurisprudence des juridictions nationales et de l'OAPI, le risque s'apprécie par rapport au consommateur d'attention moyenne. La Commission supérieure des recours de l'OAPI contextualise cette notion en précisant « qu'il faut tenir compte du niveau intellectuel et de discernement du consommateur ordinaire qualifié de « moyen » de l'espace OAPI »[1]. Le juge béninois notamment abonde dans ce sens en motivant que, « en Afrique et au Bénin en particulier, pays où il y a une forte proportion d'analphabètes parmi les acheteurs moyens, la confusion virtuelle est plus courante »[2]. Cette description qui rend compte d'une certaine « fragilité » du consommateur africain, s'avère par ricochet favorable à la conservation des droits du titulaire du droit de propriété industrielle.

§ 2. La conservation des droits de propriété industrielle

298. La notion de conservation revêt une importance particulière en matière de propriété industrielle dans la mesure où, d'une part, le régime de l'enregistrement requiert l'accomplissement de certains actes en vue de son maintien, et d'autre part, le titulaire doit parfois agir promptement pour mettre fin aux agissements des tiers contraires à son monopole. La conservation s'entend par conséquent de toute opération juridique ou matérielle effectuée par le titulaire du droit et destinée à assurer la sauvegarde de son droit exclusif sur le titre. Cette conservation est subordonnée à une attitude active du titulaire du droit, car son abstention peut être à l'origine de la perte du titre. Il est donc important qu'il exerce tous les actes nécessaires au maintien de l'enregistrement du titre (A) ainsi que le contrôle de l'exploitation de son titre par les tiers (B).

A-Le maintien du droit de propriété industrielle

299. Si l'enregistrement est nécessaire pour l'acquisition du droit de propriété industrielle, il ne suffit cependant pas au maintien de l'existence du titre. Certes, certains droits de propriété industrielle sont soumis à un terme extinctif (cas des créations techniques), tandis que d'autres bénéficient d'une vocation à la perpétuité (cas des signes distinctifs). Il s'agit ici d'une perpétuité sous condition. Dans tous les cas, la léthargie du titulaire se paie au prix fort : la perte anticipée du droit exclusif. Il en est ainsi du paiement des annuités. En matière de brevet, par exemple, le titulaire doit acquitter son annuité à la date anniversaire du dépôt de sa demande au risque d'être déchu de son droit[3]. En matière de marque, l'on requiert du titulaire qu'il manifeste sa volonté de pérenniser son droit en sollicitant après chaque période de dix ans, le

---

[1] Décision n° 034/CSR/OAPI du 26 mars 2004, *in Recueil des décisions de la Commission supérieure de recours*, sessions de 2003 à 2005, pp. 29-30.

[2] Tribunal Populaire de Province de l'Atlantique-Ouémé (Bénin), jugement n° 14 du 9 novembre 1989, *Société R. et C. c/ Société I.E.S*, inédit.

[3] Art. 44 annexe I de l'Accord de Bangui.

renouvellement de l'enregistrement[1]. L'exigence d'exploitation du droit exclusif est imposée à des degrés différents (1) au regard de la gravité des conséquences que peut entraîner un défaut d'exploitation (2).

1- L'exigence d'exploitation du titre

300. L'exigence d'exploitation a pour but d'éviter les marques de barrage et les brevets de blocage. Un brevet bloquant relève d'une démarche consistant à déposer de plus en plus de brevets de moindre importance autour d'une invention centrale pour empêcher les concurrents d'évoluer ou d'avoir accès au marché concerné. Quant à la marque de barrage, il s'agit d'une pratique consistant à rendre indisponible un signe afin d'empêcher un tiers de commercialiser la marque pour certains produits. Ces pratiques sont des actes matériels de détournement de droit en ce qu'ils procurent au titulaire un avantage non visé par la loi. Relativement à l'exigence d'exploitation du titre, le législateur OAPI se montre plus rigoureux en matière de marques qu'en matière de brevet.

a- Une exigence d'exploitation atténuée en matière de brevet

301. Le défaut d'exploitation du brevet est évoqué à l'article 49 Annexe I de l'Accord de Bangui qui traite de la licence non volontaire pour défaut d'exploitation. Concrètement, une licence non volontaire peut être accordée à un tiers qui en fait la demande si au bout d'un certain temps après l'enregistrement, l'invention brevetée n'est pas exploitée sur le territoire de l'un des États membres, ou l'exploitation de l'invention brevetée sur ledit territoire ne satisfait pas à des conditions raisonnables de la demande du produit protégé, ou encore en raison du refus du titulaire du brevet d'accorder des licences à des conditions et modalités commerciales raisonnables.

302. Le texte évoque le défaut d'exploitation sans donner un contenu à la notion d'exploitation. Dans sa version de 1977, l'Annexe I faisait mention à l'article 44 (2) de ce que « l'importation ne constitue pas une excuse légitime ». Le titulaire de brevet était alors tenu de procéder à une exploitation industrielle locale de l'invention. L'on peut interpréter la suppression de cette disposition comme une volonté du législateur d'assimiler désormais l'importation à un acte d'exploitation susceptible de faire échec à la licence non volontaire pour défaut d'exploitation (locale)[2].

303. L'obligation d'exploitation du brevet se trouve ainsi aménagée de manière à préserver au mieux les intérêts du breveté. Si la licence non volontaire peut s'interpréter comme une sanction du défaut d'exploitation, fort est de constater qu'il ne s'agit point d'une perte du droit. Cette sanction, légère de par sa nature, l'est davantage par l'atténuation qui consiste à assimiler l'importation à un acte

[1] Art. 24 annexe III de l'Accord de Bangui.

[2] LOWE GNINTEDEM (P. J.), « Commentaire sous Annexe I sur les Brevets d'invention », *in OAPI : Accord de Bangui, Acte de Bamako, Accord et Annexes commentés et annotés*, FOMETEU (J.) (dir.), *Juriscope*, 2022, p. 183.

d'exploitation locale. Le droit des brevets OAPI se conforme ainsi à la règle générale de non-discrimination posée par l'Accord sur les ADPIC. En effet, dans leurs régimes des brevets, les États membres de l'Organisation Mondiale du Commerce ne doivent faire de discrimination ni quant au lieu d'origine de l'invention ni quant au point de savoir si les produits sont importés ou d'origine nationale[1]. L'assimilation recommandée peut néanmoins constituer un sérieux obstacle aux objectifs de développement des États membres de l'OAPI[2].

304. Le titulaire n'est pas déchu de son droit sur le brevet en cas de défaut d'exploitation. C'est là une différence majeure avec le droit sur la marque qui se perd par le non usage.

b- Une exigence d'exploitation rigoureuse en matière de marque

305. Bien que les droits sur les signes distinctifs aient en principe vocation à la perpétuité, ils sont susceptibles de s'éteindre dans des conditions spécifiques liées à l'usage qui en est fait. Une exigence plus rigoureuse d'exploitation s'explique par le fait que contrairement aux autres formes de propriété industrielle, la protection des signes distinctifs ne s'applique pas à une activité créatrice ou innovatrice, mais à « l'action commerciale des entrepreneurs et, à travers elle, à l'ordre public économique »[3]. Ainsi s'agissant de la marque, son extinction est susceptible d'avoir lieu lorsque, en l'absence d'excuses légitimes, elle n'est pas utilisée pendant une durée ininterrompue de cinq (5) ans sur le territoire national de l'un des États membres, ou lorsqu'elle est devenue la désignation usuelle du produit ou du service concerné du fait de son titulaire[4]. L'extinction du droit apparaît donc comme une sanction appliquée respectivement au défaut d'usage et à la dégénérescence de la marque.

i- Le défaut d'usage de la marque

306. Le titulaire de la marque doit pouvoir justifier d'un usage suffisant de la marque. Sans préciser le contenu de l'usage dont il s'agit, l'article 27 de l'Annexe III se contente d'énoncer que la charge de sa preuve incombe au titulaire. Ce dernier doit donc prouver par tous les moyens avoir réalisé un usage présentant certains caractères pour être considéré comme satisfaisant. Toutefois, les juridictions nationales de l'espace OAPI manifestent une préférence pour la preuve par « constat d'une personne assermentée dont les actes font foi jusqu'à inscription de faux »[5]. À titre de droit comparé, la

---

[1] Art. 27.1 de l'Accord sur les ADPIC.

[2] YAMTHIEU (S.), « Brevets et politiques de développement. Regards sur l'exploitation locale des droits », *Revue Internationale de Droit Économique* (*RIDE*), n° 4, 2014, pp. 453-469.

[3] CJCE 11 mars 2003, *ANSUL*, aff. C-40/01, concl. sous R.-J. COLOMER ; *Rec. CJCE* 2003, I, p. 2439 ; *Propr. intell.* 2003, n° 9, p. 429, G. Bonet ; *D.* 2003, p. 2691, obs. S. Durrande ; *Propr. industr.* 2003, comm. 43. Sur le même arrêt, lire KOVAR (R.), LARRIEU (J.) et BASIRE (Y.), *Répertoire IP/IT et Communication/Marque Eur.*, 2023, n° 180.

[4] Art. 27 de l'Annexe III de l'Accord de Bangui, Acte de Bamako.

[5] CS Côte d'Ivoire, 26 sept. 2018, *Compagnie africaine de produits alimentaires en Côte d'Ivoire (CAPRACI) c/ Société Anil SARL*, arrêt n° 2018-56.CIV, obs. R. Mabouana, *Prop. Industr.*, LexisNexis, n° 2, 2021, p. 12.

réglementation européenne prévoit que la preuve de l'usage d'une marque est fournie par des indications « sur le lieu, la durée, l'importance et la nature de l'usage qui a été fait de la marque pour les produits et services pour lesquels elle est enregistrée », de préférence par des « pièces justificatives comme, par exemple, des emballages, des étiquettes, des barèmes de prix, des catalogues, des factures, des photographies, des annonces dans les journaux »[1].

307. De toute évidence, au regard de la fonction de la marque, son usage renvoie à une exploitation commerciale et doit, par conséquent, s'inscrire dans la vie des affaires. La notion d'usage dans la vie des affaires comprend les opérations qui s'inscrivent dans le domaine économique et visent à l'obtention d'un avantage direct ou indirect de nature économique. Le titulaire de la marque doit l'utiliser sur le marché pour les produits ou les services qu'elle protège. Suivant ce critère, l'usage n'est pas suffisant lorsqu'une association à but non lucratif utilise la marque au cours de manifestations purement privées, ou pour annoncer ou promouvoir lesdites manifestations[2].

308. L'exploitation de la marque doit avoir un caractère réel et sérieux[3]. L'appréciation du caractère sérieux tient compte de plusieurs critères, dont le critère géographique, les caractéristiques des produits ou services, la fréquence et la régularité de l'usage[4]. Une marque fait l'objet d'un usage sérieux lorsqu'elle est utilisée, conformément à sa fonction essentielle qui est de garantir l'identité d'origine des produits ou des services pour lesquels elle a été enregistrée, aux fins de créer ou de conserver des parts de marché[5]. L'usage n'est pas sérieux s'il est effectué à titre symbolique aux seules fins du maintien des droits conférés par la marque. L'usage sérieux porte sur des actes concrets même si ceux-ci ne revêtent pas une grande importance. Sa réalité se vérifie par l'apposition du signe sur les produits, la diffusion de catalogues comportant la marque et plus généralement par des actions publicitaires. Mais, ces actes opérés en amont de la commercialisation doivent être finalisés par cette dernière opération. L'exploitation doit être effectuée de manière continue et effective[6]. Une

---

[1] Art. 10 du § 3 et § 4 règlement n° 2018/625 de la Commission européenne du 5 mars 2018, complétant le règlement n° 2017/1001.

[2] CJCE 9 déc. 2008, *Verein Radetzky-orden*, aff. C-442/07, *Propr. industr.* 2009, comm. n° 10, A. Folliard-Monguiral ; *Dr. et patr.* 185/2009, p. 113, obs. D. Velardocchio. Dans le même sens, Cass. crim., 27 févr. 2024, n° 23-81.563 (n° 201 F-B), *Recueil Dalloz* 2024, p. 424 (délit d'usage de marque : affichage ne participant pas à la « vie des affaires »).

[3] PASSA (J.), « L'exigence d'usage sérieux de la marque dans la jurisprudence récente de la Cour de justice : une évolution fortement favorable aux titulaires des marques », *Prop. ind.* 2014, étude 1, p. 8.

[4] CJUE 19 déc. 2012, *Leno Merken*, aff. C-149/11, *D.* 2014, p. 326, obs. J.-P. Clavier, N. Martial-Braz et C. Zolynski ; *RTD com.* 2013, p. 70, obs. J. Azéma ; *CCE* 2013, comm. 23, C. Caron ; *Prop. ind.* 2013, comm. 9, A. Folliard-Monguiral.

[5] CJCE 27 janv. 2004, *La Mer Technology Inc*, aff. C-259/02, *Propr. industr.* 2004, comm. 32, comm. A. Folliard-Monguiral , CJCE 11 mai 2006, *Sunrider c/ OHMI*, aff. C-416/04, *RTD eur.* 2007, p. 513, obs. J. Schmidt-Szalewski.

[6] Tribunal de commerce de Lomé, 19 janvier 2022, aff. *Cité Nazareth SARL c/ M. Agomon Komlan*, n° 0043/2022, obs. J.-P. Koso Omambodi, *Prop. Ind.*, n° 6, 2023, p. 28 ; sur le fondement du procès-verbal de constat d'exploitation de la marque « UNE SECONDE » fourni par son le

exploitation sporadique ou de façade est insuffisante pour exclure le défaut d'usage. D'après la jurisprudence européenne, ne saurait être qualifié d'effectif, « un usage fictif, formel et rhétorique, dépourvu de contenu, qui aurait pour seul objectif d'éviter la déchéance et qui ne viserait pas à ce que les produits ou services qu'il désigne trouvent leur place sur le marché »[1].

309. En dehors de ces caractères, l'usage doit respecter le cadre de la spécialité et de la territorialité. Il doit s'agir d'une exploitation en rapport avec les produits ou les services pour lesquelles la marque a été enregistrée d'une part, et d'autre part un usage sur le territoire national de l'un des États membres de l'OAPI. L'usage doit en principe être effectué par le titulaire, mais un usage par une autre personne sera reconnu comme un usage de la marque, sous réserve du contrôle par le titulaire (par exemple, un licencié ou toute autre personne expressément autorisée et non simplement tolérée). Dans l'affaire *Compagnie africaine de produits alimentaires en Côte d'Ivoire (CAPRACI) c/ Société Anil SARL*, la Cour suprême de Côte d'Ivoire reproche à l'arrêt attaqué de n'avoir pas recherché si la société Anil SARL démontrait qu'elle exploitait effectivement la marque conformément aux règles établies, c'est-à-dire la preuve d'une exploitation personnelle ou, en cas d'usage par un tiers, résultant d'un contrat dûment enregistré à l'Organisation africaine de la propriété intellectuelle (OAPI), et la preuve d'une exploitation contemporaine conforme à la marque enregistrée[2]. S'il s'agit d'une marque collective simple ou de certification, l'usage considéré est celui accompli par une personne habilitée.

310. La déchéance est exclue si le défaut d'usage résulte « d'excuses légitimes ». Constitue une excuse légitime, tout obstacle sérieux, de fait ou de droit, extérieur à la sphère d'influence du titulaire de la marque et ayant empêché son exploitation. Pour la jurisprudence européenne, il s'agit d'obstacles indépendants de la volonté du titulaire de la marque, rendant son usage impossible ou déraisonnable[3]. L'obstacle de fait peut consister en l'impossibilité ou la très grande difficulté à se procurer des matières premières. Sont exclues cependant, la férocité de la concurrence, la récession économique ou les difficultés d'ordre interne à l'entreprise. L'obstacle de droit peut par exemple résulter d'une autorisation administrative demandée mais non encore obtenue[4].

311. Il revient au juge d'apprécier le caractère sérieux de l'usage. Il s'agit d'une appréciation *in concreto* qui prend en compte tous les faits et circonstances de nature à établir la réalité de son exploitation commerciale, notamment la nature du produit ou du service en cause, les caractéristiques du marché de référence, l'étendue et la fréquence de l'usage de la marque[5].

---

titulaire, le tribunal déboute le demandeur qui en sollicitait la radiation ; TGI Yaoundé, 2 mars 2016, jugement n° 42/Com, aff. *Red Bull Gmbh c/ La société Chia Kim Lee Industries PTE LTD*.

[1] CJCE 11 mars 2003, *ANSUL*, aff. C-40/01, précitée.

[2] CS/Côte d'Ivoire, arrêt n° 2018-56.CIV, 26 sept. 2018, précité.

[3] CJCE 14 juin 2007, aff. C246/05, *PIBD* 2007. III. 633.

[4] AZEMA (J.) et GALLOUX (J.-C.), *op. cit.*, n° 1757.

[5] KOVAR (R.), LARRIEU (J.) et BASIRE (Y.), *Répertoire IP/IT et Communication/Marque Eur.*, 2023, n° 200.

ii- La dégénérescence de la marque

312. Nouvellement consacrée par l'article 27 al. 1(b) de l'Annexe III de l'Accord de Bangui traitant des marques de produits ou de services, la dégénérescence de la marque est le phénomène par lequel une marque devient postérieurement au dépôt, la désignation usuelle d'un produit ou d'un service, de sorte qu'elle n'est plus apte à remplir sa fonction d'identification d'origine. Victime de son succès, la marque perd son caractère distinctif et devient générique. Concrètement, elle devient dans le langage courant, le nom commun du type de produit ou de service qu'elle était censée distinguer spécifiquement.

313. La dégénérescence de la marque semble contradictoire et injuste pour le propriétaire, car la déchéance apparaît en l'occurrence comme une sanction du succès de la marque auprès du public. C'est pourquoi, ce qui est sanctionné, ce n'est pas la dégénérescence de la marque en soi mais l'inaction du titulaire qui n'a rien fait pour que cela n'arrive pas. La sanction vise la léthargie du titulaire à défendre son titre contre des tiers reprenant la marque comme une dénomination usuelle du type de produit ou service concerné. Au fil du temps, c'est la majorité du public qui reprend le terme devenu définitivement usuel.

314. Néanmoins, le titulaire peut faire échec à la déchéance en prouvant qu'il a activement combattu l'utilisation de la marque notamment à travers des mises en demeure, des assignations pour contrefaçon adressées à des concurrents ou même des courriers d'avertissement envoyés aux médias.

315. Dans la pratique, les entreprises mettent en place des stratégies pour éviter que leur marque à succès ne devienne descriptive. Pour cela, elles restent vigilantes quant à l'utilisation de la marque par les tiers dans un sens générique. L'une des stratégies consiste en l'usage des symboles ® ou TM. Bien qu'ils n'aient pas de valeur juridique, ils ont tout de même une valeur symbolique aux yeux du public. L'on en conclut que le titulaire d'une marque à succès ne saurait s'endormir sur ses lauriers au risque de perdre sa couronne.

2- Les conséquences du défaut d'exploitation du titre

316. Le défaut d'exploitation de titre de propriété industrielle est sanctionné différemment suivant que l'on se situe en matière de brevet ou en matière de marque. La sanction de l'inexploitation du brevet est l'octroi de licence obligatoire. En revanche, de défaut d'exploitation de la marque est sanctionné par la déchéance et la radiation. Le nouvel article 27 de l'Annexe III distingue formellement ces deux notions, ce que ne faisait pas l'ancien article 23. Celui-ci n'évoquait pas dans sa formulation la déchéance préalable du titulaire de marque. Il apparaît ainsi que, désormais, la déchéance précède la radiation.

a- La déchéance

317. La déchéance n'est pas automatique ; elle doit être prononcée par une décision de justice à la suite d'un procès au cours duquel le titulaire aura été mis en position de se défendre. L'action en déchéance peut être exercée à titre principal ou par une demande reconventionnelle du défendeur à un procès en contrefaçon. L'article 27 al. 1er de l'Annexe III se contente d'énoncer que la juridiction nationale compétente est saisie « à la requête de tout intéressé ». En se référant au droit commun, l'on peut considérer que l'action est ouverte à toute personne ayant un intérêt légitime au succès ou au rejet d'une prétention. Dès lors, ont évidemment intérêt à agir les titulaires de marques identiques ou similaires, antérieures ou postérieures à celle dont la déchéance est demandée. Peuvent aussi avoir intérêt à agir les concurrents exerçant dans le même secteur d'activité que le titulaire de la marque attaquée en déchéance.

318. L'alinéa 2 de l'article 27 de l'Annexe III de l'Accord de Bangui renverse la charge de la preuve et prévoit que la preuve de l'usage de la marque incombe au titulaire, qui peut la rapporter par tous les moyens. Ce dernier est mieux placé pour démontrer une telle exploitation puisque la preuve se fait généralement par la présentation de documents commerciaux (factures, catalogues, documents publicitaires, etc.).

b- Les effets de la déchéance

319. La déchéance emporte radiation de la marque enregistrée[1]. À l'issue du procès, le juge motive sa décision. S'il « constate » la déchéance de la marque, il ordonne sa radiation[2]. Toutefois, l'exécution de la radiation ne s'effectue qu'au moment où la décision judiciaire la prononçant est devenue définitive. Elle est d'abord communiquée à l'OAPI qui l'inscrit au registre spécial des marques et radie l'enregistrement en cause. La radiation fait ensuite l'objet d'une publicité. Elle a alors un effet rétroactif.

320. L'on peut se demander si c'est la déchéance ou la radiation qui est rétroactive. À l'observation, il semble que le verbe « constater » traduise le caractère déclaratif de la décision judiciaire. Celle-ci vient tout simplement officialiser une situation de perte de droit qui existait préalablement de fait. En effet, la marque est un droit d'occupation, l'usage en est la cause et le but. Ce qui justifie que le défaut d'usage soit sanctionné de déchéance de la marque et l'enregistrement considéré comme n'ayant jamais existé. Aussi, en réponse à la précédente préoccupation, pouvons-nous dire que c'est la déchéance qui est en réalité rétroactive, la radiation en est la suite logique. La déchéance de la marque produit donc les mêmes effets que la nullité ; ce qui marque une différence avec la déchéance du brevet qui ne produit d'effet que pour l'avenir[3]. Le titulaire d'un droit de propriété industrielle se doit donc de l'exploiter pour éviter la disparition anticipée du titre. Il lui revient également d'en contrôler l'exploitation par les tiers afin d'empêcher la diminution de la valeur du titre.

---

[1] NGOMBE (Y. L.), KPOLO (C.), KOSO OMAMBODI et MABOUAMA (R.), « Signes distinctifs. Contentieux des signes distinctifs et de la concurrence déloyale en Afrique (1er janvier 2022 – 31 décembre 2022 », *Propr. Industr.*, n° 6, 2023, étude 7 (Tribunal de commerce de Lomé, 19 janvier 2022, aff. *Cité Nazareth SARL c/ M. Agomon Komlan*, n° 0043/2022).

[2] BINCTIN (N.), « Marques. Action en déchéance – Marque et patronyme – Je t'aime, moi non plus », *Propr. Ind.*, n° 5, 2024, com. 33.

[3] LOWE NGINTEDEM (P. J.), « Commentaire sous Annexe I sur les Brevets d'invention », *op. cit.*, p. 175.

B-Le contrôle de l'exploitation du droit de propriété industrielle par les tiers

321. La protection des droits du titulaire de bien intellectuel (en général) serait vaine sans la mise en œuvre de moyens de contrôle et de répression des atteintes auxdits droits. Ces atteintes concernent la contrefaçon et toutes les autres pratiques commises en infraction des droits du titulaire. À cet effet, il est mis à la disposition du titulaire du droit une action en contrefaçon (1) et une action en concurrence déloyale (2).

1- L'action en contrefaçon

322. De manière générale, la contrefaçon désigne l'imitation frauduleuse ou la fabrication d'une chose au préjudice de celui qui avait seul le droit de la fabriquer ou de la reproduire. C'est ainsi que l'on parle de contrefaçon de billets de banque ou de contrefaçon des sceaux de l'État[1]. En matière de propriété intellectuelle, la contrefaçon vise toute atteinte aux droits du propriétaire d'un bien intellectuel. Matériellement, elle consiste à utiliser le bien intellectuel ou mieux, à fabriquer, reproduire, importer ou commercialiser des produits couverts par un droit de propriété intellectuelle sans l'autorisation du titulaire du droit. En matière de brevet tout particulièrement, elle se matérialise soit par l'emploi de moyens faisant l'objet d'un brevet, soit par le recel, soit par la vente ou l'exposition en vente ou soit par l'introduction sur le territoire national de l'un des États membres, d'un ou plusieurs objets. La sanction de ces actes constitutifs de contrefaçon nécessite une action en justice. Cette action peut être menée au civil ou au pénal. L'acte de Bamako a innové par la clarté et la précision qu'il apporte aux règles applicables à l'action en contrefaçon[2]. Ainsi, préalablement à l'action en contrefaçon, le demandeur peut user de mesures d'urgence que lui offre la procédure afin d'avoir plus de chance d'obtenir la sanction de la contrefaçon.

a- Les préalables à l'action en contrefaçon

323. Les préalables à l'action en contrefaçon sont des mesures exorbitantes du droit commun, qui permettent de prévenir les atteintes et éventuellement de faciliter la preuve de la contrefaçon[3]. Il s'agit notamment de la prévention des atteintes, de la saisie-contrefaçon et des mesures douanières (retenue en douane).

---

1 En droit français, l'article 444-1 du code pénal énonce que « la contrefaçon ou la falsification soit du sceau de l'État, soit des timbres nationaux, soit des poinçons servant à marquer les matières d'or, d'argent ou de platine, ou l'usage de ces sceaux, timbres ou poinçons, contrefaisants ou falsifiés, est punie de dix ans d'emprisonnement et de 150 000 euros d'amende ».

2 KALIEU ELONGO (Y. R.), « La réparation des atteintes aux brevets dans l'Acte de Bamako portant révision de l'Accord de Bangui », *in* Acte du colloque sur *Le droit de la propriété intellectuelle à l'heure du numérique : les apports de l'Acte de Bamako*, *Penant*, n° 922, 2023, p. 295.

3 GUERRINI (J.-C.), « Les mesures d'urgence en droit de la propriété intellectuelle », *CCE*, 2020, prat. 7.

i- La prévention des atteintes

324. C'est une innovation de l'Acte de Bamako en vertu de laquelle le titulaire du droit ou ses ayants cause peuvent agir en référé contre le prétendu contrefacteur ou des intermédiaires dont il utilise les services afin d'obtenir, au besoin sous astreinte, toute mesure destinée à prévenir une atteinte imminente aux droits conférés par le titre ou à empêcher la poursuite d'actes argués de contrefaçon[1]. Lorsque les circonstances exigent que ces mesures ne soient pas prises contradictoirement, le juge peut ordonner des mesures urgentes eu égard à la preuve de la vraisemblance ou de l'imminence de l'atteinte. Le juge peut également interdire la poursuite des actes mis en cause, ou subordonner la poursuite des activités à la constitution de garanties destinées à assurer l'indemnisation éventuelle du demandeur, ou encore ordonner la saisie ou la remise entre les mains d'un tiers des produits soupçonnés de porter atteinte aux droits conférés par le titre, afin d'empêcher leur introduction ou leur circulation sur le marché.

325. À l'inverse, il peut arriver que le juge subordonne l'exécution des mesures prises à la constitution par le demandeur de garanties destinées à assurer l'indemnisation éventuelle du défendeur si l'action en contrefaçon est ultérieurement jugée non fondée ou les mesures annulées. Lorsque les mesures prises pour faire cesser une atteinte aux droits sont ordonnées avant l'introduction d'une action au fond par le demandeur, ce dernier doit agir au civil ou au pénal, dans un délai de vingt jours ouvrables pour les brevets ou dix jours ouvrables pour les marques, à compter du lendemain du jour où la mesure est pratiquée. À défaut, sur demande du défendeur et sans que celui-ci ait à motiver sa demande, les mesures ordonnées sont annulées, sans préjudice des dommages et intérêts qui peuvent être réclamés.

ii- La saisie-contrefaçon

326. La saisie-contrefaçon peut être entreprise par le titulaire d'une demande d'enregistrement, le propriétaire d'un titre enregistré ou le bénéficiaire d'un droit exclusif sur le titre[2]. L'une de ces personnes peut par voie de requête saisir le président de la juridiction compétente de l'État membre pour qu'il ordonne soit la description détaillée, soit à la saisie réelle des produits ou services prétendument contrefaisants. Le premier choix consiste à faire une description détaillée des éléments constitutifs de la contrefaçon avec éventuellement des prélèvements d'échantillons en guise d'appui à la matérialité des faits. Le second choix est la saisie réelle de l'ensemble des produits contrefaisants. Dans tous les cas, la saisie est réalisée par un huissier éventuellement assisté d'experts choisis par le saisissant dans sa requête. Dans les limites fixées par l'ordonnance, l'huissier dresse un procès-verbal constatant l'origine, la consistance et l'étendue de la contrefaçon.

---

[1] Art. 62 de l'Annexe I et 50 de l'annexe III de l'Accord de Bangui, Acte de Bamako.

[2] STENGER (J.-P.), « Saisie-contrefaçon. Effets de la saisie-contrefaçon », *Jcl Brevets*, 2024, Fasc. 4633.

327. L'ordonnance est conditionnée par la justification de l'enregistrement du droit de propriété industrielle. Elle peut, en cas de saisie réelle, imposer la constitution de garanties destinées à dédommager le préjudice subi par le défendeur au cas où l'action en contrefaçon se solderait par un rejet. Afin d'éviter des perturbations injustifiées de l'activité du concurrent dues au fait que la saisie-contrefaçon aurait été transformée en « outil d'inquisition ou d'espionnage industriel »[1], il est fait obligation au saisissant de lancer, dans un délai de dix jours, l'action en contrefaçon sous peine d'annulation de plein droit de la saisie et d'une condamnation éventuelle à des dommages-intérêts. Les informations obtenues lors d'une saisie annulée sont écartées des débats au cours du procès au fond. Même s'il est toujours possible d'en intenter une nouvelle, l'annulation d'une saisie fait perdre en temps et en efficacité. Pour l'efficacité de la procédure, l'article 68 de l'Annexe I de l'Accord de Bangui reconnaît en faveur du demandeur une procédure autonome de recherches d'informations qu'il peut déclencher afin de faire identifier l'origine et les réseaux de distribution des produits ou services contrefaisants.

328. La saisie-contrefaçon, ainsi décrite, est une procédure spéciale[2] dans la mesure où elle s'effectue sur la base d'une ordonnance sur requête, donc sans débat contradictoire, alors que l'Acte uniforme OHADA qui organise les voies d'exécution sur le territoire quasi-identique des États membres, reconnaît à son article 49 une procédure contradictoire devant le juge de l'exécution[3]. Ce qui dans la pratique crée un flottement sur lequel n'hésitent pas à surfer les plaideurs et dont l'interprétation des juges n'est pas uniforme d'une décision à une autre. Les juges sont, en général, confrontés à la question de savoir si une saisie entreprise sur le fondement de l'Acte uniforme OHADA relatif aux procédures simplifiées de recouvrement et aux voies d'exécution peut s'appliquer à un bien intellectuel. Relativement à une affaire dans laquelle les parties s'opposaient sur le texte applicable à une saisie-contrefaçon de marque, la Cour d'appel du Littoral (Cameroun) motive que « le traité OHADA n'ayant pas réglementé les saisies-contrefaçons, celles-ci restent régies par les dispositions de droit commun »[4] . La Cour d'appel de Niamey (Niger) décide en des termes similaires que l'Acte uniforme OHADA portant organisation des procédures simplifiées de recouvrement et des voies d'exécution « reste et demeure le seul texte applicable à toutes saisies »[5]. Ces solutions sont loin d'emporter l'adhésion de la doctrine. Afin de démêler l'écheveau, celle-ci schématise la solution selon laquelle « lorsqu'il s'agit de pratiquer une saisie aux fins d'exécuter une décision passée en force de chose jugée ou exécutoire, le

---

[1] BINCTIN (N.), « Marque », *op. cit.*, n° 545.

[2] STENGER (J.-P.), « Exécution de la saisie contrefaçon », *JCl Brevets*, Fasc. 4632, 2023.

[3] Disposition demeurée inchangée à l'issue de la révision de l'Acte uniforme portant organisation des procédures simplifiées de recouvrement et des voies d'exécution intervenue le 17 octobre 2023 à Kinshasa (République Démocratique du Congo).

[4] Cour d'appel du Littoral (Cameroun), arrêt n° 28 du 28 janvier 2008, *Société Bic SA c/ Sté TBC.*

[5] Cour d'appel de Niamey (Niger), arrêt n° 2 du 5 mars 2008, *Société Rothmans of Pall Mall Limited c/ La Société Adil Compagny SA.*

droit spécial issu de l'OAPI semble s'effacer au profit du droit commun OHADA. En revanche, s'agissant de la saisie d'objets contrefaisants, c'est le droit spécial de l'OAPI qui doit s'appliquer »[1].

iii- Les mesures douanières

329. Au-delà de la mise en péril de la propriété intellectuelle, la contrefaçon est une infraction douanière qui, s'inscrivant dans le commerce illicite, constitue un problème majeur pour la santé publique et l'économie des États. L'Afrique noire en particulier connaît des difficultés à endiguer ce phénomène que les méandres de « l'économie informelle » rendent davantage opaque. Les États de cette région s'attellent à mieux sanctionner ce type de pratiques par « l'application, à un niveau supranational, d'un cadre normatif et réglementaire favorisant l'intervention rapide et concertée des autorités douanières et de répression des fraudes »[2]. Au regard des enjeux, l'administration des douanes a reçu compétence pour rechercher et poursuivre les infractions de contrefaçon dès que les marchandises contrefaites sont acheminées aux frontières des États membres, qu'elles y soient en transit ou bien destinées à l'importation ou à l'exportation. Les autorités douanières peuvent procéder de plein droit à la retenue de marchandises lorsque des indices probants font soupçonner qu'elles sont contrefaisantes. La responsabilité des services douaniers pourrait être engagée en cas de retenue injustifiée.

330. La retenue en douane des marchandises est également possible sur demande écrite du titulaire du droit ou ses ayants cause lorsque ceux-ci soupçonnent lesdites marchandises d'être contrefaisantes. La retenue est automatiquement levée faute pour le demandeur, dans le délai de dix jours ouvrables à compter de la notification de la retenue des marchandises, de justifier auprès des services douaniers, soit des mesures conservatoires, soit de s'être pourvu, devant le juge national compétent, par la voie civile ou la voie correctionnelle et d'avoir constitué, le cas échéant, les garanties requises pour couvrir sa responsabilité éventuelle en cas d'échec de la procédure. La saisie-contrefaçon offre au saisissant des éléments précieux de preuve mais le titulaire du bien intellectuel prétendument contrefait peut choisir d'agir directement au fond par une action en contrefaçon.

b- L'action en contrefaçon proprement dite

331. L'action en contrefaçon est exercée en principe par le titulaire du droit. Seulement, sauf stipulation contraire, le bénéficiaire d'un droit exclusif d'exploitation (ou le titulaire d'une licence non volontaire de brevet) peut agir en contrefaçon si après mise en demeure, le titulaire du droit n'agit pas. De

---

[1] NGOMBE (L. Y.), « Le contentieux de la propriété intellectuelle dans l'espace OAPI et dans l'espace ARIPO : aperçu jurisprudentiel décennal », *Les Cahiers de la propriété intellectuelle*, vol. 26, n° 3, 2014, p. 787.

[2] OYHAMBERRY (A.) et BUSTIN (O.), « La contrefaçon des produits de santé et de beauté en Afrique subsaharienne », Actes de colloques, Gazette du Palais, édition spécialisée, 28 au 30 déc. 2014, n° 362 à 664, pp. 20-24.

même, le licencié est recevable à intervenir dans l'instance en contrefaçon engagée par le titulaire du droit, afin d'obtenir la réparation du préjudice qui lui est propre. Il a été reconnu que le contrefacteur ne peut pas se prévaloir de la non-publication d'un contrat de licence pour rejeter l'action en concurrence déloyale qui lui est intentée, à partir du moment où il est prouvé qu'il avait connaissance de la licence[1].

332. S'agissant de la marque collective simple ou celle de certification, bien que cela ne soit pas précisé à l'Annexe III, la personne habilitée à en faire usage devrait pouvoir engager une action en contrefaçon, mais celle-ci supposerait le consentement du propriétaire de la marque[2]. Le demandeur peut agir par voie civile ou pour voie pénale. Mais, il doit agir dans le délai de dix jours ouvrables à compter de la saisie ou la description. Passé ce délai, la saisie ou la description est nulle. L'action en contrefaçon se prescrit par cinq ans à compter des faits qui en sont la cause.

333. L'action civile peut être portée soit devant les juridictions civiles, soit devant celles répressives. La compétence territoriale obéit aux règles de droit commun. Le tribunal compétent est soit celui du domicile du défendeur (en vertu de la règle « *actor sequitur forum rei* »), soit celui du lieu où l'infraction a été commise, soit celui du lieu où le préjudice résultant de la contrefaçon est subi. L'action en contrefaçon ne peut porter sur des faits antérieurs à la publication de la demande d'enregistrement de la marque ou de la délivrance du brevet sauf, lorsque le déposant a notifié au présumé contrefacteur une copie de la demande d'enregistrement (marque) assortie d'une copie de la description de l'invention (brevet). Le tribunal saisi sursoit à statuer jusqu'à la publication de l'enregistrement de la marque ou de la délivrance du brevet. La contrefaçon peut être prouvée par tous les moyens. L'action se prescrit par trois ans à compter de chaque acte de contrefaçon.

334. La mise en mouvement de l'action pénale appartient concurremment au ministère public et à la partie lésée. Sur le plan territorial, sont appliquées les mêmes règles de compétence. Au plan matériel, la contrefaçon relève de la compétence du tribunal correctionnel. Les actes poursuivis par l'action en contrefaçon sont les mêmes que ceux poursuivis par l'action civile avec comme particularité l'incrimination des actes d'importation et d'exportation de marchandises contrefaisantes. C'est le cas du Code pénal camerounais qui incrimine respectivement les atteintes à la propriété littéraire et artistique, au brevet d'invention, aux dessins et modèles industriels ainsi qu'aux marques de fabrique et de commerce[3].

---

[1] Cass. com. 25 mai 1976, *Bull. civ.* IV, n° 179, en matière de brevet d'invention. En matière de marque, voir Cass. com. 29 juin 1999, n° 97-11.940, *Bull.* 1999, IV, n° 144 ; *D.* 2001, p. 470, obs. S. Durrande. Dans cette affaire, le juge a considéré que la cession d'une marque non publiée au registre national des marques n'est pas opposable aux tiers. Concernant le transfert de la propriété du brevet : Cass. com., 24 avr. 2024, *Sté Interactive Entertainment et a*, n° 22-22.999, *PIBD* 2024, n° 1226, III, p. 1 ; *Propr. industr.* 2024, comm. 39, note J. Raynard ; *D.* 2024, actu. 821.

[2] BINCTIN (N.), « Marque », *Dalloz, Répertoire de droit commercial*, 2023, n° 540.

[3] Art. 327, 328, 329, 330 du Code pénal camerounais.

c- Les sanctions de la contrefaçon

335. Les sanctions de la contrefaçon sont civiles et pénales. Les sanctions civiles visent l'intérêt particulier du titulaire de droit de propriété intellectuelle qui doit obtenir réparation du préjudice subi à la suite de la contrefaçon alors que les sanctions pénales consistent à condamner la contrefaçon en tant que comportement contraire à l'intérêt général.

336. Les sanctions civiles sont constituées de l'interdiction de poursuivre les actes illicites, la condamnation à des dommages et intérêts, la confiscation de marchandises et la publication de la décision aux frais du contrefacteur. Le préjudice qui fonde la réparation, comprend l'atteinte au droit exclusif, la dévalorisation du bien intellectuel, les bénéfices perdus en raison des actes illicites et les frais de procédure. Pour être accordée, la réparation est subordonnée à l'évaluation et la preuve du préjudice par le demandeur. Toutefois, l'Acte de Bamako introduit en matière de brevet, une possibilité de renversement de la charge de la preuve au défendeur. Ainsi, le juge peut ordonner à ce dernier de prouver que le procédé utilisé pour obtenir un produit identique est différent du procédé breveté dans l'hypothèse où le produit est obtenu par un procédé nouveau ou que la probabilité est grande que le produit identique a été obtenu par le procédé breveté et le titulaire du brevet n'a pas pu, en dépit d'efforts raisonnables, déterminer quel procédé a été en fait utilisé. Il y a lieu, en ces circonstances, de préserver les secrets de fabrication et de commerce du défendeur[1].

337. Les sanctions pénales comprennent des peines principales et des peines complémentaires. Les peines principales consistent en l'emprisonnement et les amendes. Il faut noter sur ce point que le législateur OAPI, au même titre que les législateurs nationaux, prévoit des peines d'emprisonnement et d'amende. Cette originalité qui se distingue de l'approche du législateur OHADA, peut cependant poser un problème de différence de quantum des peines. La difficulté est de déterminer le texte applicable à la condamnation du contrefacteur, surtout en cas de différence de quantum des peines prévues par le texte de l'OAPI et un texte national. Sur le principe de la hiérarchie des normes juridiques, le texte communautaire prévaut. Mais suivant le principe de la légalité des délits et des peines, l'incrimination et la fixation des peines relèvent du pouvoir législatif dans chaque État membre. Ceci constitue donc un vecteur de contentieux qu'il revient à la jurisprudence de dissiper.

338. Les peines complémentaires comprennent la confiscation des recettes saisies au profit du titulaire des droits violés, la confiscation ou la destruction des objets reconnus contrefaisants et des instruments ayant permis la contrefaçon, l'affichage ou la publication intégrale ou par extraits du jugement dans les journaux ou sur les services de communication au public en ligne, la fermeture provisoire ou définitive de l'établissement ou de tout lieu où l'infraction a été commise. La compétence d'attribution de la juridiction saisie

[1] FABRE (R.) et FABRE (V.), « Réservation du savoir-faire », *Jcl Brevets*, 2021, Fasc. 4200, § 10.

en contrefaçon intègre les questions connexes de concurrence déloyale attachées à la cause[1].

2- L'action en concurrence déloyale

339. L'action en concurrence déloyale est une procédure judiciaire qui peut être intentée même en l'absence de droits intellectuels nommés. Elle permet de faire cesser certains comportements économiques dictés par un esprit d'imitation entraînant un risque de confusion ou résultant d'un comportement parasitaire. L'imitation des prestations d'autrui est considérée comme un acte contraire aux pratiques honnêtes du marché parce qu'elle porte atteinte aux intérêts de l'entreprise dont les prestations sont copiées[2]. L'analyse de l'action en concurrence déloyale nécessite d'établir au préalable une distinction avec l'action en contrefaçon avant d'en examiner les motifs et le cadre.

a- La distinction entre l'action en contrefaçon et l'action en concurrence déloyale

340. Certains critères permettent de distinguer l'action en concurrence déloyale de l'action en contrefaçon. Du point de vue de la cause, l'action en contrefaçon vise à sanctionner la violation d'un droit du demandeur alors que l'action en concurrence déloyale vise à sanctionner un devoir du défendeur consistant à s'abstenir d'user de moyens déloyaux dans la concurrence. Plus précisément, l'action en contrefaçon est un moyen de protection des droits exclusifs conférés par la propriété intellectuelle. En revanche, l'action en concurrence déloyale est une action en responsabilité civile qui n'exige pas nécessairement, pour sa mise en œuvre, la violation d'un droit privatif[3].

341. Par ailleurs, la contrefaçon constitue aussi bien un délit civil qu'un délit pénal. Ce qui entraîne comme conséquence que les mêmes faits de contrefaçon puissent être poursuivis soit devant la juridiction civile soit devant celle répressive. En revanche, l'action en concurrence déloyale est une action qui ne peut être menée que suivant la voie civile. Néanmoins, cette distinction qui consiste à relever la dualité des voies d'exercice de l'action en contrefaçon par opposition à l'unicité de l'action en concurrence déloyale est à relativiser dans la mesure où le plus souvent, l'action en contrefaçon est exercée pour la protection civile du droit privatif, de même que l'action en concurrence déloyale emprunte une coloration répressive lorsqu'elle est exercée en vue de la cessation de l'agissement reproché, au besoin sous astreinte.

342. La doctrine et même de la jurisprudence ont tiré des conséquences de cette distinction qui ont cependant évolué au fil du temps. Au départ, l'on a

---

[1] Cass. com. 16 mai 2018, n° 16-28.728, *Propr. industr.* 2018, comm. 57, note N. Bouche ; lire AZÉMA (J.), « Le juge de la marque », *in Penser le droit de la pensée*, Mélanges en l'honneur de Michel Vivant, Dalloz, 2020, p. 3.

[2] VANBRABANT (B.), *La propriété intellectuelle. Régime patrimonial*, Larcier, tome 2, 2018, p. 707.

[3] JIOGUE (G.), « Présentation introductive », (commentaire de l'Annexe VIII sur la protection contre la concurrence déloyale) *in OAPI : Accord de Bangui, Acte de Bamako, Accord et Annexes commentés et annotés*, FOMETEU (J.) (dir.), *Juriscope*, 2022, p. 726.

estimé que les deux actions correspondent à des domaines différents et comme telles doivent être menées distinctement[1]. Toutefois, l'on admet désormais qu'il n'existe pas d'opposition étanche entre les deux actions. Celles-ci sont complémentaires et admettent, pour les mêmes faits, la possibilité d'un cumul[2] ou d'une option[3]. Pour la Cour de cassation française, « l'exploitant d'une marque est fondé à obtenir la réparation de son préjudice propre, peu important que les éléments sur lesquels il fonde sa demande en concurrence déloyale soient matériellement les mêmes que ceux pour lesquels le titulaire de la marque a obtenu une condamnation pour actes de contrefaçon »[4]. Un auteur précise toutefois que ce n'est pas l'acte de contrefaçon en tant que tel qui constitue un fait de concurrence déloyale à l'égard du licencié ; c'est la mise sur le marché du produit contrefait qui peut, selon les circonstances, constituer une faute dommageable engageant la responsabilité du contrefacteur envers le licencié[5].

343. Cette possibilité de cumul ou d'option est consacrée par l'article 1 al. 3 de l'Annexe VIII de l'Accord de Bangui relative à la protection contre la concurrence déloyale, qui énonce que « les articles [applicables à la concurrence déloyale] s'appliquent indépendamment et en sus de toute disposition législative protégeant les inventions, les dessins et modèles industriels, les marques, les œuvres littéraires et artistiques et autres objets de propriété intellectuelle ». Cependant, les mêmes faits, retenus au titre de la contrefaçon de l'un de ces biens intellectuels, ne peuvent être sanctionnés en même temps pour concurrence déloyale et pour concurrence parasitaire[6].

b- Les motifs de l'action en concurrence déloyale

344. L'Annexe VIII comporte une énumération des hypothèses légales de concurrence déloyale susceptibles d'être portées devant le juge. Il s'agit de la

---

[1] CHAVANNE (A.), note sous Cass. com. 27 octobre 1970, *J.C.P.* 1971, II, 16669. Dans le même sens du non-cumul, TGI Douala, jugement n° 013 du 6 octobre 1986, *Lancôme Parfums c/ Société SOPARCA* ; TGI Yaoundé, jugement n° 175 du 11 décembre 1985, *Société Philip Morris Incorporated c/ Société Vistamil SL.*

[2] Cass. civ. 1er, 25 mai 2023, n° 22-14.651, *Légipresse* 2023. 329, et 699, *chron.* C. Alleaume ; *RTD com.* 2023. 619, obs. F. Pollaud-Dulian ; *Dalloz IP/IT* 2023. 382, obs. L. Paudrat ; *D. actu.* 27 juin 2023, obs. D. Martin ; *Recueil Dalloz* 2024. 392, obs. P. Sirinelli.

[3] Cour suprême (Chambre civile et commerciale), Côte d'ivoire, arrêt n° 032 du 4 février 2010, *actualité juridique* n° 71, 2011, p 134, obs. P. FIENI ; TGI Ouagadougou, jugement n° 139/2005 du 23 mars 2005, aff. *Unilever c/ Traoré*, *in Revue Africaine de la Propriété Intellectuelle*, n° 4, 2013, pp. 39 et s, obs. Kouliga Nikiema ; TGI Wouri, jugement civil n° 192 du 15 décembre 2000, aff. *Moulinex SA c/ Vapsan Trading Cie, ets Monique, Société ONASHI SARL, SOCOPRAMAC,* obs. Ndema Elongue (M.-L.), *in La Gazelle, Revue Scientifique de la Propriété industrielle en Afrique*, n° 0001, 2007, pp. 57 et s.

[4] Cass. com., 24 sept. 2013, *Sté Abattoirs de Provence et Abattoirs méditerranéens*, n° 12-18.571, *D.* 2014, p. 326, obs. N. Martial-Braz.

[5] PASSA (J.), *Contrefaçon et concurrence déloyale*, Litec, 1997, n° 245, p. 163.

[6] Cass. com. 28 juin 2023, *Sté Sissi Perla, c/ Sté KSGB*, n° 22-10.759, *JCP G* 2023, doctr. 942, N. Binctin. Pour en savoir davantage, lire : CHATRY (S.), « Contrefaçon et concurrence déloyale : de la confusion créée par le voisinage », *Dalloz IP/IT*, 2023, p. 650.

confusion avec l'entreprise d'autrui ou ses activités, l'atteinte à l'image ou à la réputation d'autrui, la tromperie à l'égard du public, le dénigrement de l'entreprise d'autrui ou de ses activités, la concurrence déloyale portant sur une information confidentielle et la désorganisation de l'entreprise concurrente et du marché. Toutefois, l'article 1 al. 2(a) consacre le caractère non exhaustif de cette énumération et par là même la possibilité pour la jurisprudence de créer d'autres hypothèses de concurrence déloyale. Il pose clairement que, « outre les actes et pratiques visés aux articles 2 à 6, constitue un acte de concurrence déloyale tout acte ou pratique qui, dans l'exercice d'activités industrielles ou commerciales, est contraire aux usages honnêtes »[1]. Cette disposition établit les éléments constitutifs de la concurrence déloyale.

345. Ainsi, il peut s'agir d'un acte ou d'une pratique. En l'absence de définition législative, la doctrine avance que l'acte doit s'entendre comme tout fait positif (commission) et une pratique comme tout comportement aussi bien positif que passif (omission)[2]. Cependant, comme l'a relevé la Cour d'appel de Cotonou, le fait de déposer plainte auprès des autorités légalement compétentes[3] ou de s'adresser à la justice pour faire cesser des actes qualifiés de concurrence déloyale ou présumés tels ne saurait constituer des actes de concurrence déloyale[4]. À la limite, pourrait-on envisager qu'une action judiciaire puisse, dans certaines circonstances, être constitutive de concurrence déloyale lorsqu'il existe un abus de droit de la part du demandeur. Dans ce cas, il s'agira, non pas d'une atteinte à l'image et à la réputation, mais un acte « contraire aux usages honnêtes ».

346. La concurrence déloyale émane d'une pratique commerciale réalisée dans l'exercice d'une activité industrielle ou commerciale. Le législateur OAPI ne donne aucune définition de ce qu'il faut entendre par « activités industrielles et commerciales ». Néanmoins, en empruntant la définition faite par le législateur camerounais, l'on retient que l'activité commerciale est une activité de production ou d'échange des biens et des services exercée par toute personne physique ou morale ayant la qualité de commerçant, conformément aux dispositions de l'Acte uniforme OHADA portant droit commercial général[5]. Cet Acte uniforme définit en son article 3 l'acte de commerce par nature comme celui par lequel une personne s'entremet dans la circulation des biens qu'elle produit ou achète ou par lequel elle fournit des prestations de service avec l'intention d'en tirer un profit pécuniaire. Dans l'énumération des actes de commerce qui s'ensuit, figure « l'exploitation industrielle des mines, des

[1] Il semble qu'une erreur se soit glissée dans cette disposition qui omet l'article 7 alors que celui-ci concerne tout autant une hypothèse de concurrence déloyale.

[2] JIOGUE (G.), *op. cit.*, p. 736.

[3] Loi n° 2016-25 du 4 novembre 2016 portant organisation de la concurrence en République du Bénin.

[4] CA Cotonou (Bénin), 18 déc. 2019, *Mila Commodities c/ Goodness Commodities et a.*, n° 0115/CH-COM/2019, obs. L. Y. Ngombé, *Prop. Industr.*, LexisNexis, n° 2, 2021, p. 17.

[5] Art. 4 de la loi camerounaise n° 2015/018 du 21 décembre 2015 régissant l'activité commerciale au Cameroun.

carrières et de tout gisement de ressources naturelles ». C'est dire que les activités industrielles et commerciales sont juridiquement des actes de commerce par nature.

347. En vertu de la liberté de commerce et d'industrie et son corollaire la liberté de concurrence, toute personne est libre de mener des activités industrielles et commerciales. Autrement dit, ce qui est condamné dans le cadre de la concurrence déloyale ce n'est pas la concurrence en soi, celle-ci participant de l'économie de marché, mais c'est le fait qu'elle soit exercée à travers des pratiques jugées « contraire[s] aux usages honnêtes ». Seulement, il ne faudrait pas se méprendre sur la connotation morale de la disposition, car « il est des procédés qu'une stricte morale réprouve, mais que l'âpreté de la lutte commerciale et le caractère bienfaisant de l'intérêt général de cet acharnement justifient »[1]. Les concurrents doivent se livrer au jeu de la concurrence sans tomber dans des pratiques que même les compromis de ce jeu n'admettent pas.

348. La liberté de concurrence est ainsi préservée par la charge de la preuve qui s'impose au demandeur d'une action en concurrence déloyale. D'une part, l'action en concurrence déloyale étant une action en responsabilité civile, le demandeur doit rapporter la preuve de la faute qui se caractérise par la déloyauté des pratiques du concurrent. La faute peut être rapportée en démontrant que l'acte a été posé dans le seul but de nuire au demandeur ou d'altérer de manière substantielle le comportement économique du consommateur raisonnablement attentif et avisé à travers notamment la copie servile de l'objet qu'il exploite. D'autre part, le demandeur doit prouver le préjudice qu'il a subi du fait des pratiques du concurrent et le lien de causalité entre la faute et le préjudice à l'effet de l'appréciation et l'évaluation de son préjudice[2]. Une illustration peut en être faite à travers une affaire en responsabilité civile pour concurrence déloyale relative à une œuvre publicitaire qui s'est posée devant le Tribunal de commerce d'Abidjan. L'affaire concernait l'atteinte portée à l'image et à la réputation d'un personnage de fiction connu dans l'œuvre audiovisuelle « *Taximan Kpakpato* » et repris, sous certains aspects, dans le spot publicitaire litigieux dénommé « *Pass Illimitix* », dans lequel un des figurants est l'acteur qui incarne le personnage du *Taximan Kpakpato* dans l'œuvre antérieure. Sur un premier point, le juge exclut la responsabilité de la défenderesse (l'annonceur) en raison d'une clause exclusive de responsabilité contenue dans le contrat d'assistance et de conseil en stratégie de communication signé avec l'agence de publicité. Sur un second point, considérant que le préjudice économique est un fait juridique dont la preuve doit être rapportée par celui qui s'estime lésé, le juge retient qu'une telle preuve n'a pas été suffisamment rapportée par le demandeur[3].

---

[1] MERMILLOD (L.), *Essai sur la notion de concurrence déloyale en France et aux États-Unis*, Paris, LGDJ, 1954, n° 107, p. 135.

[2] DUSART (I.) et CASBAOUI (J.), *L'évaluation du préjudice économique : regards pratiques sur les méthodes d'évaluation*, LexisNexis, coll. « Droit & Professionnels », 2018, p. 129.

[3] Tribunal de commerce Abidjan, 31 oct. 2019, aff. 2277/2019 et 2284/2019, *Africabox Productions c/ Orange Côte d'Ivoire*, obs. C. Kpolo, *Prop. Industr.*, LexisNexis, n° 2, 2021, pp. 18-19.

349. Les pratiques de concurrence déloyale peuvent correspondre à l'une des hypothèses légales mais rien n'exclut qu'il s'agisse d'un cas atypique de concurrence déloyale. Par ailleurs, il suffit qu'un seul des agissements visés à l'Annexe VIII soit établi pour que la concurrence déloyale soit sanctionnée[1].

c- Le cadre de l'action en concurrence déloyale

350. L'action en concurrence déloyale peut être mise en œuvre devant un tribunal d'un l'État membre, par toute personne physique ou morale lésée ou susceptible d'être lésée par une telle pratique. La doctrine s'appuie sur l'article 4 al. 2 de l'Accord de Bangui, Acte de Bamako, pour soutenir que le contentieux de la concurrence déloyale peut valablement être réglé par voie d'arbitrage ou de médiation[2]. En effet, cette disposition prévoit que, « tous les litiges portant sur l'application [de l'Accord de Bangui] et de ses Annexes peuvent être réglés par voie d'arbitrage ou de médiation ». L'option de ces modes alternatifs de résolution des différends apparaît d'autant plus possible qu'il existe un système d'arbitrage OAPI depuis l'adoption du Règlement portant création et organisation du Centre d'arbitrage et de médiation de l'OAPI et du Règlement d'arbitrage du Centre d'arbitrage et de médiation de l'OAPI, signés simultanément le 7 décembre 2016 et entrés en vigueur respectivement le 1er janvier 2017 et le 1er janvier 2018.

351. La résolution du différend relatif à la concurrence déloyale pose la question de l'arbitrabilité des délits et quasi-délits. Le droit OAPI se montre assez ouvert et admet le critère du différend d'ordre non contractuel. L'article 2 de Règlement portant création et organisation du Centre d'arbitrage et de médiation de l'OAPI affirme que « le Centre a pour mission de procurer une solution arbitrale lorsqu'un différend d'ordre contractuel ou non, en matière de propriété intellectuelle, de caractère national ou international, en application d'une clause compromissoire ou d'un compromis d'arbitrage, lui est soumis par toute partie ». Or, la personne lésée par des pratiques de concurrence déloyale cherche à obtenir des dommages et intérêts en réparation du préjudice subi. En réalité, l'arbitrabilité de ce type de contentieux est en demi-teinte. Le droit à des dommages et intérêts étant un droit patrimonial, l'on en déduit qu'il s'agit d'un droit arbitrable. Toutefois, la réparation est généralement assortie de sanctions complémentaires qui nécessitent un pouvoir de contrainte dont ne dispose malheureusement pas l'arbitre. Un auteur en conclut que « le contentieux arbitrable des délits et quasi-délits est cantonné au contentieux de l'indemnisation »[3].

---

[1] CA commerce Abidjan, 17 févr. 2022, *SARL Application Agro-Industrielles Côte d'Ivoire c/ SARL Castor*, obs. R. MABOUANA, *Prop. Ind.*, LexisNexis, n° 6, 2023, p. 30.

[2] JIOGUE (G.), « Présentation introductive », (commentaire de l'Annexe VIII sur la protection contre la concurrence déloyale) *in OAPI : Accord de Bangui, Acte de Bamako, op. cit.*, p. 739.

[3] MIENDJIEM (I. L.), « Arbitrabilité et contentieux des droits de propriété intellectuelle en droits OAPI et OHADA », *Petites affiches*, n° 108, 2020, p. 30. Sur le sujet, lire de façon générale : BINCTIN (N.), « Le renouveau du contentieux international de la propriété intellectuelle », *Journal du droit international (JDI)*, 2016, doctr. 3, p. 381 ; CARON (C.), « L'arbitrabilité des litiges

352. En ce qui concerne les sanctions, la victime de la concurrence déloyale peut vouloir obtenir une injonction afin de faire cesser les pratiques déloyales du concurrent qui, potentiellement, pourraient lui causer préjudice. La mesure a alors un caractère préventif, car elle est ordonnée en l'absence de préjudice réalisé[1]. La personne lésée peut aussi demander, sur le fondement de l'article 1382 du Code civil, la condamnation du concurrent déloyal au paiement de dommages-intérêts représentant une réparation par équivalent du préjudice qu'il aura subi. La victime peut aussi bénéficier d'autres réparations non pécuniaires à l'instar de la suppression des faits de concurrence déloyale ou en la prescription de mesures de publicité. Par exemple, dans l'hypothèse d'une usurpation du nom commercial ou de l'enseigne, la sanction peut consister en l'interdiction pure et simple de continuer d'user du nom commercial ou de l'enseigne, l'imposition des précisions, modifications ou adjonctions nécessaires pour éviter la continuation de la confusion telle qu'en cas d'homonymie. Il n'est pas exclu que ces sanctions soient assorties d'astreinte.

353. La propriété industrielle entretient avec l'activité commerciale une relation très fusionnelle dans la mesure où les droits de propriété industrielle occupent généralement une place prépondérante dans un fonds de commerce.

Section 2. Les biens incorporels à caractère purement commercial

354. Le règne de l'incorporalité se caractérise par sa pluralité. Les biens incorporels sont nombreux et en perpétuelle émergence. Ce mouvement est favorisé par le concept de la patrimonialisation de certains facteurs attractifs, pris isolément ou inclus dans un fonds. La doctrine et la jurisprudence concourent à la reconnaissance juridique de la valeur économique présente dans ces facteurs à travers l'octroi du titre de biens[2]. Ce phénomène contribue à rallonger la liste des biens incorporels. Aussi, recense-t-on comme biens incorporels, les créances, les droits sociaux et valeurs mobilières, le fonds de commerce, le fonds libéral[3], le fonds agricole[4], les offices ministériels[5], les

---

de propriété intellectuelle », *in La résolution des litiges de propriété intellectuelle*, Bruylant-LGDJ, 2011, pp. 106 et s.

[1] ROUBIER (P.), *Le droit de la propriété industrielle*, Sirey, t. 1, 1952, n° 109, p. 503 ; ERESEO (N.), « Pratiques commerciales trompeuses », *JCl Communication*, Fasc. 180, 2023.

[2] Voir SERRA (Y.), « L'opération de cession de la clientèle civile depuis l'arrêt du 7 novembre 2000 », *D.* 2001, chron. n° 2295.

[3] La doctrine a développé le concept de la patrimonialisation des clientèles civiles eu égard à l'émergence des sociétés professionnelles dans les professions libérales. Lire DAIGRE (J.-J.), « Patrimonialité des clientèles civiles : du cabinet au fonds libéral », *Dr. et Patr.*, 1995, p. 36 ; FERRE-ANDRE (S.), « De la patrimonialisation à la commercialisation des clientèles civiles et des professions libérales », *RTD com.* 1995, n° 565.

[4] En droit français, le fonds agricole est « un ensemble de droits corporels et incorporels intégrant la clientèle, les contrats de sous-traitance, les droits à produire (…), les droits à prime et les autres autorisations d'activités agricoles, et enfin les baux ruraux », (cf. Déclaration de B. BAREGES, rapporteur, déb. AN 5, 2005, p. 4763).

[5] Dans le Répertoire Dalloz de 1865, il est indiqué que « (…) la propriété des offices est une propriété d'un genre particulier puisque la transmission n'en est pas libre et qu'il est permis à l'État de refuser le successeur présenté (…). La propriété des offices est une propriété *sui generis* ».

monopoles, autorisations et permis et les biens intellectuels. Il est plus courant de les ranger par catégories. Nous avons analysé les biens intellectuels qui constituent une catégorie fondée principalement sur la création et l'innovation. Aussi, proposons-nous dans cette articulation d'étudier les biens incorporels à caractère commercial. Il s'agit du fonds de commerce et des droits sociaux et valeurs mobilières. Il convient d'examiner le fonds de commerce (§ 1), avant d'analyser les nouvelles valeurs dont la nature de biens incorporels s'impose progressivement dans l'environnement juridique (§ 2).

§ 1. Le fonds de commerce

355. À l'origine, l'introduction de la notion de fonds de commerce en droit commercial s'est réalisée de manière dispersée avec comme lacune majeure l'absence de définition. La doctrine et la jurisprudence ont dû faire œuvre de création afin de donner au concept de fonds de commerce des contours plus ou moins précis. Si l'on a pu en dire qu'il s'agit d'un « concept à définitions multiples et parfois à contenu flottant »[1], force est de constater que des définitions ont été esquissées. Certaines d'entre elles décrivent le fonds de commerce comme le droit à une clientèle : « s'il n'y avait pas de clientèle, il n'y aurait pas de fonds de commerce »[2]. Le législateur OHADA a capitalisé les contributions doctrinales et jurisprudentielles pour dégager comme définition que le fonds de commerce est « un ensemble de moyens qui permettent au commerçant d'attirer et de conserver la clientèle »[3]. Il élabore un régime juridique marqué par la détermination du contenu du fonds de commerce dont en dépend l'existence (A). Ce régime s'applique aussi à l'exploitation et la disposition du fonds (B), mais il reste à incorporer dans l'arsenal juridique OHADA le concept de fonds de commerce électronique (C).

A-L'existence du fonds de commerce

356. Mener une activité commerciale suppose au préalable que soient réunis un certain nombre de moyens. En fonction de l'envergure des investissements, l'acteur économique organise son activité suivant la forme qui lui semble appropriée. Aussi peut-il adopter une forme sociétaire ou non sociétaire. La forme sociétaire suppose la création d'une société commerciale à laquelle sont affectés des biens et qui acquiert la personnalité juridique consécutivement à son immatriculation au Registre du commerce et du crédit mobilier (RCCM). Il en résulte une dissociation plus ou moins étanche du patrimoine social et des associés. Ces derniers peuvent avoir ou non la qualité de commerçants, tout dépendant de la forme sociale choisie. La forme non sociétaire suppose en revanche la constitution d'un fonds de commerce qui représente l'ensemble des moyens qui permettent au commerçant d'attirer et de conserver une clientèle.

---

[1] THIBIERGE (C.), « Travaux du 60e Congrès des notaires de France », *RTD com.* 1962, p. 589.
[2] RIPERT (G.) et ROBLOT (R.), *Traité de droit des affaires. Du droit commercial au droit économique*, LGDJ-Lextenso, t. 1, 21e éd., par L. Vogel, 2020, n° 445, pp. 422-423.
[3]Art. 135 de l'Acte uniforme OHADA du 15 décembre 2010 portant sur le droit commercial général (AUDCG).

Dépourvu de personnalité juridique, il est un bien compris dans le patrimoine du commerçant. Une fiction juridique lui attribue la nature de bien incorporel (1), qui n'occulte cependant pas la réalité patrimoniale et financière de l'ensemble qu'il constitue (2).

1- La nature du fonds de commerce

357. Le fonds de commerce revêt une importance capitale pour le commerçant qui s'en sert pour mener son activité (boulangerie, papeterie, pressing, épicerie, etc.). Au-delà de cette fonction, le commerçant peut non seulement en tirer une plus-value à travers la transmission du fonds mais également profiter du potentiel de garantie qu'il offre. Au regard de cette importance, la doctrine et la jurisprudence se sont attelées au fil du temps à en déterminer la nature. Des thèses se sont construites autour de la notion d'universalité avec pour utilité d'avoir contribué à dégager un consensus sur la nature juridique du fonds de commerce[1].

a- Les théories de l'universalité

358. Les théories en présence mettent en avant deux ordres d'universalité : l'universalité de droit et l'universalité de fait. D'après la théorie de l'universalité de droit, le fonds de commerce serait une masse de biens unis par une affectation commune avec un actif et un passif. Il constituerait un patrimoine comptable et fiscal. La masse de biens affectés au commerce formerait un patrimoine d'affectation. Le commerçant se retrouverait donc à la tête de deux patrimoines : l'un civil qui lui est personnel, et l'autre commercial représenté par le fonds de commerce[2]. Cette thèse soutenue principalement par la doctrine allemande n'a pas été adoptée par le droit OHADA en raison de sa contrariété avec le principe de l'unicité du patrimoine, principe fondamental dans l'architecture juridique de ce système. En effet, le fonds ne rassemble que des éléments d'actif et n'a pas de passif propre. Il n'est pas un patrimoine d'affectation constitué de créances et de dettes dont la transmission globale ferait que les éléments d'actif répondraient du passif d'exploitation[3]. Les dettes restent attachées à la personne du commerçant qui n'a qu'un seul patrimoine, gage commun de tous ses créanciers, qu'ils soient des créanciers commerciaux ou des créanciers civils. En cas de décès du commerçant, la succession s'ouvre pour l'ensemble de son patrimoine, celui-ci comprenant le fonds de commerce.
359. Quant à la théorie de l'universalité de fait, ses tenants soutiennent que le fonds de commerce serait un groupement d'éléments réunis par un simple lien

---

[1] MATHEY (N.), « Cession du fonds de commerce et transmission du contrat », *Contrats Concurrence Consommation*, n° 1, 2023, comm. 8.
[2] RIPERT (G.) et ROBLOT (R.) par GERMAIN (M.), *Traité élémentaire de droit commercial, commerçants, acte de commerce, entreprise commerciale, fonds de commerce, sociétés commerciales*, LGDJ, tome I, 16e éd., 1994, n° 528.
[3] CHAUVEAU (P.), « Le fonds de commerce, patrimoine d'affectation ? Propos sur le contrat de gérance libre », *D.* 1939, chron., p. 37. De manière générale, lire : KENDERIAN (F.), « Notion de fonds de commerce. Définitions – Éléments – Nature », *JCl. entr. Indiv.*, Fasc. 1000, 2022.

de fait en vue de l'exercice d'un commerce déterminé. Ce groupement serait dépourvu d'individualité, celle-ci n'étant reconnue qu'à chacun de ses éléments constitutifs. Critiquable en ce qu'elle constate un état plus qu'elle ne l'explique, la théorie de l'universalité de fait manque d'assise juridique. Elle ne permet pas notamment de comprendre la cession du fonds de commerce dans son ensemble suivant des règles et des formalités distinctes de celles des éléments qui la composent[1]. Ces théories constructives, mais insuffisantes, laissent entière la question de la nature du fonds de commerce.

b- La nature du fonds de commerce proprement dite

360. Le fonds de commerce est assez original de par sa nature. En effet, il représente un bien meuble incorporel distinct de ses éléments constitutifs. Il se distingue d'autres notions voisines telles que l'entreprise et la société[2]. S'il est vrai que la distinction entre entreprise et fonds de commerce est perturbée par l'utilisation de l'un à la place de l'autre dans le langage courant, voire dans certains textes législatifs, il n'en demeure pas moins que l'entreprise est une notion économique alors que le fonds de commerce est une notion juridique. De plus, le fonds de commerce exclut certains biens comme les immeubles et les créances tandis que l'entreprise regroupe plusieurs sortes de biens, y compris le fonds de commerce. Celui-ci est d'ailleurs l'élément essentiel sans lequel l'entreprise ne peut exister. S'agissant de la société, elle est un « sujet de droit » puisqu'elle est dotée de la personnalité juridique alors que le fonds de commerce est un « objet de droit ». Lorsqu'il est apporté en société, le fonds de commerce devient un bien de la société et perd de son utilité en tant que tel[3], étant donné que ce sont les parts sociales et les actions qui sont considérées dans le cadre de la société.

361. Le fonds de commerce est un bien meuble, car il ne peut jamais contenir d'éléments immobiliers. Il est de ce fait soumis aux règles relatives aux meubles aussi bien en matière de régimes matrimoniaux, de succession que de droit privé international[4]. La doctrine classe le fonds de commerce dans la catégorie des biens incorporels bien qu'il comprenne aussi des éléments corporels. Ceci peut se justifier par le fait que les biens incorporels y occupent une place prépondérante et bénéficient d'une fixité dont sont dépourvus les biens corporels à l'instar des marchandises en stock destinées à la vente. La nature incorporelle du fonds de commerce exclut *a priori* que lui soient appliquées les règles relatives aux meubles corporels, telles que l'article 2279 du Code civil

---

[1] FOKO (A.), « Fonds de commerce », *in* POUGOUE (P.G.), (dir.), *Encyclopédie du droit OHADA,* Yaoundé, Lamy, 2011, p. 820.

[2] LECUYER (H.), « La spécificité traditionnelle du fonds de commerce et sa mise en concurrence contemporaine par des notions voisines », *in Le fonds de commerce [1909-2009] : un centenaire à rajeunir !,* Colloque Association droit et commerce, Deauville, 4-5 avr. 2009, *Gaz. Pal.* 2009, n° 155, p. 7.

[3] LEGEAIS (D.), *Droit commercial et des affaires 2022*, Sirey, 28e éd., 2021, n° 146, p. 76.

[4] LEVI (A.) et SAYAG (A.), « Fonds de commerce », *in Le Lamy droit commercial, Wolters Kluwer,* 2021, n° 219, p. 118.

relatif à la possession mobilière. Il s'ensuit qu'en face de deux acquéreurs d'un même fonds, la propriété sera reconnue à celui qui a légalement acquis en premier le bien, et non à celui qui a été mis le premier en possession du bien[1].

362. Le fonds de commerce revêt un caractère composite de par la pluralité des éléments qui le composent. Mais, il demeure autonome. Il est classiquement admis qu'il est une universalité. La jurisprudence française a ainsi jugé que « le fonds de commerce est une universalité de fait, qui peut comprendre divers éléments, au nombre desquels cumulativement ou non, la clientèle, le droit au bail, l'enseigne, le matériel, le stock, des marques, des licences »[2]. Cette énumération donne une idée sur la composition du fonds de commerce.

2- La composition du fonds de commerce

363. L'AUDCG procède à une énumération des éléments constitutifs du fonds de commerce. Il procède à une catégorisation en dissociant les éléments que doit nécessairement comprendre le fonds, et qui forment le fonds commercial, d'autres éléments qui, bien qu'importants, ne sont pas obligatoires.

a- Le fonds commercial

364. L'article 136 de l'AUDCG du 15 décembre 2010 énonce que « le fonds de commerce comprend nécessairement la clientèle et l'enseigne ou la clientèle et le nom commercial, sans préjudice du cumul de la clientèle avec l'enseigne et le nom commercial ». Cette disposition est conforme à l'idée selon laquelle la clientèle occupe une place prépondérante dans le fonds de commerce. Elle apparaît comme l'« âme » du fonds de commerce, le « Saint Graal », l'élément « sans lequel un fonds de commerce ne saurait exister »[3]. Dans la version révisée de l'AUDCG, la clientèle est une constance à laquelle est associée soit alternativement, soit cumulativement l'enseigne et/ou le nom commercial.

365. Jusqu'à la fin du XIXe siècle, le terme « clientèle » n'était pas utilisé mais plutôt celui d'achalandage. Et puis se développa l'idée qu'en cas de cession du fonds, l'opération ne portait pas seulement sur une propriété physique, mais davantage sur une propriété morale. La doctrine s'est attelée à donner un sens à la distinction des notions de clientèle et d'achalandage, sans qu'il puisse y avoir unanimité. Certains auteurs estiment, en effet, que les deux termes sont synonymes. Ainsi, la clientèle et l'achalandage ne seraient rien d'autre que l'ensemble des personnes qui sont en relation d'affaires avec un commerçant[4].

366. En revanche, pour une autre partie de la doctrine, il faut nécessairement faire une distinction entre les deux termes. Des auteurs soutiennent à cet effet

---

[1] DERRUPPE (J.), « Fonds de commerce et clientèle », *in Études offertes à Alfred Jauffret*, Faculté de droit et de science politique d'Aix-Marseille, 1974, p. 22.

[2] CA Paris, 9 avr. 2009, n° 08/07997, *JCP E* 2009, p. 1842, obs. N. Dissaux ; *Contrats, conc. consom.* 2009, comm. 264, note N. Mathey ; *RTD com.*, 2009, p. 683, obs. B. Saintourens.

[3] Arrêt de principe : Cass. com. 15 févr. 1937, S. 1937, 1, p. 169, note H. Rousseau ; *DP* 1938, 1, jur., p. 13, note P. Cordonnier ; *Rev. gén. dr. com.* 1938, p. 164, note G. Lagarde.

[4] RIPERT (G.) et ROBLOT (R.), Traité élémentaire de droit commercial, par M. GERMAIN, t. 1, LGDJ, 16e éd. 1996, n° 539, pp. 436 et s.

que l'achalandage est la clientèle due à la situation du fonds de commerce, c'est-à-dire la clientèle locale, alors que la clientèle, notion plus étendue, est due soit au renom, soit à la personnalité du commerçant[1]. Autrement dit, la clientèle désigne les personnes qui s'approvisionnent habituellement auprès d'un fonds en raison de la compétence et du savoir-faire du commerçant alors que l'achalandage est une sorte de clientèle de passage faite de personnes attirées par la commodité ou la proximité de l'établissement[2]. Dans le même ordre d'idées, d'autres auteurs se fondent sur la permanence et la régularité dans les relations d'affaires entretenues avec le titulaire du fonds pour distinguer la clientèle, composée des clients d'habitude, de l'achalandage, constitué par des clients occasionnels[3]. Un autre auteur a, pour sa part, proposé un critère de distinction plus complexe pour démontrer que si la clientèle est une réalité, l'achalandage constitue une potentialité. Plus concrètement, la clientèle serait constituée par l'ensemble des personnes qui, au moment de l'appréciation, sont en relations d'affaires avec le commerçant. L'achalandage représenterait, quant à lui, la potentialité de développement du fonds de commerce par un accroissement de la clientèle[4].

367. Une autre analyse propose la théorie selon laquelle l'achalandage a besoin d'un catalyseur qui se manifesterait par la volonté de l'homme. L'achalandage ne devient alors clientèle qu'en étant au service d'un projet d'entreprise. Dès que cette volonté d'agir existe et aussi longtemps qu'elle persiste, la clientèle est réelle et certaine. Tant qu'elle ne s'est pas manifestée ou lorsqu'elle a disparu, il n'y a qu'une clientèle virtuelle ou potentielle ; il n'y a ou il ne reste qu'un achalandage[5]. Cette position avait été déjà énoncée quelques années plus tôt par la jurisprudence, lorsqu'elle indiquait en substance que pour qu'une clientèle soit considérée comme une composante du fonds de commerce, il faut qu'elle soit réelle et certaine, et non pas simplement virtuelle ou potentielle. En outre, il faut qu'elle soit propre au commerçant, celui-ci ne pouvant s'en prévaloir lorsque son commerce est exploité dans l'enceinte d'un autre établissement[6].

368. En dépit des discussions (divisions) doctrinales sur les notions de clientèle et d'achalandage où certains estiment que celles-ci sont synonymes[7], la chambre

---

[1] LYON-CAEN (C.) et RENAULT (L.), *Traité de droit commercial*, t. III, LGDJ, 15e éd. 1928, n° 239.

[2] SANTOS (A. P.) et YADO TOE (J.), *Droit commercial général*, Bruxelles, Bruylant, coll. « Droit uniforme africain », Bruxelles, Juriscope, 2002, p. 205 ; NGUEBOU (J.), *Le droit commercial général dans l'Acte uniforme OHADA*, P.U.A., 1998, p. 205.

[3] COHEN (A.), *Traité théorique et pratique des fonds de commerce avec formules*, Sirey, 2e éd., 1948, n° 38.

[4] ROTONDI (M.), « La nature juridique de l'achalandage », *Ann. dr. com*, 1930, p. 137 ; ZOIA (M.), « Fonds de commerce et contrats de distribution », *JCl. Contrats Distr.*, Fasc. 1410, 2023.

[5] DERRUPPE (J.), « Clientèle et achalandage », *in Les orientations sociales du droit contemporain, Écrits en l'honneur de Jean Savatier*, PUF, 1992, p. 167.

[6] Cass. com. 16 janv. 1990, *Société Bijouterie Horlogerie Garde*, n° 87-20.156, *JCP G* 1991, II, 21662 ; *Dr. fisc.* 1990, n° 11, comm. 574 ; *JCP N* 1991, n° 4, II, p. 28.

[7] RIPERT (G.) et ROBLOT (R.), *Traité élémentaire de droit commercial*, par M. GERMAIN, LGDJ, t. 1, 16e éd., 1996, n° 539, pp. 436 et s.

commerciale de la Cour de cassation française a récemment retenu une approche consistant à distinguer strictement les notions de clientèle et d'achalandage, cette dernière étant une clientèle potentielle[1].

369. La clientèle peut être assortie d'un nom commercial. Celui-ci désigne l'appellation sous laquelle un commerçant personne physique ou morale exerce son activité. Il peut s'agir d'un nom de fantaisie, du nom patronymique du commerçant ou de celui d'un tiers ou de l'un des associés, dans l'hypothèse d'une exploitation sociétaire. Le terme approprié dans cette dernière hypothèse est la dénomination sociale. Utilisé comme nom commercial, le nom patronymique devient un signe distinctif détaché de la personne homonyme. Il peut être cédé soit isolément, soit à l'occasion de la cession du fonds de commerce et le titulaire du nom ne peut empêcher le nouvel acquéreur d'en faire usage. Le titulaire du nom commercial peut agir contre les utilisations ultérieures qui comporteraient un risque de confusion, à travers l'action en concurrence déloyale.

370. La clientèle peut aussi être assortie d'une enseigne. Protégée par l'action en concurrence déloyale, l'enseigne est un signe distinctif extérieur permettant à la clientèle d'identifier la localisation géographique de l'exploitation d'un fonds de commerce. L'enseigne se confond parfois avec le nom commercial mais les deux ne sauraient se confondre à la marque. Certes, ils sont tous des signes distinctifs mais ils sont différents eu égard à leur fonction. La marque désigne des produits ou des services, le nom commercial l'appellation du fonds de commerce et l'enseigne l'identification géographique de celui-ci. À la différence de la marque et du nom commercial dont la propriété s'acquiert soit par enregistrement soit par usage, la propriété de l'enseigne résulte uniquement du premier usage.

b- Les autres éléments du fonds de commerce

371. D'après l'article 137 de l'AUDCG, le fonds de commerce « peut » comprendre différents éléments mobiliers, corporels ou incorporels, tels que les installations, les aménagements et agencements, le matériel, le mobilier, les marchandises en stock, le droit au bail, les licences d'exploitation et les droits de propriété intellectuelle nécessaires à l'exploitation.

i- Les éléments incorporels

372. Ces éléments concernent le droit au bail, les licences d'exploitation et les droits de propriété intellectuelle. Le droit au bail représente la « créance du locataire-commerçant contre le propriétaire immobilier »[2]. Il s'agit du droit à la jouissance des lieux loués où s'exerce le commerce, que l'on dénomme couramment « propriété commerciale » afin de rendre compte de l'importance

---

[1] Cass. com. 9 juill. 2019, *M. T. G., Mme R. O. épouse G. c/ Société C. L.*, n° 18-12.373, *RTD com.* 2019, p. 865, obs. B. Saintourens ; *RJDA* 2019, n° 625.

[2] PEDAMON (M.) et KENFACK (H.), *Droit commercial, Commerçants et fonds de commerce, Concurrence et contrats du commerce*, Paris, Dalloz, coll. « Précis », 4e éd., 2015, n° 257, 912 p. notamment p. 226.

des droits conférés par le statut des baux commerciaux[1]. En effet, le fonds de commerce est en général exploité dans un local dont le commerçant n'est pas propriétaire. L'exploitation nécessite alors la conclusion d'un contrat de bail entre le commerçant et le propriétaire de l'immeuble. Le bail commercial a été reformulé par le législateur OHADA en « bail à usage professionnel » à la faveur de la réforme de l'AUDCG intervenue le 15 décembre 2010. Le bail à usage professionnel désigne un contrat par lequel le propriétaire d'un immeuble (le bailleur) met à la disposition du preneur tout ou partie dudit immeuble afin de permettre à celui-ci d'exercer dans les lieux une activité commerciale, industrielle, artisanale ou toute autre activité professionnelle, contre paiement d'un certain prix appelé loyer. Le droit qu'acquiert le preneur à cet égard fait partie des éléments constitutifs du fonds et peut être cédé avec ce fonds dans les conditions prévues par l'AUDCG. L'on peut déduire de l'extension du domaine du droit au bail, la volonté du législateur OHADA d'accorder cette prérogative spécifique à d'autres fonds affectés à des activités à caractère civil à savoir le fonds libéral, le fonds artisanal et le fonds agricole.

373. Comme le fonds de commerce, l'exploitation de ces fonds nécessite très souvent des licences et autorisations administratives d'exploitation. Nous pouvons citer indistinctement la licence de débit de boissons, la licence du transporteur routier, la licence d'exploitation d'une officine de pharmacie, etc. L'autorisation est réputée attachée au fonds. Sauf dans les cas où l'octroi est fait *intuitu personae*, la transmission du fonds emporte également transmission de la licence d'exploitation.

374. Les droits de propriété intellectuelle sont également des éléments éventuels du fonds de commerce. Il s'agit des droits de propriété industrielle (brevets d'invention, marques de produits ou de services, dessins et modèles industriels…) et des droits de propriété littéraire et artistique (droits d'auteur). Ils représentent des actifs de grande valeur au sein du fonds de commerce, car ils procurent au commerçant un monopole d'exploitation. Ils obéissent à un régime particulier et sont protégés par les règles émises par l'OAPI.

ii- Les éléments corporels

375. L'exploitation du fonds de commerce nécessite un équipement mobilier. Il s'agit des installations (exemple, machines, outils), des aménagements et agencements (exemple, meubles de rangement), du matériel (exemple, véhicules de livraison) et le mobilier (exemple, mobilier de bureau). Ces biens varient en fonction de l'activité menée. Leur importance varie selon le type d'activité menée. Ainsi, les machines et autres outillages sont plus importants dans l'industrie que dans le commerce.

---

[1] KENDERIAN (F.), « Notion de fonds de commerce. Définition – Éléments – Nature », *JCl. entreprise individuelle*, LexisNexis, Fasc. 1000, 2022, § 21 ; lire aussi GATSI (J.), *Pratique des baux commerciaux dans l'espace OHADA*, Presses Universitaires Libres, coll. « Droit des affaires », 2e éd., 2008, pp. 76 et s.

376. Bien que présents dans l'exploitation, certains de ces éléments peuvent cependant être exclus du fonds de commerce. C'est le cas lorsque le commerçant étant propriétaire de l'immeuble abritant le fonds, un élément y est fixé à perpétuelle demeure. Ce bien devient par conséquent un immeuble par destination. Les immeubles étant exclus de la composition du fonds de commerce[1], ce meuble désormais immeuble par destination ne peut plus en faire partie. C'est également le cas lorsque le matériel est mis à la disposition du commerçant dans le cadre d'un contrat de crédit-bail. Puisque jusqu'à échéance ledit matériel n'appartient pas au commerçant, il n'est pas compris parmi les éléments du fonds.

377. Les autres éléments corporels sont constitués des marchandises en stock. C'est l'ensemble des biens destinés à être vendus dans le cadre de l'exploitation du fonds. Les marchandises ont vocation à circuler et ne sont donc pas des éléments stables du fonds. Ce qui justifie qu'elles soient exclues du nantissement du fonds. Elles peuvent même ne pas être des éléments du fonds, lorsque le contrat en vertu duquel le commerçant les a acquises est assorti d'une clause de réserve de propriété[2].

378. En principe, la vente des éléments du fonds de commerce ne s'assimile pas à la cession du fonds. Toutefois, il peut en être autrement lorsque le matériel d'exploitation est très spécifique et constitue en fait le principal élément nécessaire à l'exercice de l'activité concernée. De même, lorsque la marchandise constitue le support essentiel de la clientèle, sa vente peut s'analyser comme une cession du fonds. Il en est ainsi des produits assortis d'exclusivité. Leur cession peut s'assimile à une cession du fonds dans la mesure où, privée d'alternative, la clientèle suivra toujours le détenteur du stock[3].

379. La nature composite du fonds de commerce a des répercussions sur le régime de son exploitation et davantage sur celui de son aliénation.

B-L'exploitation et l'aliénation du fonds de commerce

380. Le fonds de commerce est constitué en vue de son exploitation. Autrement dit, l'exploitation du fonds suppose son existence. La doctrine s'est

---

[1] Relevant les inconvénients liés à l'exclusion des immeubles, la doctrine propose qu'elle soit revue. Certains auteurs ont émis l'idée d'un « *bail dormant* » dont pourrait bénéficier le commerçant propriétaire de l'immeuble abritant le fonds ; (DUBUISSON (E.), « Le fonds du XXIe siècle, le temps de l'innovation », *in Propriétés incorporelles : 105e congrès des notaires de France 2009*, n° 4279, p. 1123). En attendant une révision allant dans ce sens, il est suggéré au commerçant, qui voudrait éviter ces inconvénients, de créer une société civile immobilière qui lui consentira un bail commercial. Lire, DERRUPPE (J.), « L'avenir du fonds de commerce et de la propriété commerciale », *in L'avenir du droit*, Mélanges en hommage à François Terré, Dalloz-PUF, 1999, p. 586 ; BOUQUET (B.), « Repenser l'exclusion traditionnelle des immeubles », *in Le fonds de commerce [1909-2009] : un centenaire à rajeunir !*, Colloque Association Droit et commerce, Deauville, 4-5 avr. 2009, *Gaz. Pal.*, 2009, p. 101.

[2] KENDERIAN (F.), « Notion de fonds de commerce. Définition – Éléments – Nature », *JCl. entreprise individuelle*, *op. cit.*, § 25 et 26.

[3] LEGEAIS (D.), « Fonds de commerce. Généralités », *JCl. commercial*, 2021, Fasc. 201, § 36.

posé la question de savoir à quel moment débute l'existence du fonds de commerce. La préoccupation ne manque pas de pertinence eu égard à la valeur que peut avoir le fonds de commerce dans l'assiette de la communauté entre époux. À s'en tenir à la conception qui attribue à la clientèle un rôle central dans la définition du fonds de commerce, l'on pourrait en déduire que la naissance du fonds serait dépendante de la création et de la fidélisation d'une clientèle effective. Mais, comme le suppose la définition formulée par le législateur OHADA, la naissance du fonds de commerce s'opère à l'ouverture des portes de l'entreprise. Pour « attirer et conserver une clientèle », il faut nécessairement que le commerçant ait ouvert ses portes. C'est à cette occasion qu'il « s'adresse pour la première fois à son public et se manifeste à lui »[1]. Une fois l'exploitation entamée, le fonds peut connaître des fortunes diverses. En cas de prospérité, l'exploitation se poursuivra (1), dans le pire des cas, le fonds disparaîtra à travers une cessation d'exploitation (temporaire ou définitive) ou alors il sortira tout simplement du patrimoine du commerçant (2).

1- L'exploitation du fonds de commerce

381. Le fonds de commerce peut être exploité directement ou en exécution d'un contrat de location gérance[2].

a- L'exploitation directe

382. L'exploitation directe est la situation la plus simple. Elle est réalisée par le propriétaire du fonds, personne physique ou morale. Dans ce dernier cas, il s'agira d'une société commerciale. Lorsque le propriétaire est une personne physique, il peut être un commerçant ou un entreprenant. Ce dernier est défini à l'article 30 de l'AUDCG comme un entrepreneur individuel qui, sur simple déclaration au RCCM, exerce une activité professionnelle civile, commerciale, artisanale ou agricole[3].

383. Le commerçant ou l'entreprenant peut exploiter personnellement son fonds seul ou en commun avec son époux. Il exploite personnellement le fonds en accomplissant lui-même les actes de gestion courante, à ses risques et périls. Néanmoins, la qualification de gestion personnelle est maintenue quand bien même les actes de gestion sont réalisés par un gérant salarié. L'existence d'un lien de subordination entre le propriétaire du fonds et le gérant salarié fait

---

[1] DIDIER (P.), « À quoi sert le concept de clientèle ? », *in Liber amicorum J. Calais Auloy*, Dalloz, 2004, p. 351.

[2] Art. 138 de l'AUDCG.

[3] Le statut d'entreprenant prévu en droit OHADA diffère de celui de l'entrepreneur individuel prévu en droit français aussi bien par la loi n° 2010-658 du 15 juin 2010 que par la loi n° 2022-172 du 14 février 2022. Le premier texte, relatif à l'entrepreneur individuel à responsabilité limitée (EIRL), a permis à tout entrepreneur, quelle que soit la nature de son activité (commerciale, artisanale, agricole, libérale), d'affecter à celle-ci un « patrimoine séparé de son patrimoine personnel, sans création d'une personne morale ». Le second texte, en faveur de l'activité professionnelle indépendante, permet que la distinction entre les patrimoines professionnel et personnel existe désormais de plein droit, sans condition ni formalité, opérant ainsi une généralisation du patrimoine d'affectation à finalité professionnelle.

obstacle à ce que la qualification de commerçant soit attribuée à ce dernier. De même, lorsqu'en raison d'un litige, d'une saisie ou d'une liquidation, la gérance du fonds est confiée à un fondé de pouvoir, l'exploitation est toujours considérée comme directe dans la mesure où celui-ci agit au nom et pour le compte du propriétaire du fonds.

384. L'hypothèse d'une co-exploitation entre époux soulève le problème de la qualité de commerçant. Concrètement, les époux sont-ils tous les deux commerçants ou alors un seul doit être considéré comme commerçant ? L'intérêt de la question réside dans la détermination de l'époux qui peut être poursuivi en paiement par les créanciers du commerce, de même que celui qui peut être poursuivi en comblement de passif en cas d'ouverture d'une procédure collective. Si, en réponse, l'on retient le régime du commerce individuel, seul un époux sera réputé responsable. En revanche, si l'on retient le régime des sociétés, les deux époux seront tenus. Avant l'intervention du législateur, une présomption irréfragable avait été développée par la jurisprudence qui, transposant la règle civile du mari chef de famille, faisait de celui-ci le seul responsable des risques de l'exploitation du fonds. À ce sujet, le législateur OHADA pose comme règle que « le conjoint du commerçant n'a la qualité de commerçant que s'il accomplit les actes [de commerce], à titre de profession et séparément de ceux de l'autre conjoint »[1]. Est ainsi formulée la reconnaissance de la qualité de commerçant à chacun des époux en cas de gestion conjointe du fonds de commerce[2].

b- L'exploitation indirecte ou location-gérance

385. Encore appelée « gérance libre », la location-gérance est une convention par laquelle le propriétaire ou l'exploitant d'un fonds de commerce, en concède la location, en qualité de bailleur, à une personne physique ou morale, locataire-gérant, qui l'exploite à ses risques et périls. Le contrat de location-gérance est soumis aux conditions de fond relatives au consentement, la capacité, l'objet et la cause. Dans le souci d'éviter les locations de fonds de commerce par des spéculateurs[3], le législateur OHADA exige du propriétaire du fonds qui entend concéder une location-gérance, qu'il ait exploité ledit fonds pendant au moins deux ans en qualité de commerçant. Cette exigence est tempérée ou mise à l'écart dans les hypothèses respectives des articles 142 et 143 de l'Acte uniforme portant sur le droit commercial général (AUDCG). Le propriétaire ou l'exploitant du fonds ne peut cependant consentir de location-gérance s'il est interdit ou déchu de l'exercice d'une profession commerciale. De même, l'entreprenant ne peut être partie à un contrat de location-gérance[4].

---

[1] Alinéa 2 de l'article 7 de l'Acte uniforme du 15 décembre 2010 portant sur le droit commercial général.

[2] NGUEBOU TOUKAM (J.), « L'entreprise familiale, étude de droit camerounais », *Juridis info*, 1995, n° 21, p. 75. En droit français, lire : RAVET (Y.-M.) et ANDREANI (M.), « Fiducie et famille : La fiducie, un outil au service de l'entreprise familiale », *AJ famille*, 2015, p. 200.

[3] FOKO (A.), « Fonds de commerce », *op. cit.*, p. 830.

[4] Art. 138 al. 3 de l'Acte uniforme portant sur le droit commercial général (AUDCG).

Sur la forme, la publicité du contrat doit être réalisée, par la partie la plus diligente et aux frais du locataire-gérant, dans les quinze jours de l'acte sous forme d'extraits et d'avis dans un journal habilité à recevoir des annonces légales et paraissant dans le lieu où le fonds de commerce est inscrit au RCCM. En tant que commerçant, le locataire-gérant est soumis aux obligations qui découlent de ce statut. Il doit par conséquent s'immatriculer au Registre du commerce et crédit mobilier (RCCM).

386. La location-gérance impose des obligations réciproques aux parties. Ainsi, le locataire-gérant a l'obligation d'exploiter le fonds et de respecter la destination du fonds et les conditions du bail. Il est tenu d'indiquer en tête de ses bons de commande, factures et autres documents à caractère financier ou commercial, avec son numéro d'immatriculation au RCCM, sa qualité de locataire-gérant du fonds. Il n'a pas droit à la propriété commerciale. Il doit payer au bailleur du fonds un loyer. Mais, dans le cas spécifique du contrat de location-gérance, il s'agit d'un double loyer. L'un correspond à la redevance due pour la jouissance des locaux, et l'autre représente la contrepartie de la jouissance des éléments corporels et incorporels du fonds de commerce tels que décrits dans le contrat de location gérance. Ces deux éléments de loyer sont obligatoirement déterminés de façon séparée dans le contrat de location-gérance, même si leurs échéances sont fixées aux mêmes dates. En accord avec le bailleur des locaux, le locataire-gérant peut être dispensé de lui assurer directement, à chaque échéance, le paiement du loyer dû à la rémunération de la jouissance des locaux. Le loyer peut faire l'objet d'une clause d'indexation en vue d'assurer sa variation à la hausse comme à la baisse.

387. En tant que bailleur, le propriétaire doit mettre le fonds à la disposition du locataire-gérant ; il a l'obligation de faire les grosses réparations. Il est solidairement responsable des dettes du locataire-gérant nées de l'exploitation du fonds donné en location-gérance, jusqu'à la publication du contrat[1]. S'il est commerçant, il doit modifier à ses frais son inscription au Registre du commerce et crédit mobilier par la mention de la mise en location-gérance de son fonds.

388. La location-gérance prend fin en cas de nullité, d'arrivée du terme, de résiliation unilatérale, de résolution pour faute. Il prend aussi fin en raison de l'impossibilité pour le locataire-gérant d'exploiter le fonds[2]. La fin du contrat rend immédiatement exigibles les dettes contractées par le locataire-gérant du fonds pendant la gérance. De même, le locataire-gérant doit restituer le fonds. L'expiration du contrat est soumise aux exigences de publicité, dont le défaut la rend inopposable aux tiers. À la fin de la location-gérance, les contrats de travail en cours subsistent et sont transmis au propriétaire du fonds en application des règles de droit du travail. Cette transmission s'impose à tout acquéreur du fonds de commerce.

---

[1] Art. 145 de l'AUDCG. Pour une application de cette solidarité, voir CA Abidjan, 25 févr. 2005, arrêt n° 263, *B.K. c/ K.K.B.*, *Le Juris-Ohada*, n° 4/2006, p. 34, *Ohadata* J-07-32.

[2] CCJA, 21 avril 2022, *SAFICOMLA c/ société TOTAL Guinée S.A.*, arrêt n° 072/2022.

2- L'aliénation du fonds de commerce

389. Le fonds de commerce est un bien qui peut être l'objet d'actes de disposition. Ce qui veut dire que le fonds *in globo* sort du patrimoine du propriétaire pour être transféré dans un autre patrimoine soit à travers la vente, soit dans le cadre d'un apport en société. De la même manière, le nantissement du fonds peut aussi être à l'origine du transfert de la propriété du fonds en cas de réalisation forcée.

a- La vente du fonds de commerce

390. La vente ou cession du fonds de commerce est soumise aux règles générales de la vente ainsi qu'à certaines exigences spécifiques à l'activité commerciale concernée. Les règles de droit commun concernent le consentement, la capacité, l'objet et la cause. S'agissant particulièrement de l'objet, la cession du fonds de commerce porte obligatoirement sur la clientèle, l'enseigne et le nom commercial qui constituent le fonds commercial. Elle ne porte sur les éléments facultatifs que si les parties le précisent. Le prix doit être déterminé ou déterminable. Il est librement fixé entre les parties. L'AUDCG ne prévoit pas de décomposition du prix comme le prévoyait la législation antérieure[1].

391. Sur la forme, la vente du fonds de commerce peut être réalisée soit par acte sous seing privé, soit par acte authentique[2]. Il doit énoncer notamment les informations relatives aux parties, à l'état des droits qui grèvent le fonds, au prix de l'opération, aux éléments du fonds vendu. L'omission ou l'inexactitude de ces mentions peut entraîner, à la demande de l'acquéreur, la nullité du contrat si ce dernier prouve qu'elles ont substantiellement affecté la consistance du fonds cédé et qu'il en subit un préjudice.

392. Lorsque la vente a été régulièrement réalisée, elle produit des effets à l'égard du vendeur et de l'acquéreur. Le contrat met au passif du vendeur des obligations et à son actif des privilèges. Ainsi, il incombe au vendeur une obligation de délivrance et de garantie. Le vendeur doit mettre à la disposition de l'acquéreur l'ensemble des éléments du fonds prévus au contrat. C'est dire qu'il doit mettre ce dernier en possession des éléments indiqués ; ce qui passe par la remise des clés des locaux abritant le fonds. Lorsque la vente du fonds est au comptant, le vendeur n'est tenu de mettre l'acheteur en possession du fonds qu'à la condition du complet paiement. Lorsque la cession du fonds comprend celle d'éléments incorporels, les parties doivent, le cas échéant, se conformer aux exigences de publicité prévues par l'OAPI.

393. Le vendeur du fonds garantit l'acquéreur contre l'éviction et les vices cachés. La garantie d'éviction est relative au fait personnel du vendeur ainsi qu'à celui des tiers. Le vendeur doit s'abstenir de tout acte de nature à gêner l'acquéreur dans l'exploitation du fonds cédé. L'acquéreur doit pouvoir

---

[1] NGUEBOU TOUKAM (J.), *Le droit commercial général dans l'Acte uniforme OHADA*, P.U.A, 1998, p. 47.

[2] Art. 149 et s. de l'AUDCG.

bénéficier, sous la couverture du vendeur, d'une possession paisible du fonds prémunie contre les droits que des tiers pourraient faire valoir sur le fonds vendu. Quant aux vices cachés, ils concernent tout défaut qui nuit au bon fonctionnement de la chose vendue. Ils sont relativement distincts du défaut de conformité qui est une différente apparente entre la chose telle que promise au contrat et la chose effectivement livrée. Alors que la garantie des vices cachés est due même en l'absence de faute de la part du vendeur, la non-conformité constitue une faute dans l'exécution du contrat. L'article 156 de l'AUDCG les sanctionne de la même manière en admettant que l'acquéreur peut, dans un cas comme dans l'autre, demander la résolution de la vente si la diminution de jouissance qu'il subit est d'une importance telle qu'il n'aurait pas acheté le fonds s'il en avait eu connaissance.

394. En revanche, le vendeur bénéficie d'un privilège et d'une action résolutoire. Ce privilège, inscrit au RCCM, lui confère le droit d'être payé sur la valeur du fonds par préférence aux autres créanciers. En vertu de son droit de suite, le vendeur peut saisir le fonds, quelles que soient les mains entre lesquelles il se trouve. S'agissant de l'action résolutoire, elle permet selon les règles de droit commun l'anéantissement du contrat de cession. Lorsqu'elle porte sur un fonds de commerce, la résolution doit faire l'objet d'une pré-notation au RCCM à la demande du vendeur[1]. La résolution obéit aux mêmes exigences de publicité.

395. L'acquéreur quant à lui doit prendre livraison du fonds. Il bénéficie d'une protection fondée sur les obligations du vendeur à l'instar de la protection contre la majoration abusive du prix, l'éviction et la concurrence déloyale.

b- L'apport en société

396. Le fonds de commerce est un bien incorporel qui peut être apporté à une société existante. Le propriétaire devient alors un apporteur en nature. L'apport du fonds de commerce en société transforme l'exploitation individuelle en exploitation sociale. Le propriétaire voudra sans doute sortir des contingences d'une exploitation individuelle pour profiter des avantages attachés à l'exploitation sociale. Aussi voudra-t-il peut-être limiter sa responsabilité à la valeur du fonds de commerce apporté afin de soustraire son patrimoine personnel des risques de l'exploitation, ou bien recherche-t-il des financements pour agrandir son champ d'exploitation, ou encore le fait-il en préparation de sa succession[2].

397. Cette opération est organisée aussi bien par les dispositions de l'AUDCG que de celles de l'AUDSCGIE. L'article 149 de l'AUDCG indique à cet effet que les règles prévues pour la cession du fonds de commerce sont applicables même lorsqu'il s'agit d'un apport en société. Les conditions de droit commun applicables à la vente doivent donc être observées, de même que les exigences d'écrit et de publicité. L'apporteur, comme un vendeur, est tenu des obligations

[1] Art. 167 de l'AUS.

[2] FOKO (A.), « Fonds de commerce », *op. cit.*, n° 219, p. 861.

attachées au transfert de propriété. Toutefois, comme spécificité, en contrepartie de l'apport du fonds de commerce en société, il reçoit non pas un prix, mais plutôt des droits sociaux.

c- Le nantissement du fonds de commerce

398. Le fonds de commerce peut être affecté en garantie d'un prêt. L'opération peut également avoir pour but de consolider le privilège du vendeur du fonds. On parle de nantissement du fonds de commerce[1]. Le nantissement du fonds n'emporte pas dessaisissement contrairement au gage de droit commun. En effet, lorsque le commerçant emprunte, c'est dans le but de continuer son exploitation. Dès lors, un dessaisissement serait absurde.

399. Le nantissement du fonds de commerce porte obligatoirement sur le fonds commercial[2]. Mais, il peut aussi être étendu à d'autres éléments incorporels (le droit au bail, les licences d'exploitation et les droits de propriété intellectuelle), ou au matériel professionnel. Dans ce cas, une clause spéciale doit désigner les éléments nantis et une mention particulière doit en être faite au RCCM. À défaut, la clause n'aura aucun effet.

400. Le nantissement peut être conventionnel ou judiciaire. Le nantissement judiciaire est celui autorisé par la juridiction compétente. Il est régi par les dispositions relatives à la saisie conservatoire des titres sociaux prévue par l'Acte uniforme portant organisation des procédures simplifiées de recouvrement et des voies d'exécution. Concrètement, une inscription provisoire est prise après la décision autorisant le nantissement. Cette inscription s'effectue dans les mêmes conditions que le nantissement conventionnel. Elle est une mesure conservatoire puisque le commerçant n'a plus le droit de donner le fonds à bail à moins d'obtenir une autorisation judiciaire. Il ne peut non plus constituer d'autres nantissements ni céder le fonds. Après que la décision de validation statuant sur le cas litigieux est passée en force de chose jugée, le créancier procède à une inscription définitive. Celle-ci rétroagit au jour de l'inscription provisoire.

401. Dans tous les cas, qu'il soit conventionnel ou judiciaire, le nantissement n'est opposable aux tiers qu'à condition que les formalités de publicité soient accomplies. Il produit des droits conservatoires au profit du créancier nanti ainsi que des droits de suite et de préférence. Dans l'éventualité de l'insolvabilité du commerçant, le créancier nanti peut, après sommation à payer, s'adresser au tribunal compétent pour solliciter la mise en vente du fonds aux enchères publiques et ainsi espérer se faire payer.

402. Avec la dématérialisation du fonds de commerce, corollaire du commerce électronique, l'on peut se demander si les règles classiques, ci-dessus étudiées, demeurent applicables au fonds de commerce du cybercommerçant.

---

[1] Art. 162 à 165 de l'AUS.

[2] FILLE-LAMBIE (O.) et MARCEAU-COTTE (A.), « Les sûretés sur les meubles incorporels : le nouveau nantissement de l'Acte uniforme sur les sûretés », », *in Bientôt un nouveau droit des sûretés dans l'OHADA*, *Droit et patrimoine*, 2010, n° 197, p. 74.

C-L'émergence du concept de fonds de commerce électronique

403. Le développement du commerce électronique, aussi appelé « e-commerce », est devenu aujourd'hui une réalité incontestable. Les législations nationales y relatives le définissent comme une « activité économique par laquelle une personne effectue ou assure par voie électronique la fourniture de biens ou de services »[1]. En d'autres termes, le commerce électronique recouvre les transactions économiques réalisées par le canal d'un site internet. Le site internet est un ensemble de pages web liées les unes aux autres et mises en ligne à destination d'un public. Il s'agit d'un actif immatériel, c'est-à-dire qu'il n'a pas réellement de substance physique, bien que l'hébergement nécessite des éléments physiques tels qu'un serveur, un espace mémoire[2].

404. Au plan communautaire (CEMAC, UEMOA, OHADA), aucun texte n'a encore été adopté qui soit spécifiquement dédié au commerce électronique. Pourtant, la loi ivoirienne du 30 juillet 2013 sur les transactions commerciales, par exemple, soumet les échanges ou transactions électroniques aux dispositions applicables en matière commerciale et civile, notamment les Actes uniformes de l'OHADA et le Code civil[3]. Or, en droit OHADA, l'on note une absence de textes et de jurisprudence applicables ou se référant au commerce électronique en général et au fonds de commerce électronique en particulier. Pourtant, comme le disait si bien un auteur, « chaque époque secrète une notion de fonds de commerce dont le contenu change, dont la finalité évolue, selon les contrats et les biens qui participent au fonctionnement de l'entreprise dont il est le cœur »[4]. Que le fonds soit articulé autour d'une page web ou d'un local physique, avoir « pignon sur web »[5] revient à avoir « pignon sur rue »[6]. En l'absence de textes et de jurisprudence, la doctrine s'accorde à affirmer qu'un site internet marchand peut bénéficier du régime classique relatif au fonds de commerce au regard de l'existence d'un fichier de clientèle, élément central dans la composition du fonds de commerce. Il est par conséquent indispensable, avant tout plaidoyer pour une protection adaptée du fonds de commerce électronique (2), d'en déterminer l'existence formelle (1).

1- L'existence du fonds de commerce électronique

405. La problématique du fonds de commerce électronique mérite que le législateur OHADA s'y intéresse parce qu'il s'inscrit dans le cadre d'un

---

[1] Art. 2 de la loi n° 2010/021 du 21 décembre 2010 régissant le commerce électronique au Cameroun.

[2] CASTAGNE (S.), « Fonds de commerce : fonds de commerce électronique – Cession », *JCl. entreprise individuelle*, LexisNexis, Fasc. 1932, 2023, § 1.

[3] Art. 3 de la loi ivoirienne relative aux transactions électroniques.

[4] MONEGER (J.), « Emergence et évolution de la notion de fonds de commerce », *in Le fonds de commerce : mythes et réalités, Deuxièmes assises de la propriété commerciale*, Palais du Luxembourg, 11 oct. 2001, *AJDI*, 2001, p. 1042.

[5] DELPECH (X.), *Fonds de commerce*, Delmas, 19e éd., 2019, no 13.15, p. 127.

[6] DERRUPPÉ (J.) et RAVEL D'ESCLAPON (T. de), « Fonds de commerce », *Répertoire Dalloz de droit immobilier*, 2023, n° 270.

phénomène plus important et que côtoie au quotidien le « citoyen OHADA » : le commerce électronique. Sur le plan pratique, la reconnaissance du fonds de commerce électronique aurait pour effet de faire bénéficier aux professionnels concernés du régime protecteur du statut du fonds de commerce. D'un point de vue théorique, il y a lieu de reconnaître l'existence du fonds de commerce électronique. En effet, comme le fonds de commerce traditionnel, le fonds de commerce électronique peut se composer d'éléments corporels (marchandises, matériels : ordinateurs, entrepôts...) et d'éléments incorporels (clientèle, brevets, droits d'auteur, bases de données, licences d'exploitation...). Toutefois, la notion de fonds de commerce repose essentiellement sur l'existence d'une clientèle. Celle-ci constitue la substance vitale du fonds dans la mesure où son existence détermine celle du fonds. La clientèle est appréciée suivant des critères qui rendent compte de sa stabilité. Les critères classiques retenus pour vérifier l'existence d'une clientèle portent sur le caractère certain, personnel et licite de celle-ci[1]. Le fonds de commerce électronique doit donc disposer d'une clientèle répondant à ces critères.

a- Une clientèle certaine

406. Une clientèle est dite certaine lorsqu'elle existe réellement. La certitude de la clientèle peut se déduire des transactions commerciales qui s'opèrent sur le site web marchand. L'exploitation de celui-ci révèle l'existence d'une clientèle en ce sens que « l'ensemble des personnes qui passent commande au cybercommerçant forment donc bien, en principe, sa clientèle propre »[2]. Certes, en raison de la volatilité qui caractérise les activités sur les réseaux internet, l'on pourrait y voir un recul de la personnalisation des rapports entre le client et le commerçant. Mais, la personnalisation des rapports entre le cybercommerçant et le « cyberclient » peut être bien plus étroite qu'il n'y paraît.

407. Une distinction est ordinairement faite entre l'activité d'une entreprise dite « *click and mortar* » de celle d'une entreprise dite « *pure player* ». L'entreprise, dite « *click and mortar* », est une entreprise de vente traditionnelle qui dispose des points de vente physiquement localisables. Elle décide tout simplement d'étendre son activité en proposant ses produits ou services à la vente en ligne. À la vérité, c'est la même clientèle qui se trouve réorientée vers la vitrine électronique du commerçant. Il en est ainsi du pharmacien qui vend en ligne des médicaments sur un site web conçu comme le prolongement de son officine[3].

---

[1] VERBIEST (T.), « Le fonds de commerce électronique : vers une reconnaissance juridique », *CCE*, 2008, étude 10. LINANT DE BELLEFONDS (X.), « Clientèle et nouvelles technologies de l'information », *in* Y. CHAPUT (dir.), *Clientèle et concurrence. Approche juridique du marché*, Litec, coll. « Droit des affaires », 2000, p. 102.

[2] STOFFEL-MUNCK (P.) et DECOCQ (G.), « L'avènement du fonds de commerce électronique », *Gazette du Palais*, 2009, n° 155, p. 52 ; lire aussi DOUVILLE (T.), « Le fonds de commerce électronique : de sa reconnaissance à sa marginalisation », *Dalloz IP/IT*, 2019, p. 670.

[3] Art. 89 de la loi française n° 2020-1525 du 7 décembre 2020 d'accélération et de simplification de l'action publique.

408. En revanche, dans le cas de l'entreprise dite « *pure player* », l'activité commerciale s'exerce exclusivement par voie dématérialisée sur un site de commerce électronique. Le cybercommerçant dispose dans ce cadre d'une clientèle propre. C'est ce type d'entreprise qui met réellement en œuvre le commerce électronique. Elle constitue un fichier de prospects qui deviendront éventuellement des clients. Le fichier client ainsi constitué sert de base aux opérations de publicité ciblée. L'on désigne ainsi une publicité basée sur des informations à caractère personnel détenues par le commerçant et qui lui permettent d'avoir une fine connaissance des habitudes de consommation de ses clients. En effet, des études ont démontré que l'univers numérique est le lieu de prédilection de la publicité comportementale. Celle-ci procède par un démarchage commercial consistant à étudier les caractéristiques du client au travers de ses actions sur le site internet du commerçant ou sur les sites de ses partenaires. Le profil du client se dégage notamment du nombre de visites du site opérées par ce dernier, des mots clés saisis, des rubriques consultées, des contenus mis en ligne par lui. À partir de ce profil, le commerçant adapte les propositions qu'il formule à l'endroit du client afin de l'attirer davantage et le fidéliser.

409. Toutefois, face à l'absence de transparence de ces systèmes de publicité en ligne, le caractère intrusif de cette technique de démarchage et la position vulnérable des consommateurs, certaines législations nationales ont élaboré des textes applicables au commerce électronique, visant à réguler ce champ d'activité. À titre d'illustration, l'article 7 de la loi régissant le commerce électronique au Cameroun interdit « la prospection directe au moyen d'un automate d'appel, d'un télécopieur ou d'un courrier électronique utilisant, sous quelque forme que ce soit, les coordonnées d'une personne physique ou morale qui n'a pas exprimé son consentement préalable à recevoir des prospections directes par ce moyen ». Ainsi, la tenue d'un fichier client impose au cybercommerçant des obligations en rapport avec la protection des données à caractère personnel. Il lui incombe d'assurer la sécurité et la confidentialité des données traitées et de respecter le principe de proportionnalité. Toujours est-il que le fichier client représente pour le cybercommerçant un outil de connaissance et de fidélisation des clients. La valeur marchande de ce fichier en fait l'actif le plus important du fonds de commerce électronique.

b- Une clientèle autonome et personnelle

410. Lorsqu'une entreprise dispose aussi bien de points de vente physiques que de boutiques virtuelles, il est difficile de déterminer le niveau d'autonomie du fonds électronique, s'il en existe, par rapport au fonds classique. Dans ces circonstances, l'on distingue trois hypothèses[1]. Lorsque l'activité électronique est identique à l'activité classique, le fonds électronique ne peut être considéré

---

[1] HUET (J.), « La problématique juridique du commerce électronique, Le droit des affaires au XXIe siècle », *RJ com.*, 2001, n° spécial, p. 23 ; également REYGROBELLET (A.), *Fonds de commerce*, Dalloz, 2005, pp. 501 et s.

comme autonome ; lorsque l'activité est identique mais s'exerce sous une dénomination distincte du nom commercial ou de l'enseigne du fonds classique, l'activité électronique peut être détachée du fonds classique. Lorsque l'activité électronique est différente de l'activité classique, le fonds électronique est totalement autonome.

411. Dans le cas des entreprises exerçant leur activité commerciale exclusivement par voie dématérialisée, l'on s'interroge sur l'existence éventuelle d'un lien de dépendance vis-à-vis des plateformes d'intermédiation. Le lien de dépendance se manifeste dès lors que le commerçant y exerce son activité dans les conditions commerciales et techniques fixées par la plateforme. De plus, le client qui n'a pas directement accès au commerçant, se fie à la liste des résultats générés en réponse à ses recherches ainsi qu'aux avis laissés par les clients l'ayant précédé. Cette réalité peut donc amener à attribuer à la plateforme d'intermédiation la titularité de la clientèle du cybercommerçant. À ce sujet, la doctrine fait référence à la jurisprudence dite « de la buvette de l'hippodrome » dans laquelle, la Cour de cassation française décida que l'exploitant d'une buvette d'un hippodrome ne pouvait prétendre au bénéfice du régime des baux commerciaux à défaut de clientèle propre, la clientèle qui fréquentait cette buvette s'étant rendue avant tout sur les lieux pour assister aux courses de chevaux et l'accès physique à la buvette étant conditionné, au préalable, par l'accès à l'hippodrome[1]. Transposant cette jurisprudence au commerce en ligne, certains auteurs relèvent l'absence d'une clientèle autonome du cybercommerçant[2]. Plus encore, pour vérifier l'existence d'une clientèle personnelle de certains commerçants dont l'activité est placée dans la dépendance d'un autre, la jurisprudence retient le critère de l'autonomie de gestion du commerçant[3] ; ce qui, de l'avis de la doctrine, peut faire défaut au commerçant exerçant sur une plateforme d'intermédiation[4].

412. Toutefois, une autre partie de la doctrine souligne que l'existence d'un fournisseur d'accès internet n'empêche pas l'existence d'une clientèle propre au cybercommerçant. En effet, suivant le principe du libre accès à l'information, le fournisseur n'a pas le droit de sélectionner les sites internet auxquels il donnerait accès ou non. Mieux encore, le public ne visite pas un site marchand en considération de son hébergeur ou du fournisseur d'accès dont il n'a souvent

---

[1] Cass. ass. plén., 20 avr. 1970, *B. c/ Société des courses rouennaises*, n° 68-10.914, *Bull. civ.* 1970, ass. plén., n° 3 ; *D.* 1970, jurispr. p. 381, note R. L.; *JCP G* 1970, II, n° 16489, note B. Boccara ; *RTD com.* 1970, p. 674 , obs. A. Jauffret.

[2] DOUVILLE (T.), « Le fonds de commerce électronique : de sa reconnaissance à sa marginalisation », *Dalloz IP/IT*, 2019, p. 670.

[3] Cass. civ. 3e, 5 févr. 2003, *SA société Minit France c/ Société LB Associés*, n° 01-16.672, *Bull. civ.* III, n° 25 ; *RTD com.* 2003, p. 275, obs. J. Moneger ; *D.* 2003, p. 2749, obs. H. Kenfack ; Cass. civ. 3e, 17 janv. 2005, n° 03-15.283, *Bull. civ.* III, n° 10 ; *D.* 2005, p. 491, obs. Y. Rouquet ; *ibid.* 2006, p. 925, obs. L. Rozes ; *Just. & cass.* 2006, p. 320, rapp. F. Assié ; *ibid*, p. 323, concl. O. Guérin ; *AJDI* 2005, p. 476, obs. J.-P. Blatter ; *ibid.* 556, étude C. Boulogne-Yang-Ting.

[4] DOUVILLE (T.), « Le fonds de commerce électronique : de sa reconnaissance à sa marginalisation », *op. cit.*, p. 670 ; voi aussi : DESGENS-PASANAU (G.), « Notion de fonds de commerce et internet », *Jcl. entr. ind.*, 2024, Fasc. 1080, § 19-30.

pas conscience, mais plutôt en considération du site marchand lui-même[1]. Il s'ensuit qu'en « dépit des apparences, le commerçant qui vend sur internet n'est pas exactement dans le même cas que le patron de la buvette. Ses pages web (sa buvette) sont accessibles, peu importe celui qui a fourni à l'acheteur les moyens numériques de connexion au site »[2]. Il faudrait donc considérer qu'il y a au final deux clientèles distinctes et autonomes, respectivement celle du cybercommerçant et celle du fournisseur d'accès internet, même s'il s'agit des mêmes clients.

413. Au regard de ce qui précède, la jurisprudence française reconnaît l'existence du fonds de commerce électronique à trois conditions : que le site marchand possède une clientèle ; que cette clientèle soit spécifique et se distingue du reste de l'entreprise ; et que le site soit indépendant c'est-à-dire qu'il se positionne sur « un marché distinct »[3].

2- La nécessité d'une protection adaptée

414. Qui dit clientèle, dit fonds de commerce. Sur cette base, la notion juridique de fonds de commerce électronique ne peut plus réellement être niée du moment où une bonne frange de la doctrine reconnaît que le commerçant qui exerce son activité sur un site web marchand, dispose clairement d'une clientèle certaine et personnelle. Ceci justifie que le législateur communautaire puisse s'y pencher et élaborer des textes appropriés. Une approche communautaire au moyen de règlements CEMAC, UEMOA ou CEDEAO notamment, aurait pour intérêt de favoriser la libre circulation des transactions électroniques et des prestations de services. Du point de vue du législateur OHADA, il s'agit de repousser les limites du droit commercial en comblant le vide créé par le développement des outils modernes de transactions économiques, et dans le cas d'espèce le développement du commerce électronique. Comme le dit un adage, « là où est le commerce, là aussi devrait se trouver le droit commercial ». Aussi, s'avère-t-il important de dégager un statut du cybercommerçant et celui du cyber-entreprenant, et de mettre en place un régime de protection du nom de domaine qui, en tant que signe distinctif, interpelle tout autant le législateur OAPI.

a- L'adoption d'un statut particulier du cybercommerçant et du cyber-entreprenant

415. D'après l'article 2 de l'AUDCG, « est commerçant celui qui fait de l'accomplissement d'actes de commerce par nature sa profession ». Or, le commerce électronique met en exergue l'activité économique d'une personne

---

[1] TCHABO SONTANG (H. M.), *La réglementation du commerce électronique dans la CEMAC, contribution à l'émergence d'un marché commun numérique*, Thèse de doctorat, Université de Dschang, 2014, p. 271.

[2] DESGORCES (R.), « Notion de fonds de commerce et Internet », *CCE* 2000, chron. 6 ; PEDAMON (M.) et KENFACK (H.), *op. cit.*, n° 272.

[3] Cass. com. 16 janv. 1990, *JCP N* 1991, II, 21662 ; CA Paris, 4e ch., sect. B, 9 nov. 2007, *JurisData* n° 2007-350066 ; CA Paris, 14e ch., sect. B, 23 juin 2006, *JurisData* n° 2006-310349.

consistant en la fourniture de biens ou la prestation de services. La notion de fourniture de biens renvoie en réalité à la distribution de produits. Elle consiste généralement en l'achat de biens en vue de leur revente. Cette opération d'entremise est un acte de commerce par nature. Dès lors, toute personne qui en fait une activité professionnelle est un commerçant[1].

416. Dans l'éventualité de l'adoption d'une législation OHADA sur l'activité et les acteurs du commerce électronique, la technique légistique pourrait consister à distinguer le statut du commerçant qui mène son activité dans un environnement physique de celui qui l'effectue par voie électronique. Les règles applicables au commerçant propriétaire d'un fonds de commerce classique devraient constituer le droit commun applicable aux titulaires de fonds de commerce. L'exigence du caractère habituel de l'activité devrait permettre d'exclure les personnes qui n'effectuent des transactions commerciales électroniques qu'à titre occasionnel. Dans la réalité, nombre d'acteurs de cette sphère virtuelle sont des cybermarchands occasionnels qui ne proposent des biens et services que dans le but de réaliser des revenus d'appoint. Inspirées par la flexibilité qu'offrent les réseaux internet et le faible investissement qu'implique le développement d'une activité commerciale sur ces réseaux, elles entreprennent de telles activités tout en exerçant dans la vie réelle une profession précise. Il ne peut donc leur être appliqué le statut de commerçant.

417. Par ailleurs, les activités de prestation de services que recouvre le commerce électronique, ne devraient nullement faire obstacle à l'application du droit commercial OHADA. Du moment où le législateur OHADA a, dans la réforme de 2010, érigé le bail commercial en bail à usage professionnel par son extension aux activités civiles, rien n'empêche d'étendre les avantages d'un éventuel statut du « cybercommerçant »[2] à ces mêmes activités civiles. Dans le même sens, le concept de « cyber-entreprenant » pourrait être introduit en complément du statut de l'entreprenant. Cette proposition s'induit du fait que le fonds de commerce électronique concerne au premier chef les petites structures qui se développent par ailleurs en nombre sur internet, au regard des plus faibles investissements qui sont bien souvent requis pour y développer une activité commerciale[3]. Or, comme l'ont relevé certains auteurs, le statut particulier de l'entreprenant a été conçu dans le but de stimuler la création sans complications ni tracasseries d'entreprises, faciliter le passage des opérateurs du secteur informel vers le secteur formel et, par conséquent, réduire progressivement la taille des circuits économiques dits de survie[4]. Ces mêmes raisons sont suffisantes pour justifier que soit créé un statut particulier du cyber-entreprenant avec les adaptations qu'impose la dématérialisation des transactions électroniques.

---

[1] Art. 2 et 3 de l'AUDCG.

[2] DESGENS-PASANAU (G.), « Fonds de commerce : Composition du fonds. – Notion de fonds de commerce et internet », *JCl. notarial*, Fasc. 38, 2017, § 2 ; CASTAGNE (S.), « Fonds de commerce. Fonds de commerce électronique – Cession », *JCl. Entr. Ind.*, Fasc. 1932, 2023.

[3] *Ibid*, § 6.

[4] POUGOUE (P.-G.) et KUATE TAMEGHE (S.), *L'entreprenant OHADA*, PUA, 2013, p. 17.

b- La protection du nom de domaine et autres droits de propriété intellectuelle

418. Alors que dans l'industrie, les éléments corporels (matériels et outillage par exemple) sont considérés comme porteur de clientèle, de même que dans le commerce de détail, en matière de commerce en ligne, ce sont les éléments incorporels qui servent de moyens de ralliement de la clientèle[1]. Le principal moyen de ralliement est le nom de domaine auquel il faut associer certains droits de propriété intellectuelle.

i- Le nom de domaine

419. Le nom de domaine est le signe visible que la clientèle doit retenir pour identifier le commerçant en ligne. Il est techniquement défini comme un « identifiant internet composé d'une racine et d'une extension séparées par un point. La racine est composée de caractères alphanumériques correspondant par exemple au nom d'une société, d'une marque, d'une association, d'un particulier, ... et l'extension est le suffixe situé à droite du nom de domaine après le point (.ci; .bf; .ma; .fr, .net, .com,)... »[2]. D'après Grégoire LOISEAU, le nom de domaine est « l'enseigne sous laquelle une entreprise exploite, sur le réseau de l'internet, un établissement virtuel auquel une clientèle peut s'adresser pour obtenir des biens ou des services (…) ou s'informer de l'activité commerciale qu'elle exerce »[3]. Le nom de domaine est donc un nom de site web consistant en une adresse plus facile à mémoriser que l'adresse informatique correspondant à une suite de chiffres. C'est incontestablement un signe de ralliement de la clientèle puisqu'il permet d'accéder à un site, de l'identifier et de le référencer dans les outils de recherche. Plus que l'élément caractéristique de la clientèle, le nom de domaine est considéré comme constituant à lui seul un fonds de commerce. Assimilé au lieu physique d'exploitation pour un commerçant traditionnel, il est une sorte de « trois en un » qui dans l'espace virtuel, concentre à lui seul les vertus de l'enseigne, du nom commercial et du local commercial[4].

420. Le nom de domaine n'est cependant pas un signe en gestion libre. Il touche à un aspect de la souveraineté des États. Dans l'espace OHADA, ceux-ci ont attribué aux organismes de régulation des télécommunications la charge d'assurer la gestion technique du domaine internet au niveau national. C'est dire que le régime juridique du nom de domaine revêt un caractère coercitif auquel doit se soumettre le titulaire d'un nom de domaine. Comme il est d'usage en

---

1 DESGENS-PASANAU (G.), « Fonds de commerce : Composition du fonds. – Notion de fonds de commerce et internet », *op. cit.*, § 15.

2 Charte de nommage relative aux noms de domaine de premier niveau internet en « .ci » (Cote d'Ivoire).

3 LOISEAU (G.), « Nom de domaine et internet : turbulences autour d'un nouveau signe distinctif », *D.*, 1999, chron., p. 245 ; voir aussi LOISEAU (G.) « L'appropriation des espaces virtuels par les noms de domaine », *Dr. et patr.*, 2001, p. 59.

4 STOFFEL-MUNCK (P.) et DECOCQ (G), « L'avènement du fonds de commerce électronique », *Gazette du Palais*, 2009, n° 155, pp. 52-63.

matière de régulation et, s'inspirant des règles édictées par l'ICANN et l'UIT[1], les organismes nationaux de régulation ont, en qualité d'office de gestion du domaine internet, élaboré des chartes de nommage de noms de domaine ayant pour objet d'établir les conditions de gestion des noms de domaine. Cet état des lieux a suscité chez la doctrine une inquiétude quant au droit du cybercommerçant sur le nom de domaine qui identifie et localise son site sur internet[2]. Cette préoccupation pose la problématique du droit au renouvellement du nom de domaine. Par analogie au régime traditionnel du bail à usage professionnel, le cybercommerçant devrait se voir garantir un droit au renouvellement de son nom de domaine auprès de l'office de gestion et, à défaut, une indemnité d'éviction. Même si le non renouvellement de son nom de domaine ne l'empêche pas de poursuivre son activité autrement sur internet, la suppression de son nom de domaine lui cause un préjudice évident puisque le nom de domaine est considéré comme le principal signe de ralliement de la clientèle[3].

421. Les motifs de suppression du nom de domaine sont multiples. Celui-ci peut être supprimé « à la demande du bureau d'enregistrement ; si une décision de justice ou de [l'organisme de régulation] le requiert ; si une décision de suppression est prise dans le cadre de la procédure de « règlement des litiges »; à la suite d'une procédure de traitement des « noms de domaine orphelins »; à l'échéance de la période de suspension »[4]. Une fois supprimé, le nom de domaine tombe dans le domaine public. Toute personne peut alors en demander l'enregistrement à son compte après l'écoulement d'un certain délai. Le risque est grand de voir des concurrents provoquer, par des manœuvres diverses, le non renouvellement d'un nom de domaine afin de se le faire attribuer par la suite. Une autre fraude consiste pour des tiers malveillants, à devancer le commerçant indolent qui omet ou tarde à faire enregistrer son nom de domaine, en procédant audit enregistrement pour ensuite le lui vendre. Cette pratique appelée « *cybersquatting* » fait courir au titulaire légitime le risque d'être privé de la possibilité d'exercer une activité de commerce électronique sous son nom ou même de voir son image être compromis. Une solution consiste pour le titulaire du signe, à protéger celui-ci sous le régime des marques ou sous celui du nom commercial à travers un enregistrement à l'OAPI. Cependant, la difficulté peut résider dans l'éligibilité du signe à la protection sollicitée et les limites liées au principe de la spécialité. Néanmoins, ces pratiques malhonnêtes peuvent donner lieu à une action en concurrence déloyale.

---

[1] Respectivement, *Internet Corporation for Assigned Names and Numbers* et Union Internationale des Télécommunications.

[2] TCHABO SONTANG (H. M.), *La réglementation du commerce électronique dans la CEMAC, contribution à l'émergence d'un marché commun numérique, op. cit.*, p. 279.

[3] KENDERIAN (F.), « Notion de fonds de commerce. Définition – Éléments – Nature », *JCl. entreprise individuelle*, LexisNexis, Fasc. 1000, 2022, § 15 ; DISSAUX (N.) et LEGEAIS (D.), « Fonds de commerce – Généralités », *Jcl commercial*, 2021, Fasc. 201.

[4] Art. 6.7 de la Charte de nommage relative aux noms de domaine de premier niveau internet en « .ci ».

ii- Les droits de propriété intellectuelle attachés au site web marchand

422. Les transactions électroniques ont pour supports les sites internet. Un site internet est une œuvre multimédia dont le contenu comprend du texte, des images, des sons, des bases de données, etc. Il s'agit d'éléments susceptibles d'être le siège de droits de propriété intellectuelle (droit d'auteur, marques, brevets, dessins et modèle). Il revient donc au cybercommerçant de protéger ses créations numériques contre une exploitation illicite par des tiers en accomplissant les formalités d'enregistrement auprès de l'OAPI. De même, il doit s'assurer de disposer des droits sur les créations présentes sur son site web, soit au titre de cessionnaire, soit au titre de concessionnaire.

423. L'émergence du fonds de commerce électronique est la manifestation d'une évolution irréversible de l'économie moderne. Elle s'inscrit parmi les mutations qui s'opèrent dans la circulation des biens et suscitent la reconnaissance de la nature de biens incorporels à d'autres facteurs d'attractivité.

§ 2. Les actifs incorporels sujets à réservation

424. L'activité humaine secrète des connaissances acquises par l'expérience et transmises d'une génération à une autre avec l'empreinte particulière de chacune d'elles. La modernité qui en résulte fait naître de nouvelles valeurs dont l'importance économique en fait des actifs immatériels pour l'entreprise. La nature de ces actifs côtoie celle des droits de propriété intellectuelle sans pour autant s'y confondre car il est classiquement admis que les droits de propriété portant sur des objets incorporels sont limitativement prévus par la loi[1]. La protection des actifs évoqués est plutôt fondée sur le secret[2]. Il s'agit du savoir-faire, des secrets de fabrique, ou même, sous certaines conditions, de l'information. La différence avec les droits de propriété intellectuelle c'est que, à travers le régime d'appropriation mis en place, ceux-ci sont protégés pour ce que substantiellement ils sont, à savoir des biens. En revanche, s'agissant de ces autres actifs, le secret dont ils sont l'objet et qui constitue le procédé juridique ou technique de leur protection, est destiné à leur réservation et non à leur protection en tant que biens. De plus, l'obtention d'un droit de propriété industrielle suppose obligatoirement la divulgation de l'invention que l'on entend protéger alors qu'une connaissance secrète n'est protégée que pour autant qu'elle demeure secrète.

425. La protection par le secret n'est pas méconnue des droits OHADA[3] et OAPI[1] et encore moins des droits nationaux de leurs États membres[2]. Bien

---

[1] LE STANC (Ch.), « Propriété intellectuelle et savoir-faire », *Prop. Indust.*, n° 5, 2013, repère 5.

[2] AZEMA (J.) et GALLOUX (J.-C.), *Droit de la propriété industrielle*, Dalloz, coll. « Précis », 8e éd., 2017, n° 1031, p. 707.

[3] À titre d'illustration, voir art. 717 de l'AUDSCGIE (secret professionnel), art. 1-3 de l'Acte uniforme portant organisation des procédures simplifiées de recouvrement et des voies d'exécution, adopté le 17 octobre 2023.

qu'elle ne fasse l'objet que de dispositions parsemées, cette protection prend la forme juridique de l'obligation au secret professionnel et d'une préservation circonstancielle du secret de fabrication et de commerce. Au plan international, la protection par le secret rentre dans une catégorie juridique globale prévue par l'article 39 de l'Accord sur les ADPIC : « les renseignements non divulgués ». Cette expression renvoie aux informations confidentielles liées aux affaires. En matière d'actifs incorporels, les mécanismes applicables au savoir-faire constituent le « droit commun » (A) auquel l'on fait référence lorsqu'il faut examiner les autres actifs (B).

A-Le savoir-faire

426. La doctrine a très tôt défini le savoir-faire comme une « connaissance technique transmissible, mais non immédiatement accessible au public et non brevetée »[3]. Suivant une définition plus complète, la notion de savoir-faire désigne un ensemble de « connaissances dont l'objet concerne la fabrication des produits, la commercialisation des produits et des services ainsi que la gestion et le financement des entreprises qui s'y consacrent, fruit de la recherche ou de l'expérience, non immédiatement accessibles au public et transmissibles par contrat »[4]. Il en ressort que le savoir-faire consiste en une connaissance ou un ensemble de connaissances ; d'où sa forme immatérielle, distincte de la forme corporelle de son support. Le savoir-faire peut être une réponse à « comment bien faire quelque chose ? » et même à « comment éviter de commettre une erreur ? ». Il peut de ce fait être défini comme « un ensemble d'informations pour la connaissance desquelles une personne, désireuse de faire des économies d'argent et de temps, est prête à payer une certaine somme »[5]. En fin de compte, le savoir-faire est une valeur économique (1) susceptible d'une certaine protection (2).

1- Les contours du savoir-faire

427. Le savoir-faire est une notion complexe en raison de l'hétérogénéité de son contenu et de la pluralité de ses traits caractéristiques.

a- Le contenu du savoir-faire

428. Le contenu du savoir-faire est très large et hétérogène. De façon générale, il consiste en une méthode de travail ou en un tour de main qui s'applique aussi bien à un procédé de fabrication de produits, de commercialisation de produits

[1] Par exemple, voir l'alinéa 2 de l'article 67 de l'Annexe I de l'Accord de Bangui, Acte de Bamako (préservation du secret de fabrication et de commerce).

[2] Exemple, art. 311 du Code pénal camerounais (violation du secret commercial).

[3] MOUSSERON (J.-M.), « Aspects juridiques du *Know-How* », *in Le Know-How Cahiers de droit de l'entreprise*, 1972, p. 2 ; KOVAR (R.), « Brevets, savoir-faire, position dominante et concentration en droit de l'Union européenne », *Jcl Europe Traité*, 2021, Fasc. 1732.

[4] AZEMA (J.), *Droit commercial*, éd. Lamy, Wolters Kluwer, 2014, n° 80, n° 1678 et s.

[5] MOUSSERON (J.-M.), *Traité des brevets*, LexisNexis, tome 1 « l'obtention des brevets », 1984, n° 12, p. 18.

ou de services, que de gestion et de financement des entreprises ; en réalité, il s'agit d'informations d'ordre technique, commercial, économique et financier.

429. Les informations techniques peuvent porter sur les résultats de travaux d'études, de recherche et de mise au point de prototypes[1], la fragrance d'un parfum[2], une formule de mélange ou même le choix des matières premières, des températures optimales ou des meilleures conditions de fabrication. Ces connaissances techniques peuvent être contenues dans un dossier technique destiné à l'acquisition d'un droit de propriété industrielle ou d'une autorisation de mise sur le marché. Ainsi, le savoir-faire peut faire l'objet d'une réservation par voie d'appropriation à travers la technique du brevet s'il porte sur des éléments brevetables. Dans cette hypothèse, l'information technique cesse d'être un savoir-faire pour devenir un brevet. Le savoir-faire revêt donc un contenu plus large que celui de l'invention brevetable. Son appréciation est distincte de celle de la brevetabilité d'une invention.

430. Lorsque la connaissance technique n'est pas brevetée ou n'est pas brevetable, elle représente néanmoins le prolongement d'un brevet dont elle est le complément[3]. Ainsi, dans un contrat de franchise, l'obligation de délivrance du donneur de licence est assortie d'une obligation de transfert de savoir-faire nécessaire à l'exploitation du brevet par le franchisé. Il constitue d'ailleurs l'élément caractéristique de ce type de contrat. En dehors du brevet, le savoir-faire peut être en rapport avec le droit d'auteur ou le droit de producteur de bases de données en ce qu'il en constitue l'élément non approprié. Ce fut le cas par exemple du travail de recherche à la base des fonctions d'un logiciel[4].

431. Les techniques de gestion concernent des secrets économiques portant sur des systèmes de gestion de portefeuille de valeurs mobilières, des tests utilisés pour le recrutement du personnel, des études de marchés ou des méthodes de management. Il pourra aussi s'agir de fichiers clients, de fichiers fournisseurs, de méthodes et stratégies commerciales, des informations sur les coûts et les prix, des projets de développement, etc. Il a ainsi été jugé que le savoir-faire pouvait même consister en des courriels d'une banque[5]. Bien que le savoir-faire ait un contenu varié, ses caractéristiques demeurent constantes.

b- Les caractéristiques du savoir-faire

432. Le savoir-faire est un ensemble d'informations techniques secrètes, substantielles et identifiées de manière appropriée. Ces caractéristiques sont nécessaires pour son existence et même sa pérennité.

---

[1] CA Paris, 12 janv. 2007, *PIBD* 2007, p. 847. III. 133.

[2] Cass. civ. 1er, 13 juin 2006, *Bsiri-Barbir c/ Sté Haarmann et Reimer*, n° 02-44.718, *D.* 2006, p. 2470, note B. Edelman ; *JCP* 2006. II, p. 10138, note F. Pollaud-Dulian ; *JCP* 2006. I, p. 162, n° 5, obs. C. Caron ; *Propr. intell.* 2006, *comm.* 21, p. 422, note A. Lucas ; *RTD com.* 2006, p. 587, obs. F. Pollaud-Dulian ; *Propr. Industr.* 2006, *comm.* 10, p. 41, note J. Schmidt-Szalewsky.

[3] BINCTIN (N.), « Savoir-faire », *Répertoire de droit commercial*, Dalloz, 2020, § 26.

[4] Cass. civ. 1er, 13 déc. 2005, *Cuadros c/ Microsoft France*, 03-21.154, *Bull. civ.* 2005, I, n° 499 ; *JCP E* 2006, p. 1896 , note P. Masquart ; *RTD com.* 2006, p. 79, obs. F. Pollaud-Dulian.

[5] CA Paris, 26 avr. 2006, *PIBD* 2006, p. 833. III. 483.

i- Le secret du savoir-faire

433. La première caractéristique du savoir-faire est le secret. En l'absence de régime d'appropriation, le secret constitue la condition de la réservation du savoir-faire[1]. Le caractère secret du savoir-faire est développé à la section 7 de l'Accord sur les ADPIC traitant de la protection des renseignements non divulgués. L'article 39 qu'il comporte, prévoit clairement que le détenteur d'un savoir-faire peut empêcher que les renseignements licitement sous son contrôle ne soient divulgués à des tiers ou acquis ou utilisés par eux sans son consentement et d'une manière contraire aux usages commerciaux honnêtes. Cette faculté d'interdiction est toutefois assortie de conditions.

434. Premièrement, les connaissances doivent effectivement être secrètes ; c'est-à-dire que, dans leur globalité ou dans la configuration et l'assemblage exacts de leurs éléments, elles ne sont généralement connues de personnes appartenant aux milieux qui s'occupent normalement du genre de connaissances en question ou ne leur sont pas aisément accessibles. Plutôt que d'adopter un sens strict qui consisterait à prendre pour secrètes, les connaissances dont chaque élément pris individuellement est totalement inconnu ou impossible à obtenir en dehors de l'entreprise qui les possède, l'Accord sur les ADPIC retient une notion du secret assez relative. Les renseignements sont considérés comme secrets s'ils ne sont pas « généralement connus » ou « aisément accessibles » aux personnes exerçant dans ce secteur d'activité. L'appréciation du caractère secret du savoir-faire doit donc être faite au cas par cas. Ainsi, une connaissance disponible sur internet mais qui nécessite un code secret, sera considérée comme secrète[2].

435. Deuxièmement, les connaissances doivent avoir une valeur commerciale liée à son caractère secret. Autrement dit, le savoir-faire doit procurer à son possesseur une avance sur ses concurrents en raison de son caractère secret. À l'occasion d'une transmission conventionnelle de savoir-faire, la Cour de cassation française décide qu'il faut rechercher si le savoir-faire transmis, à la date du contrat, ne comportait pas un ensemble de techniques, informations et services qui permettaient au bénéficiaire de la convention, dépourvu de toute formation ou expérience dans le domaine en cause, de prendre en main son exploitation en mettant en œuvre des procédés qu'il n'aurait pu découvrir qu'à la suite de recherches personnelles longues et coûteuses[3].

436. Le savoir-faire ayant une valeur commerciale liée à son caractère secret, il est normal que sa transmission soit subordonnée au paiement d'une redevance. La même Cour relève que « la Cour d'appel énonce à bon droit qu'en révélant à un établissement industriel des procédés ou des tours de main encore ignorés de celui-ci et que ce dernier n'aurait pu découvrir, lui-même, qu'au prix de longues recherches ou de tâtonnements coûteux, le concédant fournit à son

---

[1] MOUSSERON (J. M.), « Secret et contrats. De la fin de l'un à la fin de l'autre », *in* Mélanges Jean Foyer, PUF, 1997, p. 257.

[2] BINCTIN (N.), « *Savoir-faire* », *op. cit.*, n° 22.

[3] Cass. com. 8 déc. 2015, *Société HFS et les consorts X.*, n° 14-19.487.

cocontractant un avantage appréciable, dont il est ainsi autorisé à subordonner l'octroi au versement de redevances »[1]. *A contrario*, il y a perte de valeur économique lorsque, à la suite de sa publication, la connaissance considérée est connue. L'absence de valeur économique caractérise les connaissances habituelles connues du secteur d'activité ainsi que celles tombées dans le domaine public, sauf à présenter des singularités d'application couvertes par le secret.

437. Troisièmement, elles doivent avoir fait l'objet, de la part de la personne qui en a licitement le contrôle, de dispositions raisonnables, compte tenu des circonstances, destinées à les garder secrets. Les dispositions raisonnables qu'est supposé prendre le détenteur du savoir-faire consistent généralement en des mentions de confidentialité apposées sur les documents diffusés par l'entreprise, des panneaux d'avertissement dans les locaux de l'entreprise, des codes d'accès, des accords de confidentialité passés avec les clients ou partenaires, etc. Ces indications et conventions constituent des mesures préventives contre l'obtention, l'utilisation et la divulgation illicites par les cocontractants et les tiers. La capacité du détenteur du savoir-faire à le maintenir secret est en quelque sorte une garantie pour les partenaires ayant payé pour sa communication. Ainsi, au sein d'un réseau de franchise, le franchiseur et les franchisés sont tenus de mettre en œuvre « les dispositions raisonnables » destinées à garder secret le savoir-faire. Toute attitude exposant le savoir-faire à la connaissance ou à l'accès du public constitue une faute, car elle fait perdre au savoir-faire sa valeur commerciale.

ii- La substantialité du savoir-faire

438. Ce caractère signifie que le savoir-faire doit porter sur des informations utiles dont la détention améliore significativement la compétitivité du bénéficiaire sur le marché. Suivant ce critère, le savoir-faire constitue l'élément de démarcation de son détenteur sur le marché en ce qu'il lui donne un avantage dans la concurrence avec d'autres fabricants de ce type de produit ou fournisseurs de ce type de service, qui n'ont pas accès au savoir-faire considéré ou à un autre savoir-faire comparable. Au contraire, il n'est pas substantiel lorsque le produit peut être fabriqué sur la base de technologies librement disponibles.

iii- L'identification du savoir-faire

439. Le savoir-faire porte sur des informations techniques identifiées de manière appropriée. Autrement dit, il doit rendre compte des critères précédemment développés à savoir le secret et la substantialité. Le savoir-faire est aisément identifié lorsqu'il se trouve décrit dans un manuel ou tout autre

---

[1] Cass. com. 13 juill. 1966, *JCP* 1967. II. 15131, note P. Durand ; pour en savoir davantage, voir aussi : Cass. crim. 19 sept. 2006, *X. José et Y. André*, n° 05-85.360, *Propr. industr.* 2007, comm. 15, note J. Schmidt-Szalewsky ; *RTD com.* 2007, p. 529, note J.-C. Galloux ; *RJDA*, 2007, n° 128 ; BITTON (A.), « Le secret des affaires dans l'ère numérique. Le cas de la blockchain », *Propr. Industr.*, n° 6, 2021, étude n° 12.

document. Néanmoins, à défaut de transcription, il peut être détenu au sein du personnel, sa transmission s'opérant notamment par le biais d'une formation. Même dans ce cas, il doit au minimum faire l'objet d'une description générale pour pouvoir répondre à l'exigence de l'identification[1]. C'est dire que l'identification suppose une description de connaissances extériorisées et indépendantes de la personne dont elles émanent. Ce critère a pour corollaire la transmissibilité du savoir-faire. L'identification précise du savoir-faire est un préalable à sa transmission. L'habilité technique propre à une personne ne peut être identifiée et par conséquent ne peut être transmise. La transmissibilité est au cœur du débat sur la nature juridique du savoir-faire.

c- La nature juridique du savoir-faire

440. La nature juridique du savoir-faire suscite des discussions doctrinales. De la détermination de celle-ci dépend le régime juridique applicable à l'opération juridique dont il ferait l'objet. Ainsi, la qualification du savoir-faire comporte des enjeux relatifs à la notion de bien, au domaine de la propriété et à la nature des contrats pouvant porter sur le savoir-faire. En matière contractuelle, selon la nature attribuée au savoir-faire, le contrat portera soit sur une obligation de donner, soit sur une obligation de faire. Selon que le savoir-faire est considéré comme un bien ou comme un simple tour de main inhérent à la personne qui l'exerce, le contrat y relatif recevra une qualification correspondante. La convention sera qualifiée de contrat de cession ou de concession si le savoir-faire est reconnu comme un bien. En revanche, si le savoir-faire est considéré comme relevant des qualités propres à la personne dont il émane, la qualification retenue sera celle de contrat de louage d'ouvrage (contrat d'entreprise, contrat de prestation de service) proche du contrat d'enseignement.

441. Le problème se pose dans les mêmes termes en droit des sociétés commerciales. La nature juridique attachée au savoir-faire est déterminante pour la qualification de l'apport en société dont il peut faire l'objet et, par conséquent, pour le régime applicable. Ainsi, en cas d'apport en société portant sur un savoir-faire, l'on peut se demander si cet apport a pour objet un bien ou au contraire un service. Si c'est la première hypothèse qui est retenue, l'on considèrera qu'il s'agit d'un apport en nature. Si, par contre, l'on admet la seconde hypothèse, ce sera un apport en industrie.

i- L'état du débat doctrinal sur la nature du savoir-faire

442. Au sein de la doctrine, deux conceptions s'opposent sur la nature du savoir-faire et par conséquent sa transmissibilité. La première conception repose sur l'idée selon laquelle le savoir-faire n'est pas un bien susceptible d'appropriation et par conséquent n'est pas transmissible[2]. Frédéric POLLAUD-DULIAN indique clairement que, « quant à l'apport d'un

[1] AZEMA (J.) et GALLOUX (J.-C.), *op. cit.*, n° 1042.
[2] SCHMIDT SZALEWSKY (J.), « Le savoir-faire », *Rép. Dalloz sociétés*, 2009, spéc. n° 23.

savoir-faire, il ne s'agit pas d'un apport en nature mais d'un apport en industrie, car le savoir-faire n'est pas juridiquement un bien »[1]. Jacques AZEMA et Jean Christophe GALLOUX abondent dans le même sens en soutenant que « dans la mesure où l'on admet que le savoir-faire est impropre à servir d'assise à un droit privatif, il faut écarter toute qualification suggérant l'idée d'une cession ou d'une licence »[2].

443. À l'inverse, la seconde conception défend l'idée de la transmissibilité du savoir-faire. Ainsi, Nicolas BINCTIN soutient que « les choses issues de l'esprit humain dans l'exercice d'une activité créatrice sont des biens intellectuels, susceptibles d'appropriation indépendamment de tout support, et constituent en conséquence des apports en nature venant enrichir l'actif d'une société »[3]. L'auteur maintient cette position en expliquant que le savoir-faire n'est pas un tour de main ne se transmettant que par voie orale dans le cadre d'une relation proche du compagnonnage. Au contraire, il est par définition susceptible d'être transmis par communication[4].

444. Aucune de ces conceptions ne conteste qu'un savoir-faire couvert par un droit de propriété intellectuelle ou intégré dans un ensemble de biens peut être juridiquement considéré comme transmissible ; aucune ne conteste non plus qu'un savoir-faire reposant uniquement sur des aptitudes personnelles ou des compétences professionnelles d'un individu ne peut être transmissible.

445. Le régime de l'intransmissibilité est appliqué à l'apport en industrie alors qu'à l'inverse, celui de la transmissibilité est accordé à l'apport en nature. Autrement dit, les droits attachés à un apport en « connaissances techniques et professionnelles ou de services »[5] ne sont pas transmissibles comme tels. En revanche, si ces connaissances font l'objet d'une appropriation par un brevet, une marque, un droit d'auteur, des dessins et modèles, elles constituent des droits de propriété intellectuelle soumis au régime de l'apport en nature. De la même manière, si elles sont intégrées dans un ensemble de biens pour former un tout, le régime de l'apport en nature leur sera appliqué en vertu de la théorie de l'accessoire. C'est le cas d'un apport de fonds de commerce ou d'un apport partiel d'actif auxquels serait intrinsèquement attaché un savoir-faire déterminé. Puisque l'on ne peut dissocier ce savoir-faire du fonds de commerce ou de l'actif apporté, la transmissibilité de ceux-ci emporte celle du savoir-faire.

ii- La position des législateurs OHADA et OAPI

446. Un certain nombre de dispositions permettent de dégager la position commune des législateurs OHADA et OAPI. Il demeure constant que, pour qu'un actif incorporel soit qualifié de bien, il faut que le législateur soit intervenu pour le reconnaître expressément, conformément à la règle posée à

---

[1] POLLAUD-DULIAN (F.), *Propriété industrielle. Droit de la propriété industrielle*, Economica, 2011, n° 737.

[2] AZEMA (J.) et GALLOUX (J.-C.), *op. cit.*, n° 1055.

[3] BINCTIN (N.), *Le capital intellectuel*, Litec, coll. « F.N.D.E. », 2007, n° 75.

[4] BINCTIN (N.), *Savoir-faire*, *op. cit.*, n° 12.

[5] Art. 50-1 de l'AUSC.

l'article 527 du Code civil suivant laquelle « les biens sont meubles par leur nature, ou par la détermination de la loi ». Par conséquent, le savoir-faire ne peut donner naissance à un droit privatif que dans la seule mesure où son détenteur a eu recours à la protection par brevet ou à un autre droit de propriété intellectuelle. Le détenteur de connaissances techniques non brevetées ne saurait se prévaloir d'un droit privatif sur celles-ci[1]. Toutefois, la législation OAPI prévoit un dispositif dont peut se servir le détenteur de savoir-faire pour le protéger de la captation illicite par des concurrents : il s'agit de l'action en concurrence déloyale. En droit des sociétés OHADA, les « connaissances techniques ou professionnelles ou de service », auxquelles se rapporte le savoir-faire, ne peuvent faire l'objet que d'apports en industrie[2]. Elles ne peuvent être soumises au régime des apports en nature que si elles ont fait l'objet d'une appropriation par un enregistrement auprès de l'OAPI au titre de brevet ou d'autres droits de propriété intellectuelle ; c'est à ce prix qu'elles deviennent des biens intellectuels[3]. Cela n'exclut cependant pas qu'elles fassent l'objet de protection suivant des modes alternatifs de protection.

2- La protection du savoir-faire

447. Le savoir-faire bénéficie d'une protection singulière dû au fait qu'il est un bien économique mais pas un bien juridique. La protection dont il fait l'objet ne repose donc pas sur un droit de propriété. Ainsi, préférant prudemment la notion de réservation à celle d'appropriation, certains auteurs déduisent le caractère patrimonial du savoir-faire de son aptitude à être l'objet d'un droit privatif préservé par le secret[4]. La protection porte donc en réalité, sur le secret dont est enveloppée la connaissance concernée. Des mécanismes de protection existent qui concourent à préserver la confidentialité de la connaissance considérée des risques de captations illicites par des tiers. Il peut s'agir de moyens contractuels ou non contractuels.

a- La préservation du secret dans le cadre contractuel

448. Le contrat offre au détenteur du savoir-faire un cadre propice à la préservation du caractère secret du savoir-faire. Qu'il s'agisse des salariés ou des entreprises avec lesquelles il entre en relation d'affaires, le détenteur du savoir-faire dispose de la liberté de leur imposer des obligations afin de contrôler l'utilisation des connaissances transmises ou éventuellement obtenir des dommages-intérêts en cas de non-respect du pacte conclu. Les obligations ainsi stipulées engagent la responsabilité contractuelle des parties et se fonde soit sur un savoir-faire communiqué, soit sur un savoir-faire réalisé[5].

---

[1] Cass. com., 3 oct. 1978. IR 56, *JCP* 1978. IV. 332.

[2] BAKAM TITGOUM (N. J.), « Les obligations de l'associé en industrie en droit des sociétés OHADA », *Revue Lexbase Afrique-OHADA*, n° 67, 2023.

[3] BERTHILLON (F.), « Quel droit commun des biens pour la propriété intellectuelle ? À propos de l'ubiquité des biens », *Propr. Industr.*, n° 1, 2024, étude 1.

[4] FABRE (R.) et FABRE (V.), « Réservation de savoir-faire », *JCl. Contr. distr.*, Fasc. 1860, 2021.

[5] FABRE (R.) et FABRE (V.), *op. cit.*, § 141 et s.

i- À l'égard du salarié

449. Le salarié peut avoir connaissance d'un savoir-faire préexistant à la signature de son contrat de travail ou réaliser dans le cadre de son travail une invention tenant lieu de savoir-faire. Relativement à la première situation, certaines clauses peuvent être insérées dans le contrat de travail afin de renforcer l'obligation de fidélité du salarié qui interdit au salarié notamment de dévoiler le savoir-faire qui lui est transmis en tout ou partie dans le cadre de l'exécution dudit contrat. Il s'agit de la clause de non-divulgation et de la clause de non-concurrence. La clause de non-divulgation interdit au salarié de communiquer aux tiers le savoir-faire transmis à l'occasion de son emploi, et ce, même après l'expiration de son contrat de travail, jusqu'à ce que le savoir-faire tombe dans le domaine public. Quant à la clause de non-concurrence, elle permet d'interdire au salarié de travailler de manière directe ou indirecte pour un concurrent de son ancien employeur pendant une durée généralement comprise entre un et trois ans. Pour être valable, elle doit être limitée dans le temps et dans l'espace, tenir compte des spécificités de l'emploi du salarié et comporter l'obligation pour l'employeur de verser au salarié une contrepartie financière.

450. Le savoir-faire réalisé par un salarié correspond au régime de l'invention mise au point par le salarié indépendamment de sa brevetabilité. Lorsque l'invention brevetable ou non s'inscrit dans la mission inventive du salarié, elle est de plein droit attribuée à l'employeur. Lorsqu'elle est mise au point en dehors de toute mission, elle est reconnue au salarié, avec toutefois une option pour l'employeur qui peut se faire attribuer la propriété ou la jouissance de tout ou partie des droits attachés à l'invention. L'obligation de fidélité du salarié lui impose une obligation de communication de ses résultats à son employeur quel qu'en soit l'importance, le caractère positif ou négatif et même s'ils ne sont rendus effectifs qu'après la fin du contrat de travail. À l'inverse, il est tenu par une double obligation de non-divulgation aux tiers et de non-exploitation, car le savoir-faire attaché à l'invention doit uniquement profiter à l'employeur qui décide librement de l'exploiter ou de le communiquer, à moins qu'il n'ait renoncé à son droit de s'approprier l'invention. Dans ce cas, il sera tenu à l'égard du salarié de la double obligation de non-divulgation aux tiers et de non-exploitation.

ii- À l'égard des entreprises cocontractantes

451. L'accès du savoir-faire aux tiers est parfois rendu nécessaire pour la négociation d'accords de coopération technique ou commerciale, ceci afin de permettre aux partenaires d'apprécier l'intérêt de rentrer en relation d'affaires avec l'entreprise détentrice du savoir-faire. Il importe pour celle-ci de mettre l'accent sur la discrétion de ses futurs partenaires en vue de préserver la confidentialité du savoir-faire une fois qu'ils en auront pris connaissance. Durant les négociations, le savoir-faire est protégé au travers, soit d'une lettre signée par le futur cocontractant dans laquelle il prend l'engagement de respecter les obligations de non-divulgation et de non-exploitation, soit d'un avant-contrat dont l'objet porte sur lesdites obligations. L'obligation de non-divulgation consiste pour le négociateur ou les experts impliqués, à ne pas révéler les informations industrielles, commerciales ou autres, voire l'existence et le contenu de la négociation.

452. L'obligation de non-exploitation impose au négociateur de ne pas exploiter le procédé communiqué de façon illégitime. C'est le cas d'une personne qui, après avoir détourné les plans remis lors de la négociation d'un contrat, construit un bâtiment identique, même avec des techniques différentes, réalise une économie et détourne le client de son concurrent[1]. Le négociateur ne peut licitement exploiter le procédé que dans le cadre et les modalités du contrat s'il est conclu, ou au cas où le procédé s'avère de notoriété publique. Les obligations de non-divulgation et de non-exploitation sont maintenues et aménagées après la conclusion du contrat. Ainsi, le cocontractant peut notamment communiquer le procédé à ses salariés, à ses filiales ou ses sous-traitants avec pour obligation cependant de répercuter les clauses de confidentialité à ces différents tiers. Quant à l'obligation de non-exploitation, elle incombe soit au détenteur du savoir-faire si la nature du contrat suppose un transfert d'exploitation, soit au bénéficiaire à la fin du contrat ; c'est à ce même schéma qu'obéit l'obligation de non-concurrence.

453. Dans le cadre des contrats de recherches, les résultats auxquels aboutissent les recherches commandées par une entreprise peuvent être réservés soit à ladite entreprise, soit à l'organisme de recherche. Une troisième possibilité consiste à les exploiter en commun[2]. L'aménagement des obligations positives et négatives sera fonction de chacun de ces cas de figure.

b- La préservation du secret en dehors du cadre contractuel

454. En dehors du cadre contractuel, le savoir-faire peut être protégé suivant différents mécanismes. Ceux-ci se recensent sur le terrain civil et sur celui pénal

i- Au plan civil

455. Les règles de la responsabilité civile sanctionnent le non-respect du secret professionnel, la divulgation du secret de fabrique et la concurrence déloyale. La doctrine avance également la possibilité d'une action de *in rem verso*.

456. En raison de leur profession, certaines personnes ont connaissance d'informations dont elles sont interdites de divulgation, soit pour des raisons d'ordre public, de bonnes mœurs ou de préservation de certains intérêts particuliers. La protection du savoir-faire rentre dans cette dernière catégorie. L'intérêt économique de l'entreprise commande que le secret de savoir-faire soit préservé. Aussi, incombe-t-il aux salariés et aux agents de l'administration publique une obligation légale au secret professionnel. Le personnel de l'OAPI est ainsi tenu à la confidentialité des demandes qui y sont déposées. L'article 22

---

[1] Cass. com., 5 juill. 2006, *Lausecker et a. c/ SARL Karelis et a.*, n° 05-12.193.

[2] REBOUL (Y.), *Les contrats de recherche*, Litec, coll. « Collection du CEIPI », 1978, pp. 15 et s.

de l'Annexe X de l'Accord de Bangui précise par exemple que « les demandes de certificats d'obtention végétale sont gardées secrètes par l'Organisation, les administrations et les institutions concernées par les procédures ». Entre le moment du dépôt et celui de l'obtention du titre, l'invention relève du domaine du savoir-faire et est, à ce titre, protégée par le secret. Toute personne qui en a connaissance dans le cadre de son travail, engage sa responsabilité civile (et même pénale) en cas de divulgation. Exceptionnellement, les personnes tenues du secret professionnel peuvent en être exonérées dans le cadre d'une procédure judiciaire visant à faire condamner des faits susceptibles de constituer un crime ou un délit.

457. La protection des secrets de fabrication et de commerce est également protégée dans l'intérêt de l'entreprise bénéficiaire[1]. À titre d'illustration, dans le cadre d'une procédure en contrefaçon de brevet, la juridiction saisie peut ordonner au défendeur de prouver que le procédé utilisé pour obtenir un produit identique est différent du procédé breveté. L'article 67 al. 2 de l'Annexe de l'Accord de Bangui prescrit que, dans la production de cette preuve, les intérêts légitimes du défendeur pour la protection de ses secrets de fabrication et de commerce soient préservés.

458. Le détenteur de savoir-faire dispose de deux actions civiles : une action en concurrence déloyale contre ses concurrents et une action en responsabilité civile de droit commun contre toute autre personne. Dans les deux cas, pour avoir gain de cause, il lui faut prouver la faute du défendeur, le préjudice enduré et le lien de causalité entre la faute et le préjudice[2].

459. Un auteur a développé l'idée d'un enrichissement sans cause de la part des tiers qui exploiteraient un savoir-faire tombé dans le domaine public[3]. Le détenteur du savoir-faire pourrait ainsi exiger de ceux qui l'utilisent, sans son accord, et qui en tirent profit, une indemnité destinée à compenser son appauvrissement. Mais, la critique qui peut être formulée à l'encontre de cette réflexion est que, le savoir-faire étant dans le domaine public, l'enrichissement devient légitime parce que tout le monde peut s'en servir en vertu du principe de la liberté du commerce et de l'industrie.

ii- Au plan pénal

460. La protection du savoir-faire est assurée au plan pénal par l'incrimination de la violation du secret professionnel et de la violation du secret commercial. Ces incriminations appartiennent à la catégorie juridique des atteintes à la confiance des personnes. La violation du secret professionnel est matériellement constituée par la révélation par une personne, sans l'autorisation

[1] Schiller (S.), « Secret des affaires - La protection du secret des affaires fait son entrée dans le Code de commerce », *JCP G*, n° 36, 2018, comm. 888 ; CHIARINY (A-C.), « Brevets. Accords de confidentialité – Les effets de la publication d'une demande de brevet sur un accord de confidentialité et ses conséquences en droit de la preuve », *Propr. Ind.*, n° 9, 2023, comm. 48.

[2] Voir les développements sur l'action en concurrence déloyale.

[3] LUCAS (A.), *La protection des créations industrielles abstraites*, (Préface de Emmanuel du Pontavice), Litec, 1975, p. 246.

de celui à qui il appartient, d'un fait confidentiel qu'elle n'a connu ou qui ne lui a été confié qu'en raison de sa profession.

461. S'agissant de la violation du secret commercial, elle est une infraction destinée à lutter contre l'espionnage industriel. Son élément matériel consiste pour une personne à révéler, sans l'autorisation de celui auquel il appartient, un fait ou des procédés industriels ou commerciaux dont il a eu connaissance en raison de son emploi. Le bénéficiaire de la révélation du secret peut être poursuivi comme complice lorsqu'il a activement participé à la commission du délit, en ayant sciemment aidé et assisté le salarié dans les faits qui ont préparé, facilité ou consommé celui-ci. Il peut aussi être poursuivi pour l'infraction autonome de corruption d'agents du secteur privé. C'est le cas s'il corrompt l'employé du détenteur du savoir-faire directement ou indirectement par des offres, des promesses, des dons, des présents ou des avantages quelconques pour obtenir du salarié qu'il révèle un secret professionnel ou commercial[1].

B-Les autres actifs incorporels

462. Les actifs immatériels de l'entreprise comprennent aussi les secrets de fabrique et les informations. Globalement, leur régime juridique obéit à celui du savoir-faire (1) qui représente le droit commun de ce type d'actifs (2).

1- Les secrets de fabrique

463. Le secret de fabrique est une notion plus restreinte que celle du savoir-faire. Elle est plus fréquemment utilisée par le législateur qui lui accorde une certaine préférence surtout en matière pénale. Ceci peut se justifier par le fait que, à la différence du savoir-faire qui se caractérise par des contours pour le moins complexes, le secret de fabrique renvoie à un concept un peu plus précis et maîtrisable même s'il est compris dans le domaine du savoir-faire. La doctrine le définit comme « un procédé industriel brevetable ou non, qui n'est connu que d'un ou de fort peu d'industriels… ou si l'on veut le procédé de fabrication qui n'étant pas connu de tous a une valeur marchande. Le secret de fabrique comprend ce qui ressort de l'ingéniosité créatrice dans l'industrie, que la découverte soit brevetable ou non du moment qu'elle a un caractère secret »[2]. La jurisprudence traditionnelle le définit comme un procédé de fabrication offrant un intérêt pratique et commercial mis en œuvre par un industriel et tenu caché par lui à ses concurrents qui avant la communication qui leur a été faite ne le connaissait pas[3]. De ces définitions, l'on retient qu'il s'agit d'un moyen de fabrication industriel maintenu secret par son détenteur[4].

---

[1] Voir à cet égard les articles 310, 311 et 312 du code pénal camerounais n° 2016/007 du 12 juillet 2016 qui régissent respectivement la violation du secret professionnel ; la violation du secret commercial et la corruption des agents du secteur privé.

[2] GARÇON (E.), Code pénal annoté, article 418, § 2, Sirey, 1959, nouvelle édition refondue et mise à jour par M. ROUSSELET, J. PATIN et M. ANCEL.

[3] Cass. crim., 30 déc. 1931, *Gaz. Pal.* Rec. 1932, 1, p. 333 ; Cass. crim., 12 juin 1974, *Bull. crim.* n° 218 ; Cass. crim., 7 nov. 1974, *Bull. crim.* n° 323.

[4] ROUBIER (P.), *Le droit de la propriété industrielle*, Sirey, 1952, t. 2, p. 210.

464. En raison du caractère secret du procédé de fabrication, sa révélation illicite est pénalement réprimée. Mais, il s'agit moins d'un secret absolu que d'un secret relatif. Le procédé de fabrication est considéré secret même s'il n'appartient pas exclusivement à une entreprise. Il peut être exploité par plus d'un industriel à condition de ne pas devenir notoire et tomber dans le domaine public. Des mesures de sauvegarde et d'avertissement doivent à cet effet être prises par le détenteur du secret de fabrique pour marquer le caractère secret du procédé. Une interprétation restrictive du secret de fabrique conduit à exclure le secret commercial. Pourtant, une appréhension large de la notion permettrait d'en attribuer un spectre plus global et cohérent incluant également le secret commercial. À ce sujet, le législateur OAPI se montre plus explicite en employant l'expression globalisante de « secret de fabrication et de commerce ». Ce qui évite toute difficulté de compréhension.

2- L'information

465. L'information est, depuis plus de quatre décennies, au centre d'une longue discussion doctrinale initiée par Pierre CATALA relativement à son statut juridique[1]. En effet, l'importance de l'information dans l'économie et le commerce[2] et surtout les performances de l'informatique et des technologies associées, ont transformé la société industrielle en une « société de l'information »[3]. Le contexte justifie la consécration mercantile de l'information. L'information est perçue comme une chose qui peut circuler et être exploitée à diverses fins. Il peut s'agir par exemple des résultats boursiers, des données comportementales de consommateurs ou d'autres groupes humains ou non, étudiés sur le plan scientifique, médical ou sociologique. De ce point de vue, l'information apparaît comme un ensemble de renseignements dont la connaissance permet d'anticiper voire de spéculer sur l'avenir. Les vertus stratégiques de l'information en font un objet convoité et lui confèrent incontestablement une valeur économique. La valeur étant un critère de patrimonialisation des choses, l'on s'interroge sur la réification[4] de l'information et sur sa protection en tant que bien.

a- La notion d'information

466. Du point de vue de son étymologie, le terme information peut désigner aussi bien l'action d'informer (« *informare* ») que le savoir qui est

---

[1] CATALA (P.), « Ébauche d'une théorie juridique de l'information », *Rev. droit prospectif*, 1983, p. 185 ; *D.*, 1984, chron. p. 97 ; *Le Droit à l'épreuve du numérique*, PUF, 1998, p. 224.

[2] IDOT (L.), « Information et droit de la concurrence », *RLDA*, 2003, chron. 3758, p. 5 ; FRANCESCHI (M.), *Droit et marchandisation de la connaissance sur les gènes humains*, CNRS Éditions, 2004, pp. 103 et s. (Au sujet de l'information génétique).

[3] VIVANT (M.), « La privatisation de l'information par la propriété intellectuelle », *Revue Internationale de droit économique*, 2006, n° 4, p. 361.

[4] BINCTIN (N.), « Le statut juridique des informations non appropriées », *Légicom*, n° 49, 2013, pp. 29-40 ; lire aussi le décret français n°2021-1853 du 27 décembre 2021 relatif aux compétences et à l'organisation de l'Autorité de régulation de la communication audiovisuelle et numérique.

communiqué (« *informatum* »). L'on fait communément usage des termes comme connaissance, idée, donnée, message pour expliquer le concept de l'information. La notion d'information est relativement récente en droit, ce qui justifie l'absence d'une définition précise. En procédure pénale, elle désigne l'ensemble des actes tendant à établir la preuve d'une infraction et à en découvrir les auteurs[1]. Cette définition ne pouvant être généralisée, la doctrine a d'abord défini l'information comme un message qui est formulé pour être transmis à autrui. D'après une définition relativement récente, elle est » un message porteur de signification dont la valeur patrimoniale est fonction de sa densité informative »[2]. Bien qu'aucune définition ne puisse parfaitement rendre compte de la notion d'information, ses caractéristiques sont moins imprécises. L'information est immatérielle et communicable.

467. L'information est par essence abstraite, immatérielle. Indépendante du support qui l'abrite, l'information a vu son mode de transmission évoluer d'âge en âge. Dans les sociétés traditionnelles, la parole était son vecteur. Par la suite, des supports prirent forme. Faits de pierre, de bois, de papyrus et de papier, les supports ont d'abord accueilli des gravures, puis l'écriture. Aujourd'hui, les nouvelles technologies ont révolutionné l'information et sa vocation à être communiquée, à travers la diversification des médias, la réduction des coûts de production et la facilitation de la reproduction et la divulgation de l'information. Cette évolution accentue la variabilité de la valeur de l'information dans le temps[3]. Toutes les informations n'ont pas la même valeur dans le temps. Certaines informations sont éphémères en raison de l'instantanéité de leur enjeu ; c'est le cas par exemple des informations sur les paris sportifs avant le dénouement du pari, et des informations susceptibles d'influencer le fonctionnement des marchés financiers[4]. D'autres informations sont durables. Pour cette catégorie d'informations, la collecte et la diffusion sont libres et ouvertes. C'est le domaine des bases de données et des informations collectées et traitées aux fins de profilage.

468. La seconde caractéristique de l'information a trait à sa communicabilité. En principe, l'information tient sa raison d'être du fait qu'elle puisse être communiquée, c'est-à-dire diffusée. La communicabilité de l'information en garantit la libre circulation, le libre accès de tous et sa vocation à l'universalité. Toutefois, la communicabilité n'est attachée qu'à l'information disponible dans le domaine public. L'information privée, elle, se distingue par sa confidentialité. Elle revêt une valeur économique en raison de sa rareté et de son utilité. Loin d'être libre, son accès est par conséquent limité à un nombre réduit de personnes, et est conditionné par le paiement d'un prix. L'importance

---

[1] CORNU (G.), *Vocabulaire juridique*, Association Henry Capitant, PUF, 2020, V° *information*.

[2] DARAGON (E.), « Étude sur le statut juridique de l'information », *Recueil Dalloz*, 1998, n° 13.

[3] BINCTIN (N.), « Le statut juridique des informations non appropriées », *op. cit.*, p. 29.

[4] En raison de l'importance de l'information sur les marchés financiers, le délit d'initié est sévèrement réprimé. Il consiste à utiliser des informations confidentielles et non publiques sur une entreprisse pour réaliser des opérations profitables, avant que ces informations ne soient connues du public.

économique de l'information suscite l'idée de sa réification et interroge sur son « appropriabilité ».

b- La question de l'appropriabilité de l'information

469. L'idée que l'information puisse revêtir le statut de bien fait débat au sein de la doctrine. Pour la doctrine classique du droit des biens, ce statut ne peut s'attacher qu'aux choses que l'on peut toucher et appréhender physiquement. En revanche, certains auteurs se montrent favorables à l'érection de l'information en bien juridique en soutenant notamment que si l'information subit les mêmes atteintes que le droit de propriété, cela constitue la preuve que l'information peut être appropriée[1].

470. L'appropriation de l'information peut être de droit ou de fait. L'appropriation juridique de l'information s'opère lorsqu'elle intègre l'un des régimes de la propriété intellectuelle sur la base de son originalité, de sa nouveauté, de l'activité inventive qu'elle implique ou de l'impression d'ensemble qu'elle renvoie. En dehors des régimes spéciaux limitativement définis par la loi, l'information ne peut faire l'objet d'aucun droit privatif.

471. Les données sont des *res communis* offertes à l'observation de tous. L'information est appropriée, de fait, par la collecte puis le traitement des données qui se fait notamment par la technique du tri au sein des bases de données. Toutefois, à ce stade, la protection juridique ne porte pas sur l'information elle-même, mais vise à atteindre un but social particulier. Elle porte alors soit sur la forme de l'information, soit sur la personne concernée par l'information, soit sur le moyen de traitement ou de transmission de l'information, soit sur le contenu et l'usage du message (exemple, réglementation de l'utilisation des fichiers informatisés d'informations nominatives, propagation de fausses nouvelles). La protection de l'information peut aussi consister en la sanction de son dépositaire en raison d'un usage illicite (répression du délit d'initié ou la sanction des atteintes au secret professionnel).

472. En somme, le domaine des biens incorporels se caractérise par sa pluralité et sa vocation à s'enrichir. Loin de la conception restrictive des rédacteurs du Code civil de 1804, la prégnance de l'immatériel dans l'économie contemporaine laisse émerger, à côté des biens intellectuels reconnus par la loi, d'autres actifs immatériels, véritables facteurs d'attractivité pour les entreprises. Si la valeur économique de ces actifs n'est nullement contestée, leur appréhension juridique n'est cependant pas évidente. Leur réservation est basée sur le secret et leur statut en tant que biens fait l'objet de débats doctrinaux. Néanmoins, qu'ils soient protégés en tant que biens ou tout simplement réservés par le secret, les actifs immatériels de l'entreprise font l'objet d'exploitation contractuelle.

---

[1] LUCAS DE LEYSSAC (M.-P.), « Une information seule est-elle susceptible de vol ou d'une autre atteinte juridique aux biens ? », *D.* 1985, chron. p. 43.

Titre II
Le commerce juridique et les défis contemporains de la propriété incorporelle

473. Les biens incorporels ne sont pas des choses hors du commerce. Ils sont destinés au commerce juridique entre particuliers au moyen de contrats. Le professeur Thierry REVET définit le commerce juridique comme « le cadre symbolique dans lequel se réalisent les modifications dans la situation juridique des biens à l'égard des personnes : sa fonction est de renseigner sur la possibilité ou l'impossibilité de procéder à la modification de la situation juridique des différents types de choses »[1]. Le régime des biens incorporels est caractérisé, du point de vue de leur jouissance et de leur disposition, par une grande diversité de règles qui tient à des raisons structurelles et conjoncturelles[2]. Structurellement, la patrimonialité attachée à chaque bien incorporel est marquée par une empreinte plus ou moins forte de l'autorité publique dans le processus de sa constitution et dans celui des actes juridiques y afférents. Conjoncturellement, les règles de droit international conventionnel sont souvent à l'origine de divers aménagements en la matière[3]. L'étude du commerce juridique des biens incorporels, pris globalement, a donc comme intérêt une meilleure appréhension des régimes juridiques consacrés et une anticipation sur ceux des actifs immatériels innommés ou émergents.

474. Les biens incorporels n'ont d'intérêt que leur exploitation. Celle-ci s'entend des différents moyens par lesquels le titulaire peut en tirer un profit pécuniaire. Dans les échanges commerciaux, les biens incorporels revêtent un double aspect. D'une part, en tant que richesses, ils peuvent faire l'objet de commerce juridique par voie contractuelle. D'autre part, et ce s'agissant particulièrement de la propriété intellectuelle, ils constituent un facteur qui pourrait limiter la mise en œuvre de la libre circulation transfrontalière des marchandises. C'est pourquoi dans le commerce international, il est interdit au titulaire d'un droit de propriété intellectuelle protégé dans un pays et qui a décidé de mettre en circulation un produit incorporant un droit de propriété intellectuelle, d'en contrôler la circulation par une action en contrefaçon.

475. Par ailleurs, la « révolution du virtuel » déclenchée par l'avènement d'internet, est source de bouleversements des rapports juridiques. Le numérique constitue à la fois un champ d'application et un outil que la règle de droit s'efforce d'appréhender et de réglementer. Sans remettre en cause les concepts préexistants du droit privé tels que la propriété et la personnalité, l'internet rend

---

[1] REVET (T.), « Choses hors commerce : des choses contrefaites ne peuvent être vendues », *in* note sous Cass. com. 24 sept. 2003, *RTD civ.* 2004, p. 117 ; *D.* 2003, p. 2683, note C. Caron et 2762, obs. P. Sirinelli ; *RTD civ.* 2003, p. 703, obs. J. Mestre et B. Fages ; *Petites affiches* 2004, note B. Parance et E. Tricoire.

[2] D'AVOUT (L.), Rubrique d'encyclopédie, V° « Biens », *Répertoire Dalloz de droit international*, dir. CARREAU (D.), LAGARDE (P.), SYNVET (H.), 2009.

[3] Par exemple, l'influence de l'Accord sur les aspects des droits de la propriété intellectuelle qui touchent au commerce (ADPIC) sur les différentes réformes de l'Accord de Bangui.

toutefois davantage immatériel et évanescent l'objet du droit. Aussi assiste-t-on à l'émergence, dans l'environnement juridique, de notions et pratiques nouvelles qui trouvent parfois difficilement une catégorie juridique à laquelle se rattacher, en raison de leur nouveauté et du flou entourant leur notion. Le développement du numérique met par conséquent à rude épreuve la protection de certains droits et valeurs tels que les droits de propriété intellectuelle.

476. Le tableau ainsi dressé évoque les contrats pouvant porter sur les droits de propriété incorporelle (chapitre 1), la théorie de l'épuisement des droits de propriété intellectuelle (chapitre 2) et la protection de ceux-ci dans l'environnement numérique (chapitre 3).

Chapitre 1
Les pratiques contractuelles en matière de propriété incorporelle

477. L'incorporalité n'est pas incompatible avec la circulation des biens. Certes, insusceptibles d'appréhension matérielle, les biens incorporels sont différents des biens corporels qui offrent une sécurité juridique évidente fondée sur la possession. Néanmoins, l'aménagement de leur régime prend en compte leur immatérialité en adaptant les règles de droit commun. Dans cette optique d'adaptation et d'extension, le juge français affirme clairement que « la matérialité des actes requise par la jurisprudence (...) n'impose pas la matérialité de la chose qui en est l'objet et qu'y répondent assurément des actes d'exploitation exercés sur le bien »[1]. Donc, l'exploitation d'un bien incorporel peut s'assimiler à la possession du bien du moment où l'*animus* existe. Dès lors, l'exploitation peut faire présumer le titre jusqu'à preuve du contraire. Mais, l'exploitation des biens incorporels demeure précaire si elle n'est précédée des démarches administratives nécessaires. Sa fonction de preuve est inefficace devant un titre obtenu en bonne et due forme auprès de l'administration compétente.

478. Du point de vue contractuel, l'article 1607 du Code civil dispose que « la tradition des droits incorporels se fait, ou par la remise des titres, ou par l'usage que l'acquéreur en fait du consentement du vendeur ». Des deux modes de délivrance établis par cette disposition, celui qui apparaît comme étant approprié pour les biens soumis à enregistrement ou au dépôt est « l'usage ». Il signifie l'exploitation du bien incorporel par le cessionnaire ou pour son compte, avec le consentement du cédant. Les contrats relatifs aux biens incorporels ont donc pour objet l'exploitation des droits qu'ils représentent. Ils sont soumis à un formalisme que les parties se doivent de respecter afin que le contrat produise des effets. La seule volonté des parties ne suffit pas. L'autonomie de la volonté est, dans le cadre de ces contrats, limitée non seulement par un régime juridique très formaliste (section 1), mais également par des règles issues du droit de la concurrence (section 2).

Section 1. Le régime des contrats relatifs aux biens incorporels

479. Les contrats relatifs aux biens incorporels obéissent à des règles spécifiques bien que les principes généraux des contrats aient vocation à s'appliquer. Ainsi, les obligations des parties doivent être réciproques dans les contrats synallagmatiques. L'objet incorporel du contrat ne remet nullement en cause la réciprocité des obligations inhérente à ce type de contrat. En revanche, parfois l'incorporalité influence significativement le régime du contrat. L'extinction des contrats sur des biens incorporels en est une illustration ; elle consiste toujours en une résiliation qu'il s'agisse d'un contrat de concession ou de cession. Une autre caractéristique commune réside dans le formalisme attaché à leur régime juridique (§ 1). Toutefois, des divergences considérables se

[1] Cass. civ. 19 janv. 1996, *Bull. civ.* I, 1996, n° 28 ; Cass. civ. 11 mai 1999, *Bull. civ.* I, 1999, n° 157.

manifestent, d'une part selon que le droit est, ou n'est pas, l'objet d'un enregistrement destiné à en révéler l'existence au public (§ 2), d'autre part selon qu'ont été adoptées des dispositions légales impératives en vue de protéger les intérêts du cédant (§ 3).

§ 1. La soumission aux règles de forme

480. Les contrats relatifs aux biens incorporels ne sont pas soumis exclusivement au principe du consensualisme. Au contraire, les règles de forme auxquelles ils obéissent en font des contrats solennels. Plus précisément, les biens incorporels régis par un système publicitaire particulier sont soumis à un formalisme plus rigoureux que celui des droits qui naissent d'un simple fait juridique comme le fait de l'usage (nom commercial) ou le fait de la création (droit d'auteur). Pour ces derniers, le législateur exige uniquement l'établissement d'un écrit (A). En revanche, pour les droits sujets à enregistrement, le formalisme supplémentaire, auquel sont subordonnées la naissance et l'acquisition originaire du droit exclusif, trouve un prolongement dans la publicité des actes y relatifs (B).

A- L'exigence d'un écrit

481. Qu'ils soient ou non translatifs de propriété, les contrats sur les biens incorporels doivent en principe être constatés par écrit. L'exigence n'est pas explicite pour les contrats relatifs au fonds de commerce alors qu'il l'est ostensiblement pour les contrats sur les biens intellectuels. Cette nuance et d'autres s'observent en analysant la nature (1), la portée (2) et la sanction (3) de la règle de l'écrit.

1- La nature de l'écrit

482. Lorsqu'il exige la formalité de l'écrit, le législateur OAPI se contente d'indiquer que le contrat doit être constaté « par écrit ». Par exemple, pour les brevets d'invention, l'article 36 al. 2 de l'Annexe I de l'Accord de Bangui dispose que « les actes comportant, soit transmission de propriété, soit concession de droit d'exploitation ou cession de ce droit, soit gage ou mainlevée de gage relativement à une demande de brevet ou à un brevet, doivent, sous peine de nullité, être constatés par écrit ». En conséquence, l'écrit dont il est question peut être soit un acte sous seing privé, soit un acte authentique, la forme notariée ne s'imposant éventuellement que dans les cas où la cession prend la forme d'un apport en société ou d'une donation, en vertu respectivement du droit des sociétés et du droit des libéralités.

483. L'on peut se demander si l'écrit dont il s'agit peut consister en une missive ou tout autre document laissant trace écrite. Mais, le formalisme rigoureux auquel les annexes de l'Accord de Bangui assignent les actes relatifs aux différents droits, donne à en douter. D'ailleurs, l'article 32 al. 3 de l'annexe III de l'Accord de Bangui ne se contente pas d'exiger que le contrat de licence de marque doit être établi par écrit, il ajoute que le contrat doit être signé par les parties sous peine de nullité. Ce qui veut dire qu'il doit s'agir d'un contrat rédigé en bonne et due forme et signé par les parties. L'écrit a non seulement valeur de preuve mais il est indispensable à la validité du contrat.

2- La portée de l'écrit

484. La règle de l'écrit vise surtout à éliminer les discussions ultérieures quant à l'étendue, particulièrement variable, et quant aux modalités des contrats ayant pour objet des biens incorporels. Comme pour tous les actes juridiques, l'écrit constitue pour ces contrats le moyen de preuve idéal (valeur *ad probationem*).

485. L'importance d'un acte écrit est cruciale lorsque le transfert du droit de propriété intellectuelle intervient dans le cadre de la transmission d'une universalité (comme le transfert d'une société dans sa totalité) ou de la cession d'un fonds de commerce. Doit-on en déduire qu'en vertu de la théorie de l'accessoire, le transfert de propriété de l'universalité ou du fonds de commerce entraîne également le transfert de propriété du bien intellectuel ? Ou alors devrait-on retenir la nullité de la cession des biens intellectuels chaque fois qu'ils n'ont pas été mentionnés *expressis verbis* dans l'acte de cession principal ou dans un autre acte spécialement dédié ?

486. Le législateur OHADA répond à cette préoccupation en énonçant que la cession du fonds de commerce porte nécessairement sur la clientèle, l'enseigne et le nom commercial. En l'absence de cession simultanée de ces derniers éléments, la cession d'autres éléments, tels que les droits de propriété intellectuelle, demeure possible mais, n'emporte pas cession du fonds de commerce, quelles que soient les dispositions convenues dans l'acte constatant la cession. Autrement dit, en l'absence de précision sur les éléments composant le fonds cédé, la cession est présumée porter exclusivement sur le fonds commercial à savoir la clientèle, l'enseigne et le nom commercial.

487. S'agissant des autres éléments, d'une part ils ne sont compris dans le fonds cédé que si les parties l'ont expressément stipulé dans l'acte de cession, d'autre part leur cession individuelle ne peut entraîner à titre accessoire la cession du fonds de commerce. Il s'ensuit que les droits de propriété intellectuelle sont des actifs incorporels qui n'appartiennent pas « nécessairement » au fonds de commerce[1]. Les parties doivent inventorier minutieusement les différents droits exclusifs cédés avec le fonds de commerce. Le défaut de précision peut conduire à la nullité de la cession ou à l'exclusion de ces éléments de l'assiette de la cession. Il faut imaginer que l'acquéreur ait cru acquérir le fonds avec tous les éléments qui s'y rapportent sans pour autant que ceux-ci soient expressément mentionnés dans l'acte de cession. Il lui est possible de demander la nullité de la cession s'il prouve par exemple que l'omission ou l'inexactitude des informations relatives à un droit de propriété intellectuelle, exploité dans le cadre du fonds, a substantiellement affecté la consistance du fonds cédé et qu'il en subit un préjudice[2].

---

[1] DISSAUX (N.) et LEGEAIS (D.), « Fonds de commerce », *JCl. Civil Code*, 2022, Fasc. 20.

[2] Article 151 de l'Acte uniforme OHADA du 15 décembre 2010 portant sur le droit commercial général (AUDCG).

3- La sanction de la règle de l'écrit

488. En matière de propriété incorporelle, le contrat doit être constaté par écrit, « sous peine de nullité ». La nullité frappe le *negotium* c'est-à-dire l'opération en laquelle consiste le contrat. Elle rend inefficace l'acte qui, selon le cas, ne produira ni transfert de propriété ni modification de l'exercice du droit concerné[1].

489. Une difficulté se pose cependant. S'agit-il d'une nullité relative ou d'une nullité absolue ? La question est délicate parce qu'elle amène à déterminer qui peut se prévaloir de l'éventuel défaut d'écrit, ou de l'irrégularité d'un écrit existant, pour faire prononcer la nullité du contrat. Y répondre suppose au préalable que l'on définisse le but poursuivi par les textes imposant la constatation du contrat par écrit. L'écrit peut apparaître comme le support des formalités de publicité du contrat comme notamment l'acte notarié dans les mutations immobilières. Cette assertion tient davantage pour les droits de propriété incorporelle sujets à enregistrement puisque les opérations de publicité ne peuvent s'opérer sur simple déclaration. L'*instrumentum* est requis pour l'accomplissement des formalités de publicité dans le registre spécial dédié au droit concerné (tenu par l'OAPI) ou dans le RCCM (par exemple, en cas de nantissement des biens incorporels).

490. Concernant les autres droits non soumis à l'enregistrement tels qu'en matière de droit d'auteur, l'écrit correspond davantage à un formalisme de protection de l'auteur et par conséquent, est requis *ad validitatem*. L'intérêt de l'auteur justifie sa qualité à agir en nullité. Mais, pour autant, peut-on en conclure qu'il s'agit d'une nullité relative ? Il nous semble que non. En tout état de cause, et que le droit soit soumis à l'enregistrement ou pas, toutes les parties et leurs ayants causes devraient pouvoir invoquer, soit par action, soit par exception, l'irrégularité du contrat pour défaut d'écrit, à l'exception du contrefacteur, qui ne saurait profiter de la règle de l'écrit pour échapper à sa responsabilité.

491. Par ailleurs, l'on peut se demander si la nullité est susceptible de couverture. Le mécanisme de couverture permet de neutraliser le prononcé de la nullité en donnant une chance de survie à l'acte attaqué en nullité. Concrètement, il consiste à procéder, tant que cela est encore possible, aux formalités dont l'inobservation constitue une irrégularité et fait peser sur l'acte attaqué la sanction de la nullité. Le législateur OAPI ne se prononce pas sur le sujet et demeure péremptoire sur la nullité de tout contrat sur les titres de propriété intellectuelle en cas de défaut d'écrit. Pourtant, son homologue de l'OHADA a expérimenté, en matière de sociétés commerciales, le mécanisme de couverture en permettant à la juridiction compétente saisie d'une action en nullité de fixer, même d'office, un délai pour permettre de couvrir la nullité[2].

---

[1] VANBRABANT (B.), *La propriété intellectuelle. Nature juridique,* Larcier, coll. « Création Information Communication », tome 1, 2016, p. 515.

[2] Art. 247 de l'Acte uniforme relatif au droit des sociétés commerciales et du groupement d'intérêt économique (AUDSCGIE).

Dans tous les cas, le défaut d'écrit présage l'inopposabilité du contrat surtout lorsqu'il porte sur un bien incorporel sujet à enregistrement.

B-Les conditions d'opposabilité

492. L'opposabilité des contrats sur les biens incorporels diffère selon que le bien est soumis ou non à l'enregistrement lors de son acquisition primaire. En matière de droit d'auteur, le droit subjectif s'acquiert du seul fait de la création et ne nécessite pour sa reconnaissance aucune formalité particulière. De la même manière, les contrats d'auteur ne sont soumis à aucune exigence de publicité pour son opposabilité. En revanche, les contrats relatifs aux droits de propriété industrielle et commerciale, sujets à l'enregistrement, ne sont opposables aux tiers (2) que s'ils ont fait l'objet d'une inscription et d'une publication telles qu'exigées par la loi (1).

1- La teneur des formalités de publicité

493. À l'exception des contrats d'auteur, tous les contrats relatifs aux biens incorporels sont soumis à des exigences de publicité imposées en vue de leur opposabilité. Les contrats sur les biens incorporels sujets à enregistrement présentent la caractéristique de n'avoir d'effet *erga omnes* que moyennant l'accomplissement d'une formalité destinée à informer les tiers de la mutation intervenue.

494. L'acquisition primaire des droits de propriété industrielle est dépendante d'une formalité de dépôt, suivie (éventuellement à l'issue d'un examen des conditions de validité) d'une inscription dans un registre et d'une publication. Ce formalisme publicitaire est destiné à porter l'existence des droits exclusifs à la connaissance des tiers, dont la liberté de commerce et d'industrie est susceptible de se trouver affectée. Les différents registres organisés à cette fin ne constituent toutefois pas que des « actes de naissance »[1] des différents droits exclusifs. La législation OAPI prévoit en effet la mention dans ces registres des principales opérations patrimoniales dont peuvent faire l'objet les droits de propriété industrielle qui y sont inscrits. Il revient donc aux parties de notifier le contrat à l'OAPI qui se charge d'en assurer l'enregistrement et la publication après une vérification formelle et moyennant paiement d'une taxe administrative[2]. Le contrat sur un droit de propriété industrielle n'est opposable aux tiers que s'il a été inscrit au registre spécial concerné et publié au Bulletin officiel de la propriété industrielle (BOPI)[3].

495. Il existe des situations complexes qui peuvent amener à hésiter sur la procédure publicitaire à suivre. C'est le cas de la cession d'un fonds de commerce comprenant des droits de propriété industrielle ou même du

---

[1] POUILLET (E.), *Traité théorique et pratique des brevets d'invention et des secrets de fabrique*, Paris, Imprimerie et librairie générale de jurisprudence, 6e éd, 1915, n° 236 *bis*.

[2] Dans la pratique, les contrats précisent laquelle des parties doit procéder à cette formalité et prendre à sa charge les frais qui en découlent. En raison de la confidentialité qui entoure ce type de contrat, elles peuvent également convenir de n'inscrire que des extraits du contrat au Registre.

[3] Voir notamment art. 37 Annexe I et art. 31 Annexe III de l'Accord de Bangui.

nantissement des droits de propriété industrielle. En effet, il n'existe aucune publicité *ad hoc*, pour ces cas, dont on pourrait soutenir qu'elle se substitue au régime spécial des droits de propriété intellectuelle. En matière de nantissement des droits de propriété industrielle par exemple, l'alinéa 3 de l'article 160 de l'Acte uniforme OHADA sur les sûretés prévoit explicitement que, pour de tels droits inscrits dans un registre spécial de l'OAPI, le nantissement doit, outre l'inscription au Registre du Commerce et du Crédit Mobilier (RCCM), satisfaire aux règles de publicité spécifiques à ces droits exclusifs. L'on voit bien que la volonté du législateur OHADA n'est pas de substituer la publicité du RCCM à celle du registre spécial de l'OAPI. La même *ratio legis* doit être appliquée à la cession du fonds de commerce pour dire que l'inscription de la cession du fonds de commerce au RCCM[1] ne peut nullement remplacer celle de la cession des droits de propriété industrielle y afférents au registre spécial logé à l'OAPI.

496. Pour tous les contrats sujets à enregistrement, celui-ci est réalisé par l'office compétent[2] à la requête de l'une des parties au contrat, généralement le cessionnaire ou le concessionnaire ou encore leur mandataire, moyennant paiement d'une taxe administrative. La personne qui requiert l'enregistrement est tenue de fournir une copie ou un extrait de l'acte. La formalité publicitaire n'est pas obligatoire, c'est-à-dire que les parties qui n'ont pas notifié la transaction dont elles ont convenu n'encourent ni amende ni déchéance. L'inscription au registre de l'acte ou de son extrait s'accompagne généralement d'une publication dans un bulletin (Bulletin officiel de la propriété industrielle, Bulletin national des registres du commerce et du crédit mobilier[3]) ou dans un journal officiel ou encore dans un journal habilité à publier des annonces légales. Les textes précisent que ces formalités sont requises aux fins de rendre l'acte opposable aux tiers.

2- Les effets du formalisme publicitaire

497. Les contrats portant sur des biens incorporels sujets à enregistrement tels que les droits de propriété industrielle et le fonds de commerce doivent être soit notifiés à l'organisme compétent pour être inscrite par celui-ci dans le registre accessible au public (propriété intellectuelle), soit publiés sous forme d'extrait dans un journal habilité à publier les annonces légales (fonds de commerce). Ces mécanismes permettent au public de prendre connaissance des énonciations du contrat contenues dans les registres concernés en s'en faisant délivrer des extraits.

---

[1] D'après l'article 152 de l'Acte uniforme OHADA du 15 décembre 2010 portant sur le droit commercial général (AUDCG), « Tout acte constatant une cession de fonds de commerce doit être déposé en une copie certifiée conforme par le vendeur ou l'acquéreur au Registre du Commerce et du Crédit Mobilier ».

[2] OAPI pour le registre spécial, le greffe de la juridiction compétente ou l'organe compétent dans l'État partie pour le RCCM.

[3] L'article 256-2, alinéa 2, de l'AUDSCGIE prévoit que : « Les formalités effectuées auprès du RCCM font l'objet d'avis insérés dans le Bulletin national des registres du commerce et du crédit mobilier, lorsqu'il existe ».

a- Les tiers concernés par la publicité du contrat

498. Les formalités publicitaires ont pour finalité de porter l'existence du contrat à la connaissance du public afin de le rendre opposable aux tiers. Ce qui veut dire que le défaut d'enregistrement d'un acte n'affecte pas sa validité entre les parties contractantes, auxquelles il faut assimiler leurs ayants cause universels et à titre universel. L'opposabilité se distingue de la validité, de même que l'inopposabilité est distincte de la nullité[1]. Il y a lieu de préciser le sens de « tiers » envers lesquels l'acte publié est opposable. Le tiers désigne toute personne qui prétend à un droit sur le titre de propriété incorporelle concerné. Mais, il faut au préalable relever l'importance de la publicité pour les organes chargés des registres qui accueillent les informations publiées.

499. En effet, la notification des contrats relatifs aux droits sujets à enregistrement à l'administration compétente est nécessaire pour qu'elle puisse tenir compte, dans l'exercice de ses missions statutaires, des modifications de l'ordonnancement juridique résultant de ces actes. Ainsi, s'agissant de l'OAPI par exemple, les avis de déchéance, les invitations à payer des taxes de maintien ou de renouvellement de l'inscription et autres notifications semblables sont adressés à la personne qui apparaît comme titulaire du droit d'après les mentions du registre et les dernières notifications reçues. La connaissance, par l'administration, de l'identité du titulaire du droit ou de la demande est également nécessaire lorsqu'une procédure d'opposition est prévue par les textes. Seul celui qui apparaît comme titulaire d'un enregistrement a, généralement, qualité pour s'opposer à la demande d'enregistrement introduite par un tiers, lorsqu'il estime que celle-ci porte atteinte à son droit antérieur. Dans de telles hypothèses, l'OAPI est tenue d'ignorer les cessions qui ne lui ont pas été notifiées ; elles lui sont inopposables.

500. En ce qui concerne le tiers proprement dit, est considéré comme tel, toute personne qui prétendrait à un droit sur le titre de propriété incorporelle concerné. Le législateur OAPI émet une réserve dans le cadre des contrats de cession et de concession de droits de brevets, en énonçant que « toutefois, avant son inscription, un acte est opposable aux tiers qui ont acquis des droits après la date de cet acte, mais qui avaient connaissance de celui-ci lors de l'acquisition de ces droits ». Autrement dit, l'acte non publié est opposable aux tiers de mauvaise foi. La mauvaise foi se déduit de l'attitude du tiers qui, en pleine connaissance de l'acte, a quand même acquis des droits sur le brevet concerné. La pleine connaissance peut se déduire, par exemple, de la réception d'un courrier par le second contractant ou de sa participation au conseil d'administration de la société cédante[2]. Toutefois, la charge de la preuve de

---

[1] VANBRABANT (B.), *La propriété intellectuelle. Régime patrimonial*, Larcier, coll. « Création Information Communication », tome 2, 2018, p. 481.

[2] LESTRADE (O.) et MEYRUEIS (C.), « Cession de brevet », *JCl. Brevets*, LexisNexis, Fasc. 4730, 2023, § 42.

cette connaissance repose sur la partie qui entend se prévaloir de l'acte non publié. La preuve peut être rapportée par tous les moyens. La bonne foi du second acquéreur doit s'apprécier au jour où il contracte et non à la date où il fait publier l'acte en vertu de la maxime « *mala fides superveniens non nocet* »[1].

b- L'opposabilité du contrat et les conflits de droits

501. Le formalisme publicitaire répond avant tout à un besoin de sécurité juridique. Il est important que celui qui s'apprête à acquérir des biens de valeur économique souvent considérable puisse d'une part vérifier que la personne avec laquelle il contracte, est effectivement propriétaire du bien, et d'autre part vérifier de quelles charges ce bien est grevé. En cas de conflit de droits, notamment lorsque deux ou plusieurs personnes se prétendent titulaires dérivés d'un même droit de propriété incorporelle, ce système conduit à « se référer à l'ordre d'accomplissement de formalités extérieures aux contrats et qui constituent autant de manifestations incontestables d'une activité contractuelle demeurée connue jusqu'à ce moment des seuls intéressés »[2]. À ce sujet, la doctrine fait observer que l'emploi rigide des formalités de la transmission des biens est une manifestation de la « commercialisation du droit civil »[3] étant donné que « les impératifs du commerce que sont la rapidité, la simplicité, la sécurité et le crédit seraient devenus ceux de la vie civile »[4].

502. Dans tous les cas, de la réserve émise par le législateur relativement à la mauvaise foi du tiers, il s'ensuit qu'en présence d'un système d'enregistrement des mutations patrimoniales à des fins d'opposabilité, la connaissance effective d'un acte de transmission, par un tiers, équivaut à la connaissance présumée résultant de la publication régulière de l'acte énoncé[5]. Ce qui revient à dire que l'impossibilité de se prévaloir d'un acte lorsque n'a pas été observée l'exigence légale publicitaire est normalement relative puisque, à l'égard des tiers, la présomption d'ignorance de l'acte non inscrit peut être renversée. L'on pourrait étendre ce raisonnement aux autres matières de propriété industrielle pour lesquelles le législateur n'a pas émis de réserve au sujet de la situation des tiers de mauvaise foi. Dès lors, si une personne, alors qu'elle a connaissance du contrat de cession ou de concession d'une marque ou d'un dessin ou modèle, obtient du titulaire (ou de ses ayants cause universels ou à titre universel) qu'il lui transfère le même droit ou un démembrement de ce droit, et parvient à faire

---

[1] « Car il n'y a pas faute à protéger un droit légitimement acquis en accomplissant les formalités de publicité requises même si un tiers doit en souffrir » ; BARREAU-SALIOU (C.-T.), *Les publicités légales. Information du public et preuve des actes*, LGDJ, coll. « Droit des affaires », 1991, n° 237.

[2] BOULANGER (J.), « Les conflits entre des droits qui ne sont pas soumis à publicité », *RTD civ.*, 1935, p. 594, n° 1.

[3] RIPERT (G.), « La commercialisation du droit civil français », *in Mélanges Maurovic*, Belgrade, 1934, p. 269.

[4] POUMAREDE (M.), « La pénétration en droit civil des techniques du croit commercial » *in* SAINT-ALARY-HOUIN (C.) (dir.), *Qu'en est-il du Code de commerce 200 ans après ? États des lieux et projections*, Presses de l'Université de Toulouse Capitole, 2008.

[5] VANBRABANT (B.), *La propriété intellectuelle. Régime patrimonial*, Larcier, tome 2, 2018, p. 484.

inscrire au registre spécial ce second contrat avant que le premier ne soit enregistré, le second contractant ne pourra pas se prévaloir, à l'égard du premier, de l'antériorité de cet enregistrement en fraude des droits du cessionnaire non enregistré.

503. À l'inverse, l'effet positif de la formalité de publicité n'est pas absolu. La publicité n'a pas pour effet de « purger » le contrat publié de ses vices éventuels. L'enregistrement du contrat n'exclut pas la remise en cause ultérieure de sa validité, y compris à l'initiative d'un tiers si la cause de nullité invoquée est absolue. Ceci vaut *a fortiori* lorsque la nullité est fondée sur un motif tenant au fond du droit étant donné que l'OAPI n'est pas habilitée à refuser l'inscription du contrat en raison des vices de cet ordre. De même, l'enregistrement d'un contrat de cession ne saurait investir le cessionnaire d'un droit dont ne disposait pas l'autre partie du fait d'un défaut affectant l'acquisition originaire dudit droit, sauf à rapporter l'existence de circonstances de nature à couvrir le vice originel telles une restauration.

504. Au constat, la publicité en matière de propriété incorporelle se rapproche de la publicité immobilière. En effet, l'enregistrement des actes translatifs de propriété a pour finalité essentielle de trancher les conflits susceptibles de survenir lorsque le titulaire d'un droit transfère successivement celui-ci à deux acquéreurs, ou concède à une personne des prérogatives dont il avait précédemment disposé. En principe, c'est le premier à avoir notifié à l'organe compétent son acte d'acquisition qui devrait pouvoir opposer les effets de cet acte. L'autre acquéreur devra se contenter de mettre en œuvre la garantie d'éviction qui lui est due par le cédant, sauf à démontrer efficacement l'existence d'une fraude concertée entre le cédant et le premier notifiant[1]. L'application de la règle « *prior tempore, potior iure* » demeure de mise. Malgré le formalisme commun aux contrats relatifs aux biens incorporels, ceux-ci obéissent à des régimes relativement distincts.

§ 2. Les contrats spécifiques aux droits de propriété industrielle

505. Les droits d'exploitation en matière de propriété industrielle peuvent faire l'objet de divers contrats aux régimes spécifiques. À l'image d'un bien corporel, la propriété de ces biens peut être transférée à un nouvel acquéreur, ou être démembrée sans pour autant sortir du patrimoine du titulaire. De même, les droits de propriété industrielle peuvent faire l'objet d'un nantissement, gage sans dépossession. Leur régime sur le fond est influencé par l'immatérialité desdits biens. Il s'agit respectivement de la cession (A), de la concession ou licence d'exploitation (B), de la franchise (C) et du nantissement (D).

A-La cession des droits de propriété industrielle

506. La cession d'un droit de propriété industrielle est un contrat par lequel le titulaire du droit, c'est-à-dire le cédant[2], transfère la titularité sur ledit

[1] CHAVANNE (A.) et BURST (J.-J.), *Droit de la propriété industrielle*, Dalloz, 6e éd., 2006, n° 268.

[2] En cas de copropriété sur le titre, l'accord de tous les copropriétaires est nécessaire.

droit (droit de brevet, de modèle d'utilité, de marque, de dessins et modèles) à une autre personne, le cessionnaire, à titre gratuit ou à titre onéreux. Le transfert de propriété d'un titre de propriété industrielle à titre gratuit est une donation[1]. Mais en principe, le contrat de cession de droits de propriété industrielle est soumis au régime de droit commun de la vente. L'article 1598 du Code civil énonce que « tout ce qui est dans le commerce peut être vendu lorsque des lois particulières n'en ont pas prohibé l'aliénation ». Or, les biens intellectuels ne font l'objet d'aucune prohibition particulière, ils sont dans le commerce au sens de l'article 1128 du Code civil, à l'exception de ceux frappés d'incessibilité[2] ainsi que les produits contrefaisants[3]. En vertu du droit commun de la vente, l'accord est parfait entre les parties dès lors qu'elles ont convenu de la chose et du prix (1) ; mais en matière de cession de droits de propriété industrielle, un accent doit être mis sur les garanties (2).

1- La présence des éléments classiques de la vente

507. Les règles de droit commun s'appliquent dès la formation du contrat de cession. Il s'agit de celles relatives à la capacité, au consentement, à l'objet et la cause. Aussi, y a-t-il lieu de relever que, pour contracter, les parties doivent avoir la capacité juridique de disposer de leurs biens ou d'en acquérir. Le droit commun s'applique sur cet aspect sans réserve. Toutefois, s'agissant tout particulièrement des brevets et des marques, l'Acte de Bamako du 14 décembre 2015 introduit une innovation majeure en organisant un régime légal de copropriété dérogatoire du droit commun de l'indivision. Selon les articles 10 (e) de l'annexe I et 8 (e) de l'annexe III, chaque copropriétaire peut, à tout moment, choisir de céder sa quote-part en le notifiant aux autres, qui bénéficient alors d'un droit de préemption durant trois mois. À défaut d'accord sur le prix de la cession, c'est au tribunal qu'il revient de fixer le montant. Ce régime, supplétif, est applicable en l'absence de stipulations conventionnelles. Il a pour finalité de faciliter la circulation des brevets et des marques faisant l'objet de copropriété et de donner à celle-ci une certaine attractivité.

508. S'agissant de l'objet de la cession, comme en droit commun, il est nécessaire qu'il soit déterminé ou déterminable. L'objet consistant en un droit de propriété industrielle, celui-ci doit être approprié c'est-à-dire que le titre de propriété doit être délivré. L'on admet néanmoins qu'un titre en cours de délivrance puisse faire l'objet de cession (exemple, possibilité de céder une

---

[1] TJ Paris, 8 févr. 2022, *MBA c/ Sté Akis Technology et M. Y D'Z*, n° 19/14142, *Propr. industr.* 2022, comm. 24, note P. Trefigny ; *RLDI* 2022, n° 6149 ; *PIBD* 2022, n° 1183, III, p. 8 ; *Propr. intell.* 7/2002, p. 96, note J. Canlorbe.

[2] La marque collective est incessible et intransmissible (art. 41 al. 1 de l'Annexe III de l'Accord de Bangui, Acte de Bamako) ; à ce sujet, lire : PASSA (J.), « Marques collectives – Droit national et communautaire », *JurisClasseur Marques - Dessins et modèles*, 2021, Fasc. 7450, § 47.

[3] Cass. com. 24 sept. 2003, *Sté CCP c/ Sarl Ginger*, n° 01-11.504, *Bull. civ.* 2003, IV, n° 147 ; *D.* 2003. *Somm.* 2762, obs. P. Sirinelli ; *D.* 2003, p. 2683, note C. Caron ; *RTD civ.* 2003, p. 703, obs. J. Mestre et B. Fages ; *RTD civ.* 2004, p. 117, obs. T. Revet ; *RTD com.* 2004, p. 284, obs. F. Pollaud-Dulian).

demande de brevet). L'acquéreur se substitue alors au cédant dans la procédure et supporte l'aléa de la délivrance du droit de propriété.

509. La cession peut être totale ou partielle. En droit des marques, si le contrat de cession ne donne aucune indication sur le droit cédé de façon précise, la cession est réputée accomplie pour toutes les classes dans lesquelles la marque a été déposée et enregistrée, et ce pour l'espace territorial OAPI. Cette solution paraît logique, lorsque l'on sait que le droit de marque est déterminé et restreint à certains domaines par l'acte d'enregistrement. Lorsque le cédant restreint l'objet de la cession, on dit que la cession de droit est partielle. En effet, le droit de marque peut n'être cédé que pour certaines classes de produits ou de services parmi celles enregistrées, voire uniquement pour certaines catégories de produits ou services à l'intérieur d'une même classe. La cession partielle opère démembrement de la propriété sans créer d'indivision, mais un partage des prérogatives réelles sur le bien entre le cédant et le cessionnaire. En présence d'un accord de coexistence de marques[1], les parties doivent l'inclure dans la négociation de la cession afin que l'accord conserve son efficacité. Dans une telle circonstance, les stipulations de l'accord peuvent avoir une influence sur la cessibilité de la marque.

510. En droit des brevets, la cession du brevet emporte cession des certificats d'addition demandés ou délivrés au jour de la cession, sauf convention contraire. En revanche, sont exclus les brevets de perfectionnement, le droit de priorité et le savoir-faire complétant éventuellement le brevet à moins que les parties n'en décident autrement. Le droit de priorité[2] ne constitue pas un accessoire du bien cédé, mais un droit indépendant de celui conféré par le droit de propriété de base. C'est pour cette raison qu'il doit explicitement être inclus dans l'assiette de la cession pour être cédé avec le bien intellectuel, sinon, il reste dans le patrimoine du cédant[3]. Lorsque la cession s'inscrit dans le cadre des articles 10 (e) de l'annexe I et 8 (e) de l'annexe III, dans l'éventualité où la quote-part est cédée à un tiers, celui-ci devient le nouveau copropriétaire et doit se conformer aux conditions d'utilisation du bien.

511. En ce qui concerne le prix, il est à la charge du cessionnaire et représente la contrepartie du bien intellectuel cédé. Il est librement fixé par les parties suivant le droit commun de la vente. Eu égard aux difficultés d'évaluation d'un bien

---

[1] Un accord de coexistence est un contrat soumis au droit commun des contrats et qui permet de contourner la tenue d'un éventuel procès en opposition à l'enregistrement d'une marque. Cet accord aboutit à la conservation des intérêts respectifs des deux titulaires de marques, considérés comme titulaires de marques voisines. L'accord de coexistence de marques est distinct du contrat de licence de marque dans la mesure où celui-ci permet au licencié d'exploiter une marque qui n'est pas la sienne.

[2] Consacré par l'article 4 de la Convention de Paris, le système de priorité permet aux demandeurs de brevets d'inventions, de modèles d'utilité, de dessins et modèles industriels ou de marques, déposés dans un pays membre, de jouir d'un droit de priorité pour déposer les mêmes demandes dans d'autres pays membres dans un délai prescrit.

[3] En droit des brevets : Cass. com. 18 juin 1996, n° 94-18.909, *RJDA* 1996, p. 1087 JCP G 1996, p. 1841 ; JCP E 1996, p. 954 ; Paris, 11 mai 1987, *JCP E* 1988, p. 15160, n° 69, obs. J.-J. Burst et P. Mousseron.

intellectuel, le prix est négocié entre les parties suivant le jeu du marché[1]. Le prix peut être fixe ou proportionnel, payé en une ou plusieurs échéances. Lorsqu'il est proportionnel à l'exploitation du bien par le cessionnaire[2], le cédant participe également aux risques. Dans ce cas, il est nécessaire de distinguer le prix de cession de la redevance en déterminant le taux, l'assiette et les conditions de liquidation et de contrôle.

2- L'importance particulière des garanties

512. Il pèse sur le cédant une obligation de délivrance et de garantie. Suivant l'article 1607 du Code civil, la délivrance consiste en la remise du titre au cessionnaire ou l'usage que l'acquéreur en fait. Le cédant doit donc transférer le titre de propriété, ou du moins, permettre au cessionnaire de transcrire l'acte de cession au registre de l'OAPI. L'obligation de garantie est la suite logique de l'obligation de délivrance du bien intellectuel. Elle s'observe non seulement dans le contrat de cession mais aussi en cas d'échange[3] ou d'apport en pleine propriété à une société[4]. Elle relève certes du droit commun mais peut être pondérée compte tenu des spécificités des biens intellectuels[5]. En effet, le cédant garantit l'existence du droit de propriété industrielle et celle des titres d'appropriation dont il dispose, sauf stipulation particulière. Mais surtout, il garantit contre les risques d'éviction, en vue d'une possession paisible, et contre les risques de vices cachés, en vue d'une possession utile.

a- La garantie des vices cachés

513. La garantie des vices cachés a pour fondement les articles 1641 (vente) et 1721 (bail) du Code civil. Le cédant a l'obligation de garantir l'acquéreur contre les vices de la chose cédée, qui la rendent impropre à l'usage auquel elle est destinée. Les parties peuvent aménager contractuellement cette obligation. Elles peuvent par exemple stipuler une clause de non-garantie en faveur du cédant, si le vice ne lui était pas connu lors de la cession. Elles peuvent également organiser la réception du bien intellectuel à travers une procédure de recette. Les parties déterminent alors à l'avance les événements constitutifs de vices. La procédure de recette est l'ensemble des modalités mises en œuvre par le cessionnaire afin de satisfaire à son obligation de réception. Avant la cession, le cessionnaire procède à des études et essais au terme desquels il établit un procès-verbal de réception. S'il approuve le bien intellectuel sans réserve, toute revendication ultérieure pourra être écartée.

---

[1] BINCTIN (N.), *Le capital intellectuel*, Litec, t. 75, 2007, n° 231.

[2] En droit des marques, le paiement du prix peut être échelonné en fonction du chiffre d'affaires du cessionnaire. En revanche, en matière de brevet, il a été jugé que la cession, même publiée, dépourvue de prix était frappée de nullité absolue (CA Paris, 10 oct. 2003, *Propr. industr.* 2005, *comm.* 1, obs. J. Raynard ; *PIBD* 2004, n° 779, III, p. 63).

[3] Art. 1707 du Code civil.

[4] Art. 46 de l'AUDSCGIE.

[5] VIDA (A.), « Garantie du vendeur et propriété industrielle : les vices juridiques » dans la vente internationale de marchandises », *RTD com.*, 1994, p. 21.

514. En droit des brevets, les remarques et commentaires contenus dans le rapport de recherche établi par l'OAPI lors de l'examen de la demande de brevet s'assimilent à d'éventuels vices apparents dont le cédant n'est plus garant. Par ailleurs, ce rapport ne constitue nullement la caution de l'Organisation relativement à la réalité, la nouveauté ou le mérite de l'invention, encore moins la fidélité ou l'exactitude de la description. C'est une application de la règle dite « sans garantie du gouvernement »[1]. Encore que, du moment où le droit existe bel et bien lors du transport, le cédant n'est pas tenu à garantie si l'invention est insignifiante, si elle ne donne pas des résultats fructueux, si elle devient sans utilité pratique suite à d'autres découvertes plus ingénieuses[2]. Ces éléments renvoient à l'aléa caractéristique des risques transférés avec la propriété du bien intellectuel. En effet, suivant la doctrine classique, le cédant garantit le *nomen verum*, mais pas le *nomen bonum*. Il faut entendre par *nomen verum*, l'existence du droit : le cédant garantit que le brevet existe, qu'il lui appartient, qu'il n'est pas entaché de nullité ou de déchéance. Quant au *nomen bonum*, c'est la qualité du droit : le cédant ne garantit pas les bénéfices de l'exploitation, le succès, ni le mérite de l'invention[3].

515. En droit des marques, les vices d'exploitation trouvent leur origine dans l'accueil des biens par les tiers. L'on distingue deux catégories de tiers, auxquelles se rapportent deux catégories de vices concernés par le régime de garantie : les clients et les concurrents. S'agissant des clients, la désaffection de ceux-ci pour une marque pourrait engendrer l'exercice d'une garantie d'aléa commercial, qui est difficilement supporté par le cédant[4]. Le vice commercial désigne l'insuccès économique de l'exploitation d'un bien intellectuel. Il résulte de l'inadéquation entre l'exploitation ou le bien intellectuel et le marché. Le cédant d'une marque n'en garantit pas la valeur commerciale. L'exclusion de la garantie du vice commercial est largement approuvée par la jurisprudence[5]. Si la marque est exploitable, le cédant ne peut souffrir d'aucun reproche.

b- La garantie d'éviction

516. Le cédant est tenu d'assurer au cessionnaire une utilisation paisible du bien intellectuel cédé suivant l'article 1626 du Code civil de 1804. L'indépendance

---

[1] LOWE GNINTEDEM (P. J.), « Commentaire sous Annexe I sur les Brevets d'invention », *in OAPI : Accord de Bangui, Acte de Bamako, Accord et Annexes commentés et annotés*, FOMETEU (J.) (dir.), *Juriscope*, 2022, p. 161.

[2] PICARD (E.) et OLIN (X.), *Traité des brevets d'invention et de la contrefaçon industrielle, précédé d'une théorie sur les inventions industrielles*, Bruxelles, Larcier, 1865, n° 509.

[3] ANDRE (L.), *Traité des brevets d'invention et de la contrefaçon industrielle*, Bruylant, 1899, n° 807.

[4] La Cour de cassation française rappelle d'ailleurs une solution classique consistant à dire que la cause d'un contrat de cession de marque réside dans le transfert du droit de marque et non dans la rentabilité du contrat « sauf clause contraire... » (Cass. com., 18 mars 2014, *SAS Yang design c/ SA Les complices*, n° 12-29.453, *Comm. com. électr.* 2014, n° 77, comm. C. Caron ; *D.* 2014, p. 1915, note D. Mazeaud ; *ibid.* 2015, p. 529, obs. S. Amrani-Mekki et M. Mekki ; *AJCA* 2014, p. 78, obs. J. Dubarry ; *RTD civ.* 2014, p. 884, obs. H. Barbier ; *RDC* 2014, p. 345, note Y.-M. Laithier).

[5] Cass. civ. 12 avr. 1956, *Ann.* 1957, p. 79. – Paris, 16 mars 1963, *Ann.* 1963. 385. – Cass. com. 19 juin 1963, *Ann.* 1964, p. 126.

par rapport à tout support nécessite cette garantie, car le cédant, comme un tiers, peut essayer d'exploiter indûment le bien. Le cédant s'engage à ne pas perturber lui-même l'exploitation et éventuellement à s'assurer que les tiers ne la perturberont pas non plus. L'on distingue ainsi la garantie d'éviction du fait personnel et la garantie d'éviction du fait des tiers.

517. La garantie d'éviction du fait personnel est due par le cédant. C'est une garantie d'ordre public telle qu'émise par l'article 1628 du Code civil qui fait échec à tout aménagement contractuel. Elle est fondée sur une exigence de bonne foi dans l'exécution des obligations contractuelles qui s'applique à tout type de contrat. Le cédant doit s'abstenir de tout acte de fait ou de droit de nature à troubler le cessionnaire dans la jouissance paisible du titre. Le principal trouble de fait envisageable est le développement d'une activité concurrente. On peut y voir une violation de l'obligation de garantie d'éviction personnelle. Ainsi, en matière de marque, cette garantie oblige le cédant à ne pas utiliser la marque cédée, ni même une marque semblable ou similaire sur des produits identiques ou similaires de façon à ne pas entretenir de confusion[1]. De même, il ne pourra plus utiliser la marque à titre de dénomination sociale ou de nom commercial[2]. En revanche, il n'est tenu d'aucune obligation de non-concurrence sous couvert d'une autre marque[3]. De la même manière, en matière de brevet, il est permis au cédant la liberté d'exploiter les biens créés postérieurement à la cession, sans obligation de transfert des perfectionnements.

518. Quant à la garantie du fait des tiers, elle trouve sa source à l'article 1625 du Code civil. Elle engage le cédant à maintenir la jouissance paisible du bien cédé. Il répond des troubles causés par les tiers, de nature à remettre en cause la possession de l'acquéreur. Cette garantie ne porte que sur les troubles de droit dont la cause est antérieure à la cession et laisse des possibilités d'aménagement contractuel. L'action d'un tiers importun pouvant perturber l'exploitation paisible du bien intellectuel résulte, d'une part, d'une action en contrefaçon engagée par un tiers ou contre un tiers et, d'autre part, d'une contestation du bien par une éviction juridique. Si le cessionnaire souhaite reprendre à son compte les actions en contrefaçon entreprises au nom du cédant, le contrat de cession doit le prévoir expressément. À défaut, le cessionnaire ne devient titulaire des droits que pour l'avenir à compter de l'acte de cession[4].

519. Si le titre de propriété est annulé postérieurement à la cession, soit parce qu'un tiers révèle son antériorité et mène une action en contrefaçon, soit parce que le tiers, lui-même défendeur dans un procès en contrefaçon, obtient sur

---

[1] MARIE (A.), « La garantie d'éviction dans les cessions et licences de marques », *Comm. com. électr.* 2021, prat. 7. Voir également CA Paris, pôle 5, 2e ch., 5 mars 2021, n° 19/03398, *JurisData* n° 2021-006402.

[2] CA Paris, 12 juill. 1954 : *Ann. propr. industr.* 1954, p. 197. – CA Paris, 4e ch., sect. A, 10 déc. 2008, n° 07/09832, *PIBD* 2009, n° 980, III, p. 826.

[3] AZEMA (J.), *Le droit français de la concurrence*, PUF, coll. « Thémis », 1989, 392 p notamment n° 66.

[4] CA Paris, 25 mars 1993, *Gaz. Pal.* 1994. 1. *Somm.* p. 373.

demande reconventionnelle que soit reconnue la nullité du titre, le cessionnaire peut faire jouer la garantie du cédant. La jurisprudence décide cependant que la garantie d'éviction est due par tout cédant d'un droit de propriété corporel ou incorporel sauf à établir que le cessionnaire a participé aux actes de contrefaçon[1]. Dans tous les cas où le cessionnaire est évincé de sa jouissance, le contrat de cession n'a plus d'objet puisque cela suppose qu'il ne puisse plus exploiter le bien intellectuel. Si l'éviction est fondée sur une cause antérieure à la cession, le cédant devra restituer le prix et prendre en charge les indemnités de contrefaçon mise à la charge du cessionnaire pour actes de contrefaçon. Mais, si ce dernier a joui un certain temps paisiblement du bien, le montant de la restitution devrait être diminué au titre d'une indemnité pour jouissance de fait.

520. C'est le lieu pour le cédant de faire jouer la clause de non-garantie. En droit commun, sur le fondement de l'article 1629 du Code civil, la clause de non-garantie de l'éviction du fait des tiers n'élude pas la restitution du prix par le cédant mais l'exonère du remboursement des dommages et intérêts qui auraient été mis à la charge du cessionnaire (en l'occurrence, les indemnités de contrefaçon). À titre d'illustration, lorsque dans un contrat de cession de brevet, la clause de non-garantie prévoit que le cédant ne donne « aucune autre garantie que celle résultant de son fait personnel », en cas de nullité du brevet, le cédant sera tout de même condamné à restituer le prix de cession. Si le cédant veut s'exonérer de toute garantie quant à la validité du droit transmis, et donc de la restitution du prix, le contrat de cession doit être aléatoire. Il faudra y inclure une clause mettant le contrat aux risques et périls du cessionnaire. Même en matière de concession, la jurisprudence exige que cette clause soit formelle et dépourvue de toute ambiguïté quant à son contenu[2].

B-La concession des droits de propriété industrielle

521. Le contrat de concession ou contrat de licence occupe une place majeure parmi les conventions sur les biens intellectuels sans doute parce qu'il a pour finalité la satisfaction simultanée d'intérêts complémentaires[3]. C'est une forme de contrat de louage dont l'objet est un bien intellectuel[4]. Le contrat de concession désigne la convention conclue par le titulaire d'un droit de propriété industrielle avec un tiers aux fins d'exploitation qui, à la différence d'une cession, n'implique pas l'aliénation du bien intellectuel. L'encadrement juridique du contrat de licence obéit au droit commun de louage de chose avec une attention particulière sur le respect des règles de la concurrence. Il importe de s'attarder sur certains éléments tels que l'exclusivité, la redevance et les obligations des parties.

---

[1] Cass. com., 8 oct. 2002, *Institut national de l'audiovisuel (INA) c/ sté Tree Studio*, n° 00-16.361, *JurisData* n° 2002-015911.

[2] TGI Lyon, 2 déc. 1977, *Dossiers brevets* 1977, IV, 7.

[3] ABELLO (A.), *La licence, instrument de régulation des droits de propriété intellectuelle*, LGDJ, coll. « Droit et économie », 1ère éd., 2008, p. 392, n° 295.

[4] RAYNARD (J.), « De l'originalité de la licence de brevet en tant que louage de chose », *in* Mélanges en l'honneur de J. SCHMIDT-SZALEWSKI, LexisNexis, t. 61, 2014, p. 267.

1- L'exclusivité

522. L'exclusivité est le premier enjeu de la concession. On distingue la licence exclusive de la licence simple. La licence simple ou non exclusive permet au titulaire du bien intellectuel de l'exploiter lui-même tout en autorisant un tiers de jouir en totalité ou en partie du bien. L'ubiquité du bien intellectuel laisse au titulaire la latitude d'accorder sur le bien autant de jouissances qu'il y a de personnes souhaitant l'utiliser[1]. Mais, le titulaire a les coudées moins franches lorsqu'il concède une licence exclusive. Celle-ci a pour effet de limiter l'utilisation du bien intellectuel à un seul concessionnaire. Concrètement, la licence exclusive interdit au concédant de contracter avec d'autres concessionnaires voire d'exploiter lui-même le bien. La clause d'exclusivité doit, sous peine de nullité, s'articuler en des termes respectueux des règles de la concurrence. C'est dire qu'elle ne doit avoir ni pour objet ni pour effet de réduire au-delà du nécessaire la concurrence entre les opérateurs sur le marché. L'alinéa 2 de l'article 40 de l'Annexe I de l'Accord de Bangui relève tout de même que, ne constituent pas des pratiques anticoncurrentielles, les restrictions concernant la mesure, l'étendue ou la durée d'exploitation de l'invention brevetée, ainsi que l'obligation imposée au concessionnaire de s'abstenir de tout acte susceptible de porter atteinte à la validité du brevet.

2- La redevance

523. Le bien intellectuel peut être concédé à titre gratuit ou à titre onéreux. Lorsque le contrat de concession est à titre onéreux, la contrepartie prend le nom de redevance ou *royalty*. Librement déterminée par les parties, la redevance peut être modulée suivant divers critères soit de fixité (redevance fixe, forfaitaire, unique) soit de variabilité (redevance variable, indexée sur le chiffre d'affaires du licencié, etc.). Les taux sont déterminés suivant le jeu du marché. Il revient au fabricant « multi-licencié » d'un produit incorporant des droits de propriété intellectuelle de maîtriser le coût de la technologie eu égard au coût global de production et au prix de vente de son produit fini. Par ailleurs, les parties déterminent les conditions de paiement, de reddition des comptes et éventuellement de contrôle des documents comptables du licencié.

3- La répartition des charges et responsabilités

524. Le contrat de concession met à la charge des parties des obligations relevant du droit commun des baux avec néanmoins des spécificités[2].

a- Les charges et responsabilités du concédant

525. Le concédant a, à sa charge, les mêmes garanties que celles qui incombent au cédant en matière de cession. Ainsi, le donneur de licence doit garantir l'existence du droit de propriété, de même qu'une jouissance paisible et utile

---

[1] BINCTIN (N.), « Marque », *Dalloz, Répertoire de droit commercial*, 2023, n° 447 ; CANLORBE (J.), « Contrefaçon de marque –Usage illicite de marque », *Jcl Marques – Dessins*, 2024, Fasc. 7513.

[2] BURST (J.-J.), *Breveté et Licencié, Leurs rapports juridiques dans le contrat de licence*, Litec, 1970.

pour la durée[1] et le territoire déterminés au contrat. Il garantit que le bien intellectuel lui appartient et n'est pas issu d'une contrefaçon. Les droits de propriété industrielle nécessitant pour leur conservation le paiement régulier des annuités auprès de l'OAPI, il revient au concédant de procéder à ces paiements. Les parties sont libres de stipuler que les annuités seront assumées par le ou les licencié(s). Dans tous les cas, le défaut de paiement s'assimile à un défaut d'entretien pouvant causer la perte du droit de propriété et par ricochet un préjudice certain pour le licencié en raison du trouble de jouissance occasionné. Le défaut d'entretien peut être lié à un rapport déséquilibré entre des redevances faibles et un coût d'entretien élevé. Une solution consiste à prévoir dans le contrat, sur la base d'une territorialité active, un transfert du coût d'entretien à chaque licencié pour le territoire de l'exclusivité dont il bénéficie[2].

526. La garantie doit aussi jouer en cas de transfert des contrats d'exploitation. Il s'agit de l'hypothèse où le concédant, débiteur de garantie, transfère la propriété industrielle à un tiers. Certes, l'article 1237 du Code civil émet une impossibilité de cession en disposant que « l'obligation de faire ne peut être acquittée par un tiers contre le gré du créancier, lorsque ce dernier a intérêt qu'elle soit remplie par le débiteur lui-même ». Mais, en l'occurrence, l'obligation qui pèse sur le concédant est une obligation de ne pas faire à savoir laisser le concessionnaire exploiter paisiblement le bien intellectuel. Il ne devrait donc y avoir aucun obstacle à la réalisation d'un transfert de propriété et de contrats d'exploitation du bien intellectuel. Tout simplement, les contrats de concession préexistants s'imposent au nouvel acquéreur qui doit les poursuivre jusqu'à leur terme. Toutefois, lorsque le contrat de licence comprend des engagements particuliers de la part du concédant, donnant au contrat de concession un caractère *intuitu personae*, le consentement préalable du concessionnaire est nécessaire à ce que la cession lui soit opposable. À défaut de ce consentement, la responsabilité contractuelle du propriétaire concédant peut être engagée. Il semble que la responsabilité du nouvel acquéreur *in solidum* avec le propriétaire puisse être engagée étant donné que sa faute (non-respect d'un droit inscrit grevant le bien) concourt à la réalisation du préjudice subi par le concessionnaire (trouble de jouissance).

527. Sur le terrain de la défectuosité des produits, la complexité des rapports peut être à l'origine de la mise en jeu de la responsabilité aussi bien contractuelle que délictuelle du concédant et du concessionnaire. D'une part, dans les rapports entre ces derniers, la responsabilité contractuelle du concédant peut être engagée en cas de préjudice causé au concessionnaire par le bien. D'autre part, il peut arriver que la défectuosité des produits incorporant le droit de propriété industrielle cause aux tiers des dommages. Il s'agira par exemple de l'atteinte à la santé, à l'intégrité physique ou psychique des personnes ou même de la destruction ou la dégradation des biens. Dans ces cas,

---

1 MARIE (A.), « La clause de durée dans les contrats de licence de marque », *CCE*, 2012, prat. 9.

2 BINCTIN (N.), « Marque », *Dalloz, Répertoire droit commercial*, 2023, n° 451 ; lire aussi PASSA (J.), « Marques et concurrence déloyale », *JCl. Concurrence – Consommation*, 2024, Fasc. 160.

le concédant peut voir sa responsabilité engagée en tant que fabricant des produits et donc gardien de leur structure[1], sur la base de l'article 1384 al. 1er du Code civil de 1804. Cette responsabilité est un prolongement de l'obligation de garantie qui incombe à toute personne ayant procédé à la mise sur le marché d'un produit. Sur la même base de la garde de la structure du produit, la victime agira efficacement en responsabilité contre le concessionnaire qui a apposé le signe distinctif sur le produit défectueux et dont le nom apparaît sur l'étiquetage en tant que fabricant, vendeur, distributeur, titulaire d'une autorisation de mise sur le marché ou exploitant[2].

b- Les charges et responsabilités du concessionnaire

528. En dehors du paiement des redevances, l'article 1728 du Code civil met à la charge du preneur l'obligation « d'user de la chose louée en bon père de famille et suivant la destination qui lui a été donné par [la concession] ». Étant entendu que l'usage des biens intellectuels renvoie à leur exploitation, cette disposition doit être comprise comme mettant à la charge du preneur de licence une obligation d'exploitation. Le concessionnaire est tenu d'exploiter le bien intellectuel. Cette obligation est essentielle dans la mesure où, de l'exploitation du bien intellectuel dépend la sauvegarde du droit exclusif. Ainsi, en matière de brevet, en cas d'exploitation insuffisante de l'invention, le breveté s'expose à un risque de licence obligatoire. En droit des marques, le non-usage peut être sanctionné par la déchéance. D'où son importance dans le contrat de licence de marque. L'usage ou utilisation de la marque consiste pour le concessionnaire à l'apposer sur ses propres produits et à commercialiser ceux-ci ou à identifier son activité sous le signe de la marque.

529. Le concessionnaire remplit légitimement son obligation dès lors qu'il met en œuvre les moyens nécessaires à cette exploitation. Ce qui signifie qu'il n'est tenu à aucune obligation de réussite commerciale. En cas d'inexploitation, le contrat de concession peut être résilié avec réparation du préjudice subi par le concédant si le défaut d'exploitation a causé la perte du droit. Toutefois, le concessionnaire est exonéré de sa responsabilité contractuelle s'il démontre que, malgré sa bonne volonté, l'exploitation n'était pas possible eu égard à la non délivrance ou à l'inexistence du bien intellectuel.

530. L'expression « en bon père de famille » traduit la bonne foi qui doit animer le preneur de licence dans l'exploitation du bien intellectuel. Elle suppose que le preneur de licence exploite personnellement et ne puisse, sauf convention contraire, concéder de sous-licence. L'exploitation peut être assortie du respect de certaines exigences de qualité et de présentation des produits commercialisés sous licence[3]. La bonne foi suppose également que

---

[1] GOLDMAN (B.), « Garde de la structure et garde du comportement », *in Mélanges en l'honneur de Paul ROUBIER*, Dalloz, t. 2, 1961, p. 51.

[2] LAUDE (A.), « La responsabilité des produits de santé », *Recueil Dalloz*, 1999, chron. 189, spéc. p. 191.

[3] AZEMA (J.) et GALLOUX (J.-C.), *Droit de la propriété industrielle*, Dalloz, coll. « Précis », 8e éd., 2017, 1316 p. notamment n° 1739.

l'exploitation demeure dans les limites temporelles et territoriales indiquées dans le contrat. C'est dans ce cadre qu'est circonscrite la responsabilité contractuelle du preneur de licence. Par exemple, la responsabilité contractuelle du preneur de licence peut être engagée lorsqu'il pose des actes de nature à porter atteinte à l'image de marque des produits. En revanche, sa responsabilité délictuelle peut être engagée lorsque son comportement ne s'inscrit plus dans le cadre du contrat. Il en est ainsi lorsque le concessionnaire poursuit l'exploitation du bien intellectuel alors que la durée du contrat a expiré. De même, en matière de marque, peuvent être attaquées pour contrefaçon notamment, l'utilisation de la marque sous une autre forme que celle issue de l'enregistrement, l'exploitation de la marque pour des produits ou services hors du domaine du contrat, l'exploitation de la marque sur un territoire différent de celui de la concession. À la différence du contrat de concession, le contrat de franchise établit un faisceau d'obligations plus complexes.

C-La franchise

531. La franchise est une forme de contrat de processus technologique qui engage deux personnes à savoir le franchiseur et le franchisé. Le franchiseur s'engage à communiquer un savoir-faire au franchisé, à le faire jouir de sa marque et éventuellement à le fournir. En retour, le franchisé s'engage à exploiter le savoir-faire, à utiliser la marque et éventuellement à s'approvisionner exclusivement auprès du franchiseur.

532. La législateur OAPI n'a pas explicitement réglementé le contrat de franchise alors que dans la pratique des affaires, ce type de contrat est bien connu des opérateurs économiques de son espace. Sans doute, a-t-il considéré la franchise comme une forme de contrat de licence de marque. Ou alors l'absence de dispositions expresses de l'Annexe III consacrées au contrat de franchise résulterait de ce que, en l'état actuel du droit de propriété intellectuelle OAPI, le savoir-faire, élément essentiel de la franchise[1], n'est pas identifié comme un bien intellectuel. Quoi qu'il en soit, en vertu de la liberté contractuelle et de la liberté du commerce et de l'industrie, l'exercice de la franchise ne saurait être subordonné à l'existence de sa réglementation, sous réserve du respect des règles de la concurrence. Ce qui nous permet d'étudier ce contrat aux contours complexes à travers les différents types de franchise (1) et les obligations des parties (2).

1- Les différents types de franchise

533. La franchise suppose à la base une licence de marque par laquelle le titulaire de la marque confère à un tiers le droit d'apposer la marque sur ses produits et d'en faire un usage commercial[2]. La licence de marque est nécessaire

---

[1] La Cour de cassation française refuse de qualifier de franchise un contrat qui ne comporterait pas cet élément : Cass. com. 4 juin 2002, *Société BJ c/ Société Anatomia*, n° 99-19.464.

[2] TARDIEU-GUIGUES (E.) et LE GOFFIC (C.), « Exploitation du droit de marque : l'article 714-1 du Code de la propriété intellectuelle », *JCl. Marques - Dessins et modèles,* 2023, Fasc. 7400, § 53 ; AZEMA (J.) et GALLOUX (J.-C.), *op. cit.*, n° 1735.

chaque fois que le tiers identifie ses produits ou services sous la marque d'un autre et qu'il vend ces produits pour son compte[1]. La nullité du droit de marque entraîne *ipso facto* celle du contrat de franchise. L'on distingue la franchise de production de la franchise de distribution.

a- La franchise industrielle ou franchise de production

534. La franchise industrielle désigne un réseau dans lequel le franchisé « fabrique lui-même, selon les indications du franchiseur, des produits qu'il vend sous la marque de celui-ci »[2]. La franchise de production permet donc au franchisé d'élaborer des produits mis au point par le franchiseur qui lui-même, détient un brevet ou, à tout le moins, un savoir-faire pour la réalisation des produits. Le franchisé réitère le savoir-faire du franchiseur afin de fabriquer et commercialiser les produits sous la marque concédée par le franchiseur[3]. Ce contrat apparaît comme un instrument de transfert de technologie.

535. Quel que soit le niveau d'intervention du tiers dans la chaîne de production, il doit obtenir l'autorisation du titulaire de la marque pour entreprendre une quelconque modification du produit initial. Il en est ainsi en cas de conditionnement ou de reconditionnement des produits. Le conditionnement consiste par exemple pour le tiers à acquérir en vrac les produits, à les individualiser et à y apposer la marque lors de la revente. L'exigence d'autorisation se justifie par ce que le titulaire de la marque doit être à même de contrôler l'origine du produit vendu sous son signe[4]. Elle est corrélative à la fonction de garantie d'identité d'origine de la marque. Quant au reconditionnement, il est tout autant illicite lorsque l'opération se déroule sans l'autorisation du titulaire de marque. Comme le relevait fort à propos Eugène POUILLET, « nul autre que le propriétaire ou ceux qu'il autorise ne peut soit reproduire, soit employer la marque. Celui qui achète d'un fabricant un produit avec la marque de ce fabricant n'a qu'un droit de revendre le produit tel qu'il l'a reçu (...), mais lorsqu'il a ouvert l'enveloppe, qu'il a dénaturé ou transformé le produit, quel droit a-t-il de se servir de la marque ? »[5]. Le reconditionnement comme le conditionnement du produit sans autorisation est donc constitutif de contrefaçon. Ces actes constituent une atteinte à l'authenticité des produits et présentent des risques d'altération échappant au contrôle du titulaire de la marque ou du tiers agréé[6].

---

[1] Cass. com. 6 mai 2003, *Sté Miki France*, n° 01-00.515, *RJDA* 2003, n° 1169 ; voir aussi Cass. com. 24 sept. 2003, *Sté Europe Markett office*, n° 01-11.595, *RJDA* 2004, n° 299.

[2] CJCE, 28 janv. 1986, aff. C-161/84, *Pronuptia*, *Rec.* p. 353.

[3] FERRIER (D.), « La franchise industrielle », *CDE*, 1989, n° 1, p. 47 ; KOVAR (R.), « Les licences mixtes de savoir-faire et le droit commun de la concurrence », CDE, 1989, n° 5, p. 1.

[4] CJUE, 15 déc. 2011, *Frisdranken industrie Winters BV c/ Red Bull GmbH*, aff. C-119/10. Dans cette affaire, le juge fait une distinction entre le conditionnement et la confection qui désigne un contrat de prestation de service par lequel une personne se livre au conditionnement, sur la demande le titulaire de la marque, sans avoir acheté les produits qu'il conditionne.

[5] POUILLET (E.), *Traité des marques de fabrique*, éd. Marchal et Billard, 1912, n° 299.

[6] TARDIEU-GUIGUES, (E.) et LE GOFFIC (C.), « Exploitation du droit de marque : l'article L.714-1 du code de la propriété intellectuelle », *op. cit.*, n° 55.

b- La franchise de distribution de produits ou de services

536. La franchise de distribution ou franchise commerciale est un contrat par lequel le titulaire d'un signe distinctif le plus souvent déposé à titre de marque, qui jouit par ailleurs dans un domaine d'une expérience constitutive d'un savoir-faire, concède à une autre personne l'usage de ce signe distinctif et lui communique son savoir-faire en assumant auprès de lui une fonction de conseil et d'assistance commerciale, moyennant, de la part de ce dernier le respect de certains engagements relatifs à l'exploitation de l'activité commerciale et le paiement d'une redevance assise sur son chiffre d'affaires[1]. C'est dire que dans ce type de franchise, « le franchisé se borne à vendre certains produits dans un magasin qui porte l'enseigne du franchiseur »[2]. Le franchisé distribue les produits ou commercialise les services sous une enseigne qui est aussi une marque du franchiseur. La franchise de distribution présente un risque de confusion avec les contrats de distribution voisins et, en particulier, le contrat de concession. Elle s'en distingue cependant du fait de l'existence d'une transmission de savoir-faire et la fourniture d'une assistance par le franchiseur au franchisé. À la différence de la franchise industrielle, le savoir-faire qu'elle suppose ne procède ni d'un mode de fabrication, ni d'une méthode portant sur une prestation de service, mais d'une technique de commercialisation, au sens de l'acte de commerce en droit commercial (achat des biens en vue de leur revente). Ce savoir-faire consiste d'une part à savoir acheter (quantité, qualité des produits, moment opportun de l'achat, etc.), excepté le cas où les produits sont placés en dépôt-vente chez le franchisé et, d'autre part, à savoir vendre (présentation des produits, conseils apportés à la clientèle, aménagement du magasin).

2- Les obligations des parties

537. Le contrat de franchise est plus complexe que la concession de marque. L'on y note un caractère *intuitu personae* plus poussé que dans la concession ordinaire. En plus de la transmission du savoir-faire, il comprend généralement une exclusivité et la fourniture de produits. S'agissant des obligations du franchiseur, il est tenu de fournir une information précontractuelle complète et sincère fondée sur des études de marchés et de rentabilité. Le défaut ou la fausseté de l'information est sanctionné par la nullité du contrat pour vice de consentement du franchisé et la responsabilité délictuelle du franchiseur en raison du préjudice résultant des investissements effectués à perte par le franchisé. Le franchiseur est en outre tenu de développer et entretenir la notoriété de la marque par des campagnes publicitaires. Il doit aussi suivre l'évolution de la concurrence et du marché de manière à suggérer des améliorations et adaptations.

---

[1] FERRIER (D.), *Droit de la distribution*, LexisNexis, 3e éd. 2002, p. 464 notamment n° 669 et s. ; MALAURIE-VIGNAL (M.), « Distribution – Les trois mousquetaires du droit de la distribution », *Contr, Conc. Cons.*, n° 5, 2023, repère 5.

[2] CJCE, 28 janv. 1986, aff. C-161/84, précitée.

538. Quant au franchisé, il est tenu de procéder aux investissements nécessaires au développement de l'établissement franchisé et au maintien de l'identité et la réputation de la franchise. Il doit régler les redevances qui sont en principe indexées sur son chiffre d'affaires[1]. Les redevances peuvent comprendre un droit d'entrée, en contrepartie des services rendus par le franchiseur à l'ouverture et de la communication du savoir-faire. La communication du savoir-faire entraîne une obligation de confidentialité à la charge du franchisé qui doit s'abstenir de divulguer ledit savoir-faire à des tiers ainsi que les autres informations confidentielles auxquelles il a accès durant le contrat. Sur le plan comptable, le franchisé est tenu d'une obligation de transparence de manière à permettre au franchiseur de vérifier ses performances[2]. Cette vérification s'effectue à travers des visites et des contrôles afin de maintenir des standards de qualité sur tout le réseau. Les actes d'exploitation prennent aussi la forme d'un nantissement.

D- Le nantissement des droits de propriété industrielle

539. Le monopole sur une propriété industrielle est conféré à des fins d'exploitation. Celle-ci nécessite généralement des investissements dont le financement peut être garanti par un ou plusieurs biens intellectuels. En effet, la valeur patrimoniale des biens incorporels en général, et des biens intellectuels en particulier, n'est plus à démontrer. Elle se vérifie quant à leur cessibilité et leur capacité à être donnés en garantie. Le patrimoine constitue le gage commun des créanciers et chaque actif le composant doit pouvoir répondre à cette fonction de garantie. Or, des phénomènes contemporains tels que la mondialisation des échanges, les avancées technologiques et la modification de l'activité humaine et industrielle[3], sont à l'origine des mutations du patrimoine qui présente désormais « une physionomie complètement différente, du fait de la dématérialisation de son contenu »[4].

540. Se rendant à l'évidence, le législateur OHADA a, lors de la réforme de l'Acte uniforme portant organisation des sûretés (AUS) en 2010, plus ou moins corrigé l'inconfort juridique des biens incorporels en matière de garantie. Dans une approche plus cohérente, le texte abandonne des archaïsmes terminologiques[5] que l'on retrouve cependant dans les Annexes de l'Accord de

---

[1] CA Bordeaux, 14 sept. 2010, n° 09/00546 ; CA Paris, 4 mai 2016, n° 15/10674, *AJCA* 2016, p. 441 ; pour la doctrine : TARDIEU-GUIGUES (E.) et LE GOFFIC (C.), « Exploitation du droit de marque : l'article L.714-1 du CPI », *JCl. Marques – Dessins et modèles*, Fasc. 7400, 2023.

[2] LACHACINSKI (T.), *Les contrats d'exploitation des actifs de propriété intellectuelle*, Atelier sous-régional, thème 12, Abidjan, 31 mai – 2 juin 2016, pp. 2 et s.

[3] GIDROL-MISTRAL (G.), *Les biens et l'immatériel*, Journées espagnoles 2014, Association Henri Capitant, Québec, p. 2. Pour une application en droit public, lire : MALWÉ (C.), « Propriétés publiques immatérielles », *JCl. A.*, 2019, Fasc. 410, § 26 ; YOLKA (P.), « Domaine/Patrimoine – Domaine public immatériel : Share ? Libres propos », *JCP A.*, n° 47, 2023, comm. 686.

[4] MIENDJIEM (I. L.), « Préface » *in* ASSONTSA (R.) et TINKE (C.), *L'immatériel et le droit OHADA des saisies*, L'Harmattan, 2017, p. 7.

[5] KALIEU ELONGO (Y. R.), « Gage » *in* POUGOUE (P.G.), (dir.), *Encyclopédie du droit OHADA*, Yaoundé, Lamy, 2011, p. 887.

Bangui malgré sa révision en 2015 à Bamako[1]. Ainsi, retenant le nantissement comme la sûreté appliquée aux biens incorporels (à la différence du gage qui est une sûreté sur des meubles corporels), l'AUS le définit comme « l'affectation d'un bien meuble incorporel ou d'un ensemble de biens meubles incorporels, présents ou futurs, en garantie d'une ou plusieurs créances, présentes ou futures, à condition que celles-ci soient déterminées ou déterminables »[2]. Sont ainsi susceptibles d'être nantis les créances[3], le compte bancaire, les droits d'associés[4], les valeurs mobilières et comptes de titres financiers, le fonds de commerce ainsi que les droits de propriété intellectuelle. L'approche globale adoptée par le législateur OHADA ne doit pas éluder le régime spécifique du nantissement des droits de propriété industrielle observable dès sa constitution (1) et même après (2).

1- La constitution du nantissement des droits de propriété industrielle

541. Le nantissement des droits de propriété industrielle obéit au formalisme développé précédemment à l'effet de la validité et de l'opposabilité de l'acte. La convention constitutive de sûreté doit être stipulée par écrit. Cet écrit est exigé en vue de la validité du nantissement c'est-à-dire de l'efficacité de l'acte entre les parties. L'acte doit, « à peine de nullité », honorer le principe de la spécialité des sûretés en indiquant avec précision la désignation des parties, l'assiette de la sûreté, le montant, la durée et l'échéance de la créance garantie. Les parties concernées sont le créancier, le débiteur et le constituant si celui-ci n'est pas le débiteur. Cette désignation n'est pas saugrenue, car le constituant doit être le titulaire du bien intellectuel nanti en vertu de l'adage *« nemo dat quod non habet ».*

542. Quant à l'assiette, il est nécessaire de déterminer exactement sur quoi porte le nantissement. Il est important de distinguer selon que le nantissement porte sur le droit de propriété industrielle ou sur les supports matériels. Dans ce dernier cas, il pourrait s'agir notamment du matériel ou des stocks dont le nantissement obéit dans les deux cas à un régime particulier. L'assiette du nantissement peut être constituée de « tout ou partie des droits de propriété intellectuelle existants ou futurs »[5] du constituant. Ce qui permet aux parties d'éviter de nouveaux frais de constitution et de faire prendre rang à la sûreté immédiatement[6]. Toutefois, les droits « futurs » offerts en garanties doivent être déterminés ou, à tout le moins, déterminables. C'est dire qu'ils doivent avoir un commencement d'existence permettant de s'assurer de leur certitude. Une

---

[1] Notamment art. 36 de l'annexe I et 30 de l'annexe III qui emploie le terme inadapté de « *gage* » s'agissant respectivement d'une sûreté sur le brevet et sur la marque.

[2] Art. 125 de l'Acte uniforme portant organisation des sûretés (AUS) du 15 décembre 2010.

[3] AYNES (A.), « Nantissement de créance - Le créancier nanti sur créance et titres financiers face aux procédures collectives », *Revue des procédures collectives civiles et commerciales*, n° 5, 2022, comm. 34.

[4] Toutefois, les parts sociales des sociétés coopératives sont insaisissables et ne peuvent faire l'objet d'un nantissement (art. 222 de l'Acte uniforme du 15 décembre 2010 relatif au droit des sociétés coopératives).

[5] Art. 156 de l'AUS.

[6] YONDO BLACK (L.) et *al.*, *Le nouvel acte uniforme portant organisation des sûretés. La réforme du droit des sûretés de l'OHADA*, Pierre CROCQ (dir.), éd. Lamy, 2012, n° 37, 406 p. notamment p. 48.

sûreté peut donc être constituée sur un droit de propriété industrielle pour lequel une demande d'enregistrement a été déposée à l'OAPI. Des auteurs en déduisent qu'à la vérité, il ne s'agit pas de droits futurs, mais de droits provisoires, les droits issus des demandes déposées naissant à compter du jour du dépôt de la demande de délivrance du titre[1].

543. L'opposabilité du nantissement des droits de propriété industrielle nécessite une double inscription au RCCM et au registre spécial du droit nanti tenu à l'OAPI. Cette exigence est prescrite concomitamment par l'AUS et les Annexes de l'Accord de Bangui sans que l'on ne puisse clairement déceler la conséquence d'une inscription à l'un seulement des deux registres. La doctrine interprète comme obligatoire et complémentaire l'inscription dans chacun des registres[2]. L'AUS met en exergue cette complémentarité en mettant un accent sur le caractère principal de l'inscription au RCCM[3].

2- Les issues du nantissement des droits de propriété industrielle

544. Le nantissement est une forme de gage sans dépossession[4]. Ce qui signifie qu'avant sa réalisation ou son extinction, la conservation du droit de propriété industrielle incombe au constituant qui doit exploiter le bien intellectuel, car « une propriété intellectuelle ne conserve sa valeur qu'autant qu'elle est exploitée et de façon suffisante »[5]. Il doit également accomplir tous les actes nécessaires à la sauvegarde du bien intellectuel et s'abstenir de toute action ou omission de nature à dégrader la valeur du bien. Il est notamment tenu de s'acquitter des annuités ainsi que des renouvellements de l'enregistrement auprès de l'OAPI et de diligenter les poursuites des atteintes au bien intellectuel. Sauf convention contraire, il perçoit les accessoires et les fruits résultant de l'exploitation du droit de propriété industrielle.

545. La fin de vie du nantissement du droit de propriété industrielle peut consister en une réalisation ou en une extinction. La réalisation du nantissement s'opère soit par cession forcée soit par attribution en propriété. Suivant le premier procédé, le créancier nanti muni d'un titre exécutoire, qui n'a pas reçu de paiement à l'échéance, peut faire procéder à la cession forcée du droit de

---

[1] MARTIAL (N.), *Droit des sûretés réelles sur propriété intellectuelle*, Presses universitaires D'Aix Marseille, coll. « Institut de droit des affaires », 2007, n° 110, p. 91 ; MARTIAL (N.), « La conjugaison du droit des sûretés réelles au temps des propriétés intellectuelles », *Revue Lamy Droit de l'Immatériel*, 2005, p. 69 ; STENGER (J.-P.), « Le gage des droits de propriété intellectuelle », *RD propr. Intell.*, n° 61, 1995, p. 12.

[2] BAKAM TITGOUM (N. J.) « *Le nantissement des marques de produits ou de services : Le législateur OHADA à l'épreuve de l'immatérialité* », Les Cahiers de la propriété intellectuelle, vol. 28, n° 3, 2016, p. 601 ; KABRE (W. D.), « *Étude critique du nantissement des droits de propriété intellectuelle en droit OHADA* », Publications du CAMES, vol. 1, n° 1, 2014, p. 152.

[3] Art. 160 de l'AUS.

[4] MIENDJIEM (I. L.), « Nantissement », *in* POUGOUE (P.G.), (dir.), *Encyclopédie du droit OHADA*, Yaoundé, Lamy, 2011, n° 123-124, p. 1160.

[5] MESTRE (J.), BILLIAU (M.) et PUTMAN (E.), *Traité de droit civil. Droit spécial des sûretés réelles*, LGDJ, 1996, n° 974, pp. 415-416 ; LUCAS (A.) et MACREZ (F.), « Droit d'auteur. Nantissement du droit d'exploitation de logiciel », *JCl. Propriété littéraire et artistique*, 2021, Fasc. 1360.

propriété industrielle, huit jours après sommation faite au constituant. En l'absence de dispositions de l'Acte uniforme portant organisation des procédures simplifiées de recouvrement et des voies d'exécution (AUPSRVE), spécifiques à la cession des droits de propriété intellectuelle, il s'avère indispensable de raisonner par analogie en adaptant au besoin ses dispositions relatives à la saisie des autres biens incorporels tels que les créances, rémunérations et droits d'associés[1]. Cet autre vide juridique appelle à une réforme de l'AUPSRVE.

546. Dans le cadre de l'attribution en propriété, le créancier peut faire ordonner par la juridiction compétente que le bien intellectuel lui soit attribué en paiement jusqu'à due concurrence du solde de sa créance et d'après estimation suivant les cours ou à dire d'expert. C'est dire que l'attribution en propriété du droit nanti est de nature judiciaire. Elle ne peut être conventionnelle. En matière de nantissement, le législateur OHADA n'a prévu de pacte commissoire que s'agissant du nantissement qui porte sur une somme d'argent ou un bien dont la valeur fait l'objet d'une cotation officielle. Le choix du législateur se justifie par ce que, l'idéal étant « de tendre vers une parfaite équivalence des valeurs soustraites au patrimoine du débiteur et la valeur obtenue destinée en priorité à ses créanciers »[2], la valeur des droits de propriété intellectuelle est d'estimation délicate et donc nécessite l'intervention du juge. L'intervention du juge est impérative en cas d'ouverture d'une procédure collective à l'encontre du débiteur. Cet événement suspend ou interdit le droit de tout créancier gagiste ou nanti. L'interdiction vise à apurer le passif du débiteur et à prévenir la cessation des paiements ou la cessation des activités s'il s'agit d'un règlement préventif[3]. Elles permettent aussi d'éviter que les créanciers ne s'arrachent l'actif dans le désordre de poursuites anarchiques mais aussi de garantir un traitement égalitaire à tous les créanciers[4].

547. Le nantissement peut tout simplement s'éteindre, par voie principale ou par voie accessoire. La première hypothèse est celle de la renonciation du créancier et de la disparition du droit de propriété intellectuelle. D'une part, le créancier nanti peut renoncer volontairement à son droit sur le bien intellectuel. Il est alors procédé à une main levée du nantissement. Cette main levée doit être constatée par écrit[5] et faire l'objet d'une inscription en marge de

---

[1] ASSONTSA (R.) et TINKE (C.), *L'immatériel et le droit OHADA des saisies*, L'Harmattan, 2017, p. 37.

[2] NJEUFACK TEMGWA (R.), « Réflexion sur les procédés alternatifs de réalisation des sûretés réelles conventionnelles en droit OHADA », *Juridis périodique*, n° 92, 2012, p. 109 ; LIKILLIMBA (G.-A.), « L'agent des sûretés en droit OHADA », *RTD com.*, 2012, p. 475.

[3] Voir DECKON (K. F.) et AGBENOTO (K. M.), « Règlement préventif », *in* POUGOUE (P. G.) (dir.), *Encyclopédie du droit OHADA*, Lamy, 2011, n° 1, pp. 1547 et s.

[4] DECKON (K. F.) et AGBENOTO (K. M.), « Redressement judiciaire : concordat de redressement », *in* POUGOUE (P. G.) (dir.), *Encyclopédie du droit OHADA*, Lamy, 2011, n° 47 à 53, pp. 1461-1462 ; NANDJIP MONEYANG (S.), « Réflexion sur l'égalité des créanciers dans les procédures collectives OHADA », *Revue des procédures collectives civiles et commerciales*, n° 4, 2010, pp. 24-35.

[5] Article 26 al. 2 de l'Annexe III de l'Accord de Bangui.

l'inscription initiale au RCCM[1] ainsi qu'au registre spécial correspondant auprès de l'OAPI. D'autre part, le nantissement s'éteint lorsque le droit de propriété industrielle disparait soit qu'il a expiré, soit qu'il a été annulé ou radié par une décision judiciaire définitive.

548. Par voie accessoire, le nantissement s'éteint si la créance qu'il garantit s'est elle-même éteinte, le débiteur s'étant acquitté volontairement de la totalité de sa dette à l'échéance convenue. En dehors du paiement, principal mode d'exécution des obligations, l'extinction du nantissement peut également résulter des autres causes d'extinction de l'obligation garantie telles que la compensation, la remise de dette, la confusion, la dation en paiement. Le bien intellectuel nanti est généralement envisagé comme devant consister en un droit de propriété industrielle. Mais, certains textes nationaux prévoient explicitement que le nantissement peut porter sur les droits d'auteur.[2].

§ 3. Les contrats spécifiques au droit d'auteur

549. Le domaine du droit d'auteur offre la possibilité de conclure un large éventail de contrats de prestation de service. Un contrat de prestation de service est une convention par laquelle une personne, le prestataire, s'engage envers une autre, le bénéficiaire, à exécuter une activité donnée moyennant rémunération. Il a donc essentiellement pour objet une obligation de faire. Il pourra s'agit d'un contrat d'entreprise (encore appelé contrat de louage d'ouvrage) si la personne qui s'engage à fournir son travail ou son industrie est un entrepreneur avec pour particularité l'absence de lien de subordination. Le droit spécial des contrats d'auteur repose sur une philosophie de protection élevée de l'auteur, supposé être la partie faible face à son cocontractant intéressé à l'exploitation de son œuvre[3]. Cette philosophie traduite par la maxime d'interprétation « *in favorem auctoris* » a été érigée en principe général du droit d'auteur par la doctrine[4]. Ce principe qui n'a pas expressément reçu une telle désignation dans les textes applicables aux contrats d'auteur[5] (A) connaît néanmoins des atténuations jurisprudentielles en matière de contrats d'exploitation d'œuvre d'art appliqué (B).

---

[1] Article 62 de l'Acte uniforme OHADA du 15 décembre 2010 portant organisation des sûretés (AUS).

[2] D'après l'article 80 de la loi ivoirienne n° 2016-555 du 26 juillet 2016 relatif au droit d'auteur et aux droits voisins, « Les droits patrimoniaux de l'auteur d'une œuvre de l'esprit (...) peuvent faire l'objet d'un nantissement conformément aux dispositions de la législation en vigueur ».

[3] LUCAS (V. A.), *Traité de droit de la Propriété Littéraire et Artistique,* Litec, 3e éd., 2006, p. 434, n° 570 : « le législateur prend le parti de l'auteur, réputé le plus faible, contre son partenaire ».

[4] Voir VIVANT (M.) et BRUGUIERE (J.-M.), *Droit d'auteur et droits voisins*, 4e éd., Dalloz, 2019, n° 752 ; POLLAUD-DULIAN (F.), *Le droit d'auteur,* 2e éd., Economica, 2014, n° 66 et s. ; GAUTIER (P.-Y.) et BLANC (N.), *Droit de la propriété littéraire et artistique*, LGDJ, coll. « Droit civil », 1re éd., 2021, n° 610 ; DAVERAT (X.), *Droit de la propriété littéraire et artistique*, éd. Bréal, coll. « Lexifac », 2011, pp. 17 et s.

[5] MAFFRE-BAUGE (A.), « Libres propos autour de l'interprétation des contrats d'auteur », *in Penser le droit de la pensée, Mélanges en l'honneur de Michel Vivant*, Dalloz, coll. « Études, Mélanges, Travaux », 1re éd., 2020, 1008 p. notamment p. 261.

A-Les contrats d'exploitation des droits d'auteur

550. Un contrat d'exploitation de droits d'auteur est un contrat par lequel l'auteur transmet un ou plusieurs droits patrimoniaux ou autorise leur exploitation. Les contrats d'auteur sont régis par les dispositions de l'annexe VII de l'Accord de Bangui et celles des textes nationaux dont la *ratio legis* est à dominance *in favorem auctoris*. Ainsi, le droit moral de l'auteur est exclu du domaine du contrat en raison de son caractère inaliénable et, l'auteur même ne peut faire fléchir cette règle par renonciation, car il s'agit d'un principe d'ordre public. En outre, les textes instituent un formalisme contractuel duquel se dégage le visage d'un droit globalement fondé sur un ordre public de protection en faveur de l'auteur. Ce qui laisse à la liberté contractuelle la portion congrue. Il suffit, pour s'en convaincre, d'examiner les contrats prévus par le législateur (1) desquels ressort un régime propre (2).

1- Les contrats d'auteur nommés

551. En droit des contrats, divers critères permettent de classifier les contrats afin d'en déterminer le régime juridique. Suggérée par l'article 1107 de Code civil, la distinction contrats nommés – contrats innommés consiste à ranger dans une même classe les contrats prévus et réglementés par le législateur et dans une autre classe ceux qui n'ont pas de nom parce que le législateur ne leur en a pas donné un et *a fortiori* ne les a pas réglementés[1]. L'intérêt de cette distinction transparaît en cas de prévisions contractuelles insuffisantes ou de qualification inexacte du contrat par les parties. Il revient alors au juge de rechercher la véritable qualification pour appliquer au contrat litigieux les règles supplétives prévues à cet effet.

552. En règle générale, le contrat d'auteur peut avoir pour objet la cession ou la licence des droits d'exploitation. Il existe néanmoins des contrats spéciaux d'auteur. Les principaux contrats d'auteur sont : le contrat de représentation, le contrat d'édition et le contrat de production audiovisuelle[2]. L'on remarque que le législateur OAPI les a prévus de façon sommaire en oubliant parfois d'indiquer les obligations des titulaires de droits d'auteur. Cette omission est toutefois comblée par les textes nationaux y relatifs.

---

[1] L'alinéa 1 de l'article 1107 du Code civil de 1804 stipule que « les contrats, soit qu'ils aient une dénomination propre, soit qu'ils n'en aient pas, sont soumis à des règles générales qui sont l'objet du présent titre ». D'autres critères de distinction intéressent tout autant les contrats d'auteur tels que la distinction fondée sur les parties aux contrats (l'une des parties au moins doit être auteur de l'œuvre, la jurisprudence excluant les contrats conclus entre exploitants (Cass. civ. 1er, 13 oct. 1993, *Perrier*, *D.* 1994, Jur. p. 166, note P.-Y. Gautier ; *ibid.* Somm. p. 280, obs. T. Hassler ; *RTD com.* 1994, p. 272, obs. A. Françon), la distinction fondée sur la négociation des contrats (contrats d'adhésion et contrats négociés) ; lire GUILLEMAIN (M.), « Droit d'auteur. Contrat d'exploitation ». *J-Cl. Contrats – Distribution*, LexisNexis, Fasc. 3350, 2016.

[2] L'on pourrait aussi énumérer le contrat de commande qui désigne le contrat par lequel un commanditaire demande à un auteur créateur de réaliser une œuvre : commande d'une affiche, de photos à réaliser, etc. ; HASSLER (T.), « Contrat de publicité », *Répertoire IP/IT et communication*, 2022, § 32.

a- Le contrat de représentation

553. Le contrat de représentation est celui par lequel l'auteur d'une œuvre de l'esprit ou ses ayants droit autorisent une personne physique ou morale à représenter ladite œuvre à des conditions qu'il détermine. Le contrat de représentation est conclu pour une durée limitée et pour un nombre déterminé de communication au public avec cette précision qu'il ne confère aucun monopole à l'entrepreneur de spectacle (sauf stipulation expresse de droit exclusif). En revanche, le contrat général de représentation est la convention par laquelle l'organisme de gestion collective confère à une personne physique ou morale la faculté de représenter, pendant la durée du contrat, les œuvres actuelles ou futures constituant le répertoire dudit organisme, aux conditions déterminées par cet organisme, par l'auteur ou ses ayants droit.

554. Le contrat de représentation étant un contrat synallagmatique, les parties ont des obligations réciproques. Bien que cela ne soit pas précisé par les textes, le titulaire du droit d'auteur a l'obligation de garantir à l'entrepreneur de spectacle l'exercice paisible des droits accordés. Cette obligation est davantage affirmée lorsque le contrat de représentation comporte une clause d'exclusivité. Quant à l'entrepreneur de spectacle, il a l'obligation de déclarer à l'auteur, à ses ayants droit ou à l'organisme de gestion collective habilité, le programme exact des représentations ou exécutions publiques. Il est tenu de leur fournir un état justificatif de ses recettes et de leur régler aux échéances prévues le montant des redevances stipulées. Il ne peut transférer le contrat sans le consentement écrit de l'auteur ou de son représentant. Le contrat de représentation prend fin, soit au terme prévu au contrat, soit en cas d'interruption prolongée des représentations[1].

b- Le contrat d'édition

555. Le contrat d'édition est une convention par laquelle l'auteur d'une œuvre ou ses ayants droit cèdent, à des conditions déterminées, à l'éditeur le droit de fabriquer ou de faire fabriquer en nombre suffisant des exemplaires de l'œuvre à charge pour ce dernier d'en assurer la publication et la diffusion. Le contrat d'édition impose à l'auteur et à l'éditeur des obligations réciproques fondées sur la loyauté et la bonne foi. Il prend fin notamment lorsque l'éditeur procède à la destruction totale des exemplaires de l'œuvre. Il peut être résilié de plein droit lorsque, sur mise en demeure du titulaire du droit d'auteur lui impartissant un délai d'épuisement, l'éditeur n'a pas procédé à la réédition. Il existe une hypothèse de résiliation partielle. Tel est le cas lorsque le décès ou la dissolution du titulaire du droit d'auteur intervient alors que l'œuvre est inachevée. Pour cette partie non terminée, en l'absence d'accord entre l'éditeur et les ayants droit ou ayants cause du titulaire, le contrat est résilié.

---

[1] L'article 73 de la loi ivoirienne n° 2016-555 du 26 juillet 2016 précitée précise en son alinéa 2 que « l'interruption des représentations pendant deux années consécutives met fin de plein droit au contrat ».

556. Le contrat d'édition doit être distingué d'autres formes de contrats qui, bien qu'ils engagent les mêmes parties, ne partagent cependant pas de commune nature. Il s'agit du contrat à compte d'auteur et du contrat de compte à demi. Le contrat à compte d'auteur est une convention en vertu de laquelle l'auteur d'une œuvre de l'esprit (ou son ayant droit) confie à l'éditeur, moyennant une rémunération convenue, la charge de fabriquer en nombre, dans la forme et suivant les modes d'expression déterminés au contrat, des exemplaires de l'œuvre et d'en assurer la publication et la diffusion, l'opération se faisant aux frais, risques et bénéfices de l'auteur. Le contrat à compte d'auteur constitue un louage d'ouvrage régi par la convention des parties, les usages et les dispositions des articles 1787 et suivants du Code civil. S'agissant du contrat de compte à demi, c'est celui dans lequel l'auteur ou ses ayants droit chargent un éditeur de fabriquer, à ses frais et en nombre, des exemplaires de l'œuvre dans la forme et suivant les modes d'expression déterminés au contrat et d'en assurer la publication et la diffusion moyennant l'engagement réciproquement contracté de partager les bénéfices et les pertes d'exploitation dans la proportion prévue. Le contrat de compte à demi constitue une association en participation régie par la convention des parties et les usages[1].

c- Le contrat de production audiovisuelle

557. Encore nommé dans la pratique « contrat de cession de droits d'adaptation », le contrat de production audiovisuelle est une convention par laquelle une ou plusieurs personnes physiques s'engagent, moyennant rémunération, à créer une œuvre audiovisuelle pour une personne physique ou morale dénommée producteur, qui prend l'initiative et la responsabilité de la réalisation de ladite œuvre. Le contrat conclu entre le producteur d'une œuvre audiovisuelle et les coauteurs de cette œuvre, autres que les auteurs des œuvres musicales qui y sont incluses, emporte cession au producteur des droits exclusifs d'exploitation de l'œuvre. Les coauteurs conservent toutefois leurs droits graphiques et théâtraux et leur droit d'exploiter séparément leurs contributions, dans la mesure où une telle exploitation n'est pas de nature à faire concurrence à celle de l'œuvre d'ensemble.

558. Les coauteurs et le producteur ont des obligations réciproques. D'une part, les coauteurs garantissent au producteur l'exercice paisible des droits cédés. D'autre part, le producteur a l'obligation d'assurer à l'œuvre audiovisuelle une exploitation conforme aux usages de la profession et de fournir au moins annuellement aux coauteurs un état des recettes provenant de l'exploitation de l'œuvre selon chaque mode d'exploitation. Tout transfert de l'œuvre audiovisuelle sur un autre type de support en vue d'une autre exploitation doit être précédé de l'accord du réalisateur.

559. Certaines règles sont prévues en faveur de la survie du contrat. Ainsi, à la différence de l'éditeur, le producteur jouit du droit de faire terminer une contribution laissée inachevée par un co-auteur, soit par suite d'un refus, soit

[1] En droit français, le contrat dit à compte d'auteur est prévu à l'article L. 132-2 du CPI.

par suite d'un cas de force majeure. De même, le redressement judiciaire du producteur n'entraîne pas la résiliation du contrat de production audiovisuelle. La rémunération des auteurs est due pour chaque mode d'exploitation suivant le principe de la proportionnalité.

2- Le régime des contrats d'exploitation de droits d'auteur

560. Le contrat d'auteur est un contrat synallagmatique qui implique une réciprocité des obligations. Il est commutatif en raison de l'équilibre des prestations : le transfert par l'auteur des droits sur l'œuvre et le paiement du prix par le cocontractant. Le contrat d'auteur est gouverné par le consensualisme mais la volonté des parties est assortie de certaines conditions de fond et de forme dont dépend la validité du contrat.

a- Sur la forme

561. L'écrit est exigé à peine de nullité pour les contrats de cession de droits patrimoniaux ou de licence, y compris par voie électronique[1]. Il s'agit bien d'une exigence *ad validitatem* qui s'applique à toute convention transférant l'exploitation de l'œuvre à une personne autre que le premier titulaire du droit d'auteur. Sont évidemment concernés les contrats de représentation, d'édition, de production audiovisuelle et les actes relatifs aux autorisations gratuites d'exécution mais également les contrats de transfert de droits d'exploitation des créations utilitaires en vertu du principe de l'unité de l'art. À défaut d'écrit, la sanction est en principe la nullité de l'accord. Mais, la jurisprudence ne la prononce pas automatiquement. Exceptionnellement, elle admet la preuve de l'aveu extrajudiciaire. Par ailleurs, en pratique, certains accords ne sont pas forcément passés par écrit. C'est par exemple le cas d'un photographe contacté par une personne pour filmer un événement donné. En général, il n'y aura ni contrat écrit, ni contrat électronique mais une facture. Celle-ci devrait suffire à démontrer l'existence du contrat. Bien que le législateur OAPI ne le précise pas, la date de conclusion du contrat devrait être celle à laquelle l'acceptation manifestée est parvenue au pollicitant. Il pourra s'agir suivant le cas de l'acceptation par l'auteur ou par l'entreprise avec laquelle il aura contracté.

562. En ce qui concerne le contenu du contrat, il est soumis à une exigence de distinction de la nature des droits, de leur étendue et destination ainsi que l'étendue de la cession. Concrètement, la transmission des droits de l'auteur est subordonnée à la condition que chacun des droits cédés fasse l'objet d'une mention distincte dans l'acte de cession et que le domaine d'exploitation des droits cédés soit délimité quant à son étendue et à sa destination, quant au lieu et quant à la durée. L'étendue de la cession peut varier selon ce que souhaitent les parties. La cession peut porter sur tout ou partie des droits patrimoniaux. Les parties peuvent décider de limiter l'étendue des droits cédés. Dans ce cas, les droits non expressément cédés par l'auteur lui sont réservés. Lorsque la

[1] Art. 42 de l'annexe VII de l'Accord de Bangui ; art. 22 de la loi camerounaise n° 2000/011 du 19 décembre 2000 précitée, art. 56 de la loi ivoirienne n° 2016-555 du 26 juillet 2016 précitée.

cession est totale, sa portée est limitée aux modes d'exploitation prévus dans le contrat. Un exemple : en 1975, un contrat est conclu entre un musicien et un producteur. Internet n'existant pas à cette époque et encore moins la téléphonie mobile, l'auteur ne peut avoir cédé les droits d'exploitation par ces canaux. Lesdits droits demeurent donc dans le patrimoine de l'auteur ou des héritiers et leur cession est subordonnée à un écrit distinct.

563. Dans le cas d'une cession portant sur des droits d'adaptation audiovisuelle, le contrat doit faire l'objet d'un écrit distinct de celui relatif à l'édition proprement dite de l'œuvre imprimée. La transmission est limitée aux droits expressément mentionnés dans l'acte. Le défaut de mention du lieu d'exploitation est considéré comme limitant l'autorisation au pays dans lequel elle est accordée et au mode d'exploitation nécessaire à sa destination.

564. Le respect des exigences relatives aux modalités du contrat d'auteur rend indispensable la forme écrite. Le contrat s'interprète strictement et en faveur de l'auteur. D'après une jurisprudence ancienne : « la réalité d'une convention de cession du droit d'auteur ne peut être admise que si elle résulte d'éléments précis ne pouvant laisser subsister aucun doute à son sujet ; que cette exigence très stricte est imposée par les nécessités de la protection du droit d'auteur, lequel est lié à la personnalité du créateur de l'œuvre »[1]. Donc, lorsque le doute est permis, l'interprétation se fait en faveur de l'auteur[2]. Mais, l'interprétation *in favorem auctoris* est mise de côté lorsque les stipulations sont non équivoques. En d'autres mots, en cas d'incertitude, le juge optera pour la cession de moindre étendue et la dépossession la moins grande pour l'auteur. La doctrine en déduit que « le droit d'auteur est un droit retenu »[3] c'est-à-dire que tout ce qui n'est pas cédé par l'auteur est automatiquement conservé par lui.

b- Sur le fond

565. L'exigence du consentement préalable de l'auteur présente un caractère fondamental. Le consentement peut être explicite ou implicite. En cas de consentement implicite, le cocontractant doit pouvoir prouver que l'auteur a été effectivement informé de la future utilisation de son œuvre et des moyens mis à sa disposition en vue de l'interdire s'il le souhaite. La Cour de cassation a annulé un arrêt d'une Cour d'appel pour avoir admis que l'échange d'un devis suivi de factures suffisaient à caractériser la conclusion d'un contrat de cession de droit d'auteur en matière publicitaire « sans qu'un accord ait pu être trouvé sur les conditions générales destinées à définir la portée de la cession »[4]. De même,

---

[1] CA Paris, 2 mai 1975, *JCP* 1979, II 19119, obs. R. Leduc.

[2] BOISSON (A.), « Le principe d'interprétation *in favorem auctoris* des contrats d'auteur » *in Les principes en droit de l'entreprise*, MOUSSERON (P.) (dir.), Institut des Usages, coll. « Droit des usages », 2023, pp.163-172 spéc. p. 165.

[3] GAUTIER (P.-Y.) et BLANC (N.), *op. cit.*, n° 275. Dans le même sens : BINCTIN (N.), *Droit de la propriété intellectuelle*, LGDJ, coll. « Manuels », 7e éd., 2022, 1236 p. notamment n° 1148.

[4] Cass. civ. 1er, 4 oct. 2017, *F-D, X c/ Sté Chapon*, n° 16-10.411, *D.* 2018, p. 1566, obs. J.-C. Galloux et P. Kamina ; *Dalloz IP/IT* 2018, p. 185, obs. J. Daleau ; *RTD com.* 2017, p. 906, obs. F. Pollaud-Dulian ; *RLDI* 2017, p. 5089, obs. L. Costes ; *RTD civ.* 2018, p. 100, obs. H. Barbier.

conformément au droit commun, en cas d'incapacité de l'auteur, le consentement doit être exprimé par son représentant légal.

566. Le législateur OAPI pose clairement l'interdiction de la cession globale des œuvres futures en l'assortissant de la sanction de nullité[1]. Ce qui peut constituer une gêne considérable pour l'entreprise souhaitant disposer des droits d'exploitations d'un auteur, que celui-ci soit l'un de ses employés ou un intervenant extérieur auquel elle a pris l'habitude de passer commande. Sur le plan pratique, il conviendra de prévoir des actes de cession réitératifs pour chacune des œuvres sur lesquels l'entreprise entend pouvoir disposer des droits d'exploitation.

567. En revanche, les législations nationales sur le droit d'auteur et les droits voisins admettent l'éventualité d'un pacte de préférence entre l'auteur et l'éditeur pour un nombre déterminé d'œuvres à venir[2]. Elles limitent cette possibilité pour chaque genre à cinq ouvrages nouveaux à compter de la signature du contrat d'édition conclu pour la première œuvre, ou à la production de l'auteur réalisée dans un délai de cinq ans, à compter de la même date. Des réflexions doctrinales ont été menées sur la possibilité de mettre en place ce type de conventions en dehors du contrat d'édition en s'appuyant sur la réforme française du droit des obligations qui intègre désormais le pacte de préférence en droit commun[3]. Pour certains auteurs, la réforme ne permet pas de légitimer la mise en place de telles conventions, car en vertu du principe « *specialia generalibus derogant* », les dispositions spéciales applicables au contrat d'édition dérogent aux dispositions générales[4]. D'autres adoptent une position opposée en soutenant qu'il est possible de concevoir que les clauses de préférence soient admises dans tous les types de contrats, y compris les contrats de cession de droit d'auteur, les dispositions spécifiques au contrat d'édition y demeurant applicables. Ils justifient ce choix par la raison d'être du pacte de préférence dans le contrat d'édition qui est que « celui qui a investi dans les travaux de l'auteur et lui a fait confiance soit autorisé à amortir ses mises de fonds, en s'assurant une exclusivité sur ses œuvres futures, plutôt que voir son « poulain » aller contracter à meilleur prix avec d'autres, qui n'auront qu'à tirer les marrons du feu »[5]. Il devrait en être de même toutes les fois qu'un industriel a effectué des investissements pour financer les premiers travaux d'un *designer* ; il devrait pouvoir retirer au moins pendant un certain temps un retour sur investissements par le biais d'une telle clause.

---

[1] Art. 43 de l'annexe VII de l'Accord de Bangui : « La cession globale des œuvres futures est nulle ».

[2] Il s'agit notamment de l'article 65 de la loi ivoirienne n° 2016-555 du 26 juillet 2016 relatif au droit d'auteur et aux droits voisins ; art. 48 de la loi camerounaise n° 2000/011 du 19 décembre 2000 précitée.

[3] Nouvel article 1123 du Code civil français introduit par l'ordonnance n° 2016-131 du 10 février 2016, portant réforme du droit des contrats, du régime général et de la preuve des obligations.

[4] MARECHAL (C.), « L'incidence de la réforme du droit des contrats sur les contrats d'exploitation des droits d'auteur », *Comm. com. électr.* 2016, étude 11, n° 3.

[5] GAUTIER (P.-Y.), *Propriété littéraire et artistique*, PUF, coll. « Droit fondamental », 10e éd., 2017, n° 507, p. 546.

568. La rémunération de l'auteur est une composante importante du contrat de cession de droits. Les textes nationaux en la matière prévoient que le droit d'auteur est cessible à titre gratuit ou onéreux[1]. Mais, le contrat de cession de droits d'auteur est plus fréquemment conclu à titre onéreux. Dès lors, le principe de la rémunération proportionnelle aux recettes d'exploitation est consacré de manière uniforme par les textes tant nationaux que communautaires. Ce principe est institué dans le but de permettre à l'auteur personne physique de vivre de son art. Le principe de la rémunération proportionnelle ne concerne donc que les cessions consenties par l'auteur (c'est-à-dire le premier titulaire du droit d'auteur) à un premier concessionnaire. Il ne s'applique pas aux contrats conclus entre un cessionnaire et un sous-cessionnaire des droits d'exploitation[2]. Il ne s'applique pas non plus lorsque l'auteur a constitué, pour des raisons fiscales, une société en vue d'exploiter les œuvres qu'il a créées. Ayant apporté ses droits d'exploitation à la personne morale, l'auteur ne pourra plus agir en tant que titulaire des droits.

569. Les recettes auxquelles s'applique la rémunération proportionnelle sont considérées par la jurisprudence comme le prix de vente pratiqué à l'égard du public. Or, comme le relève un auteur, « il paraît bien difficile d'exporter l'exigence d'une assiette constituée par le prix de vente au public au-delà du domaine de l'édition »[3]. Certaines circonstances rendent, de fait, difficile voire impossible la mise en œuvre de la rémunération proportionnelle. La prise en compte du prix de vente au public comme base du calcul de la rémunération proportionnelle pose problème dans l'hypothèse récurrente des contrats passés entre le fabricant et l'auteur. Généralement, le fabricant qui ne vend pas au public mais à des détaillants, n'est pas en mesure de connaître le prix qui sera effectivement appliqué par le détaillant au client final et n'aura pas les moyens d'en prendre connaissance, sauf à mettre en place une surveillance de tous les détaillants dont le coût serait totalement incompatible avec la rentabilité de l'opération. Par ailleurs, la règle de la rémunération proportionnelle nécessite parfois d'être atténuée eu égard à l'équilibre économique de l'activité du cessionnaire dont le sacrifice au profit des intérêts de l'auteur pourrait aboutir

---

[1] Art. 22 al. 3 de la loi camerounaise n° 2000/011 du 19 décembre 2000 ; art. 55 de la loi ivoirienne n° 2016-555 du 26 juillet 2016. Le législateur OAPI est demeuré silencieux sur cet aspect.

[2] Dans une affaire relative à un contrat de cession de droits sur une œuvre publicitaire, il a été jugé que : « les dispositions [relatives à l'exploitation de l'œuvre] régissent les seuls contrats consentis par l'auteur dans l'exercice de son droit d'exploitation, et non ceux que peuvent conclure les cessionnaires avec des sous-exploitants » (Cass. civ, 13 oct. 1993, *Perrier,* n° 91-11.241, *Bull. civ.* I. n° 284 ; *D.* 1994, *jurispr.* p. 166 ; *GAPI*, 2004, n° 14 ; *D.* 1994, p. 166, note P.-Y. Gautier ; *RTD com.* 1994, p. 272, obs. A. Françon ; dans le même sens, Cass. com., 5 nov. 2002, *Arplex c/ Sté Ducs de Gascogne*, n° 01-01.926, *Comm. com. électr.* 2003, comm. 1, note C. Caron ; *PIBD* 2003, III, p. 160 ; *Propr. industr.* 2002, comm. 5, obs. P. Kamina ; CA Paris, 7 déc. 2011, n° 09/28227).

[3] CARON (C.), *Droit d'auteur et droits voisins*, LexisNexis, coll. « Manuel », 4e éd., 2015, n° 423, 642 p. notamment p. 389 ; en guise de droit comparé, les droits voisins du droit d'auteur sont consacrés en droit français au livre II de la première partie du Code de la propriété intellectuelle.

au refus de toute utilisation d'une œuvre d'art dans les objets de la vie courante[1].

570. Pour ces raisons et d'autres, le législateur admet exceptionnellement que la rémunération puisse être forfaitaire. Plus explicite que les autres textes traitant de la question, l'article 59 alinéa 2 de la loi ivoirienne n° 2016-555 du 26 juillet 2016 relatif au droit d'auteur et aux droits voisins envisage cinq situations pouvant justifier la mise à l'écart de la proportionnalité. Premièrement, la base de calcul de la participation proportionnelle ne peut être pratiquement déterminée. Deuxièmement, les moyens de contrôler l'application de la participation font défaut. Troisièmement, les frais des opérations de calcul et de contrôle sont hors de proportion avec les résultats à atteindre. Quatrièmement, la nature ou les conditions de l'exploitation rendent impossible l'application de la règle de la rémunération proportionnelle, soit que la contribution de l'auteur ne constitue pas l'un des éléments essentiels de la création intellectuelle de l'œuvre, soit que l'utilisation de l'œuvre ne présente qu'un caractère accessoire par rapport à l'objet exploité. Cinquièmement, la cession de droits porte sur un logiciel.

571. L'admission de la rémunération forfaitaire comporte le risque d'un déséquilibre économique du contrat au préjudice de l'auteur, soit qu'il est victime d'un dol de la part de l'exploitant des droits, soit que les parties ne pouvaient pas réellement prévoir le succès de l'œuvre auprès du public. De plus, les législations nationales ont développé différentes formes de rescision du contrat en cas de lésion de l'auteur. L'une d'elles consiste à rescinder le contrat en appliquant de plein droit une fraction de la valeur des recettes d'exploitation déterminée d'avance par la loi[2]. Dans cette hypothèse, si l'auteur saisit le juge d'une action en rescision pour lésion, celui-ci apprécie le déséquilibre économique du contrat et, le cas échéant, recalcule la rémunération sur la base de la fraction prévue par la loi. Son appréciation s'opère en amont au moment du constat de la lésion.

572. L'autre méthode plus classique consiste à prévoir qu'en cas de cession d'exploitation, lorsque l'auteur a subi un préjudice de plus de 7/12 dû à la lésion ou à une prévision insuffisante des produits de l'œuvre, il peut provoquer la révision des conditions de prix du contrat[3]. Dans ce cas de figure, si l'auteur agit en rescision, le législateur précise que la lésion sera appréciée en considération de l'ensemble de l'exploitation par le cessionnaire des œuvres de l'auteur lésé. Ce qui signifie que pour déterminer s'il existe une lésion de plus de 7/12, il faut prendre en compte non seulement ce que l'auteur a perçu forfaitairement de son cocontractant au titre de l'exploitation de l'œuvre

---

[1] CANDE (P. de), « Cession, cessionnaire, contrats relatifs aux droits d'exploitation », *J-Cl. Marques – Dessins et modèles*, Fasc. 3210, 2023, § 52.

[2] Aux termes de l'article. 23 al. 3 de la loi camerounaise n° 2000/011 du 19 décembre 2000, « lorsqu'une rémunération forfaitaire est fixée en violation de règle [de la rémunération proportionnelle], la rémunération s'élève à 20% des recettes d'exploitation ».

[3] Art. 61 de la loi ivoirienne n° 2016-555 du 26 juillet 2016 relative au droit d'auteur et aux droits voisins.

litigieuse mais également ce qui lui a été versé pour l'exploitation d'autres œuvres dont il aurait concédé l'exploitation à ce même cessionnaire. Cette exigence d'un examen d'ensemble de l'équilibre non pas du contrat isolément, mais des relations contractuelles entre l'auteur et l'exploitant, rend complexe et difficile la mise en œuvre de la rescision.

573. Par ailleurs, l'on pourrait se demander quelle suite sera accordée à la demande de révision d'un contrat stipulant une rémunération proportionnelle. Il y a lieu de penser que, malgré l'ordre public de protection qui gouverne le droit des contrats d'exploitation de droits d'auteur, ladite demande n'aboutira pas à une révision du prix du contrat, qu'elle ait pour motif la lésion ou l'imprévision. D'une part, la rescision du contrat pour cause de lésion n'est admise que dans certains cas spécifiques prévus par la loi. En l'occurrence, le texte circonscrit l'application de la rescision à la seule hypothèse de la rémunération forfaitaire. D'autre part, le droit commun des contrats n'admet pas la révision du contrat pour imprévision suivant la jurisprudence traditionnelle née de l'arrêt Canal de Craponne[1]. Pour juguler cette difficulté, l'auteur et l'exploitant peuvent insérer dans l'acte une clause de révision de la rémunération qui permettra de préserver l'équilibre économique du contrat.

574. Bien que l'hypothèse de la gratuité de la cession ne soit pas fréquente, cette possibilité n'est pas exclue. Ce qui veut dire que le principe de la rémunération n'est pas d'ordre public. Étant donné le caractère exceptionnel de la gratuité et l'interprétation *in favorem auctoris* des contrats d'auteur, il sera judicieux de spécifier ce caractère gratuit de la cession dans le contrat ainsi que l'intention libérale animant l'auteur eu égard aux relations particulières avec le cessionnaire. Le simple fait que le contrat prévoie une cession des droits d'exploitation de l'œuvre sans préciser de rémunération ne saurait suffire à faire présumer que la cession est intervenue à titre gratuit. En outre, la gratuité de la cession devrait justifier une attention accrue de la part du juge relativement à l'étendue de ce qui aura été transféré afin d'éviter que l'intention libérale ne soit appliquée à des éléments qu'elle ne visait pas dans l'esprit de l'auteur. Il y a lieu d'adopter une interprétation particulièrement stricte de ce type de cession en raison de son caractère exceptionnel. En s'appuyant sur le fondement de la protection de l'auteur, une partie de la doctrine soutient d'ailleurs que la gratuité ne devrait pas concerner l'intégralité des droits d'exploitation d'une œuvre[2].

575. Comme en droit commun des contrats, il pèse sur l'auteur une obligation de garantie. Il n'est néanmoins pas superflu de faire figurer dans le contrat de cession de droits une clause par laquelle d'une part l'auteur certifie être à l'origine de la création, objet du contrat, et d'autre part il garantit éventuellement le cessionnaire dans l'hypothèse où il ferait l'objet d'une action en contrefaçon de la part d'un tiers prétendant que l'œuvre contrefait la sienne.

---

[1] Cass. civ, 6 mars 1876, *DP* 1876, 1, p. 193. Cette jurisprudence est désormais abandonnée en France depuis l'ordonnance n° 2016-131 du 10 février 2016 portant réforme du droit des contrats, du régime général et de la preuve des obligations (lire art. 1195 du Code civil français).

[2] GAUTIER (P.-Y.), *Propriété littéraire et artistique*, PUF, 10e éd., 2017, n° 482, p. 518.

La garantie pourra alors consister soit en l'assistance du cessionnaire dans le cadre de la procédure pour l'aider à obtenir un débouté soit en une intervention volontaire de l'auteur dans la procédure et la prise en charge des conséquences diverses de la procédure telles que les dommages et intérêts, les frais de justice et les pertes d'exploitation occasionnées[1].

B-La particularité des contrats d'exploitation d'œuvres d'art appliqué

576. L'incursion du droit d'auteur dans l'univers industriel rend davantage délicat le maniement des outils contractuels. Il en est ainsi des modalités de transfert des droits d'exploitation lorsque l'entreprise propose des produits intégrant des œuvres d'art appliqué, qu'elles aient pour créateur d'origine un de ses salariés ou un créateur externe. La jurisprudence apporte alors des atténuations au principe suivant lequel le contrat s'interprète strictement et « *in favorem auctoris* », et adopte au contraire une démarche pragmatique. En matière de dessins et modèles industriels, le législateur OAPI adopte une approche d'équilibre des intérêts économiques voire en faveur de l'employeur lorsque la création est réalisée par un salarié dans le cadre de son travail. Il s'avère que le contrat de travail fonde en principe la titularité patronale des droits sur les dessins et modèles[2]. Il faut pour s'en convaincre observer les aménagements affectant les droits moraux (1) et patrimoniaux (2) de l'auteur d'œuvre d'art appliqué.

1- Les aménagements affectant les droits moraux de l'auteur d'œuvre d'art appliqué

577. Il est de principe que la sphère conventionnelle n'englobe pas tous les droits attribués à l'auteur du fait de la création de l'œuvre. Auréolé du sceau de l'inaliénabilité, son droit moral est une prérogative attachée à sa personne et comme telle, exclue du champ contractuel[3]. Pourtant, le droit moral de l'auteur peut présenter un enjeu important pour l'exploitation optimale de l'œuvre. En effet, il comprend le droit de divulgation, le droit au respect du nom et de la qualité de l'auteur et le droit au respect de son œuvre. S'agissant notamment du respect de l'œuvre, des difficultés peuvent naître à l'occasion de la rédaction des contrats d'exploitation d'œuvres d'art appliqué à des objets utilitaires. Les exploitants commerciaux de ces œuvres voudront avoir la possibilité de modifier l'œuvre à laquelle ils se sont intéressés initialement, pour la faire évoluer et l'adapter à certaines contraintes techniques ou réglementaires qu'ils rencontrent par la suite, ou pour des raisons de pure commodité ou encore pour suivre l'évolution réelle ou supposée des goûts de la clientèle.

---

[1] CANDE (P. de), « Cession, cessionnaire, contrats relatifs aux droits d'exploitation », *JCl. Marques – Dessins et modèles*, Fasc. 3210, 2023, § 63.

[2] Art. 6 al. 1 (a) et (b) de l'Annexe IV de l'Accord de Bangui révisé sur les dessins et modèles industriels.

[3] Sa transmission ne peut s'effectuer qu'à cause de mort au bénéfice des héritiers de l'auteur bien que son exercice puisse « être conféré à un tiers en vertu de dispositions testamentaires » (art. 7 de l'Annexe VII de l'Accord de Bangui).

578. En principe, il est impossible de faire figurer dans un contrat d'exploitation d'œuvre d'art appliqué des clauses qui permettraient à l'exploitant de réaliser toute modification ou adaptation de l'œuvre. La généralité de telles clauses se heurterait à l'impossibilité pour l'auteur de transmettre ou de renoncer à son droit moral. Mais, bien qu'il soit légitime pour l'auteur de faire respecter l'intégrité de son œuvre, il ne devrait pouvoir s'opposer systématiquement aux modifications voulues par l'exploitant pour les besoins de son activité commerciale. La rationalité commande que des modifications puissent éventuellement être apportées à l'œuvre à la demande de l'exploitant, avec l'accord de l'auteur en spécifiant que celui-ci ne pourra s'y opposer sans juste motif. L'évolution jurisprudentielle en matière d'œuvres d'art appliqué tend vers la contractualisation de la possibilité pour les parties de prévoir de telles modifications. Ainsi, s'agissant des œuvres architecturales, l'architecte concepteur de l'œuvre initiale ne peut s'opposer à certaines modifications apportées à son œuvre par le maître de l'ouvrage lorsque celles-ci sont rendues nécessaires par la « vocation utilitaire » de l'ouvrage et la nécessité de « l'adapter à des besoins nouveaux »[1]. De même, des impératifs de sécurité peuvent commander un retrait de l'œuvre réalisée sur un immeuble[2]. En revanche, le propriétaire d'un bâtiment, maître de l'ouvrage, ayant sollicité les services d'un architecte, ne peut invoquer l'extinction du droit de divulgation du fait de la remise des plans par ce dernier[3].
Loin d'être propre aux œuvres architecturales, les aménagements aux droits d'auteur s'appliquent également à d'autres contentieux relatifs aux contrats d'exploitation d'œuvres d'art appliqué à des objets utilitaires[4].

2- Les aménagements affectant les droits patrimoniaux de l'auteur d'œuvre d'art appliqué

579. Le principe d'interprétation *in favorem auctoris* des contrats d'auteur connaît une atténuation en matière d'œuvres d'art appliqué lorsqu'il s'agit de valider ou d'invalider le contrat de cessions de droits relativement aux exigences de

---

[1] Cass. civ, 7 janv. 1992, *Bonnier*, n° 90-17.534, JurisData n° 1992-000123, *Bull. civ.* 1992, I, n° 7 .*D.* 1993, p. 522, note B. Edelman ; *RTD com.* 1992, p. 376, obs. A. Françon ; *D.* 1993, somm. p. 88, obs. C. Colombet. Voir aussi : NOUAL (P.), « Collectivités territoriales - Faut-il éteindre les œuvres d'art ? - Libres propos », *JCP A*, n° 8, 2021, comm. 132.

[2] CA Paris, 9 juin 2023, n° 20/12231, *Légipresse* 2023, p. 530 ; *D. actu.* 20 sept. 2023, obs. O. Wang.

[3] CA Bordeaux, 21 sept. 2023, n° 20/01375, *Dalloz IP/IT* 2023, p. 548, obs. E. Rançon ; MARTIN (D.), « Le droit moral de l'architecte s'exerce sur son œuvre indépendamment de la remise du support matériel au maître de l'ouvrage », *D. actu.* du 17 oct. 2023.

[4] CA Paris, 7 déc. 2011, *L. Baümer et Sté Ideal c/ SAS Chanel*, n° 09/28227 – Pourvoi contre cet arrêt rejeté par Cass. civ. 1er, 6 févr. 2013, *L. B. c/ Channel*, n° 12-14.038, *Comm. com. électr.* 2013, chron. 8, A.-E. Kahn, n° 10 ; *PIBD* 2013, n° 980, III, p. 1083 : le contrat prévoyait que la société Chanel devait solliciter l'accord écrit de la société Ideal pour procéder à des modifications ou adaptations des articles de joaillerie, mais celui-ci ne pouvait lui être refusé que pour des motifs sérieux et raisonnables. Le refus systématique de la société Idéal d'accepter les modifications a entraîné un contentieux judiciaire dans lequel chacune des parties sollicitait la nullité des contrats conclus.

formes[1]. En effet, en prévoyant que les contrats d'exploitation de droits d'auteur peuvent être conclus « par voie électronique », le législateur OAPI et les législateurs nationaux admettent que puisse tenir lieu d'écrit un échange d'e-mails voire de messages électroniques de type SMS ou autres supports informatiques. Ce canal d'échange peut être imposé par la nature des relations entre les parties, notamment les relations entre salariés et employeurs ou les relations habituelles d'affaires. Christophe CARON relève à ce sujet que « les usages de certains milieux artistiques rendent impossible l'élaboration d'un contrat écrit formel »[2]. La jurisprudence française tient opportunément compte de ces circonstances particulières pour admettre l'existence et la validité du contrat. Dans une affaire, l'ancien dirigeant d'une entreprise du domaine de la mode, qui en était l'un des associés et avait constitué la société concernée dans le but d'exploiter ses créations, avait été licencié de ses fonctions de directeur artistique. Il assigna alors son ancien employeur en faisant valoir que, faute d'avoir établi un contrat de cession de ses droits d'exploitation respectant les spécifications légales, il avait donc conservé ces droits et qu'en conséquence la société était désormais contrefacteur desdites œuvres. Adoptant une position qui sera confirmée en cassation, la Cour d'appel de Paris débouta le demandeur en motivant que « la cession (des droits) d'exploitation sur des modèles n'était soumise à aucune exigence de forme et que la preuve pouvait en être rapportée selon les prescriptions des articles 1341 à 1348 du Code civil ». Elle a donc retenu comme preuve de la réalité de cession des droits d'exploitation à la société défenderesse, le fait que l'auteur avait reconnu dans ses écritures judiciaires que cette société « dont il était l'associé, avait été créée dans le cadre d'un projet de partenariat ambitieux, à seule fin d'exploiter ses créations »[3].

580. Il est ainsi très tentant pour le créateur indépendant extérieur ou l'ancien salarié (après son licenciement) de faire valoir l'absence de toute cession de ses droits d'exploitation pour solliciter la nullité du contrat lorsque celui-ci ne respecte pas les exigences de forme prescrites. Dans l'hypothèse où l'auteur d'une œuvre d'art appliqué tente d'utiliser les dispositions relatives à la propriété littéraire et artistique dans des circonstances qui excèdent la nécessité de la protection de ses intérêts, la doctrine suggère que soit mise en avant l'obligation de bonne foi pesant sur l'auteur tant au stade de la négociation qu'à celui de l'exécution de la convention[4] ou les règles tirées des principes généraux du droit tel que *nemo auditur propriam turpidunimem allegans* (bien que l'on sache que cet adage ne devrait pas s'appliquer à autre chose qu'une demande de

---

[1] D'après l'article 6 al. 4 de l'Annexe IV de l'Accord de Bangui sur les dessins et modèles industriels, « Tout accord entre le salarié et son employeur ayant pour objet une création de salarié doit, à peine de nullité, être constaté par écrit »

[2] CARON (C.), *Droit d'auteur et droits voisins*, *LexisNexis*, 4e éd., 2015, n° 409, p. 378.

[3] Cass. civ. 1er, 21 nov. 2006, *Emmanuel Chaussade c/ Sté EOS SA*, n° 05-19.294, *Comm. com. électr.* 2007, *comm.* 3, note C. Caron ; *D.* 2007, p. 316, obs. P. Allaeys ; *RTD com.* 2007, p. 363, obs. F. Pollaud-Dulian ; *Propr. Industr.* 2007, comm. 33, F. Greffe.

[4] GAUTIER (P.-Y.), *Propriété littéraire et artistique*, PUF, coll. « Droit fondamental », 10e éd., 2017, n° 454, p. 491.

restitution puisque l'adage est en réalité *in pari causa turpitudinis cessat repetitio*) ou, pour une question d'interprétation, *cessante rationae legis, cessat ejus dispositio*[1].

581. La rémunération des auteurs d'œuvres d'art appliqué constitue également une spécificité quant au régime général des contrats d'auteur. Elle commande la prise en compte d'autres éléments tirés de l'environnement de la création. Le principe de la rémunération proportionnelle peut s'avérer inéquitable pour l'exploitant de l'œuvre tenu par de nombreuses autres charges et la pérennité de l'activité ou pour l'auteur en raison du caractère accessoire de son rôle ou de celui de l'œuvre dans la réalisation du produit final. L'exception de la rémunération forfaitaire permet de prendre en compte ces circonstances particulières. C'est cette recherche d'équité qui justifie le bénéfice d'une « rémunération supplémentaire » pour le salarié créateur d'un dessin ou modèle dans l'exécution de sa mission inventive ou d'un « juste prix » pour le salarié créateur incident d'un dessin ou modèle[2].

582. Le droit des contrats en matière de propriété intellectuelle s'avère très exigeant sur la forme et complexe sur le fond. Il se caractérise par une adaptation des règles de droit commun et une évolution permanente du fait du développement de nouveaux concepts contractuels tels que dans le domaine du droit d'auteur (licences libres, *cross-media*, *trans-media*) et dans celui du brevet (*patent pool*). L'ingéniosité des acteurs doit toutefois se conformer aux règles du marché.

Section 2. L'autonomie d'exploitation des biens incorporels et la concurrence

583. Il s'agit de passer au crible du droit de la concurrence les formes d'exploitation des biens incorporels et plus précisément intellectuels. En doctrine, la démarche consistant à appliquer les règles de la concurrence[3] aux droits de propriété intellectuelle n'a pas soulevé de difficulté concernant les brevets et les marques. En revanche, on note une certaine réticence à admettre que le droit d'auteur puisse subir l'application du droit de la concurrence parce que celui-ci serait étranger au domaine culturel, car dominé par des préoccupations économiques. Pourtant, le droit d'auteur n'évoluant pas en vase clos, l'on observe de nos jours son indéniable industrialisation qui rend inopérant l'argument de sa virginité économique. Le droit de la concurrence s'applique donc à tous les droits de propriété intellectuelle sans exception.

584. En effet, l'acquisition d'un droit exclusif sur un bien intellectuel n'est pas une fin en soi. Elle s'opère en vue de l'exploitation de cette exclusivité par le

---

[1] CANDE (P. de), « Cession, cessionnaire, contrats relatifs aux droits d'exploitation », *JCl. Marques – Dessins et modèles*, Fasc. 3210.

[2] Art. 6 al. 1 (a) et (b) de l'Annexe IV de l'Accord de Bangui précité.

[3] Sur la distinction entre droit de la concurrence déloyale, droit de la concurrence anti-contractuelle et droit des pratiques anticoncurrentielles, lire JIOGUE (G.), « Présentation introductive » (commentaire de l'Annexe VIII sur la protection contre la concurrence déloyale) *in OAPI : Accord de Bangui, Acte de Bamako, Accord et Annexes commentés et annotés*, FOMETEU (J.) (dir.), *Juriscope*, 2022, pp. 715-731.

titulaire du droit ou ses ayants cause. Dans une perspective de marché, cette autonomie d'exploitation conférée au titulaire d'un droit de propriété intellectuelle est un moyen de capter les profits qu'offre le marché. L'on se demande alors quels mécanismes juridiques sont mis en œuvre afin d'adapter le bénéfice de la protection de la propriété intellectuelle à l'application du droit de la concurrence. Au demeurant, cette protection peut potentiellement être dévoyée par ses titulaires (§ 1) et nécessite de ce fait une régulation garante du respect des règles de la concurrence (§ 2).

§ 1. L'autonomie d'exploitation et le potentiel dévoiement de la fonction concurrentielle de la propriété intellectuelle

585. La pratique des concessions de droits de propriété intellectuelle peut être passée au crible des règles relatives aux pratiques anticoncurrentielles[1]. Normalement, la propriété intellectuelle a pour fonction de contribuer à l'innovation à travers le mécanisme de la protection conférée par l'exclusivité. On lui trouve d'ailleurs une complémentarité avec le droit de la concurrence au niveau de leurs finalités. Le droit de la concurrence vise tout autant l'innovation mais à travers la saine émulation des entreprises actives sur le marché. Le départ se situe donc non pas au niveau de leurs finalités somme toute communes, mais plutôt au niveau des paradigmes et des méthodes empruntées. L'on constate dès lors que, l'autonomie d'exploitation des droits de propriété intellectuelle peut donner lieu à des accords anticoncurrentiels (A) et particulièrement dans l'industrie pharmaceutique (B).

A-Les accords anticoncurrentiels appliqués à la propriété intellectuelle

586. La rupture entre le droit de la concurrence et le droit de propriété intellectuelle peut être perceptible lorsque la propriété intellectuelle, qui confère au titulaire un droit d'exploitation exclusive de l'objet protégé, conduit ledit titulaire à concéder des licences restrictives à des tiers. En fait, la fonction concurrentielle de la propriété intellectuelle serait détournée si par exemple, une concession était négociée entre des parties en vue de s'accorder mutuellement des restrictions suivant leurs intérêts respectifs. Cette pratique serait anticoncurrentielle puisque les parties au contrat de concession ne mettraient pas en œuvre leur autonomie contractuelle pour des motifs concurrentiels légitimes mais, au contraire, en vue de fausser ou de restreindre la concurrence. De façon générale, les textes communautaires de la CEMAC et de l'UEMOA interdisent toutes ententes, accords, conventions entre entreprises, toutes décisions d'association d'entreprises et toutes actions concertées ou coalitions qui ont pour objet ou pour effet d'empêcher, de restreindre ou de fausser le jeu de la concurrence à l'intérieur de ces marchés communs respectifs. Il s'agit pour la CEMAC du règlement n° 06/19-UEAC-639-CM-33 du 7 avril 2019 relatif à

---

[1] NADJOMBE (G.), « Incidences fiscales des contrats de cession et de concession des droits de la propriété intellectuelle », *Propr. Industr.*, n° 9, 2023 ; POURCEL (E.), « Droit de la propriété intellectuelle appliqué aux marchés publics », *Jcl. Contrats et marchés publics*, 2021, Fasc. 17.

la concurrence[1] et pour l'UEMOA du règlement n° 02/2002/CM/UEMOA du 23 mai 2002 sur les pratiques commerciales anticoncurrentielles.

587. Les critères d'appréciation des pratiques d'exploitation de droits de la propriété intellectuelle sont ceux du droit commun de la concurrence à savoir la nature horizontale ou verticale de l'accord, ses objectifs ou ses effets, y compris son importance sur le marché, la nature de la concurrence existante, etc. Ainsi, elles sont prohibées si leurs objectifs ou leurs effets conduisent à : « (a) limiter l'accès au marché ou le libre exercice de la concurrence par d'autres entreprises ; (b) faire obstacle à la fixation des prix par le libre jeu du marché en favorisant artificiellement leur hausse ou leur baisse ; (c) limiter ou contrôler la production, les débouchés, le développement technique, les investissements ou le progrès technique ; (d) répartir les marchés ou les sources d'approvisionnement ; (e) organiser des refus concertés d'achat et d'approvisionnement ; (f) mettre en œuvre des soumissions collusoires dans les marchés publics »[2].

588. À titre illustratif, en matière de marques et plus précisément s'agissant de la distribution sélective (accord vertical), l'accord sera apprécié différemment selon la nature de la concurrence existant sur le marché concerné. En cas d'une concurrence active entre les produits, la clause interdisant aux distributeurs agréés de vendre à un distributeur non agréé, a pour objet de protéger le réseau d'une exploitation opportuniste des efforts promotionnels d'un distributeur par un autre. Ces efforts promotionnels ont trait à la satisfaction de critères de présentation et de qualification imposés par l'accord d'agrément.

589. En revanche, les pratiques contractuelles d'exploitation de propriété intellectuelle seront qualifiées d'anticoncurrentielles notamment si elles portent sur les prix ou comportent des interdictions de vente sur certains territoires ou à certaines clientèles, des obligations de non-concurrence contractuelles ou post-contractuelles à durée indéterminée, des obligations pour les membres d'un système de distribution sélective de ne pas vendre des marques de fournisseurs déterminés. De tels accords sont prohibés au titre des ententes anticoncurrentielles.

B-Les accords anticoncurrentiels spécifiques au secteur pharmaceutique

590. Dans le secteur pharmaceutique, certains accords portant sur les brevets mettent à mal la libre circulation des produits. Une enquête menée par la Commission européenne en 2008 a mis en évidence certaines pratiques anticoncurrentielles auxquelles se livraient les firmes pharmaceutiques. L'une des pratiques appelée « grappes de brevets » consiste pour ces firmes à déposer

---

[1] Ce texte CEMAC abroge deux autres textes antérieurs à savoir le règlement n° 01/99/UEAC-CM du 25 juin 1999 portant réglementation des pratiques anticoncurrentielles et le règlement n° 04/99/UEAC-CM du 18 août 1999 portant réglementation des pratiques étatiques affectant le commerce entre États.

[2] Art. 30 du règlement n° 06/19-UEAC-639-CM-33 du 7 avril 2019 relatif à la concurrence ; pour l'UEMOA, art. 3 du Règlement n° 02/2002/CM/UEMOA du 23 mai 2002 sur les pratiques commerciales anticoncurrentielles.

un nombre important de brevets pour un même médicament afin d'accroître la portée et la durée de la protection accordée et ainsi retarder ou bloquer l'arrivée des génériques sur le marché. Une autre technique consiste à développer des produits dits de seconde génération, lancés juste quelques mois avant la perte du monopole d'exploitation du produit de première génération. La mauvaise foi réside dans le fait que parfois ces médicaments ne démontrent qu'un avantage additionnel marginal pour les patients. Une autre technique encore vise pour les titulaires de brevets à dénigrer les médicaments génériques en entretenant une confusion dans l'esprit des patients entre médicaments génériques et médicaments contrefaits.

591. Lorsqu'il s'agit de mettre en rapport l'autonomie d'exploitation des brevets pharmaceutiques et les règles de la concurrence, l'observateur peut identifier un certain nombre d'accords anticoncurrentiels[1] à l'instar des accords « *off labels* » (2) et les accords dits « *pay for delay* » (1).

1- Les accords « *pay for delay* »

592. Un accord « *pay for delay* » est un accord par lequel un laboratoire dit « princeps » et un fabricant de génériques (le génériqueur) s'entendent pour retarder la commercialisation du générique sur le marché en contrepartie d'une somme d'argent, d'un paiement en nature ou de l'autorisation d'entrer sur un marché distinct et initialement non convoité par le génériqueur. Le producteur du médicament princeps rémunère en quelque sorte son concurrent, le producteur de génériques, pour qu'il reste en dehors du marché pendant une période plus ou moins longue[2]. Cet accord opère coordination entre entreprises concurrentes et cause dès lors une distorsion du marché. Dans une affaire, l'entreprise pharmaceutique *SERVIER* et cinq producteurs de médicaments génériques avaient conclu des contrats visant à protéger le produit phare de l'entreprise *SERVIER* pour le traitement de l'hypertension, le *PERINDOPRIL*, face à la concurrence des prix des génériques. Le tribunal de l'Union européenne confirma la décision de la Commission qui condamnait les protagonistes de cet arrangement[3]. Dans une autre affaire, le tribunal de l'Union européenne a confirmé la décision de la Commission selon laquelle les accords de paiement visant à retarder l'entrée sur le marché de la version générique du *CITALOPRAM*, antidépresseur commercialisé par *LUNDBECK*, s'apparentaient à une répartition du marché[4], ce qui constitue du point de vue de la concurrence, une restriction par objet. Sont ainsi qualifiées les restrictions

---

[1] GRYNFOGEL (C.), « Les accords anticoncurrentiels conclus dans le secteur pharmaceutique : une approche sévère des autorités de concurrence », *in* GROVE-VALDEYRON (N. de) (dir.), *Les nouveaux enjeux de la politique pharmaceutique européenne – pour des produits de santé sûrs, innovants et accessibles*, éd. Clément Juglar, coll. « Les Actes de la RDUE », 2019, p. 155.

[2] GROVE-VALDEYRON (N. de), « Médicaments », *Répertoire de droit européen*, 2022, n° 151.

[3] Trib. UE, 12 déc. 2018, *SERVIER SAS, SERVIER Laboratories Limited et Les Laboratoires SERVIER c/ Commission Européenne*, aff. T-691/14, [pourvois aff. C-176/19 et C-201/19].

[4] Trib. UE, 8 sept. 2016, *Lundbeck*, aff. T-472/13. Le pourvoi formé contre l'arrêt a été rejeté (V. CJUE, 25 mars 2021, aff. C-591/16 P).

« qui, au regard des objectifs poursuivis par les règles de la concurrence, sont tellement susceptibles d'avoir des effets négatifs sur la concurrence, qu'il est inutile [...] de démontrer qu'elles ont des effets concrets sur le marché »[1].

2- Les accords « *off labels* »

593. Les accords « *off labels* » ou « en dehors des indications » consistent à utiliser un médicament en dehors des indications thérapeutiques et à travers un mode d'administration non visé par le résumé des caractéristiques du produit[2]. La Cour de justice de l'Union européenne a retenu une restriction de la concurrence dans le cas d'une « entente entre deux entreprises commercialisant deux médicaments concurrents, qui porte dans un contexte marqué par une incertitude scientifique, sur la diffusion auprès de l'Agence européenne des médicaments, des professionnels de la santé et du grand public, d'informations trompeuses sur les effets indésirables de l'utilisation de l'un de ces médicaments pour le traitement de pathologies non couvertes par l'autorisation de mise sur le marché de celui-ci, aux fins de réduire la pression concurrentielle résultant de cette utilisation sur l'utilisation de l'autre médicament »[3].

594. Ces pratiques des entreprises pharmaceutiques à l'encontre de la concurrence sont de nature à compromettre l'accès des patients à des médicaments essentiels abordables et innovants. Ce qui rend opportune l'intervention des autorités chargées de la concurrence en vue d'une régularisation.

§ 2. La régulation de l'autonomie d'exploitation à l'aune du droit de la concurrence

595. L'autonomie d'exploitation des droits de propriété intellectuelle signifie que le titulaire de droits est libre de les exploiter contractuellement ou non ; il est libre de choisir son cocontractant ainsi que les modalités du contrat. Toutefois, sa liberté contractuelle n'est pas absolue, car elle peut connaître des limitations liées à la préservation des intérêts des tiers dans un marché concurrentiel. À cet effet, le droit de la concurrence s'attelle à supprimer les restrictions au jeu de la concurrence sur un marché national ou communautaire. Il faut cependant préciser que le droit ne vise pas une concurrence parfaite mais une concurrence efficace désignée par les anglo-saxons « *workable compétition* ». C'est ce qui justifie que les autorités compétentes procèdent à une régulation qui peut s'avérer souple en ce qu'elle préserve la volonté du titulaire des droits (A) ou apparaître comme contraignante car elle fait fi de cette volonté en faveur d'un intérêt jugé supérieur (B).

---

[1] Définition donnée par la Commission de l'Union européenne dans les lignes directrices 2004/C 101/08 concernant l'application de l'article 101 paragraphe 3 du Traité sur le Fonctionnement de l'Union européenne (TFUE).

[2] GROVE-VALDEYRON (N. de), « Médicaments », *Répertoire de droit européen*, 2022, n° 152.

[3] CJUE 23 janv. 2018, *F. Hoffmann-La Roche, Norvatis et e.a.* c/ *Autorità Garante della Concorrenza e del Mercato e.a.*, aff. C-179/16, *Europe* 2018, comm. 115, note L. Idot ; *Contrats, conc. consom.* 2018, comm. 72, note D. Bosco.

A-La régulation souple : les exemptions

596. L'exploitation contractuelle des droits de la propriété intellectuelle peut avoir une portée restrictive sur la concurrence. Mais, le droit de la concurrence a prévu des mécanismes afin de donner aux entreprises une sécurité juridique quant à la légitimité de leurs accords. Ces mécanismes consistent en des exemptions par catégorie (1) et des exemptions individuelles (2).

1- Les exemptions par catégorie

597. Les exemptions par catégorie sont des dérogations *a priori* qui permettent de faire l'impasse sur le caractère anticoncurrentiel de certains accords lorsqu'ils contribuent à améliorer la production ou la distribution des produits ou à promouvoir le progrès technique ou économique, tout en réservant aux utilisateurs une partie équitable du profit qui en résulte. Prévu respectivement par les textes pertinents de la CEMAC[1] et de l'UEMOA, le concept des exemptions par catégorie est développé de façon détaillée par le texte de l'UEMOA. En effet, le règlement n° 3/2002/CM/UEMOA du 23 mai 2002 relatif aux procédures applicables aux ententes et abus de position dominante à l'intérieur de l'Union Économique et Monétaire Ouest africaine y consacre son article 6.

598. Les exemptions par catégorie sont des mesures d'exception prises par la Commission. Elles s'appliquent aux accords de spécialisation, aux accords de recherche et de développement ainsi qu'aux accords de transfert de technologie. Un accord de spécialisation est celui au travers duquel des entreprises s'engagent soit à ne pas fabriquer elles-mêmes ou à ne pas faire fabriquer des produits déterminés et à laisser à leurs contractants le soin de fabriquer ces produits, soit à ne fabriquer ou ne faire fabriquer des produits déterminés qu'en commun. Quant à l'accord de recherche et de développement, c'est une convention entre entreprises ayant pour objet soit la recherche et le développement en commun de produits ou de procédés ainsi que l'exploitation en commun de leurs résultats, soit l'exploitation en commun des résultats obtenus lors de recherches conjointes sur la base d'un accord antérieur. L'accord de transfert de technologie, quant à lui, porte sur des licences de brevet ou des licences de savoir-faire, des accords mixtes de brevet et de savoir-faire ou encore des accords comportant des clauses accessoires relatives à des droits de propriété intellectuelle autres que les brevets.

599. À l'observation, les exemptions par catégorie sont des assouplissements des règles de marché applicables aux droits de la propriété intellectuelle et qui favorisent le phénomène des « *patent pools* » ou « communautés de brevets ». Ce concept dont les premières apparitions remontent au XIXe siècle aux États-Unis dans l'industrie des machines à coudre, désigne des centrales de partage de brevets avec en contrepartie une compensation aux entreprises qui partagent leurs technologies. L'Organisation Mondiale de la Propriété

---

[1] Mention sommaire du concept à l'article 20 al. 3 du règlement CEMAC relatif à la concurrence.

Intellectuelle (OMPI) y demeure réservée et lui préfère le concept de système de normes. En fait, la pratique du *patents pooling* ne fait pas toujours l'unanimité. L'on relève, à son actif, qu'il conduit à une limitation du total des redevances à payer par les preneurs de licence qui ne sont pas membres du pool, car une licence globale couvrant un grand nombre de brevets est normalement moins chère qu'une multitude de licences individuelles, dont chacune a son prix propre[1]. Ces redevances sont réparties parmi les membres conformément à l'accord. Les accords de communauté de brevets comportent des avantages concurrentiels pour les titulaires qui en font partie. Ils leur permettent d'utiliser les techniques brevetées mises en communauté, levant ainsi les obstacles aux brevets et leur évitant de devoir conclure plusieurs licences.

600. À son passif cependant, l'on interroge son degré de transparence et le risque de légitimer des droits de propriété intellectuelle fallacieux. De ce point de vue, les accords de communauté de brevets qui prévoient des brevets qui se substituent les uns aux autres sont perçus négativement à cause de leurs effets sur la concurrence. Il en est de même lorsqu'ils ont pour objectif ou pour effet d'imposer d'un commun accord un standard technique sur le marché ou d'entraver la recherche et le développement de technologies de substitution qui seront admises par le pool voire évincée du marché. À titre d'illustration, en matière pharmaceutique, des griefs furent formulés contre une communauté de brevets créée en 2009 et dédiée aux antirétroviraux (ARV). À cette occasion, certains groupements associatifs décriaient le fait que cette communauté de brevets conduisait à l'accroissement des prix des médicaments jusque-là placés sous licence obligatoire, le contrôle des compagnies pharmaceutiques sur le marché des médicaments génériques, la faveur aux grands producteurs de médicaments génériques au détriment d'une saine compétition, etc.

601. La régulation du droit de la concurrence consiste donc à endiguer les risques anticoncurrentiels des communautés de brevets. Concrètement, les autorités compétentes doivent examiner les effets de la communauté de brevets sur la concurrence, le maintien de la liberté effective de concession de licences individuelles par les titulaires de brevets et la dominance éventuelle du marché par ladite communauté. Le législateur UEMOA prévoit donc que le règlement d'exécution aux fins d'exemption par catégorie doit comprendre une définition des accords auxquels il s'applique et préciser notamment les restrictions et les clauses qui ne peuvent pas figurer dans lesdits accords. De même, il peut préciser la part de marché détenue par les parties à l'accord au-delà de laquelle le bénéfice de l'exemption par catégorie ne pourra être invoqué par les parties. Par ailleurs, le règlement d'exécution peut être abrogé ou modifié en cas de changement de circonstances relatif à un élément qui fut déterminant pour son adoption. Dans ce cas, une période d'adaptation pour les accords et pratiques concertées visés par le règlement antérieur doit être prévue. Un accord qui ne bénéficie pas de l'exemption par catégorie et dont le caractère anticoncurrentiel

---

[1] ULLRICH (H.), « Propriété intellectuelle, concurrence et régulation – limites de protection et limites de contrôle », *op. cit.*, p. 431.

est établi peut tout de même bénéficier d'une exemption individuelle lorsqu'il a un objectif ou un effet bénéfique pour le progrès technique et économique.

2- Les exemptions individuelles

602. Le droit de la concurrence admet que les entreprises puissent solliciter de l'autorité chargée du contrôle et de la régulation de la concurrence une exemption. Celle-ci permet en général aux entreprises dont l'accord ou l'entente ne satisfait pas aux conditions générales de concurrence parfaite, de solliciter une dérogation lorsque cet accord ou entente satisfait aux conditions particulières leur permettant de solliciter une telle dérogation. Il s'agit des exemptions individuelles qui sont des dérogations au cas par cas, accordées à la demande des entreprises intéressées. Leur octroi n'est pas arbitraire, car elles sont soumises à certaines conditions auxquelles sont attachés des effets.

603. Ainsi, pour qu'une exemption individuelle soit décidée, il faut d'abord que l'entreprise ou l'association d'entreprises présente une notification à l'organe compétent. Par cet acte, l'entreprise ou l'association d'entreprises informe l'autorité de la concurrence de son intention de participer à une entente avec une ou d'autres entreprises[1]. Ensuite, l'exemption pourra être accordée si les parties justifient que leur accord : apporte effectivement une contribution au développement de l'efficience économique ; est indispensable à la réalisation de l'efficience économique ; apporte un bénéfice ou un profit certain aux consommateurs ou aux utilisateurs[2]. L'efficience économique en rapport avec la propriété intellectuelle peut résulter par exemple d'une licence de brevet qui opère transfert de technologie soit que l'entreprise concessionnaire ne disposait pas d'une telle technologie, soit que détenant déjà la technologie en question, elle n'était pas autorisée à l'utiliser faute de droit. Enfin, la notification est suivie d'une procédure qui aboutit à une décision d'exemption individuelle.

604. Les suites de la décision d'exemption concernent sa durée de validité et sa révocation. À cet effet, la décision d'exemption individuelle est accordée pour une durée déterminée et peut être assortie de conditions et de charges. Elle peut être rétroactive, c'est-à-dire porter sur l'acte *ab initio*, quand bien même cela impliquerait l'application de l'exemption à une période antérieure à la date de notification. De même, la décision peut être renouvelée si les conditions d'octroi d'une exemption individuelle continuent d'être réunies. *A contrario*, elle peut être révoquée, modifiée ou les intéressés peuvent voir certains de leurs actes interdits : si la situation de fait se modifie à l'égard d'un élément essentiel à

---

[1] La demande d'exemption doit être distinguée de la demande d'attestation négative, par laquelle les entreprises intéressées exhortent l'organe compétent à constater qu'il n'y a pas lieu pour lui, compte tenu des éléments portés à sa connaissance, d'intervenir à l'égard d'un accord ; Cf. GRYNFOGEL (C.), *Droit communautaire de la concurrence*, LGDJ, coll. « Système droit communautaire », 2e éd., 2000, p. 29 ; EYANGO DJOMBI (A.-D.), *Droit économique de la CEMAC et pratiques anticoncurrentielles : entre droit communautaire et droit camerounais de la concurrence*, Paris, Dianoïa, coll. « Jus data », 2018, p. 52.

[2] Art. 32 du Règlement CEMAC n° 06/19-UEAC-639-CM-33 du 7 avril 2019 relatif à la concurrence.

la décision ; si les intéressés contreviennent à une charge ou condition dont la décision a été assortie ; si la décision repose sur des indications inexactes ou incomplètes, ou a été obtenue frauduleusement ; ou encore si les intéressés abusent de l'exemption qui leur a été accordée[1].

B-La régulation contraignante : les licences non volontaires

605. Le consentement du titulaire des droits de propriété intellectuelle peut être exclu pour la mise en circulation de certains produits dans des circonstances particulières. C'est le cas lorsqu'il lui est imposé une licence obligatoire, autrement appelée licence non volontaire. S'agissant des brevets, le Protocole du 6 décembre 2005 portant amendement de l'Accord sur les aspects des droits de propriété intellectuelle qui touchent au commerce (ADPIC), prévoit qu'un système d'octroi de licences obligatoires peut être mis en œuvre dans certaines hypothèses. Le législateur OAPI s'est approprié ce mécanisme en prévoyant la possibilité de licences non volontaires (1) que la jurisprudence européenne a, par ailleurs, théorisé à travers le concept des « facilités essentielles » (2).

1- Le régime des licences non volontaires

606. Encore appelées licences obligatoires, ou licences autoritaires ou encore licences imposées[2], les licences non volontaires sont des limitations aux prérogatives reconnues au breveté[3]. Elles peuvent découler de causes extérieures à ce dernier ou être déduites de sa passivité à exploiter son brevet. Dans tous les cas, ces licences sont octroyées indépendamment de la volonté du breveté soit par voie administrative dans un contexte d'urgence nationale (a) soit par voie judiciaire en cas de défaut d'exploitation ou de brevet de dépendance (b).

a- Les licences administratives pour intérêt national

607. Ces licences sont prévues à l'article 58 de l'Annexe I de l'Accord de Bangui issu de l'Acte de Bamako, qui énonce que « lorsqu'un brevet d'invention présente un intérêt vital pour l'économie du pays, la santé publique ou la défense nationale ou que l'absence ou l'insuffisance de son exploitation compromet gravement la satisfaction des besoins du pays, il peut être soumis par acte administratif du Ministre compétent de l'État membre en cause au régime de la licence non volontaire ». C'est dire que ces licences sont délivrées pour des besoins, soit de santé publique, soit de développement économique, soit de défense nationale.

---

[1] Art. 7.3 du règlement n° 3/2002/CM/UEMOA du 23 mai 2002 relatif aux procédures applicables aux ententes et abus de position dominante à l'intérieur de l'Union Économique et Monétaire Ouest africaine.

[2] LOWE GNINTEDEM (P. J.) et ESSAMA MEKONGO (P.), « Commentaire sous Annexe II sur les modèles d'utilité », *in OAPI : Accord de Bangui, Acte de Bamako, Accord et Annexes commentés et annotés*, FOMETEU (J.) (dir.), *Juriscope*, 2022, pp. 209-288, spéc. p. 258.

[3] Le régime des licences non volontaires s'applique également au certificat d'enregistrement des modèles d'utilité ; voir titre V de l'annexe II de l'Accord de Bangui, Acte de Bamako.

608. L'acte administratif qui autorise l'octroi d'une licence non volontaire pour intérêt national doit en déterminer la durée, le montant des redevances ainsi que son champ d'application. Celui-ci a trait aux actes d'exploitation autorisés, y compris l'importation, les quantités de produits et l'étendue territoriale de la licence. Toutes ces modalités doivent faire l'objet de négociations préalables entre le titulaire du brevet et l'administration intéressée. Dans l'hypothèse d'une issue infructueuse, les conditions de durée, de montant des redevances et de champ d'application sont fixées par la juridiction nationale compétente.

609. Les conditions de la licence non volontaire s'imposent au bénéficiaire qui ne peut, sans le consentement du titulaire de brevet, donner à un tiers l'autorisation d'accomplir les actes qu'il est autorisé à accomplir en vertu de ladite licence non volontaire. Cependant, la licence non volontaire peut être transmise avec l'établissement du bénéficiaire de licence ou avec une partie de cet établissement qui exploite l'invention brevetée. Cette transmission n'est toutefois valable que si elle est autorisée par la juridiction nationale compétente qui aura à cet effet entendu le titulaire de brevet. La juridiction communique l'autorisation à l'OAPI qui l'enregistre et la publie. Les mêmes conditions s'imposent alors au nouveau bénéficiaire de la licence non volontaire.

610. Par ailleurs, l'octroi de la licence non volontaire ne préjudicie pas les droits des tiers. Autrement dit, la licence non volontaire n'affecte ni les contrats de licence en vigueur ni les licences non volontaires en vigueur et n'exclut ni la conclusion d'autres contrats de licence ni l'octroi d'autres licences non volontaires. Néanmoins, le titulaire de brevet ne peut consentir à d'autres licenciés des conditions plus favorables que celles de la licence non volontaire[1].

611. Les produits fabriqués en vertu de cette licence sont normalement identifiés par un marquage et un étiquetage spécifique, et distingués de ceux fabriqués par le titulaire par un emballage et/ou une coloration ou mise en forme spéciale. Ils sont commercialisés à un prix significativement réduit.

612. Les licences non volontaires pour intérêt national doivent être distinguées des « licences de plein droit » prévues à l'article 42 de l'Annexe I de l'Accord de Bangui. Il s'agit d'une mention inscrite dans le registre spécial des brevets à la demande d'un titulaire de brevet, conférant aux tiers le droit d'obtenir une licence pour exploiter ledit brevet à des conditions qui, à défaut d'accord entre les parties en cause, sont fixées par la juridiction nationale compétente. Le bénéficiaire d'une licence de plein droit ne peut ni la céder ni accorder des sous-licences en vertu de cette licence. La différence entre ces deux types de licences se situe au niveau du motif et de la volonté du titulaire de brevet. Alors que le motif est objectif et bien identifié dans le cas des licences non volontaires, il s'avère subjectif et aléatoire s'agissant des licences de plein droit. En outre, dans le cas des licences non volontaires, la volonté du titulaire est forcée. En

[1] TANKOANO (A.), « Les importations parallèles et les licences non volontaires dans le nouveau droit des brevets des États membres de l'OAPI », *in Commerce, propriété intellectuelle et développement durable vus de l'Afrique*, document présenté au Dialogue régional de Dakar, organisé les 30 et 31 juillet 2002 par ICTSD, Solagral et ENDA Tiers Monde, p. 120.

revanche, en ce qui concerne les licences de plein droit, l'inscription et la radiation de cette mention émanent d'une volonté spontanée du titulaire. Il existe donc fondamentalement une différence de régime entre les licences de plein droit et les licences non volontaires[1].

613. Malgré la pluralité des motifs d'octroi, force est de constater que ce sont habituellement les produits pharmaceutiques qui sont au centre du débat public sur les licences non volontaires. En matière pharmaceutique, l'octroi de licences non volontaires s'inscrit dans le cadre d'une action nationale visant à résoudre le problème de l'accès, à des prix abordables, à des médicaments qui soient sûrs, efficaces et de qualité garantie. Cet instrument juridique revêt un intérêt particulier pour les États membres de l'OAPI en tant que pays en développement[2], mais ne semble pas être à leur portée puisqu'il n'a pas encore été mis en œuvre, sans doute à cause du faible niveau technologique de ces États.

614. Plus à leur portée, il existe la législation sur les médicaments génériques. En effet, la plupart des États à travers le monde ont doté leur arsenal juridique d'une exception dite « de recherche » pour les besoins de santé publique[3]. En vertu de celle-ci, les législations déclarent non constitutifs de contrefaçon certains actes qui se rapportent à l'élaboration de données d'essais et à leur soumission à un organisme réglementaire. Concrètement, ces législations autorisent exceptionnellement les fabricants de médicaments génériques à utiliser l'invention brevetée pour obtenir l'approbation de commercialisation, notamment auprès des autorités chargées de la santé publique, sans l'autorisation du titulaire du brevet et avant que la protection conférée par ce brevet n'expire. Cette exception réglementaire pour la recherche appelée « exception BOLAR »[4], permet à ces fabricants de médicaments génériques de commercialiser leurs produits une fois que le brevet est arrivé à expiration. En droit OAPI, l'exception BOLAR est contenue dans l'article 7 alinéa 1 (d) de l'Annexe 1 de l'Accord de Bangui suivant lequel, « les droits conférés par le brevet ne s'étendent pas (…) aux études et essais requis en vue de l'obtention d'une autorisation de mise sur le marché pour un médicament, ainsi qu'aux actes nécessaires à leur réalisation et à l'obtention de l'autorisation ».

---

[1] CLÉMENT-FONTAINE (M.), « Œuvres libres », *JCl. Propriété littéraire et artistique (PLA)*, 2024, Fasc. 1975 ; CARON (C.), « L'œuvre libre confrontée à quelques aspectsdu droit commun des biens et du droit d'auteur », *Comm. Comm. Electronique*, n° 7-8, 2018, étude n° 12.

[2] Lire en ce sens : EDOU EDOU (P.), *Les incidences de l'Accord des ADPIC sur la protection de la propriété industrielle au sein de l'OAPI*, Thèse, Université de Strasbourg II, 2005, pp. 224 et s. ; CORREA (C.), *Intégration des considérations de santé publique dans la législation en matière de brevets des PED*, South Centre, 2001, p. xiv.

[3] LOWE GNINTEDEM (P. J.), *Droit des brevets et santé publique dans l'espace OAPI*, P.U.A.M., coll. « Horizons Juridiques Africains », 2015, pp. 18 et s. ; lire aussi : MENDOZA-CAMINADE (A.), « La Covid-19 et le droit des brevets », *JCP E*, n° 1, 2021, p. 5, comm. 1.

[4] L'expression fait référence à un contentieux dans lequel une décision de justice fondée sur l'absence d'exception de recherche aux États-Unis avait été invalidée par une disposition législative ; lire VERON (P.), « L'exception d'usage expérimental et l'exception "Bolar" », *Propr. intell.*, n° 59, 2016, p. 170.

b- Les licences non volontaires délivrées par voie judiciaire

615. Le législateur OAPI identifie précisément le motif du défaut d'exploitation et celui du brevet de dépendance comme fondement de l'octroi judiciaire de licences non volontaires.

616. Prévu à l'article 49 de l'Annexe I de l'Accord de Bangui du 2 mars 1977, l'octroi de licences non volontaires pour défaut d'exploitation est soumis à un certain nombre de conditions. Il est sollicité par requête par toute personne intéressée après expiration du délai de quatre (4) ans à compter de la date de dépôt de la demande de brevet ou de trois (3) ans à compter de la date de délivrance du brevet. Le délai qui expire le plus tard doit être appliqué. Le défaut d'exploitation est constitué lorsque l'invention brevetée n'est pas exploitée sur le territoire de l'un des États membres, au moment où la requête est présentée ; ou bien l'exploitation, sur le territoire susvisé, de l'invention brevetée ne satisfait pas à des conditions raisonnables de la demande du produit protégé ; ou encore lorsque, en raison du refus du titulaire du brevet d'accorder des licences à des conditions et modalités commerciales raisonnables, l'établissement ou le développement d'activités industrielles ou commerciales, sur le territoire susvisé, subissent injustement et substantiellement un préjudice. Toutefois, une licence non volontaire ne peut être accordée si le titulaire du brevet justifie d'excuses légitimes du défaut d'exploitation.

617. L'acte d'exploitation dont le défaut est sanctionné consiste en tout acte permettant au marché d'être suffisamment approvisionné. Depuis la réforme de 1999, l'Accord de Bangui a abandonné l'exigence d'une exploitation industrielle locale pour se conformer à l'Accord sur les ADPIC qui ne retient pas une telle obligation. Cela veut dire que l'importation est un acte d'exploitation suffisant pour maintenir la protection conférée par le brevet si elle permet de satisfaire aux besoins du marché local[1].

618. En ce qui concerne le brevet de dépendance, c'est l'hypothèse où une invention protégée par un brevet ne peut être exploitée sans qu'il ne soit porté atteinte aux droits attachés à un brevet antérieur dont le titulaire refuse l'autorisation d'utilisation à des conditions et modalités commerciales raisonnables. Le titulaire du brevet ultérieur peut, dans ce cas, obtenir de la juridiction nationale compétente une licence non volontaire pour cette utilisation, aux mêmes conditions que celles qui s'appliquent aux licences non volontaires accordées pour défaut d'exploitation. Néanmoins, en plus de ces conditions, l'invention revendiquée dans le brevet ultérieur doit représenter un progrès technique important ou avoir un intérêt économique considérable, par rapport à l'invention revendiquée dans le brevet antérieur. Il faudrait également qu'il y ait réciprocité c'est-à-dire que le titulaire du brevet antérieur ait droit à une licence réciproque à des conditions raisonnables pour utiliser l'invention revendiquée dans le brevet ultérieur. Enfin, l'utilisation autorisée en rapport

---

[1] TANKOANO (A.), « Les importations parallèles et les licences non volontaires dans le nouveau droit des brevets des États membres de l'OAPI », *in Commerce, propriété intellectuelle et développement durable vus de l'Afrique*, *op. cit.*, p. 119.

avec le brevet antérieur doit être incessible à moins que le brevet ultérieur soit également cédé.

619. La licence de dépendance vise donc à éviter qu'un brevet en position dominante par rapport à un brevet de perfectionnement ne soit utilisé par son titulaire pour empêcher l'exploitation dudit perfectionnement. C'est dans le prolongement de cette logique de décongestionnement du marché que s'est développée en droit de la concurrence la théorie des « facilités essentielles » qui systématise la sanction de comportements d'abus de monopole.

2- La théorisation des licences obligatoires : la théorie des « facilités essentielles »

620. La théorie des « facilités essentielles » ou « installations essentielles » procède du besoin que peuvent avoir les demandeurs d'un bien rare. Ainsi, dès lors que l'exercice d'une activité économique n'est possible qu'à la condition de pouvoir utiliser un bien, une infrastructure, une information ou encore un service détenu par un opérateur économique qui en refuse l'accès à ses concurrents potentiels, ledit opérateur peut être contraint à accorder l'accès dans des conditions raisonnables et non discriminatoires. Il s'agit là de la théorie des facilités essentielles, qui a pour finalité la préservation de la concurrence[1]. Le contenu de cette théorie (a) ainsi que l'application qui en est faite (b) méritent d'être explorés.

a- Le contenu de la théorie des « facilités essentielles »

621. D'après Guillaume DEZORBY, une « facilité essentielle » désigne « une infrastructure, un produit ou un service « indispensable » ou « essentielle » pour l'accès au marché pertinent si cette infrastructure, ce produit ou ce service n'est pas « interchangeable » et qu'en raison de leurs caractéristiques particulières et notamment du coût prohibitif de leur reproduction et/ou du temps raisonnable requis à cette fin, il n'existe pas d'alternatives viables pour les concurrents potentiels qui se trouveraient, de ce fait, exclus du marché »[2]. De son côté, le juge français considère les ressources essentielles comme étant « des installations ou des équipements indispensables pour assurer la liaison avec les

---

[1] DEZOBRY (G.), *La théorie des facilités essentielles. Essentialité et droit communautaire de la concurrence*, LGDJ, coll. « Thèses », tome 124, 2009, pp. 56 et s. ; MARTY (F.) et PILLOT (J.), *Politiques de concurrence et droits de propriété intellectuelle : la théorie des facilités essentielles*, CNRS, 2009 ; DAVERAT (X.), « Un épisode de l'application par les juridictions internes des principes communautaires au droit d'auteur : les facilités essentielles », *in* L. GRARD & B. SAINTOURENS, *La libre concurrence face aux juges*, Presses Universitaires de Bordeaux, 2010, p. 81 ; pour en savoir davantage, lire : BOUFFARD (J.), « Les abus de position dominante et l'accès aux données », *JCP E*, n°s 20-21, 2023, comm. 1160 ; LUC (I.), « Quand les bases de données ne sont pas qualifiées de facilités essentielles... », *AJ Contrats d'affaires - Concurrence – Distribution*, 2014, p. 332.

[2] TPICE, 15 sept. 1998, *European Night Services e.a. c/ Commission*, T-374/94, *Rec. CJCE* 1998, p. II-3141, *CCC* 1998, n° 165, obs. S. Peruzzetto ; *RTD eur.* 1999, p. 121, n° 29, obs. J.-B. Blaise et L. Idot ; *Europe* 2022, comm. 17) ; voir aussi : GRYNFOGEL (C.), « Entente en droit européen de la concurrence », *Jcl. Commercial*, 2019, Fasc. 264.

clients et/ou permettre à des concurrents d'exercer leurs activités et qu'il serait impossible de reproduire par des moyens raisonnables »[1].

622. Dans l'hypothèse d'une pénurie de ce type de bien, la liberté des opérateurs économiques de ne pas mettre ces biens sur le marché afin de satisfaire la demande va se trouver limitée ; la série d'hypothèses à laquelle répond la théorie des facilités essentielles est celle dans laquelle la rareté tient à la politique d'un acteur économique qui le fait de manière délibérée afin de limiter la concurrence[2].

623. C'est dans le cadre du droit américain de la concurrence (*antitrust*) que fut originellement développée la théorie des « facilités essentielles »[3]. Elle se résume en ces termes : lorsque l'accès à une ressource est essentiel pour pouvoir opérer sur un marché, le propriétaire de cette facilité peut, dans certaines circonstances, être obligé de le garantir aux opérateurs. Ainsi, il faut parfois contraindre un opérateur économique à laisser les concurrents accéder à un équipement incontournable qu'il détient. La « facilité essentielle » peut être constituée par une infrastructure ou un équipement, comme une installation portuaire ou une hélistation, voire un produit ou un service[4].

624. En décembre 1993, dans une affaire, la Commission européenne décida pour la première fois qu'une entreprise en position dominante utilisant une installation essentielle, et qui refuse à d'autres entreprises l'accès à ladite installation sans raison objective ou ne le leur accorde qu'à des conditions moins favorables que celles qu'elle réserve à ses propres services, commet un abus de position dominante[5]. Dans ces conditions, pour que l'autorisation d'accès soit accordée sur la base de la théorie des facilités essentielles, il faut d'une part, que l'entreprise mise en cause soit en situation de position dominante ou de monopole sur le marché où se situe l'équipement, le produit ou le service, présenté comme essentiel ou indispensable pour exercer une activité concurrente de celle du détenteur de l'infrastructure. D'autre part, il faut que le produit ou service soit effectivement indispensable. L'infrastructure est dite indispensable ou essentielle si les tiers ne disposent pas de solutions alternatives. Le juge va alors rechercher si le concurrent serait à même de reproduire la facilité sollicitée dans des conditions économiques raisonnables. Il y aura dès lors absence d'abus de position dominante s'il existe des solutions alternatives, le défaut de rentabilité économique par exemple ne pouvant être suffisant pour imposer l'accès à la facilité essentielle considérée[6].

---

[1] CA Paris, 9 sept. 1997, BOCCRF 7 oct. 1997 p. 691.

[2] AZEMA (J.) et GALLOUX (J.-C.), *Droit de la propriété industrielle*, Dalloz, coll. « Précis », 8è éd., 2017, n° 1680, p. 540.

[3] Dans l'affaire *United States V. Terminal Railroad Ass. Datanyt* rendue par la Cour suprême américaine, le 22 avril 1912 (224 US 383 [1912]).

[4] CASTETS-RENARD (C.), « Droit d'auteur – Droits d'auteurs, droits voisins et traités », *Répertoire de droit européen*, 2021, § 55.

[5] Commission européenne (CE), 21 déc. 1993, *Sea Containers c/ Stean Sealink*, *Europe*, Décision n° 94/19, 1994, n° 115, obs. L. Idot.

[6] CJCE, 26 nov. 1998, *Oscar Bronner c/ Mediaprint Zeitungs*, aff. C-7/97, Rec. I. *CCC* 1999, p. 15, note S. Poillot-Peruzzetto.

625. L'abus de position dominante est commis lorsque l'accès à cette facilité est refusé ou accordé dans des conditions restrictives injustifiées (conditions non transparentes, inéquitables ou discriminatoires) alors que cet accès est possible à de meilleures conditions. La doctrine dégage les motifs de qualification d'un refus abusif de licence en relevant que « les circonstances exceptionnelles qui permettent de qualifier d'abusif un refus de licence sont notamment : le fait que le refus porte sur un produit ou un service indispensable pour l'exercice d'une activité donnée sur un marché voisin, le fait que le refus est de nature à exclure toute concurrence effective sur ce marché voisin ; et lorsque l'objet de la licence porte sur un droit de propriété intellectuelle, le fait que le refus fait obstacle à l'apparition d'un produit nouveau pour lequel il existe une demande potentielle des consommateurs »[1]. La jurisprudence en donne de belles illustrations.

b- Les applications jurisprudentielles de la théorie des « facilités essentielles »

626. La jurisprudence européenne a appliqué la théorie des « facilités essentielles » dans plusieurs affaires en dépit de la titularité d'un droit de propriété intellectuelle. Le droit de propriété intellectuelle est remis en cause en raison de « circonstances exceptionnelles » caractérisées par un refus injustifié du titulaire faisant obstacle à l'apparition d'un marché potentiel et excluant toute concurrence. L'on peut, à titre d'illustration évoquer les jurisprudences *MAGILL* (concernant des grilles de programme télévisé), *IMS Heallth* et *Microsoft* (qui portait sur des informations permettant de concevoir des logiciels compatibles avec les équipements *Windows)*, dans lesquelles se posait la question de savoir si l'exercice d'un droit de propriété intellectuelle, à savoir le refus d'accorder un droit d'accès, pouvait-il être constitutif d'un abus de position dominante.

627. Dans l'arrêt *MAGILL*[2], il s'agissait pour la Cour d'apprécier la validité du refus de titulaires de droits d'auteur et de droits voisins d'octroyer des licences d'exploitation. En effet, la société *MAGILL* avait entrepris la publication d'un journal hebdomadaire présentant l'ensemble des programmes télévisés des six chaînes de télévision diffusés sur le territoire irlandais. Pour faire interdire la publication du journal sur le fondement du *copyright*, les chaînes de télévision ont allégué devant le juge irlandais une violation de leur droit sur les œuvres de l'esprit contenues dans les grilles de programmes télévisés. La CJCE a estimé dans son arrêt que, le refus des chaînes de télévision de fournir des informations brutes en invoquant les dispositions nationales sur le droit d'auteur ne saurait constituer un abus de position dominante, même s'il est le fait d'une entreprise en position dominante, dans la mesure où cette dernière dispose d'un droit exclusif de reproduction.

---

[1] DUSSOLIER (S.), *Les droits intellectuels (décembre 2006 – novembre 2007)*, Bruxelles, éd. Larcier, vol. n° 146, 2008, p. 51.

[2] CJCE, 6 avr. 1995, C-241/91 P et C-242/91 P, *RTE et ITP c/ Commission et Magill*, *Rec. CJCE*, 1995. I. p. 743.

628. Pour la Cour, l'abus n'était pas constitué lorsque le titulaire d'un droit de propriété intellectuelle se borne à exploiter l'une de ses prérogatives essentielles. Toutefois, dans certaines circonstances exceptionnelles, comme en l'espèce, un tel abus peut être caractérisé parce qu'il n'existait aucun substitut réel ou potentiel au journal litigieux. Or, il existait une demande potentielle spécifique, constante et régulière, de la part des consommateurs. Le refus de licence avait visiblement eu pour effet de faire obstacle à l'apparition d'un produit nouveau pour lequel existait une demande potentielle des consommateurs. Considérant que constitue un abus du droit d'auteur le fait pour son titulaire d'empêcher la venue sur le marché d'un produit nouveau composé d'éléments faisant partie d'une œuvre de l'esprit protégée par un droit national, le juge européen a admis la mise en place d'une licence obligatoire.

629. À la suite de cet arrêt *MAGILL*, le juge européen avait, le 29 avril 2004 dans l'affaire *IMS Heallth* (celle-ci portait sur des données sur les ventes géographiques de produits pharmaceutiques), précisé et limité la mise en œuvre de la théorie des « facilités essentielles », dans le domaine des logiciels. En effet, il a été jugé que le refus, opposé par une entreprise qui détient une position dominante et qui est titulaire d'un droit de propriété intellectuelle sur une structure modulaire indispensable pour la présentation de données sur les ventes régionales de produits pharmaceutiques dans un État membre, d'octroyer une licence pour l'utilisation de cette structure à une autre entreprise, qui souhaite également fournir de telles données dans le même État membre, constitue un abus de position dominante. C'est le cas lorsqu'un tel refus fait obstacle à l'apparition d'un nouveau produit ou service sur un marché secondaire, pour lequel il existe une demande potentielle de la part des consommateurs, si ce refus n'est pas justifié par des considérations objectives ou encore s'il est de nature à exclure de toute concurrence le marché et à le réserver au titulaire du droit de propriété intellectuelle[1].

630. Dans l'affaire *Microsoft*[2], le Tribunal de première instance de la Communauté européenne (TPICE) confirme la décision de la Commission européenne qui reconnaît l'abus de position dominante de *Microsoft* et lui inflige une amende de 497 millions d'euros. Cette amende sanctionne deux comportements fautifs de *Microsoft*. Le premier concerne des ventes liées sur le marché des systèmes d'exploitation pour PC clients, et consiste pour *Microsoft* à lier la vente du système d'exploitation *Windows* à la fonctionnalité de *Windows Media Player*. Le juge avait ordonné à *Microsoft* de proposer une version de *Windows* sans *Media Player*. Le second comportement concerne l'interopérabilité. Il était reproché à *Microsoft* de refuser de fournir à ses concurrents une

---

[1] CJCE, 29 avr. 2004, *IMS Heath GmbH & Co c/ NDC Health GmbH & Co KG*, aff. C-418/01, *Rec. CJCE* 2004, I. p. 5039 ; *D.* 2004, p. 2366 note F. Sardain ; *RTD com.* 2004, p. 491, obs. F. Pollaud-Dulian.

[2] TPICE, 17 sept. 2007, *Microsoft Corp. c/ Commission,* aff. T-201/04, *Rec. CJCE* 2004, II, p. 4463 ; *RTD com.* 2007. 715, obs. F. Pollaud-Dulian ; *RTD eur.* 2007, p. 720, note J. Gstalter ; *D.* 2007, p. 2303, obs. E. Chevrier.

documentation technique pour leur permettre de concevoir des logiciels compatibles avec la version *Windows* pour serveurs. Il lui était alors demandé de donner accès à certains protocoles et non au code source. De plus, en refusant d'octroyer des licences sur des logiciels protégés par des droits de propriété intellectuelle, *Microsoft* avait commis un abus de position dominante, car le refus, injustifié, portait sur un produit ou service indispensable pour l'exercice d'une activité sur un marché voisin pour lequel il existait une demande potentielle des consommateurs.

631. Il demeure que le juge européen a assoupli les conditions posées par l'arrêt *IMS* en considérant que l'abus de position dominante est constitué même si aucun produit nouveau n'est en cause : le refus de concéder une licence est abusif dans la mesure où il limite potentiellement le développement technique au détriment des consommateurs.

632. En somme, l'application des règles de la propriété intellectuelle impose des restrictions aux échanges que le droit s'attelle à réguler au moyen du droit de la concurrence. De la même manière, le droit du commerce international prône la libre circulation des marchandises à travers la théorie de l'épuisement des droits de propriété intellectuelle. Mais, contrairement à l'épuisement des droits, les licences obligatoires n'interdisent pas au titulaire de droits de s'opposer à d'éventuelles importations parallèles dans la mesure où les produits fabriqués dans le cadre de ces licences doivent être utilisés principalement pour l'approvisionnement du marché auquel ils sont destinés[1]. Les licences obligatoires constituent donc des limitations aux droits conférés par le titre de propriété industrielle au même titre que le principe de l'épuisement des droits.

[1] Art. 31 (f) de l'Accord sur les Aspects des droits de propriété intellectuelle liés au commerce (ADPIC).

Chapitre 2
Le principe de l'épuisement des droits de propriété intellectuelle

633. Le principe de l'épuisement des droits de propriété intellectuelle met en rapport la propriété intellectuelle et la circulation transfrontalière des biens. Dans un marché commun, il est de principe que la libre circulation des marchandises n'admet d'exception qu'en vue de sauvegarder l'objet spécifique d'un droit de propriété intellectuelle afin d'en réaliser, *in fine*, la fonction essentielle[1]. Un auteur a ainsi défini l'épuisement des droits de propriété intellectuelle comme « une limite imposée par la loi au pouvoir d'exclusivité du titulaire d'un droit de propriété intellectuelle incorporé dans un produit d'interférer avec la circulation commerciale de ce produit »[2]. Dans les échanges internationaux, la théorie de l'épuisement des droits traduit l'idée selon laquelle le titulaire d'un droit de propriété intellectuelle protégé dans un pays ne saurait, après avoir décidé de mettre en vente le produit, en contrôler la circulation par une action en contrefaçon[3]. Autrement dit, le titulaire d'un droit de propriété intellectuelle ne peut exercer son monopole pour s'opposer à l'importation d'un produit portant reproduction de sa création, dès lors que celui-ci a été licitement mis sur le marché dans un autre État[4].

634. Originellement développée par la doctrine allemande[5], cette théorie opère une distinction entre l'objet corporel dont la propriété connaît une limite physique, et l'immatérialité de la propriété intellectuelle qui consiste en un monopole octroyé au titulaire. Toutefois, malgré l'indépendance de ces deux propriétés, le droit immatériel et la chose mise en circulation demeurent liés soit par le symbole de sa provenance (la marque), soit par la démarche inventive dont elle procède (le brevet), soit par ses caractéristiques visuelles touchant la forme, le motif ou les éléments décoratifs (le dessin industriel), soit par l'œuvre littéraire et artistique ou le programme d'ordinateur qui en fait l'intérêt (le droit d'auteur)[6]. La circulation de l'objet matériel, en raison de ventes successives, nécessite de délimiter le monopole dont bénéficie le titulaire du droit immatériel

---

[1] SERRA (O.), « Des unions internationales à la restriction des monopoles : éléments pour une histoire du droit européen de la propriété industrielle » *in Les fondements historiques du droit européen des affaires*, MAGES (A.) (dir.), Nouvelle édition [en ligne], Presses de l'Université de Toulouse I Capitole, 2021, p. 249.

[2] SCORDAMAGLIA (V.), « Fonction du droit de marque : épuisement et transit », *Propriété industrielle*, 2010, n° 10.

[3] LACOURT (B.), GAVALDA (C.) et PARLEANI (G.), *Droit des affaires de l'Union européenne*, Paris, LexisNexis, coll. « Manuels », 9e éd., 2024, 720 p. notamment pp. 102 et s.

[4] DAVERAT (X.), « Droits voisins du droit d'auteur – Dispositions communes aux artistes-interprètes et aux producteurs de phonogrammes – Licence légale et rémunération équitable », *Jcl. Propriété littéraire et artistique*, LexisNexis, Fasc. 1450, 2023, § 27.

[5] Plus précisément par Joseph KÖHLER, *aber die interpretation des gesetzen, Zeitschrift für das Privat und öffentliche Recht*, Tome XIII, Mannheim, 1886, cité par CASTELL (B.), *L' « épuisement » du droit intellectuel en droit allemand, français et communautaire*, Paris, P.U.F., 1989, 283 p.

[6] VERVILLE (S.), « La notion d'épuisement des droits : évolution et rôle actuel en commerce international », *Les Cahiers de propriété intellectuelle*, vol. 18, n° 3, 2006, p. 552 : KAMINA (P.) « Précisions sur la présomption d'épuisement des droits », *CCC*, n° 3, 2024, comm. 23.

afin de prémunir les tiers contre les atteintes abusives à leur propriété sur ledit objet matériel. Dès lors, « le principe de l'épuisement fait prévaloir le droit du propriétaire du bien physique sur celui de l'auteur : la première vente d'un exemplaire d'une œuvre met fin au droit de l'auteur sur cet exemplaire ; il peut donc être prêté, revendu, loué, etc. L'exemplaire est ainsi affranchi du droit qui réside dans l'œuvre et qui pourrait interférer avec le sort du bien physique qui l'incorpore. Le sort de l'exemplaire est finalement celui de tout autre bien, il est libre de circulation »[1].

635. L'objectif du principe de l'épuisement est, en toutes circonstances, de limiter les restrictions à la circulation du bien physique à ce qui est nécessaire pour préserver l'objet de la propriété intellectuelle[2] (section 1) et ce, en mettant un accent particulier sur le consentement du titulaire du droit de propriété intellectuelle (section 2).

Section 1. Les enjeux du principe de l'épuisement des droits de propriété intellectuelle

636. Comme l'ont relevé certains auteurs, « La détention d'un pouvoir de marché recèle toujours un risque de dévoiement anticoncurrentiel, au-delà de la seule récompense légitime de l'effort créatif »[3]. La règle de l'épuisement, qui innerve une part importante du droit de la propriété intellectuelle, se justifie par le principe de libre circulation des marchandises. Dans une économie libérale, il est impératif que les produits mis sur le marché puissent circuler librement. En d'autres termes, le titulaire du droit de propriété intellectuelle qui met ses produits dans le commerce, ou qui consent à cette mise dans le commerce, perd ce droit par la suite : le droit s'éteint donc par le premier usage. L'épuisement du droit assure ainsi une forme d'équilibre entre la protection du monopole d'exploitation et la libre circulation des marchandises. Cet objectif de conciliation obéissant à des applications variées (§ 1), il serait intéressant d'examiner le choix opéré par l'OAPI (§ 2).

§ 1. Les applications de l'épuisement des droits dans les échanges transfrontaliers

637. Le principe de l'épuisement des droits de propriété intellectuelle est connu des différents droits nationaux de par le monde. Toutefois, son régime varie selon que les États, dans leur politique économique, accordent plus d'importance au monopole inhérent à la propriété intellectuelle ou plutôt à la préservation de la compétition dans un marché concurrentiel. Si cette variation influence significativement la portée géographique de l'épuisement des

---

[1] MOYSE (P.-E.), *Le droit de distribution électronique : essai sur le droit de distribution des œuvres en droit d'auteur canadien, américain, anglais et français*, Thèse de doctorat de droit, Université de Montréal, 2006, 699 p. notamment p. 6.

[2] CJUE, 3 juill. 2012, *UsedSoft GmbH* c/ *Oracle International Corp.*, aff. C-128/11, *D.* 2012, p. 2142, note A. Mendoza-Caminade ; *RTD com.* 2012, p. 542, obs. F. Pollaud-Dulian ; *Comm. com. électr.* 2012, comm. 106, note C. Caron.

[3] LACOURT (B.), GAVALDA (C.) et PARLEANI (G.), *op. cit.*, p. 520.

droits (A), la constance demeure l'opposition entre la protection de l'exclusivité territoriale et la libre circulation des biens (B).

A-Les variations de la portée géographique de l'épuisement des droits

638. Dans le commerce international, l'application du principe de l'épuisement des droits de propriété intellectuelle s'envisage au pluriel. Une observation générale laisse transparaître deux tendances principales en ce qui concerne cette application. D'une part, lorsque la politique économique préconise la protection des droits de propriété intellectuelle, le régime choisi sera celui de l'épuisement national. D'autre part, lorsqu'elle privilégie la libre concurrence, le régime sera celui de l'épuisement international. Il existe entre les deux, l'épuisement régional qui privilégie la libre circulation des biens, mais dans un espace communautaire.

639. L'épuisement national est un régime qui consiste pour un État à séparer son marché de celui des autres États relativement aux biens protégés par des droits de propriété intellectuelle. Ainsi, l'épuisement étant déclenché par la première mise en circulation par le titulaire de droits, lorsqu'elle est faite sur le territoire de cet État, l'épuisement n'aura d'effet que sur ledit territoire. L'épuisement national confère donc un « monopole d'exploitation limité au territoire national »[1]. *A contrario*, si la première mise sur le marché est faite en dehors du territoire national, les produits concernés ne peuvent être commercialisés à l'intérieur de ce territoire ; ceci parce que le régime de l'épuisement national offre au titulaire de droit de propriété intellectuelle la possibilité de s'opposer à la fabrication, l'importation ou la vente du produit protégé par son droit de propriété intellectuelle, de même qu'à l'utilisation d'un procédé breveté par lui.

640. Dans le cadre de l'épuisement international, lorsque la mise en circulation est faite sur le territoire d'un État, quel qu'il soit, l'épuisement produit ses effets à l'échelle mondiale. Autrement dit, lorsqu'un État applique le principe de l'épuisement international, les droits de propriété intellectuelle sont épuisés dès que le produit a été vendu par le titulaire du droit ou avec son consentement dans n'importe quelle région du monde. Ce régime conçoit le commerce international comme devant s'opérer dans un marché global et intégré, débarrassé des obstacles artificiels au commerce tels que le monopole conféré par la propriété intellectuelle. Sans dénier au titulaire ses prérogatives, le régime de l'épuisement international les limite à ce qui est nécessaire, le titulaire étant présumé avoir tiré toutes les utilités conférées par la propriété intellectuelle à l'occasion de la première mise en commerce. Il devient dès lors excessif de les maintenir après cette mise en circulation eu égard à l'impératif de libre circulation des biens. L'épuisement international est donc un moyen de libéralisation des échanges commerciaux ; il véhicule la libre circulation des

[1] CASTELL (B.), *L' « épuisement » du droit intellectuel en droit allemand, français et communautaire*, Paris, P.U.F, 1989, p. 140 ; GONOMY (M.), « Douane et propriété intellectuelle au sein de la CEDEAO, à propos de l'épuisement des droits », *Propr. Ind.*, n° 5, 2022, étude 11.

biens et limite à des proportions jugées raisonnables les effets de la propriété intellectuelle sur la libre concurrence.

641. L'épuisement régional est un régime intermédiaire entre les deux principaux régimes exposés ci-dessus. Il est conçu en vue de la construction d'un marché commun compris comme un espace économique au sein duquel il n'existe pas de restriction quantitative à l'importation ou à l'exportation entre les États membres de cet espace. Comme l'épuisement national, l'épuisement régional sépare le marché commun du marché international. Il limite les effets de l'épuisement dans le seul espace communautaire constitué des territoires des États membres. En revanche, comme l'épuisement international, l'épuisement régional concourt à éliminer les obstacles artificiels au commerce intracommunautaire en lien avec la propriété intellectuelle[1].

642. Quoi qu'il en soit, selon l'orientation économique adoptée, l'on peut retrouver dans un même système juridique une variété d'applications de la théorie de l'épuisement. Il est possible d'adopter simultanément différents régimes d'épuisement pour chaque catégorie de droit de propriété intellectuelle. Au Canada par exemple, l'épuisement international est applicable aux marques de commerce alors que le droit d'auteur et les brevets se voient appliquer l'épuisement national[2]. En revanche, dans le système communautaire européen, c'est l'épuisement régional qui est retenu.

643. Quelle que soit l'application du principe de l'épuisement des droits, l'on note une opposition permanente entre la protection de l'exclusivité territoriale et la libre circulation des biens.

B-L'opposition entre la protection de l'exclusivité territoriale et la libre circulation des biens

644. Des enquêtes menées en 2000 par la Chambre de Commerce International auprès de divers pays à travers le monde ont révélé la réticence des législations nationales à admettre le principe de l'épuisement international[3]. À la base de cette réticence, se trouve l'idée selon laquelle, en restreignant les possibilités de contrôle des entreprises sur la commercialisation et la distribution de leurs produits sur le marché, l'épuisement international réduirait les investissements dans l'innovation. En revanche, pour la minorité favorable à l'épuisement international, ce régime augmenterait la concurrence et supprimerait les barrières artificielles des marchés individuels. C'est dire que le choix d'un régime ou d'un autre n'est pas anodin. Pour le comprendre, il est important d'analyser les effets de l'épuisement sur la vigueur de la territorialité des droits

---

[1] CJCE, 16 juill. 1998, *Silhouette International Schmied GmbH & Co. KG* c/ *Hartlauer Handelsgesellschaft GmbH*, aff. C-355/96, *Rec.* 1998. 04799 ; *RTD eur.* 2000, p. 112, obs. G. Bonet ; *D.* 1999, p. 128, obs. J. Schmidt-Szalewski.

[2] VERVILLE (S.), « La notion d'épuisement des droits : évolution et rôle actuel en commerce international », *op. cit.*, p. 555 ; GONOMY (M.), « Douane et propriété intellectuelle au sein de la CEDEAO, à propos de l'épuisement des droits », *op. cit.*, n° 5, 2022, étude 11.

[3] Chambre de commerce international (CCI), *Exhaustion of intellectual property rights*, Document n° 450/904, Rev. 7 janvier 2000.

de propriété intellectuelle (1) de même que l'admissibilité des importations parallèles eu égard à chaque régime (2).

1- Les effets de l'épuisement sur la vigueur de la territorialité des droits de propriété intellectuelle

645. Par le mécanisme de la propriété intellectuelle, le titulaire des droits se réserve une part de marché à travers une exclusivité à caractère essentiellement territorial que l'on désigne par la notion de territorialité. Celle-ci signifie qu'un droit exclusif d'exploitation est accordé « chaque fois seulement dans le cadre de l'ordre juridique positif et sous la limite territoriale de l'État. Cela a pour conséquence que ce droit (...) est territorialement limité et est situé dans l'État de protection correspondant »[1]. Or, la territorialité de la protection de la propriété intellectuelle et les divergences entre les législations relatives à cette matière sont susceptibles de créer des obstacles à la libre circulation des produits protégés et au jeu de la concurrence dans les échanges internationaux. Selon qu'elle est nationale ou internationale, l'application de l'épuisement des droits affecte la territorialité des droits de propriété intellectuelle en consolidant ou en amenuisant sa vigueur.

646. L'épuisement national donne à la territorialité toute sa vigueur, car il sert de restriction internationale à la distribution verticale[2] des biens affectés de droits de propriété intellectuelle. L'exclusivité territoriale conférée par les droits de propriété intellectuelle permet au titulaire, qui a protégé ses droits dans divers États appliquant l'épuisement national, de fragmenter le marché en fonction de la culture et des habitudes propres aux consommateurs de chacun de ces États. Ainsi, il peut adapter le produit à ces spécificités par exemple en ajustant les ingrédients d'un produit cosmétique ou alimentaire, ou en proposant une traduction du manuel d'instructions. De même, il peut aménager différents prix pour un même produit dans le but d'accroître ses profits, ou de conquérir de nouveaux marchés au moyen des promotions, ou encore dans le but de les adapter aux exigences réglementaires en vigueur sur un territoire donné.

647. Le régime de l'épuisement national garantit donc au titulaire de droits de propriété intellectuelle une réservation de part de marché correspondant à sa sphère de monopole. Ce qui lui offre la possibilité de mettre en place un réseau de distribution qui peut être « pluri-territorial ». Ce réseau de distribution lui permet de contrôler et de maîtriser la commercialisation transfrontalière de ses produits.

---

[1] BOUCHE (N.), *Le principe de territorialité de la propriété intellectuelle*, L'Harmattan, 2002, n° 324, p. 179 ; BERGE (J.-S.), « Droit européen et droit international de la propriété littéraire et artistique », *Jcl. Propriété littéraire et artistique*, 2024, synthèse n° 90.

[2] La distribution verticale est une forme de relation contractuelle entre des acteurs intervenant à des niveaux différents de la chaîne commerciale tels que les titulaires de droits (créateurs et fabricants) et les distributeurs. Par contre, la distribution est dite horizontale lorsque la relation contractuelle engage des acteurs au même niveau de la chaîne commerciale, par exemple la relation entre fabricants.

648. En effet, un réseau de distribution est établi par contrat(s) entre le titulaire de droits et un ou plusieurs distributeurs pour l'achat et la revente de ses produits. Ces contrats, soumis au droit de la distribution et de la concurrence, peuvent avoir pour objet une distribution exclusive ou, dans la mesure de sa licéité, sélective. Le contrat de distribution exclusive se définit comme celui en vertu duquel un industriel ou un commerçant nommé concédant confère à un commerçant indépendant nommé concessionnaire, sur un territoire défini et pour une durée déterminée, l'exclusivité de la revente des produits qu'il fabrique ou qu'il importe, à charge pour le concessionnaire exclusif d'assurer sur le territoire qui lui est réservé la distribution des produits dont le monopole de revente lui est confié et sauf la faculté de nommer sur ce territoire et sous sa surveillance des sous-concessionnaires[1].

649. En revanche, dans un système de distribution sélective[2], le titulaire de droits n'agrée que des distributeurs ou revendeurs répondant à certains critères définis d'avance par lui-même. Ces critères concernent soit la qualification professionnelle du potentiel distributeur, de son personnel et de ses installations (il s'agit alors d'une sélection qualitative), soit le nombre limité des distributeurs (il s'agit d'une sélection quantitative). La distribution sélective est rigoureusement encadrée par les instances nationales et régionales de la concurrence parce qu'elle est susceptible de porter atteinte au libre jeu de la concurrence. La doctrine considère qu'un réseau de distribution sélective est compatible avec les règles de concurrence si « le choix d'une distribution sélective est justifié par rapport au produit, les critères de sélection des distributeurs sont qualitatifs, les critères de sélection ne sont pas appliqués de façon discriminatoire, les échanges entre distributeurs agréés sont possibles et, enfin, si le contexte économique ne fait pas apparaître des effets anticoncurrentiels particuliers »[3].

650. À l'inverse, l'épuisement international est l'application à l'échelle mondiale de la libre circulation des marchandises, car elle évite de segmenter les marchés nationaux. L'épuisement international fait ainsi l'impasse sur la territorialité des droits de propriété intellectuelle en accordant la priorité à la compétitivité au travers duquel le titulaire de droits pourra se constituer une part de marché conformément aux règles qui s'y appliquent. À ce sujet, les standards sont connus à savoir la productivité et le meilleur rapport qualité/prix. Toute chose qui s'avère favorable pour le consommateur, désireux d'avoir une diversité de choix de produits à de meilleurs prix.

651. Du point de vue de l'épuisement régional, le régime s'applique de manière à être compatible avec la libre circulation des marchandises au sein du marché commun. Les exigences de la construction communautaire obligent à éliminer

---

[1] CORNU (G.), *Vocabulaire juridique*, Association Henry Capitant, PUF, 2020, V° *distribution.*

[2] Le réseau de distribution sélective est un système très utilisé dans le secteur des produits de luxe, des cosmétiques et autre parfumerie haut de gamme. Il vise à favoriser l'image de marque des produits à travers un personnel de vente formé, une exposition de produits adéquate, etc.

[3] THALMANN (A.), *La protection des réseaux de distribution contre le commerce parallèle*, Genève, éd. Droz, 2001, p. 138.

tous les obstacles au commerce intracommunautaire. C'est pourquoi dès lors que le titulaire de droits consent à mettre en vente ses produits sur le territoire d'un État membre, il est présumé avoir renoncé à son droit de s'opposer à la commercialisation desdits produits rentré dans le territoire d'un autre État membre par des importations parallèles. Comme le relève un auteur, l'épuisement des droits de propriété intellectuelle est « une doctrine selon laquelle le titulaire du [droit de propriété intellectuelle] épuise ses droits après la première vente en bonne et due forme du produit [protégé] dans un pays ou une région ou sur le plan international. L'épuisement des droits justifie, sur le plan légal, l'admission des importations parallèles »[1].

2- L'admissibilité des importations parallèles ou importations du « marché gris »

652. Les créateurs et fabricants de produits protégés par les droits de propriété intellectuelle fixent très souvent les prix de leurs produits en tenant notamment compte des réglementations nationales, des disparités économiques et culturelles, du niveau de concurrence sur le marché, etc. Également, ils commercialisent leurs produits à travers des réseaux de distribution ou, à tout le moins, des circuits de distribution dont ils ont un certain contrôle. Ces circuits constituent le « marché blanc » c'est-à-dire celui qui fonctionne suivant les règles et procédures officielles. À l'opposé de celui-ci, existe le « marché noir » caractérisé par des pratiques proprement illégales telles que la contrebande et la contrefaçon. À équidistance de ces deux réalités, se situe le « marché gris » dont on peine à dire s'il est légal ou illégal, car il côtoie les limites des deux autres. Ce marché mitigé correspond au commerce parallèle.

653. Le phénomène du commerce parallèle est suscité par la recherche de meilleurs profits. Flairant la bonne affaire, un commerçant acquiert moins chers à l'étranger des biens protégés par un droit de propriété intellectuelle, soit d'un distributeur autorisé ou d'un licencié légitime, soit directement du titulaire du droit, et les commercialise sur le territoire de protection. Les importations parallèles résultent ainsi d'une fuite au sein du réseau de distribution établi par le titulaire de droits de propriété intellectuelle. Le malaise provient généralement de ce que le commerçant parallèle vend à des prix plus bas que ceux pratiqués par le titulaire du droit ou les distributeurs agréés par lui.

654. Le contentieux va donc opposer l'importateur parallèle et le titulaire du droit de propriété intellectuelle. À son corps défendant, l'importateur parallèle va soutenir qu'il n'est pas illicite de contourner le réseau de distribution mis en place par le titulaire des droits puisqu'en fait, l'acte d'importation ne contrevient pas aux droits subjectifs du titulaire, conférés par la propriété intellectuelle dès lors qu'il a lui-même, ou par un tiers, mis le produit sur le marché. À titre d'illustration, et s'agissant des marques, le but du titulaire qui veut faire interdire

[1] EDOU EDOU (P.), *Les incidences de l'Accord ADPIC sur la protection de la propriété industrielle au sein de l'Organisation Africaine de la Propriété Intellectuelle*, Thèse de doctorat en droit privé, Université de Strasbourg II, 2005, p. 17.

les importations parallèles est d'empêcher l'effondrement des prix appliqués dans son réseau de distribution alors que la marque n'a pour but que la protection du titulaire contre un usage pour des marchandises autres que les siennes, et pour fonctions l'indication d'origine et de garantie[1] afin d'éviter les risques de confusion.

655. Mais, à l'égard du titulaire fabricant d'un produit protégé, l'importation parallèle apparaît comme un acte déloyal puisqu'elle n'a été rendue possible que grâce à la violation, par un concessionnaire ou un distributeur agréé, de ses obligations envers le fabricant. À ce sujet, lorsque l'importation parallèle est le fait d'un concessionnaire ou d'un distributeur agréé qui avait l'obligation contractuelle de ne pas vendre le produit hors du territoire ou à des revendeurs non agréés, le contrat de concession ou de distribution peut être résilié et sa responsabilité contractuelle engagée en cas de non-respect de son obligation[2]. Le fabricant du produit protégé n'a aucun recours contre le revendeur non agréé qui commercialise lesdits produits, dès lors qu'il a consenti à la première mise en circulation. En ce sens, la jurisprudence décide que l'usage illicite de marque ne peut, faute pour le demandeur d'établir l'existence de motifs légitimes lui permettant de s'opposer à une nouvelle commercialisation des produits, résulter du seul fait de commercialiser des produits authentiques relevant d'un réseau de distribution sélective dès lors qu'il est constaté que leur première mise en circulation s'est faite avec l'accord du titulaire de la marque et qu'ils ont été régulièrement acquis par le revendeur poursuivi[3].

656. Néanmoins, l'importation parallèle revêt les caractères d'un acte de parasitisme, car l'importateur parallèle profite indûment des résultats des efforts promotionnels du réseau de distribution sans en supporter les coûts ni assurer le plus souvent le service après-vente, ce qui risque de nuire à la réputation du fabricant[4]. Quoi qu'il en soit, l'admissibilité des importations parallèles est fondée sur l'idée selon laquelle les restrictions à la libre circulation ne doivent pas aller au-delà de ce qui est nécessaire pour atteindre les objectifs de protection de la propriété intellectuelle.

657. Cette admissibilité est fonction du régime de l'épuisement des droits applicable dans le territoire d'importation. Il s'agit d'accorder la priorité soit à la liberté des échanges et de la concurrence vectrice du meilleur niveau de prix pour les acheteurs et consommateurs, soit à la protection des titulaires de droits de propriété intellectuelle afin d'encourager la recherche et le développement de

---

1 NORDMANN-ZIMMERMANN (U.), « Importations parallèles et droit des marques », *in* Actes du colloque de Lausanne, *Conflit entre importations parallèles et propriété intellectuelle ?*, Ed. Librairie Droz, 1996, p. 17.

2 TGI Abidjan Plateau, 21 avril 2016, *Roche Bobois International c/ Artis*, commentaire EKANDZI (N.), « Chronique – Contentieux des signes distinctifs et de la concurrence déloyale », *Prop. Ind.*, n° 12, 2019, p. 14.

3 Cass. com. 23 mars 2010 (4 arrêts), *Société Chanel*, n° 09-66.522, *CCE* 2011, n° 3, note C. Caron, *PIBD* 2010. III. 308.

4 DUTOIT (B.), « Les importations parallèles au crible de quel droit ? », Essai de synthèse, Actes du colloque de Lausanne, *Conflit entre importations parallèles et propriété intellectuelle ?*, Librairie Droz, p. 104.

nouveaux produits. L'épuisement national conforte donc l'exclusivité territoriale du titulaire de droits de propriété intellectuelle qui peut par conséquent en jouir sans entrave, les importations parallèles étant absolument exclues. En revanche, l'épuisement international fait la part belle à la libre circulation des marchandises étant donné que, sous ce régime, le titulaire ne peut prétendre à une contrefaçon par importation non autorisée dès lors que la preuve de la première mise dans le commerce autorisée de ses produits dans le pays de provenance est établie[1]. S'agissant de l'épuisement régional, il accorde la priorité à la libre circulation mais seulement à l'échelle d'un marché commun.

658. Dans un cadre communautaire, l'interdiction des importations parallèles entre États membres peut être perçue comme une mesure d'effet équivalent à des restrictions quantitatives. En effet, le juge européen considère que « (…) les obstacles à la circulation intracommunautaire résultant de disparités des législations nationales relatives à la commercialisation des produits en cause doivent être acceptées dans la mesure où ces prescriptions peuvent être reconnues comme étant nécessaires pour satisfaire à des exigences impératives tenant, notamment à l'efficacité des contrôles fiscaux, à la protection de la santé publique, à la loyauté des transactions commerciales et à la défense des consommateurs »[2]. Autrement dit, seul l'intérêt public peut justifier toute entrave au commerce intracommunautaire. L'intérêt économique particulier des titulaires de droits de propriété intellectuelle ne peut donc justifier l'interdiction des importations parallèles par la loi nationale d'un État membre. Dans l'espace OAPI, le choix du législateur est commandé non par le primat de la libre circulation dans une zone de libre-échange, mais par celui de la valorisation d'une libre circulation qui va au delà des unions économiques de la CEMAC et de l'UEMOA[3].

§ 2. L'évolution du choix de l'OAPI relativement au régime de l'épuisement des droits

659. L'épuisement des droits de propriété intellectuelle est la matérialisation d'une opposition entre le primat de la libéralisation favorable au commerce international et celui d'une protectrice vectrice d'innovation et de développement. En outre, dans la perspective des échanges internationaux, et de son corollaire, la division entre le Nord et le Sud, la théorie de l'épuisement des droits met en relief des choix qui, loin d'être anodins, sont empreints d'opportunisme et de stratégies. Comme le relève justement Marie-Anne FRISON-ROCHE, « ces approches sont politiques et économiques (…) et peu juridiques comme si nous étions passés d'un extrême à l'autre, de l'enclave du

[1] JOHNSON-ANSAH (A.), « Commerce électronique et épuisement du droit des marques dans l'espace OAPI », *in* Acte du colloque sur *Le droit de la propriété intellectuelle à l'heure du numérique : les apports de l'Acte de Bamako*, *Penant*, n° 922, 2023, p. 174.

[2] CJCE, 20 févr. 1979, *Rewe-Zentral c/ Bundesmonopolverwaltung für Branntwein*, aff. C-120/78, *Rec.* I-649.

[3] JOHNSON-ANSAH (A.), « Commerce électronique et épuisement du droit des marques dans l'espace OAPI », *op. cit.*, p. 175.

thème dans le savoir juridique à la quasi-indifférence désormais pour le fait que, contrairement à la propriété des choses corporelles, qui s'agrippe au fait de tenir la chose, la propriété intellectuelle, par l'immatérialité de l'objet protégé, n'a de sens que délivré par le droit, posé par lui dans un pur impérium, troquant la protection de l'œuvre et de l'invention en échange du principe de diffusion »[1].

660. L'épuisement des droits est introduit dans la législation OAPI par l'Accord de Bangui du 2 mars 1977 révisant celui de Libreville. Cet Accord de Bangui a intégré des dispositions relatives à l'épuisement des droits mais en les limitant uniquement aux marques. Ces premiers balbutiements vont être réaffirmés et le principe de l'épuisement réellement consacré le 24 février 1999 à la faveur de la révision de l'Accord de Bangui par ailleurs corrélative à l'adoption au plan international de l'Accord sur les aspects des droits de propriété intellectuelle qui touchent au commerce (ADPIC). Le principe de l'épuisement des droits est alors étendu aux brevets, aux modèles d'utilité et aux obtentions végétales. Bien que louable, cette consécration était caractérisée par une omission de dispositions pertinentes concernant le droit d'auteur et les dessins et modèles[2]. L'Acte de Bamako du 14 décembre 2015 en donne désormais une approche non pas multimodale comme antérieurement (A), mais unique par le choix de l'épuisement international (B).

A-Les choix de l'OAPI avant l'Acte de Bamako de 2015

661. Dans l'Accord de Bangui révisé le 24 février 1999, le régime adopté était tantôt celui de l'épuisement national, tantôt celui de l'épuisement régional. Le législateur avait mis en place l'épuisement national pour les marques et les obtentions végétales (1) et l'épuisement régional pour les brevets et les modèles d'utilité (2).

1- Le régime de l'épuisement national pour les marques et obtentions végétales

662. En matière de marques et d'obtentions végétales[3], le législateur OAPI avait opté pour le régime de l'épuisement national, assurant ainsi aux titulaires des droits une protection très vigoureuse. En effet, l'ancien article 7 alinéa 4 de l'Annexe III de l'Accord de Bangui consacrée aux marques prévoyait clairement que « l'enregistrement de la marque ne confère pas à son titulaire le droit d'interdire à un tiers l'usage de la marque en relation avec les produits qui ont été licitement vendus sous la marque sur le territoire national de l'État membre dans lequel le droit d'interdiction est exercé, sous la condition que ces produits

[1] FRISON-ROCHE (M.-A.), « Vers une rente pour autrui », *in Le droit favorise-t-il l'innovation ?*, *Droit et Patrimoine*, dossier spécial, 2003, n° 119.

[2] NGO MBEM (S. R), *Les enjeux de la protection des dessins et modèles industriels dans le développement en Afrique : le cas des pays membres de l'OAPI*, Thèse de doctorat de droit, Université de Strasbourg, 2007.

[3] Sur la question, et de manière générale, lire : BOUCHE (N.), « Protection communautaire des obtentions végétales », *Jcl. Europe Traité*, 2021, Fasc. 1780 ; BOUCHE (N.), « Dénomination variétale et marque de l'Uni'n européenne », *Propr. Ind*, n° 11, 2019, étude 60.

n'aient subi aucun changement ». Cette disposition était la même, employée s'agissant des obtentions végétales[1].

663. De tous les modes d'épuisement, celui national est le plus protectionniste parce qu'il consolide le droit exclusif du titulaire dans un territoire national. Ce nationalisme s'illustre dans la réalité triviale du quotidien par des adages tels « consommez local, consommez national » ; « importer, c'est contrefaire », etc. Renforçant le bouclier de la propriété intellectuelle, l'épuisement national empêche les tiers de s'immiscer dans l'exploitation du droit. Il est donc favorable au titulaire de la marque ou de l'obtention végétale qui peut allègrement organiser la commercialisation de ses produits sur le territoire national considéré.

664. Mais, il y avait une inadéquation entre le territoire de protection qui correspond à l'espace géographique que recouvre OAPI et le régime de l'épuisement qui se trouve circonscrit dans des limites nationales. S'agissant de la marque par exemple, l'enregistrement confère au titulaire le droit exclusif, dans tous les États membres de l'OAPI, d'empêcher les tiers agissant sans son consentement de faire usage au cours d'opérations commerciales de signes identiques ou similaires pour des produits ou services qui sont similaires à ceux pour lesquels la marque est enregistrée afin d'éviter toute confusion. Or, l'épuisement national supposait que, le titulaire qui a consenti à la première mise en commerce sur le territoire national d'un État membre, ne puisse s'opposer à la commercialisation non autorisée de ses produits par les tiers que dans cet État. Ce qui revenait à dire que le titulaire d'une marque qui voulait se réserver une part de marché dans différents États, devait mettre ou faire mettre les produits marqués en circulation dans chaque État membre. Faute de quoi, il ne pouvait s'opposer à leur importation parallèle dans un autre État membre où il n'aurait pas procédé à la première commercialisation. La titularité de la marque apparaissait donc comme un état de latence qui devait être activé par la première mise en commerce des produits marqués sur le territoire national où était exercé le droit d'interdiction.

665. Le choix du schéma nationaliste traduisait sans doute les tendances souverainistes des États membres qui désiraient contrôler sur leur territoire national la commercialisation des produits. Mais, cela dénotait le peu d'ambition du législateur OAPI à cette époque puisqu'il aurait pu faire sien les arguments développés par la doctrine en faveur de l'universalité des marques. En vertu de la théorie de l'universalité des marques et de leur fonction d'identification d'origine des produits, l'épuisement international s'avérait plus approprié. Par ailleurs, au regard de la vocation des produits marqués à être commercialisés dans différents territoires nationaux, une approche plus ambitieuse aurait commandé *a minima* le choix d'un épuisement régional pour encourager et

[1] L'ancien article 31 de l'Annexe X disposait que « les droits conférés par le certificat d'obtention végétale ne s'étendent pas aux actes concernant du matériel de la variété protégée (...) qui a été vendu ou commercialisé d'une autre manière sur le territoire des États membres par le titulaire ou avec son consentement, ou du matériel dérivé dudit matériel ».

favoriser une meilleure circulation des biens au sein et entre l'Afrique centrale et l'Afrique de l'Ouest. C'est l'approche qui fut adoptée s'agissant des brevets et modèles d'utilité.

2- Le régime de l'épuisement régional pour les brevets et modèles d'utilité

666. L'épuisement régional était le régime applicable aux brevets et aux modèles d'utilité. L'ancien article 8 alinéa 1 (a) de l'Annexe I de l'Accord de Bangui disposait de manière laconique que « les droits découlant du brevet ne s'étendent pas aux actes relatifs à des objets mis dans le commerce sur le territoire d'un État membre par le titulaire du brevet ou avec son consentement ». Ces termes étaient repris à l'identique par l'ancien article 9 alinéa 1 (a) de l'Annexe II consacré aux modèles d'utilité.

667. Le régime de l'épuisement régional avait le mérite de décloisonner les marchés nationaux des États membres de l'OAPI en empêchant au titulaire du brevet ou du modèle d'utilité de s'opposer à des importations parallèles de produits mis sur le marché par lui ou avec son consentement sur le territoire couvrant l'espace OAPI. En d'autres termes, un commerçant parallèle pouvait légitimement importer dans un État membre de l'OAPI des produits brevetés vendus moins chers dans un autre État membre sans subir les affres de la protection conférée au titulaire du brevet.

668. Il s'agit en fait, d'un épuisement régional différent de celui qui existe dans un marché commun régi par le principe de la libre circulation des marchandises comme l'Union européenne, la CEMAC ou l'UEMOA. D'ordinaire, l'épuisement régional ou communautaire est appliqué au sein d'une zone économique instaurée par un Traité de libre-échange et de libre concurrence entre des États membres liés, à des degrés variés d'intégration, économiquement et juridiquement. Le mécanisme de l'épuisement régional favorise par conséquent l'intégration économique au sein de la zone de libre-échange ou du marché commun. L'OAPI étant une organisation d'intégration juridique, le régime de l'épuisement régional empêchait le titulaire du brevet d'exciper quelque monopole territorial même sur la base d'une loi nationale, car l'application de celle-ci se heurterait à une interdiction issue d'une norme supranationale. Tout de même, bien que le versant de l'intégration économique fît défaut, l'épuisement régional mis en place par l'OAPI ne constituait pas moins un atout pour la CEMAC et l'UEMOA, avec lesquelles elle partage des États membres communs, ceux-ci pouvaient y trouver une opportune passerelle de proximité du moins s'agissant des biens intellectuels.

669. Décrit comme « un épuisement international limité et circonscrit »[1], l'épuisement régional des brevets permettait au titulaire de s'opposer aux importations parallèles en provenance des États non membres de l'OAPI. Ce qui, de l'avis des observateurs, présentait des inconvénients notamment en

---

[1] JOHNSON-ANSAH (A.), *L'épuisement des droits de propriété industrielle dans l'espace OAPI*, Thèse de doctorat de droit privé, Université de Strasbourg, 2013, p. 180.

matière pharmaceutique. En effet, Amadou TANKOANO observait déjà que, dans la pratique, la plupart des brevets délivrés étaient utilisés par leurs titulaires pour maintenir un monopole d'importation de leurs produits dans les États membres[1] malgré l'obligation d'exploitation imposée par le législateur pour impulser le transfert de technologies et le développement dans l'espace OAPI[2]. Le régime de l'épuisement régional permettait donc à une firme pharmaceutique, titulaire de brevets sur des médicaments, de s'opposer à l'importation de ces médicaments en provenance d'États non membres de l'OAPI à des prix plus abordables. Ce qui suggérait d'abandonner le régime de l'épuisement régional au profit de celui de l'épuisement international, plus à même de corriger cet état des faits.

B-Le choix de l'épuisement international par l'OAPI avec l'Acte de Bamako

670. Face aux insuffisances des régimes de l'épuisement des droits jusque-là applicables et aux critiques formulées par la doctrine africaine[3], le législateur OAPI a, à la faveur de l'adoption de l'Acte de Bamako, opté pour l'épuisement international. Par ce choix uniforme, l'OAPI rompt avec une législation anachronique en la matière, eu égard au contexte mondial marqué par le libre commerce. Il n'est pas inutile d'examiner quelques illustrations législatives de l'épuisement international (1) avant d'en dégager les incidences (2).

1- Les illustrations législatives de l'épuisement international OAPI

671. Le législateur OAPI emploie différentes formules pour établir le régime de l'épuisement international. Le nouvel article 7 de l'Annexe I de l'Accord de Bangui, introduit par l'Acte de Bamako, dispose en des termes moins laconiques que « les droits conférés par le brevet ne s'étendent pas à l'offre, à l'importation, à la détention ou à l'utilisation du produit breveté, effectués sur le territoire d'un État membre, après que ce produit a été mis de manière licite dans le commerce dans quelque pays que ce soit par le propriétaire du brevet ou avec son consentement explicite ». Cette formulation a le mérite d'indiquer clairement les limitations matérielles des droits du breveté en énumérant d'une manière inventoriée les actes auxquels il ne peut s'opposer une fois qu'il a mis ou autorisé la mise en commerce du produit breveté. Ces actes matériels

[1] TANKOANO (A.), « Les importations parallèles et les licences non volontaires dans le nouveau droit des brevets des États membres de l'OAPI », *op. cit.*, p. 116.

[2] YAMTHIEU (S.), « Brevets et politiques de développement. Regards sur l'exploitation locale des droits », *RIDE*, n° 4, 2014, pp. 453-469.

[3] KIRIMOU (R.), « De l'épuisement des droits de propriété industrielle dans l'OAPI », *Revue internationale de la propriété industrielle et artistique (RIPIA)*, 2000, pp. 18-41 ; TANKOANO (A.), « La protection des obtentions végétales dans les États membres de l'Organisation Africaine de la Propriété Intellectuelle (OAPI) », *Revue internationale de droit économique*, t. XVII, 1, 2003, p. 123 ; EDOU EDOU (P.), *Les incidences de l'Accord ADPIC sur la protection de la propriété intellectuelle au sein de l'Organisation Africaine de la Propriété Intellectuelle (OAPI)*, Thèse précitée ; NGO MBEM (S. R), *Les enjeux de la protection des dessins et modèles industriels dans le développement en Afrique : le cas des pays membres de l'OAPI*, Thèse précitée.

correspondent à la commercialisation et, plus généralement, à la circulation desdits produits. Le caractère international de l'épuisement tient à l'expression « dans quelque pays que ce soit » qui traduit bien la volonté du législateur de n'exclure aucune région du monde. Ce qui revient à dire qu'en l'état actuel du droit positif OAPI le titulaire de brevet qui a mis ou consenti à mettre le produit breveté en circulation dans n'importe quel pays du monde, ne peut subséquemment s'opposer à l'offre, l'importation, la détention ou l'utilisation dudit produit sur le territoire de l'OAPI par les tiers.

672. S'agissant des marques, le nouvel article 7 alinéa 2 de l'Annexe III agrandit également le champ spatial de l'épuisement en prévoyant que « l'enregistrement de la marque ne confère pas à son titulaire le droit d'interdire à un tiers l'usage de la marque en relation avec les produits qui ont été licitement vendus sous la marque sur le territoire d'un État membre ou sur le territoire d'un État tiers, sous la condition que ces produits n'aient subi aucun changement ». Le législateur conserve la même rhétorique qu'antérieurement en y apportant cependant une nuance qui fait toute la différence à savoir que le titulaire de la marque ne peut s'opposer à la commercialisation des produits marqués lorsque ceux-ci sont licitement vendus « sur le territoire d'un État membre ou sur le territoire d'un État tiers ». La licéité de la vente par les tiers des produits marqués découle de la mise sur le marché de ces produits par le titulaire lui-même ou avec son consentement dans quelque pays que ce soit. Donc, son droit de commercialisation épuisé, le titulaire ne peut agir en contrefaçon contre un commerçant ayant pratiqué le commerce parallèle des produits marqués.

673. S'agissant des autres droits de propriété intellectuelle, le choix de l'épuisement international demeure constant[1]. Il en est ainsi des modèles d'utilité. Aux termes du nouvel article 10 alinéa 1 (a) de l'annexe II de l'Accord de Bangui, « les droits découlant du certificat d'enregistrement du modèle d'utilité ne s'étendent pas aux actes relatifs à des objets mis dans le commerce sur le territoire d'un État membre ou d'un État tiers par le titulaire du modèle d'utilité ou avec son consentement ». En ce qui concerne les obtentions végétales, le nouvel article 34 de l'annexe X de l'Accord de Bangui prévoit que « les droits conférés par le certificat d'obtention végétale ne s'étendent pas aux actes concernant du matériel de la variété protégée (...) qui a été vendu ou commercialisé d'une autre manière sur le territoire d'un des États membres ou d'un État tiers par le titulaire ou avec son consentement, ou du matériel dérivé dudit matériel ».

674. L'Acte de Bamako a aussi permis de combler le vide juridique préexistant en matière d'épuisement des droits d'auteur et des dessins et modèles. Aux termes du nouvel article 24 de l'Annexe VII sur la propriété littéraire et artistique, « dès lors que la première vente d'un ou des exemplaires matériels d'une œuvre a été autorisée par l'auteur ou ses ayants droit sur le territoire d'un État membre de l'Organisation ou d'un autre État tiers, la vente de ces

[1] KAMINA (P.), « Principe de l'épuisement international du copyright », *Propr. Intell.*, n° 3, 2003, act. 31.

exemplaires de cette œuvre ne peut plus être interdite ». En d'autres termes, dès lors qu'ils ont autorisé la première vente d'un ou des exemplaires matériels d'une œuvre, ni l'auteur ni ses ayants droit ne peuvent plus s'opposer à la vente desdits exemplaires car leur droit de commercialisation est épuisé même si les autres attributs du droit d'auteur demeurent. La consécration de l'épuisement des droits de l'auteur permet d'abandonner l'application supplétive du principe de l'indépendance des propriétés corporelle et incorporelle sur la base de laquelle la doctrine procédait à une généralisation de la théorie de l'épuisement en soutenant qu'elle « s'applique à tous les droits de propriété intellectuelle à travers au moins la libre circulation des supports »[1].

De même, le nouvel article 7 alinéa (b) de l'Annexe IV de l'Accord de Bangui consacrée aux dessins et modèles industriels comble le vide jadis existant en la matière. En effet, cet article énonce que « les droits découlant du dessin ou modèle industriels ne s'étend pas aux actes relatifs à des objets mis dans le commerce sur le territoire d'un État membre ou d'un État tiers par le titulaire du certificat d'enregistrement du dessin ou du modèle industriel ou avec son consentement ». Ces différentes illustrations dénotent le choix résolu du législateur OAPI pour le régime de l'épuisement international. Celui-ci n'est pas sans incidence sur la circulation des produits protégés.

2- Les incidences du régime de l'épuisement international OAPI

675. Les incidences de la réforme ayant abouti à l'adoption du régime de l'épuisement international des droits dans l'espace OAPI, doivent être appréciées non seulement du point de vue du texte mais également du contexte. Relativement au texte, les différentes dispositions des Annexes de l'Accord de Bangui traitant de l'épuisement des droits ont le mérite d'être claires. La clarté des textes et le choix du régime unique de l'épuisement international pour tous les droits de propriété intellectuelle ont pour conséquence la prévisibilité de l'application de l'épuisement des droits. Dans l'ensemble, malgré la variabilité des termes utilisés pour consacrer l'épuisement international des droits, l'on note une constance à savoir que deux conditions doivent être remplies pour que ce régime soit appliqué. D'une part, le titulaire du droit de propriété intellectuelle doit avoir consenti à la première mise sur le marché du produit protégé ; d'autre part, la mise sur le marché doit avoir eu lieu « sur le territoire d'un État membre de l'Organisation ou sur le territoire d'un État tiers ». Cette dernière expression, comme l'expression « dans quelque pays que ce soit », caractérise l'épuisement international et démontre l'indifférence du principe de la territorialité[2], ce « dogme »[1] pourtant si cher à la propriété intellectuelle.

---

[1] JOHNSON-ANSAH (A.), *L'épuisement des droits de propriété industrielle dans l'espace OAPI*, Thèse précitée, p. 23. Lire aussi MARECHAL (C.), « Épuisement du droit de distribution et reproduction de l'œuvre », *Rec. Dalloz*, 2015, p. 776 ; KAMINA (P.), « Précisions sur la présomption d'épuisements des droits », *Communication - Commerce électronique*, n° 3, 2024.

[2] JOHNSON-ANSAH (A.), « L'énigme du principe de la territorialité des droits de propriété intellectuelle dans l'espace OAPI », *Les Cahiers de la propriété intellectuelle*, vol. 32, n° 1, 2020, pp. 95-131.

676. Du point de vue du contexte, il est largement dominé au plan mondial par le libéralisme économique et le développement des moyens virtuels d'échanges. L'adoption du régime de l'épuisement international des droits de propriété intellectuelle au sein de l'OAPI est donc un choix qui s'inscrit dans l'air du temps. C'est une option opportune, car ce régime supprime le cloisonnement des marchés nationaux et ne subordonne la libre circulation des marchandises à aucune autre condition que celle de la première commercialisation des produits protégés consentie par le titulaire du droit. Dès lors, avec l'épuisement international, l'admission des importations parallèles ne fait l'objet d'aucune ambiguïté. Ce qui présente un certain nombre d'avantages pour les États membres de l'OAPI et pour les consommateurs qui peuvent ainsi profiter de l'accessibilité des produits et de la compétitivité des prix. À titre illustratif, en matière pharmaceutique, l'épuisement international est opportun pour les États membres de l'OAPI (pays en développement) dans la mesure où le commerce parallèle permet d'importer des médicaments en provenance des pays où ils sont commercialisés par une firme pharmaceutique à des prix plus abordables que ceux pratiqués dans les États membres de l'OAPI.

677. Par ailleurs, l'indifférence du principe de la territorialité inhérente à l'épuisement international s'imbrique parfaitement avec le commerce électronique dont les principaux piliers sont l'immatérialité, l'interactivité et l'internationalité. Les réseaux internet[2] ont en effet révolutionné les échanges mondiaux par l'instantanéité qu'ils véhiculent rendant les activités essentiellement évanescentes. Cette forme d'échanges désigne « l'activité économique par laquelle une personne propose ou assure à distance et par voie électronique la fourniture des biens ou services. Entrent également dans le champ du commerce électronique les services tels que ceux consistant à fournir des informations en ligne, des communications commerciales et des outils de recherche, d'accès et de récupération de données, d'accès à un réseau de communication ou d'hébergement d'informations, y compris lorsqu'ils ne sont pas rémunérés par ceux qui les reçoivent »[3]. Générant de la valeur pour l'entreprise, ses fournisseurs et ses clients, le commerce en ligne s'accommode mal des pesanteurs liées à l'espace et au temps et oblige les législations à s'adapter à cette nouvelle donne. Le régime de l'épuisement international des droits permet donc à la propriété intellectuelle OAPI de s'adapter à l'espace virtuel.

678. Également, l'épuisement international est une solution adaptée à la multiplicité des espaces de libre-échange existants et ceux embryonnaires. Le choix de l'OAPI pour ce régime de l'épuisement est l'illustration d'un pragmatisme juridique en faveur d'une circulation des marchandises affranchie

---

[1] BEIER (F. K.), « La territorialité du droit des marques et les échanges internationaux », *Clunet (J.D.I.)*, 1971, pp. 5-30, spéc. p. 16.

[2] FARCHY (J.), *Internet et le droit d'auteur, La culture du Napster*, Paris, CNRS Editions, 2003, 208 pages notamment p. 53.

[3] CLAVIER (J.-P.) et BENSAMOUN (A.), *Droit du commerce électronique*, Bruylant, coll. « Paradigme – Masters », 2e éd., 2023, 356 p. notamment pp. 24 et s.

des chaînes de la territorialité[1]. S'il n'en tenait qu'aux droits de la propriété intellectuelle, après leur première mise en commerce par le titulaire du droit, les produits protégés circuleraient librement à travers la CEMAC, l'UEMOA, la CEEAC (Communauté Économique des États de l'Afrique Centrale) et la CEDEAO (Communauté Économique des États de l'Afrique de l'Ouest). Reste à « remettre en harmonie l'incantatoire et le décisoire, le verbe et l'action »[2].

679. Le choix de l'OAPI d'appliquer uniformément l'épuisement international à tous les droits de propriété intellectuelle est d'autant plus opportun qu'en cas de cumul de droits sur un même produit, celui-ci pourra circuler librement malgré la pluralité des droits qu'il incorpore. Jusqu'à l'adoption de l'Acte de Bamako, cette cohérence faisait défaut puisque, pour un produit cumulant par exemple le droit de brevet et le droit des marques, il était appliqué simultanément l'épuisement régional et l'épuisement national, faisant peser sur sa commercialisation l'éventualité d'une restriction tirée de l'application de ce dernier régime. À l'image de l'État de droit, ce renouveau contribue à faire de l'espace OAPI un « Espace de droit » dans la mesure où y sont préservées « la lisibilité juridique, la prévisibilité juridique et la sécurité juridique »[3]. À l'échelle du continent africain, l'épuisement international devrait contribuer à l'aboutissement du projet encore embryonnaire de la ZLECAF[4], qui doit dépasser la « schizophrénie du discours politique »[5].

680. Qu'il soit national, régional ou international, l'épuisement des droits obéit à des conditions constantes de mise en œuvre.

Section 2. La mise en œuvre de l'épuisement des droits de propriété intellectuelle

681. La propriété intellectuelle confère au titulaire un droit exclusif d'exploitation auquel la théorie de l'épuisement apporte une limitation. Celle-ci consiste à considérer le droit exclusif de commercialisation comme épuisé après la première mise en circulation. L'épuisement a ainsi pour effet de faire tomber dans le droit commun des biens, le produit incorporant le droit de propriété intellectuelle pour en permettre la libre circulation. Toutefois, le droit subordonne la mise en œuvre de l'épuisement au consentement du titulaire qui

[1] GONOMY (M.), « Douane et propriété intellectuelle au sein de la CEDEAO, à propos de l'épuisement des droits », *Propr. Industr.*, 2022, étude 11 ; AGBEZOUKIN (D. A.), « Protection de la propriété intellectuelle : quelle harmonisation possible dans l'espace CEDEAO », *Propr. Intell.*, n° 76, 2020, p. 167.

[2] MEYER (P.), « La libre circulation des personnes et des biens dans la CEDEAO », *in Mélanges en l'honneur de CEREXHE*, Larcier, 1997, p. 288.

[3] BINCTIN (N.), « La valeur des droits de propriété intellectuelle dans le contexte africain », *in Mélanges en l'honneur de l'action du Dr. P. EDOU EDOU pour l'OAPI. Regards sur la propriété intellectuelle en Afrique*, coll. « Droit de l'OAPI », *Juriscope*, 2017, p. 266.

[4] La ZLECAF est un accord sur la zone de libre-échange continental signé le 20 mars 2018 à Kigali au Rwanda, à l'effet de créer un Marché commun à l'échelle du continent africain.

[5] MEYER (P.), « La libre circulation des personnes et des biens dans la CEDEAO », *op. cit.*, p. 288.

doit volontairement, par lui-même ou par un tiers autorisé, « consumer » son droit (§ 1). Du consentement du titulaire dépend la licéité de l'acte de mise en circulation. C'est dire, *a contrario*, qu'il y a illicéité si ce consentement fait défaut, déclenchant aussitôt le rétablissement du titulaire dans la plénitude de son droit exclusif (§ 2).

§ 1. La mise en circulation volontaire produisant épuisement de droits

682. La propriété intellectuelle n'est reconnue au titulaire du droit qu'à des fins utilitaires puisqu'elle consiste essentiellement en un droit exclusif d'exploitation. Cette affirmation est d'autant plus vérifiable que la propriété intellectuelle contemporaine affiche une propension à l'industrialisation. Même la propriété littéraire et artistique qui, à l'origine, était conçue pour l'Art pur, les Beaux-Arts, arbore désormais une coloration industrielle de plus en plus prononcée. Dans certaines conditions par exemple, il peut être reconnu à l'œuvre d'art une application industrielle. L'hybridité, qui en résulte, fait de l'œuvre aussi bien un objet de propriété littéraire et artistique que de la propriété industrielle. Il en est ainsi notamment des dessins et modèles industriels et autres formes artistiques de certaines marques de produits ou de services. En outre, l'influence de la modernité se traduit par une connotation industrielle des concepts et expressions en rapport avec la propriété littéraire et artistique.
683. Dans le langage courant, l'on parle désormais du « *showbizz* » qui renvoie à l'industrie du spectacle et plus généralement l'industrie culturelle. La propriété intellectuelle dans sa globalité acquiert une valeur commerciale. Dès lors, l'œuvre ou le produit protégé ayant vocation à être commercialisé, le titulaire voudra se réserver une part de marché en vertu du monopole que lui confère la propriété intellectuelle. La théorie de l'épuisement constitue donc une limite à ces aspirations, car elle consiste à dire que le titulaire du droit de propriété intellectuelle épuise son droit de contrôler la commercialisation des supports physiques du bien immatériel en consentant à la première mise sur le marché. Le consentement est donc la condition essentielle (A) dont l'expression permet au régime de l'épuisement de produire ses effets (B).

A-Le consentement du titulaire, condition indispensable de l'épuisement des droits

684. Dérivé du latin « *consentire* » qui signifie « être d'accord », le vocable « consentement » désigne couramment l'action par laquelle une personne donne son accord, son approbation ou son adhésion à un projet[1]. En droit des contrats, du consentement résulte l'accord de deux ou plusieurs volontés en vue de créer des effets de droit ; c'est la rencontre de ces volontés qui est la condition de formation du contrat[2]. S'agissant des actes juridiques unilatéraux, le consentement renvoie à la volonté de l'auteur de l'acte c'est-à-dire la partie qui s'engage. L'épuisement des droits admet aussi bien l'acception multilatérale

[1] Dictionnaire Hachette Encyclopédie, V° *Consentement.*
[2] CORNU (G.), *Vocabulaire juridique*, Association Henry Capitant, PUF, 2020, V° *consentement.*

que l'acception unilatérale du consentement puisque la mise en commerce peut être faite soit par des tiers (dans ce cas, le titulaire exprime son consentement à travers un contrat de licence ou de cession), soit par le titulaire lui-même (il est alors supposé avoir exprimé unilatéralement son consentement par la mise sur le marché du produit protégé). Néanmoins, pour produire l'épuisement des droits de propriété intellectuelle, le consentement doit porter sur un objet précis (1) et revêtir certaines caractéristiques (2).

1- L'objet du consentement

685. À la question de savoir à quoi consent le titulaire du droit, la réponse semble évidente. Le titulaire consent à la première mise en commerce du support de son droit. La difficulté naît cependant de la détermination de la nature de ce support. En effet, la conception classique de l'épuisement des droits voudrait que celui-ci se rapporte uniquement aux biens tangibles et ne s'applique par conséquent qu'en cas de vente d'un bien matériel. Mais, la jurisprudence européenne en a adopté une conception extensive et moderne qui ne fait aucune distinction entre la forme matérielle et la forme immatérielle du support mis en circulation. Il y a épuisement des droits en cas de vente tant d'un bien matériel que d'un bien immatériel.

a- La conception classique : la vente d'un support matériel

686. Classiquement, la théorie de l'épuisement des droits est aussi appelée la « doctrine de la première vente ». Par « vente », il faut entendre toutes les transactions portant sur des objets tangibles qui incorporent les droits de propriété intellectuelle[1]. Il s'agira par exemple de la vente des exemplaires de son œuvre par un auteur, de la vente de produits brevetés par le titulaire du brevet ou de la vente de produits marqués par le titulaire de la marque. Le titulaire touche une redevance en contrepartie de la première vente de son œuvre ou de son produit et épuise par conséquent son droit de commercialisation. Il ne peut recevoir de redevances pour les transactions subséquentes à la première vente de l'œuvre ou du produit protégé. Il est supposé avoir obtenu le rendement économique de ses efforts de développement et de ses investissements à l'occasion de la première commercialisation[2].

687. La mise en perspective de l'épuisement des droits avec le concept de la libre circulation des marchandises a conduit à l'adoption de la notion de « mise en circulation ». La mise en circulation doit être comprise comme la mise sur le marché de « biens appréciables en argent, susceptibles comme tels, de faire l'objet de transactions commerciales »[3]. En matière d'épuisement des droits, la mise en circulation renvoie à la distribution et, plus généralement, à la

---

[1] MOYSE (P.-E.) (dir.), *Distribution des intangibles. La propriété intellectuelle dans le commerce des nouveaux biens*, Montréal, Thémis, coll. « Concurrence et innovation », t. 2, 2014, pp. 16 et s.
[2] VERVILLE (S.), *op. cit.*, p. 552.
[3] CJCE, 10 déc. 1968, *Commission c/ Italie*, aff. 7/68, *Rec*, p. 617.

commercialisation des produits protégés ou des exemplaires d'une œuvre. Pour Brigitte CASTELL, « la définition de la notion de mise en circulation (...) laisse entendre que la règle de l'épuisement ne concerne que la distribution commerciale du support matériel de l'idée inventive, créatrice ou de la marque »[1]. En matière de droit d'auteur plus spécifiquement, la mise en circulation consiste à porter l'œuvre à la connaissance du public. Toutefois, il ne faut pas la confondre avec le droit de divulgation. Celui-ci renvoie certes à la faculté discrétionnaire de l'auteur de porter son œuvre à la connaissance du public, mais consiste simplement en la communication de l'original de l'œuvre alors que la mise en circulation s'exerce sur chacun des exemplaires. De plus, l'exercice du droit de divulgation est créateur de droit incorporel alors que la mise en circulation des supports de l'œuvre a pour effet de les reverser dans le domaine des biens matériels sur lequel l'auteur n'a plus d'emprise.

688. L'application de la conception classique est aisée parce qu'il existe une distinction claire entre l'objet corporel et l'objet incorporel de la propriété intellectuelle. L'objet corporel est un bien tangible dont la spécificité tient au fait qu'il incorpore un droit immatériel. En revanche, l'objet incorporel se caractérise par son intangibilité qui, sans l'intervention de la théorie de l'épuisement, perturberait la circulation de l'objet corporel. La première vente marque l'extinction du droit immatériel (plus précisément du monopole de commercialisation) et le transfert de propriété des exemplaires ou des produits libres de tous droits. La distinction entre le support et l'objet incorporel de la propriété intellectuelle demeure constante bien que la jurisprudence européenne admet que le support puisse aussi être immatériel.

b- L'assimilation jurisprudentielle du support matériel et du support immatériel

689. La question a été posée au juge européen de savoir si, et dans quelle mesure, l'épuisement des droits s'appliquait aussi en cas de téléchargement d'un logiciel. L'affaire était relative à la revente de copies immatérielles de programmes d'ordinateur téléchargées par internet. L'on désigne par « logiciel », un programme d'ordinateur comprenant l'ensemble des instructions qui commandent à l'ordinateur l'exécution de certaines tâches[2]. En matière de droit d'auteur, la législation européenne (comme celle actuelle de l'OAPI) subordonnait la mise en œuvre de l'épuisement à « la première vente d'un ou des exemplaires matériels d'une œuvre »[3]. Les logiciels étant couverts par le droit d'auteur, la question s'avérait épineuse, car le terme d' « exemplaires » ou de « copie » était substantiellement compris au sens d'un objet matériel. Ce qui n'était pas le cas du téléchargement puisque celui-ci est essentiellement

[1] CASTELL (B.), *L' « épuisement » du droit intellectuel en droit allemand, français et communautaire*, Paris, P.U.F, coll. « Les grandes thèses du droit français », 1989, p. 190.

[2] Art. 2 (11) de la loi camerounaise n° 2000/011 du 19 décembre 2000 relatif au droit d'auteur et aux droits voisins.

[3] Art. 24 de l'Annexe VII de l'Accord de Bangui.

numérique. À cette difficulté s'ajoutait une autre, à savoir si de tels téléchargements immatériels pouvaient faire l'objet d'une propriété. C'est de la propriété que découle le droit exclusif et permanent du propriétaire de faire d'une chose ce qu'il veut.

690. La Cour de justice de l'Union européenne (CJUE) a surmonté la complexité de la question pour décider que l'épuisement des droits ne se limite pas à la seule commercialisation des biens matériels mais s'étend également à la commercialisation des « logiciels d'occasion »[1]. La doctrine désigne par logiciel d'occasion, « un logiciel qu'un premier acquéreur a acquis auprès [du titulaire du droit d'auteur sur le logiciel] ou de son partenaire et qui, pour diverses raisons, comme suite à l'acquisition de nouvelles versions de logiciels ou d'autres solutions logicielles, souhaite le revendre »[2].

691. La CJUE admet que le mode de transmission en ligne est l'équivalent fonctionnel de la remise d'un support matériel. Cette interprétation extensive revêt essentiellement une connotation économique. En effet, une interprétation restrictive offrirait au titulaire du droit d'auteur sur un logiciel uniquement disponible par téléchargement, la possibilité de contrôler la revente des copies téléchargées et de n'autoriser l'usage par le nouveau client qu'en contrepartie d'une nouvelle rémunération. Or, pour la CJUE, le téléchargement d'une copie d'un programme d'ordinateur et la conclusion, contre paiement d'un prix d'un contrat de licence permettant l'utilisation de cette copie, forment un tout indivisible ; sans licence d'utilisation, la copie autorisée est dépourvue d'utilité. Ni le titulaire du droit d'auteur, ni l'acquéreur initial, ne peut scinder la licence pour en disposer librement et n'en vendre qu'une partie.

692. L'opération par laquelle le client paie un prix correspondant à la valeur économique de la copie, et se voit autorisé à utiliser cette copie téléchargée pour une durée déterminée, est une vente[3]. Cette opération implique donc un transfert, au client, du droit de propriété de la copie du programme d'ordinateur concerné, peu importe que cette copie soit fournie par téléchargement ou grâce à un support matériel comme un CD-Rom ou un DVD[4]. L'utilité de la copie supposant d'éventuelles mises à jour, l'acquéreur bénéficie également de la version corrigée du programme. En tant qu' « acquéreurs légitimes », les acquéreurs suivants peuvent prétendre à tous les droits de l'acquéreur initial

---

[1] CJUE 3 juill. 2012, *UsedSoft (Sté) c/ Oracle International Corp*, aff. C-128/11, *D.* 2012, p. 2142, obs. J. Daleau et note A. Mendoza-Caminade ; LE STANC (C.), « Commercialisation de « logiciels d'occasion » : précisions », *in* « Droit du numérique », *Rec. Dalloz*, 2012, p. 2343.

[2] TARAZ (D.), *Principes de l'acquisition des licences de logiciels d'occasion par des pouvoirs adjudicateurs*, Guide pratique, R. *Uwe Proll*, Berlin, 2021, p. 56.

[3] Cass. com., 6 mars 2024, *Société Factofrance c/ société TD Synnex France, société Evolium et al.*, n° 22-23.657 (JurisData n° 2024-002592), *Recueil Dalloz*, 2024, p. 477 ; dans le même sens, Cass. com., 6 mars 2024, *Société factofrance c/ société Arrow ECS*, n° 22-22.651 (n° 98 FS-B) et n° 22-18.818 (n° 99 FS-B).

[4] CJUE, 3 juill. 2012, *UsedSoft GmbH* c/ *Oracle International Corp*, aff. C-128/11, *GAPI*, 3e éd., *Dalloz*, 2020, n° 26 ; *D.* 2012. *AJ* 1817, obs. J. Daleau ; *D.* 2012, p. 2101, point de vue J. Huet ; *D.* 2012, p. 2142, note A. Mendoza-Caminade ; *RTD com.* 2012, p. 542, obs. F. Pollaud-Dulian ; *D.* 2012. Pan. 2352, obs. C. Le Stanc ; *JCP* 2012, n° 37, chron. 978, n° 9, obs. C. Caron.

sans autorisation du titulaire du droit d'auteur. Ces droits comprennent le droit de télécharger le programme sur son ordinateur. Bien qu'il s'agisse d'un acte de reproduction, il est admis parce qu'il est nécessaire pour permettre à l'acquéreur légitime d'utiliser ledit programme d'une manière conforme à sa destination. Il s'ensuit une assimilation entre la copie matérielle et la copie immatérielle, ce qui permet de transposer l'épuisement des droits de l'univers physique à celui digital.

693. Cette solution jurisprudentielle audacieuse est transposable dans le système juridique OAPI puisqu'il s'agit, en réalité, de l'application du principe de l'épuisement des droits au cas précis des logiciels. L'Acte de Bamako ayant procédé de manière résolue à la généralisation de l'épuisement international à tous les droits de propriété intellectuelle, il est évident qu'il s'applique aux logiciels qui sont régis, par ailleurs, par le droit d'auteur. Certes, le droit d'auteur protège le titulaire du droit sur un logiciel contre les actes de reproduction, même à des fins privées ou à titre provisoire, des copies du logiciel autre que la copie de sauvegarde ainsi que des bases de données sans l'autorisation de l'auteur et sans le paiement d'une rémunération[1]. Mais, si le titulaire du droit vend le logiciel, son droit de distribution s'épuise. L'application de l'épuisement des droits aux logiciels consiste donc à dire que le titulaire du droit sur un logiciel qui a procédé à la première vente d'un ou des exemplaires du logiciel « sur le territoire d'un État membre de l'Organisation ou d'un autre État tiers », n'a plus le droit de contrôler ou d'autoriser la revente du logiciel. La solution ci-dessus développée offre aux États membres de l'OAPI une niche de développement et de transfert de technologies. Comme le relève justement un auteur, « les logiciels d'occasion offrent la possibilité d'exploiter des marges de manœuvre à l'égard [de titulaires de droits] souvent dominants et, dans le même temps, de contribuer sensiblement aux objectifs stratégiques de souveraineté numérique et d'action en matière d'économie circulaire »[2].

694. En réaction à la tendance jurisprudentielle européenne, certains titulaires du droit d'auteur sur les logiciels ont modifié leur modèle de licence et proposent dans certains cas uniquement des modèles de location, notamment dans le cadre d'offres dites sur le « *cloud* ». En l'occurrence, la revente par l'acquéreur n'est pas possible, le consentement du titulaire ne présentant pas les caractéristiques requises pour la réalisation de l'épuisement.

2- Les caractéristiques du consentement à la mise en circulation des produits

695. Il s'agit de déterminer comment doit être le consentement du titulaire conduisant à l'épuisement de son droit. Pour qu'il y ait épuisement des droits, il

---

[1] Simultanément les articles 10 et 23 de l'Annexe VII de l'Accord de Bangui relatif à la propriété littéraire et artistique.

[2] Citation tirée de l'avant-propos du Professeur Michael ESSIG *in* TARAZ (D.), *Principes de l'acquisition des licences de logiciels d'occasion par des pouvoirs adjudicateurs*, Guide pratique, R. *Uwe Proll*, Berlin, *op. cit.*, p. 7.

faut que le consentement du titulaire à la première mise en commerce des produits ou des exemplaires soit extériorisé et présente les caractéristiques de liberté et de clarté.

696. L'épuisement suppose de prime à bord l'existence du consentement puisque celui-ci en constitue la condition nécessaire et suffisante[1]. L'absence de consentement rend l'acte de commercialisation inopérant et constitue un obstacle à la mise en œuvre de l'épuisement. Ainsi, le juge européen a, dans une espèce, considéré qu'il n'y a pas épuisement lorsque des exemplaires d'une œuvre sont fabriqués dans un autre État membre de la Communauté et importés sans l'accord de l'auteur[2]. Il décide également que le droit de propriété intellectuelle n'est pas épuisé du seul fait de la licéité de la mise sur le marché. Dans une affaire, le juge écarte le jeu de l'épuisement des droits parce que la commercialisation des supports d'une œuvre ne résultait pas du consentement du titulaire sur le territoire d'importation mais de l'expiration de la protection dans l'État d'importation[3].

697. Le consentement doit, en outre, être libre et non équivoque. En déduisant le consentement du titulaire de droits de la première mise sur le marché effectuée ou autorisée par lui, l'on admet qu'il puisse être implicite. Le consentement est implicite du fait qu'il résulte d'éléments et de circonstances antérieurs, concomitants ou postérieurs à la première mise en circulation des produits ou des exemplaires. La mise sur le marché s'apprécie comme une « renonciation du titulaire à son droit »[4] de s'opposer à la commercialisation ultérieure du produit protégé par un droit de propriété intellectuelle. Ainsi, le titulaire d'une marque qui a consenti une licence exclusive d'exploitation aux termes d'un contrat ne comportant « aucune restriction à la fabrication, la commercialisation et l'exportation des produits couverts par la marque » doit être considéré comme ayant renoncé à s'opposer à la commercialisation sur le territoire de la Communauté de produits revêtus de cette marque fabriqués au Brésil[5].

698. Il appartient à celui qui invoque l'épuisement du droit, de prouver que chacun des exemplaires des produits qu'il vend a été mis sur le marché avec l'autorisation, même implicite, du titulaire de la marque, et que cette autorisation continue de produire ses effets. Tel est le cas si le titulaire de la marque lui a concédé une licence exclusive de fabrication, de confection, de distribution et de vente des produits concernés. En revanche, le fait que des produits ont été revêtus de la marque au stade de leur fabrication sous le

---

[1] ARNAUD (E.), « L'épuisement international sacrifié au profit de l'épuisement européen », note sous CJCE, 16 juill. 1998, *D. Aff.* 1998, n° 133, p. 1592.

[2] CJCE, 22 janv. 1981, aff. 58/80, *Dansk Supermarked A/S* c/ *A/S Imerco*, *Rec.* p. 181.

[3] CJCE, 24 janv. 1989, aff. 41/87, *EMI Electrola c/ Patricia*, *Rec.*, p. 79.

[4] CJCE 15 oct. 2009, aff. C-324/08, *Makro Zelbedieningsgroothandel CV et al. c/ Diesel SpA*, comm. A. Folliard-Monguiral, *Propr. Industr.*, 2010, n° 1.

[5] Cass. com. 9 avr. 2002, *Société Agrévo Prodetech et Société Hoechst Marion Roussel*, n° 99-15.428, Juris-Data n° 2002-013942, *Bull. civ.* IV, n° 70 ; *PIBD* 2002, III. p. 369 ; *Europe* 2002, comm. 256, obs. L. Idot.

contrôle du propriétaire de la marque ne suffit pas pour présumer l'accord de ce dernier à leur commercialisation[1].

699. Bien qu'il puisse être implicite, le consentement doit être non équivoque. Idéalement, il se manifeste à travers la mise en circulation du produit par le titulaire du droit. Néanmoins, la mise en circulation peut être faite par un tiers. Dans ce cas, pour produire les effets de l'épuisement, elle doit être expressément autorisée par le titulaire. Cette autorisation constitue l'expression de son consentement à la mise en circulation. *A contrario*, le consentement ne peut se déduire du silence du titulaire ou de l'absence d'interdiction explicite. Ainsi, le fait que la société intermédiaire ayant fourni les produits litigieux se soit approvisionnée auprès d'un revendeur alors agréé par le titulaire de la marque ne démontre pas, en soi, que ces produits ont été mis dans le commerce par le titulaire de la marque ou avec son consentement même implicite, dès lors que les éléments de preuve produits aux débats ne permettent pas d'identifier l'origine des produits achetés par le revendeur final[2].

700. Dans un contexte d'épuisement régional, la jurisprudence européenne considère que le consentement requis ne peut se déduire du fait que le titulaire d'une marque n'a pas expressément imposé de restriction quant à l'importation des marchandises sur le territoire de l'Union au moment de leur première vente à l'étranger. De même, le consentement ne peut s'inférer de ce que le titulaire de la marque n'a pas placé sur les marchandises en cause un avertissement quant à l'interdiction de les importer dans le marché régional. Pis encore, ce consentement ne peut se traduire par le fait que le titulaire de la marque soit demeuré silencieux lorsque les marchandises importées ont été mises sur ledit marché[3]. Le consentement à la mise en commerce est déterminant en raison des enjeux économiques et des conséquences juridiques qu'il implique.

B-Les effets de la mise en circulation volontaire des produits protégés

701. Les effets de la mise en circulation volontaire des produits doivent être étudiés selon que l'opération de mise à la disposition du public entraîne ou non le transfert de propriété du titulaire des droits au tiers acquéreur. Dit autrement, une distinction doit être faite entre la libre circulation des biens et la libre prestation de services. La question de l'épuisement ne se pose pas dans le cas des services, en particulier lorsqu'il s'agit de services en ligne. Les effets ne sont pas les mêmes selon que la mise à disposition opère transfert de propriété du titulaire des droits à un tiers acquéreur (2) ou qu'elle ne confère qu'un simple droit d'usage au profit des tiers (1).

---

[1] Cass. com. 26 janv. 1999, n° 96-22.457, *D.* 2000, p. 87, note Y. Serra ; *D. Affaires* 1999, p. 508, obs. C. Émery ; *Ann. propr. industr.* 1999, p. 219 ; *PIBD* 1999. III. 242.

[2] CA Paris, 6 sept. 2016, *Swatch*, *PIBD* 2017. III. 49.

[3] CJCE, 20 nov. 2001, *Zino Davidoff SA* c/ *A&G Imports Ltd.*, aff. C-414/99, *RTDE* 2002, p. 387, obs. G. Bonet ; *RTD com.* 2002, p. 480 , obs. J. Azéma et J.-C. Galloux ; CJCE, 20 nov. 2001, *Zino Davidoff* c/ *A&G Imports Ltd.*, aff. C-414/99, *RTD com.* 2002, p. 480, obs. J. Azéma ; *RTDE* 2002, p. 387 , obs. G. Bonet ; *PIBD* 2002, n° 752, III, p. 506 ; C-415/99, *Levi Strauss & Co.* c/ *Tesco Stores Ltd* ; C-416/99, *Levi Strauss & Co.* c/ *Costco Wholesale UK Ltd.*

1- Les effets d'une mise en circulation sans transfert de propriété

702. Les droits du titulaire ne sont pas épuisés lorsque la mise en circulation intervient sans l'intermédiaire d'un quelconque support. En effet, en raison de la complexité des droits qu'il englobe, l'exercice du droit d'auteur donne parfois lieu à de telles circonstances comme notamment en matière de médias. Il s'agit de prestations de services consistant à donner accès à une œuvre sans en transférer la propriété du support. Or, l'épuisement des droits de propriété intellectuelle étant originellement au service de la libre circulation des marchandises, il ne devrait s'appliquer qu'en présence de supports destinés à la commercialisation. La représentation de l'œuvre apparaît alors comme une prestation de service puisqu'elle ne suppose pas l'intervention d'un support.

703. La jurisprudence européenne a d'ailleurs opéré une distinction entre le droit de reproduction qui est soumis aux règles de libre circulation des marchandises et le droit de représentation qui est soumis aux règles de libre prestation de services[1]. Ce raisonnement est exactement décrit par un auteur qui explique que, « pour faire le départ entre les marchandises et les services, le juge communautaire s'est intéressé au mode utilisé pour permettre la circulation de l'œuvre ou de la prestation (...) ; soit l'exploitation de l'œuvre s'opère par sa fixation matérielle sur un support qui fait l'objet d'une circulation (disque, livre, tableau...), on parle alors de marchandise (...) ; soit l'accès à l'œuvre est fait par tout procédé direct ou indirect de communication sans remise d'un support sur lequel l'œuvre est fixée (représentation théâtrale, exécution lyrique, récitation, télédiffusion, circulation sur internet...), on parle alors de service. Distinction qui recouvre à peu près celle qui permet, en droit (...), de répartir les droits de reproduction et de représentation »[2].

704. Par conséquent, lorsqu'un auteur met à la disposition du public un film par voie de représentation, il ne peut être considéré comme ayant épuisé ses droits. Par cette forme de mise à disposition, l'auteur se réserve une mainmise sur son œuvre et peut procéder infiniment à des représentations, quel que soit le mode de diffusion (cinéma, télévision, etc.). Il en est de même de la location de l'original ou d'un exemplaire de l'œuvre ; le droit spécifique d'autoriser ou d'interdire la location serait vidé de sa substance s'il devait être épuisé du seul fait de la première offre de location. Un tiers ne peut arguer l'épuisement des droits de l'auteur pour justifier l'exploitation de l'œuvre. La raison en est que soit il l'aura obtenue de manière frauduleuse, soit l'exploitation décriée aura été faite sans le consentement de l'auteur. Or, l'épuisement des droits est inopérant en présence de ces deux circonstances.

705. En ce qui concerne les services en ligne, ceux-ci constituent en fait des actes devant être soumis à autorisation dès lors que le droit d'auteur ou le droit

---

[1] CJCE, 18 mars 1980, *Coditel I et a. c/ Ciné Vog Film et a.*, aff. 62/79, *Rec. CJCE* 1980, p. 833 ; CJCE, 20 janv. 1981, *Musik-Vertrieb et a. c/ GEMA*, aff. 55/80 et 57/80.

[2] SIRINELLI (P.), *Propriété littéraire et artistique*, Dalloz, 2e éd, cité par JACQUIER (S.), MAXWELL (W.) et BUFFET DELMAS (X.), « Industrie de contenu : quel avenir pour les licences territoriales ? », *Revue Lamy Droit de l'immatériel*, n° 47, 2009, p. 66.

voisin en dispose ainsi. Les licences d'utilisation portant sur le droit de représentation du contenu en ligne sont traitées comme des services par le droit européen[1]. À la différence du droit de représentation qui conserve à l'auteur son contrôle sur l'exploitation de son œuvre, la mise à disposition avec transfert de propriété des exemplaires fait perdre à l'auteur ce contrôle.

2- Les effets d'une mise en circulation opérant transfert de propriété du support

706. La première mise en circulation du produit ou du support fait sortir celui-ci du patrimoine du titulaire du droit de propriété intellectuelle. Le transfert du droit de propriété corporelle effectué ou autorisé par le titulaire a pour effet d'affranchir le produit ou le support du monopole de commercialisation conféré par la propriété intellectuelle. Le bien affranchi est désormais soumis au droit commun en matière de circulation des biens. Le titulaire ne peut plus, en principe, s'opposer aux actes de circulation ultérieure du produit ou du support à l'instar de la revente, l'importation, la donation, la location, le prêt ou toute autre forme d'utilisation commerciale par les tiers.

707. Certes, il est usuel de dire que la première mise en circulation du produit protégé épuise le droit de propriété intellectuelle. Mais, en réalité, l'épuisement ne concerne pas l'entièreté des droits attachés à la propriété intellectuelle. S'agissant de la propriété industrielle, l'épuisement ne porte pas sur les actes de fabrication et de production.

708. De même, en matière de propriété littéraire et artistique, l'épuisement n'atteint pas le droit exclusif d'autoriser la reproduction de l'œuvre sur un support différent, le droit d'adapter l'œuvre ou les droits moraux de l'auteur. Le juge européen a admis la faculté pour l'auteur de subordonner à son autorisation la mise en location de supports mis en circulation avec son consentement. Il apporte ainsi un tempérament au principe de l'épuisement en consacrant la légitimité d'une redevance perçue à la suite d'une exploitation publique de phonogrammes[2]. Dans une espèce, il précise néanmoins que ce droit « ne permet pas à l'auteur de percevoir une redevance supplémentaire à l'occasion de l'importation elle-même (…) ou d'ériger quelque autre obstacle que ce soit à l'importation ou à la vente. La prérogative (…) ne trouve à s'appliquer qu'après que l'opération d'importation a été effectuée »[3]. La doctrine y trouve l'illustration d'un droit de « destination ». Pour Thierry DESURMONT, « le droit reconnu à l'auteur, au titre du droit de reproduction, de contrôler la destination des exemplaires de son œuvre n'est pas en contradiction avec le principe de libre circulation des marchandises dans la mesure où il est invoqué par l'auteur pour imposer à l'acquéreur des

---

[1] CJCE, 30 avr. 1974, *Giuseppe Sacchi*, aff. 155-73, *Rec.* 1974, p. 409 ; dans cet arrêt de principe, la CJCE a reconnu aux messages publicitaires le caractère de services.

[2] ALLAEYS (P.), « Droits des producteurs de phonogrammes », *Jcl. Propriété littéraire et artistique*, 2023, Fasc. 1440.

[3] CJCE, 9 avr. 1987, *Basset c/ SACEM*, aff. 402/85, *Rec*, p. 1747 ; *Rev. int. dr. auteur* 1987, n° 133, p. 179, note Delmoly Chr., M.-A. Hermitte.

exemplaires des restrictions d'usage qui n'ont pas pour objet de limiter la circulation de ces derniers »[1].

709. L'effet de l'épuisement est de faire perdre au titulaire du droit de propriété intellectuelle le pouvoir de contrôler la revente, la commercialisation ou la distribution subséquente du produit ou du support de l'œuvre. L'épuisement se traduit donc uniquement par l'extinction du monopole de la première commercialisation. C'est l'absoluité de ce monopole qui en est affectée[2].

710. La doctrine en déduit la consomptibilité du droit de commercialisation compris dans la propriété intellectuelle. Elle considère les droits de propriété intellectuelle comme des biens consomptibles compte tenu de ce que la règle de l'épuisement prive les titulaires d'opérations subséquentes pouvant leur faire accumuler des profits sur le plan économique[3]. À partir de la première commercialisation, le titulaire du droit est présumé avoir obtenu un retour sur investissements. La valeur économique tirée de l'exemplaire ou du lot mis dans le circuit commercial fait, par conséquent, disparaître l'exclusivité de commercialisation. Autrement dit, le titulaire qui a exclusivement mis le produit protégé ou le support de l'œuvre dans le commerce est supposé avoir joui des avantages que le droit de propriété intellectuelle lui conférait ; il a ainsi consommé son droit.

711. Le droit de commercialisation apparaît comme un bien consomptible « par détermination de la loi ». Naturellement, il n'est pas consomptible comme le serait une denrée périssable puisque le législateur aurait bien pu en prolonger l'usage après la première commercialisation. Il ne l'est non plus par la volonté expresse de son titulaire, car il est de son intérêt que l'absoluité de son droit de propriété intellectuelle lui soit préservée. En réalité, pour des besoins de libre circulation des biens, ce droit devient un bien consomptible par un mécanisme de conversion opéré au moment de la première commercialisation. Le législateur présume alors la volonté du titulaire de rendre son droit de commercialisation consomptible puisqu'il fait du consentement de ce dernier la condition *sine qua non* du principe de l'épuisement. Ce mécanisme de conversion est décrit par Philippe MALAURIE et Laurent AYNES. Ceux-ci expliquent que : « la volonté des parties peut jouer un rôle dans la qualification : (…) en rendant consomptibles des choses qui ne le seraient pas naturellement »[4]. Une fois la première mise dans le commerce réalisée, le titulaire a épuisé son droit de commercialisation c'est-à-dire qu'il l'a « consommé »[5]. La règle de l'épuisement est certes un principe qui consume le droit exclusif de commercialisation et verse le produit protégé ou le support de l'œuvre dans le droit commun des

[1] DESURMONT (T.), « Le droit de l'auteur de contrôler la destination des exemplaires sur lesquels son œuvre se trouve reproduite », *R.I.D.A.*, 1987, n° 134, p. 61.

[2] JOHNSON-ANSAH (A.), *L'épuisement des droits de propriété industrielle dans l'espace OAPI*, Thèse précitée, p. 105.

[3] BENABOU (V.-L.), *Droits d'auteur et droits voisins en droit communautaire*, Brulyant, 1998, p. 102.

[4] MALAURIE (P.) et AYNES (L), *Droit civil, Les biens*, Defrénois, 5e éd., 2013, n° 153.

[5] JOHNSON-ANSAH (A.), *L'épuisement des droits de propriété industrielle dans l'espace OAPI*, *op. cit.*, p. 118.

biens, mais dans certaines hypothèses exceptionnelles, il peut y avoir retour des attributs de l'exclusivité.

§ 2. Les effets de l'absence ou de l'insuffisance de consentement du titulaire des droits

712. Ici se pose le problème de la légitimité de la mise en circulation du produit. Celle-ci a-t-elle été réalisée, comme l'exigent les différentes annexes de l'Accord de Bangui, par le titulaire du droit de propriété intellectuelle ou avec son consentement ? Si oui, dans l'hypothèse où une autorisation demeure requise, le titulaire a-t-il consenti à l'acte subséquent à la première commercialisation ? Certes, l'épuisement des droits est une limite significative à l'exclusivité conférée au titulaire de droit de propriété intellectuelle. Mais, il lui conserve tout de même la possibilité de s'opposer à certains actes « exorbitants » du régime de l'épuisement. Ces éventualités donnent lieu à la renaissance des droits de propriété intellectuelle (A) et *a fortiori* lorsque l'acte est constitutif de contrefaçon (B).

A-La renaissance des droits en cas d'accomplissement d'actes exclus du régime de l'épuisement

713. La légitimité de l'acte de circulation du bien protégé a pour effet l'application du principe de l'épuisement. Pour être légitime, l'acte doit remplir la double condition d'être accompli après la première commercialisation consentie par le titulaire du droit et de rentrer dans le champ d'application du principe de l'épuisement. En effet, certains actes de circulation du bien protégé, bien que licites, ne sont pas couverts par le régime de l'épuisement. Il en est ainsi en matière de marques lorsque les produits ont été altérés (1) et en matière de droit d'auteur, pour les modes de distribution autres que la vente des exemplaires de l'œuvre (2).

1- En cas de dénaturation de produits marqués

714. Loin d'être une extinction pure et simple des droits du titulaire, l'épuisement est une extinction atténuée. C'est pour cette raison que ces droits refont surface lorsque les produits, objets du droit de propriété intellectuelle, sont modifiés dans leur état ou leur nature. Comme l'indique Jacques AZEMA, c'est l'hypothèse dans laquelle, « entre le moment de l'exportation et le moment de l'importation, le produit est altéré. En ce cas, il paraît effectivement bien légitime que le titulaire de la marque puisse encore invoquer son droit de marque pour s'opposer à la commercialisation d'un produit dans lequel il ne connaît plus son enfant – parce qu'il a été matériellement modifié »[1].

715. Le titulaire du droit de propriété intellectuelle est donc fondé à s'opposer à la commercialisation ultérieure des produits lorsque l'état de ceux-ci a été modifié ou altéré après leur mise en circulation. À ce sujet, l'article 7 alinéa 2 de

---

[1] AZEMA (J.), « L'épuisement communautaire », *in Quel droit de la propriété industrielle pour le 3e millénaire*, Litec, coll. « CEIPI », n° 47, 2001, p. 314.

l'Annexe III de l'Accord de Bangui subordonne l'épuisement des droits à l'absence de modification du produit. Il pose *in fine* comme condition de l'épuisement que « ces produits n'aient subi aucun changement », consacrant alors le caractère non absolu de la règle de l'épuisement. Cependant, le législateur OAPI ne donne ni le contenu exact ni l'importance du changement susceptible de faire obstacle à l'épuisement des droits. Son homologue français est plus explicite et énonce que « faculté reste ouverte au propriétaire de s'opposer à tout nouvel acte de commercialisation s'il justifie de motifs légitimes, tenant notamment à la modification ou à l'altération, ultérieurement intervenue, de l'état des produits »[1]. Il découle de cette disposition que le principe de l'épuisement des droits ne saurait souffrir d'exception qu'en raison de motifs légitimes dûment justifiés tenant aux conditions dans lesquelles les produits marqués sont présentés et commercialisés auprès des consommateurs. Ainsi, le juge européen a notamment admis que constituait un motif légitime la présentation faite de produits reconditionnés, de mauvaise qualité ou avec un emballage défectueux[2]. Il en est d'ailleurs de même si c'est l'image du produit qui se trouve altérée[3]. Sur ce point, il a été jugé que le « dégriffage » de produits revêtus originellement de la marque du donneur de licence constitue une altération de la nature des produits justifiant que soit écarté l'épuisement du droit[4].

716. Le changement peut également consister en un acte portant atteinte à l'authenticité de la marque. Il peut s'agir d'une apposition non reconnue ou ne provenant pas du titulaire de la marque. De même, le changement peut consister en une suppression ou de la modification de la marque. Le juge français décide à cet effet que la suppression d'une marque authentique commise par un revendeur sur des produits informatiques rendus obsolètes par la diffusion par le titulaire de nouveaux produits constitue un acte de contrefaçon[5] quand bien même cette suppression aurait été préalablement opérée par un revendeur antérieur.

717. La justification de cette mesure se situe dans la fonction de garantie d'origine de la marque. La fonction de garantie d'origine ou garantie de provenance consiste, pour une marque, « à identifier le produit ou le service pour lequel l'enregistrement est demandé comme provenant d'une entreprise déterminée et à distinguer ce produit ou service de ceux d'autres entreprises »[6]. Le produit marqué ne doit circuler librement qu'à condition de demeurer dans l'état dans lequel il a été mis en circulation. Au sens de la jurisprudence européenne, la fonction de garantie d'identité suppose que « le consommateur

[1] Art. L. 713-4 Code français de propriété intellectuelle.
[2] CJCE 11 juill. 1996, aff. *Bristol, Myers, Squibb*, V. Dir. 2008/95/CE du 22 octobre 2008, art. 2, notes 2 et 5.
[3] CA Paris, 24 oct. 2008, *Yamaha musique*, *RTD com.*, 2009, p. 120, obs. J. Azéma.
[4] CA Paris, 12 mars 2014, *Guess*, *PIBD*, 2014. III. 387.
[5] CA Paris, 20 sept. 2006, n° 03/11770.
[6] CJCE, 12 nov. 2002, *Arsenal c/ Reed*, aff. C-206/01, *Rec.* 10273, *PIBD* 2003, III, p. 262 ; *D.* 2003, p. 755, note P. de Candé ; *Propr. intell.* 2003, n° 7, p. 200, G. Bonet.

ou l'utilisateur puisse être certain que le produit marqué qui lui est offert n'a pas fait l'objet, à un stade antérieur à sa commercialisation, d'une intervention opérée par un tiers, sans autorisation du titulaire de la marque, qui a atteint le produit dans son état originaire ». Cette même jurisprudence admet cependant le droit des importateurs parallèles de réemballer les produits importés légalement à partir d'autres États membres de l'Union et d'y apposer de nouveau la marque de commerce originale[1].

718. La mesure se justifie également en ce que l'acquéreur final du produit marqué n'étant pas le titulaire du droit exclusif, il ne doit apporter au produit aucune modification ni en tirer un quelconque profit économique résultant d'une nouvelle mise dans le commerce.

2- En matière de droit d'auteur

719. L'épuisement vise avant tout la libre circulation des biens. C'est pourquoi, en matière de droit d'auteur, il ne s'applique qu'à la revente des exemplaires de l'œuvre et pas aux autres modes de distribution. D'après l'article 1er (XXIII) de l'Annexe VII de l'Accord de Bangui sur la propriété littéraire et artistique, la distribution recouvre « l'offre de vente, de location, la vente, la location ou tout autre acte de mise en circulation à titre onéreux de l'original ou des exemplaires d'une œuvre littéraire ou artistique ». L'article 24 du même Annexe VII indique explicitement que l'auteur (ou ses ayants droit) qui a autorisé la première vente d'un ou des exemplaires matériels de son œuvre ne peut plus interdire « la vente de ces exemplaires ». Le législateur OAPI a précisément ciblé, parmi les modes de distribution qui existent, la vente. Ce qui signifie que, sont exclus du champ de l'épuisement des droits d'auteur les modes de distribution tels que la location, le prêt ou tout autre acte de mise en circulation à titre onéreux. Il en est de même du droit de représentation par voie d'exécution publique d'une œuvre. Le droit de location et le droit de représentation demeurent au nombre des prérogatives de l'auteur en dépit de la première vente du support matériel qui contient l'œuvre.

720. Malgré le principe de l'épuisement des droits consécutif à la première vente des exemplaires de l'œuvre, le droit d'interdiction et d'autorisation de l'auteur subsiste. Il peut donc, en cas de location et de prêt par des tiers s'opposer à ces modes de distribution, car ils ont une nature différente de celle de la vente. Celle-ci est proprement un acte de commercialisation des supports matériels de l'œuvre dont le principe de l'épuisement vise la libre circulation.

721. L'exclusion de ces modes de distribution se justifie par le fait que l'épuisement des droits ne doit pas être une raison pour les tiers de tirer profit de l'exploitation de l'œuvre au détriment des droits de l'auteur. Celui-ci doit pouvoir exprimer son autorisation et percevoir une redevance relativement à ces modes de distribution comme c'est le cas notamment de la reproduction de

---

[1] CJCE 20 nov. 2001, *Zino Davidoff et Levi Strauss*, aff. jointes C-414/99 à C-416/99, *Rec.* I. 8691 ; *RJDA* 2002, n° 326 ; *JCP E* 2002, n° 853, note C. Vilmart ; *CCE* 2002, comm. 55, note C. Caron; *RTD eur.* 2002, p. 387, obs. G. Bonet, *RTD com.* 2002.

l'œuvre. Le titulaire du droit peut également mettre en œuvre sa faculté d'interdiction dans des cas d'illicéité avérée comme la contrefaçon.

B-L'exclusion des produits contrefaits du champ de l'épuisement

722. Comme tous les autres aménagements aux droits de propriété intellectuelle, le principe de l'épuisement des droits de propriété intellectuelle résulte d'une recherche d'équilibre entre les intérêts des titulaires de droits, des consommateurs et des autres exploitants ou concurrents. L'épuisement des droits préserve l'authenticité des biens protégés et l'exclusivité dont il constitue une limitation mais non une négation. Ce qui le rend incompatible avec la contrefaçon qui enfreint ces exigences (1) et se démarque dès lors des importations parallèles (2).

1- Les critères d'authenticité et d'exclusivité

723. L'authenticité et l'exclusivité sont des notions conjointes chères à la propriété intellectuelle. L'authenticité désigne la qualité d'une œuvre ou d'un produit dont l'auteur ou l'origine sont attestés, notamment sur la foi d'un certificat[1]. En matière de propriété intellectuelle, l'authenticité est déterminée non seulement par le titre qui s'acquiert du fait de la création de l'œuvre ou par l'enregistrement du droit auprès de l'OAPI, mais également par l'origine du produit ou de l'exemplaire de l'œuvre qui doit provenir du titulaire ou de ses ayants droit. L'authenticité des biens protégés doit demeurer durant le processus de commercialisation telle qu'au jour de leur première mise en circulation. En effet, la propriété intellectuelle consacre une récompense de l'effort créatif et inventif du titulaire. En matière de droit d'auteur par exemple, elle vise à rétribuer les créateurs des œuvres de l'esprit et à encourager la diffusion de la connaissance au sein de la société. En matière de brevet, la propriété intellectuelle consiste en « un droit exclusif d'utiliser une invention en vue de la fabrication et de la première mise en circulation de produits ainsi que le droit de s'opposer à toute contrefaçon »[2]. S'agissant de la marque, elle confère au titulaire une exclusivité d'usage du signe afin de distinguer ses produits de ceux de ses concurrents et, en conséquence, éliminer tout risque de confusion de la part du consommateur.

724. Ainsi, les notions d'authenticité et d'exclusivité sont intimement liées parce que, même si celle-ci est atténuée après la première mise en circulation, elle demeure latente eu égard à l'exigence d'authenticité. Le défaut d'authenticité des produits fonde le titulaire à s'opposer à leur importation ou leur commercialisation à travers notamment une saisie-contrefaçon.

725. La combinaison des critères d'authenticité et d'exclusivité concourt à la traçabilité des produits. La traçabilité est un « instrument de contrôle, de

[1] CORNU (G.), *Vocabulaire juridique*, Association Henry Capitant, PUF, 13e éd., 2020, V° *authenticité*.

[2] CJCE, 31 oct. 1974, *Centrafarm BV et Adriaan de Peijper c/ Sterling Drug*, aff. 15/74, *Rec CJCE* 1974, p. 1147.

transparence et de sécurité permettant de suivre par divers moyens d'information (étiquetage, registres, déclaration) toutes les étapes de la production, de la transformation et de la distribution d'un produit ou d'une activité »[1]. La traçabilité des produits protégés par la propriété intellectuelle permet d'assurer le contrôle de leur authenticité. Ce sont ces critères qui permettent d'éliminer de la circulation les produits issus de la contrefaçon. En d'autres termes, un produit incorporant des droits de propriété intellectuelle ne peut circuler librement que si, d'une part, il a été mis sur le marché par le titulaire des droits de propriété intellectuelle (critère d'exclusivité) et, d'autre part, il a conservé son authenticité (critère d'authenticité). À ce titre, la contrefaçon est exclue du champ de l'épuisement des droits parce qu'elle constitue en soi une négation du consentement du titulaire et, pis encore, son illicéité fonde le caractère hors commerce des produits qui en résultent, car comme il a été jugé, une marchandise contrefaite ne peut légalement faire l'objet d'une vente[2]. Cette solution se comprend aisément, ce d'autant que, par définition, la fabrication et la commercialisation de marchandises contrefaites sont de nature à fausser le jeu du marché et de la concurrence. Il en est différemment du commerce parallèle.

2- Les importations parallèles et la contrefaçon

726. Une réflexion permissive pourrait amener à se demander pourquoi l'épuisement des droits n'admettrait-il pas la contrefaçon puisqu'il s'accommode aisément des importations parallèles. Sauf que, contrairement aux produits de contrefaçon, les produits qui font l'objet d'importations parallèles sont authentiques, car ils proviennent effectivement du fabricant lui-même et portent sur des marques authentiques. Par ailleurs, les importations parallèles ressortissent au « marché gris ». Certes, l'on pourrait, suivant un certain jugement de valeur, qualifier de déloyale la démarche consistant pour des importateurs parallèles à contourner le réseau de distribution officiel mis en place par le fabricant afin de capter une marge de bénéfice élevée. En réalité, ces importateurs profitent de la segmentation des marchés par le titulaire lui-même qui, à travers des stratégies de fixation de prix différents sur différents marchés, cherche aussi à obtenir les bénéfices les plus élevés. Les importations parallèles n'enfreignent donc pas en soi la propriété intellectuelle du titulaire du droit. Elles demeurent conformes au jeu de la concurrence dont résulte pour les consommateurs un meilleur rapport qualité – prix.

727. En revanche, la fabrication, l'importation et la commercialisation de produits de contrefaçon relèvent du « marché noir ». La contrefaçon est un acte éminemment malfaisant et illicite qui s'apparente au vol de biens corporels. Elle

---

[1] CORNU (G.), *Vocabulaire juridique*, Association Henry Capitant, PUF, 13e éd., 2020, V° *Traçabilité*.

[2] Cass. com. 24 sept. 2003, *Société CCP c/ SARL Ginger*, n° 01-11.504, *D.* 2003, p. 2683, note C. Caron ; *RTD civ.* 2003, p. 703, obs. J. Mestre et B. Fages ; *RTD civ.* 2004, p. 117, obs. T. Revet ; *RDC* 2004, p. 337, obs. P. Brun.

ne profite qu'au seul contrefacteur au détriment du titulaire du droit qui ne peut obtenir la juste rétribution de ses efforts inventifs et promotionnels. À l'égard du consommateur, la contrefaçon est un acte de tromperie, car il croit acheter un produit authentique. Elle ne saurait par conséquent être légitimée par le principe de l'épuisement des droits.

728. En somme, la traçabilité est au service de l'authenticité et par ricochet de l'exclusivité. Toutefois, dans l'univers numérique caractérisé par l'interactivité, l'immatérialité et l'internationalité, sa mise en œuvre n'est pas évidente, les échanges électroniques fonctionnant comme un véritable « serpent de mer » difficile à appréhender.

Chapitre 3
La protection de la propriété intellectuelle dans l'environnement numérique

729. Fondamentale en droit civil, la propriété a été conçue dès la Révolution de 1789 comme un droit naturel devant être garanti par la loi[1]. Elle assure au propriétaire l'exclusivité sur le bien approprié et lui permet d'en maîtriser les utilités[2]. Elle joue une fonction d'imputation en ce qu'elle est un instrument d'agrégation de biens autour d'une personnalité juridique. La notion de propriété a connu une extension au-delà du Code civil de 1804 pour répondre aux besoins de la société industrielle. Ainsi, la reconnaissance de la propriété intellectuelle vise à encourager la créativité et l'inventivité de l'homme à travers la protection des créations immatérielles. Il a fallu à cet effet établir des règles qui, sans remettre en cause les fondements et principes du droit des biens, soient adaptées à la catégorie des « biens sans corps », en l'occurrence les biens intellectuels. Le droit des biens se renouvelle donc en s'adaptant à son époque et en se libérant des pesanteurs liées à la distinction de l'être et de l'avoir ; ce qui a d'ailleurs fait dire que la propriété est à la croisée des chemins eu égard à la flexibilité de la patrimonialité[3].

730. De nos jours, le droit de propriété intellectuelle fait face aux mutations engendrées par le numérique. Comme le relevait à juste titre un auteur, « Que la dématérialisation des échanges commerciaux ait fortement influencé les principes juridiques de la propriété intellectuelle relève aujourd'hui d'un truisme. Nul ne conteste véritablement plus désormais (…) que le commerce électronique oblige à une relecture des règles classiques qui ont jusque-là gouverné les propriétés intellectuelles »[4]. Loin d'être accidentelle, la rencontre des mécanismes de réservation de la propriété intellectuelle avec les nouvelles régulations d'actifs « immatériels » alimentant les flux d'échanges numériques devient systémique. Le numérique révèle une certaine hostilité au principe de l'appropriation de ressources d'intérêt général dont la mise à disposition des utilités devrait favoriser la circulation du savoir. Cela participe de la conception même d'internet dont la création même est l'œuvre de groupes de chercheurs et d'ingénieurs animés par la collaboration désintéressée et la circulation gratuite des idées.

731. Les tensions entre la propriété et l'accessibilité de l'information avec en toile de fond la théorie des biens communs (*Commons*) amènent à réfléchir sur la

---

[1] BASTIAT (F.), « Propriété et loi », *Journal des économistes*, 1848, vol. 20, p. 177.

[2] CAMUS (A.), « La propriété des données publiques », *RFAP*, 2018, n° 167, p. 489.

[3] D'après Xavier LABBEE, « La distinction des personnes et des choses forme ainsi depuis des siècles la « *summa divisio* » du droit. Elle s'obscurcit désormais, à l'heure où la loi réifie totalement l'embryon humain vivant et voudrait personnifier l'animal et le robot » ; cf. LABBEE (X.), « Le droit dans la post-humanité », *Rec. Dalloz*, n° 23, 2023, p. 1181.

[4] PLATTI, (M.-C.), « Commerce électronique et propriétés intellectuelles », *Revue du notariat*, vol. 106, n° 3, 2004, p. 583 ; CASTAGNE (S.), « Commerce électronique. Cession – Formules », *JCl. Entr. indiv.*, Fasc. 7286, 2021.

mise en œuvre des droits de propriété intellectuelle dans l'environnement numérique (section 1) ainsi que la question du libre accès aux ressources documentaires (section 2).

Section 1. La mise en œuvre du droit de propriété intellectuelle dans l'environnement numérique

732. La propriété intellectuelle et plus précisément la propriété littéraire et artistique fait face de nos jours à plusieurs défis liés à l'émergence des nouvelles technologies. Si elle a su s'adapter voire se renforcer à la faveur des évolutions technologiques du siècle dernier, elle fait actuellement face à un environnement numérique souvent décrit comme une zone de non-droit[1]. Initialement perçu comme un simple médium à l'image de ses devanciers, tels la presse et la radiodiffusion, internet a rapidement évolué dès les années 2000 permettant la réception de contenus numériques et la diffusion à très grande échelle d'informations numérisées. L'instantanéité et la facilité des échanges conduisent à la contrefaçon massive des œuvres de l'esprit dans un cyberespace où les faits sociaux ont généralement de l'avance sur le Droit. Franchir avec succès l'étape du numérique devient pour la propriété intellectuelle un défi à relever à travers la conquête des nouveaux objets que charrie le numérique (§ 1) et l'établissement de mesures techniques et juridiques indispensables à la protection des droits exclusifs sur les créations immatérielles (§ 2).

§ 1. La conquête de nouveaux objets numériques

733. Dans l'environnement numérique marqué par l'évanescence des « choses » et la croyance en un monde affranchi du Droit et du contrôle étatique, la régulation des flux de données présente une certaine complexité. Cependant, il existe une interconnexion entre le cyberespace et l'espace physique. De ce point de vue, internet est un fait sur lequel le Droit doit établir son emprise[2]. En réalité, les internautes sont des personnes physiques présentes dans le monde réel et les opérateurs, des sociétés constituées sous l'empire des lois étatiques. Par conséquent, « loin d'être une zone sans frontière, internet est un réseau à la fois mondial et régional, qui obéit tout autant à des règles universelles qui sous-tendent son fonctionnement qu'aux législations nationales applicables sur le territoire dans lequel les activités ont lieu »[3]. Parler de conquête revient à tenir compte de la singularité de cet instrument nouveau qui génère de nombreux concepts et objets tout aussi nouveaux. Certains font d'ores et déjà l'objet d'une appréhension par le droit de la propriété intellectuelle mais d'autres sont encore à conquérir (B).

---

[1] SCHMIDT-SZALEWSKI (J.), « L'internet ou l'illusion libertaire », *in Études offertes au doyen Philippe Simler*, Paris, Litec, 2006, p. 813.

[2] VERMELLE (G.), « L'immatériel et la répression » *in* F. TERRE (dir.), *Le droit et l'immatériel*, Archives de philosophie du droit, t. 43, Sirey, 1999, p. 223.

[3] DONNAT (F.), *Droit européen de l'internet : réseaux, données, services*, LGDJ, coll. « Systèmes », 1re éd., 2018, p. 11. Voir aussi : AZZI (T.), « Droit des marques – L'atteinte au droit de marque sur Internet - Regard de droit européen et de droit français », *Propr. Ind*, n° 2, 2022, étude n° 2.

A-Une conquête entamée avec la protection des logiciels et bases de données

734. Les nouvelles technologies sont à l'origine de l'émergence de nouvelles richesses numériques que le droit appréhende sous le régime du droit d'auteur. Il s'agit des œuvres logicielles (1) et des bases de données (2).

1- Les logiciels

735. Un logiciel ou programme d'ordinateur est un « ensemble d'instructions qui commandent à l'ordinateur l'exécution de certaines tâches »[1]. Cette définition relativement simple[2] fournie par le législateur camerounais se rapporte pourtant à un élément essentiel de la structure des réseaux numériques[3]. En effet, à tous les niveaux de la chaîne entre l'internaute et le diffuseur de contenus, un logiciel est sollicité pour exécuter une fonction précise. Au premier niveau se trouve le BIOS (*Basic Input/Output System*) dont le rôle fondamental consiste au démarrage de la machine ; puis le système d'exploitation qui permet le fonctionnement des logiciels appliqués. Très variés, ceux-ci concernent les logiciels de navigation ou de messagerie installés sur l'ordinateur ou sur le téléphone androïde de l'utilisateur appelés logiciels clients ; les logiciels de routage sur chaque nœud des réseaux afin de diriger les paquets de données vers leurs destinataires ; les logiciels-serveurs permettant de mettre en ligne et de diffuser des contenus stockés sur les mémoires des sites ; et les logiciels utilisés pour créer et mettre à jour ces sites[4].

736. La protection des logiciels a suscité dès les années 1960 des discussions doctrinales, qui se poursuivent par ailleurs encore, à propos du régime approprié à cette protection[5]. Le logiciel peut ressortir à la catégorie des inventions de par sa proximité au « monde de l'industrie et de la technique »[6]. Il peut également être retenu comme une œuvre de l'esprit. Le choix a été effectué depuis les Accords sur les aspects des droits de propriété intellectuelle liés au commerce (ADPIC) de 1994, pour une protection des œuvres logicielles par le droit d'auteur. Cette option a été internalisée dans la législation OAPI ainsi que les législations nationales des États membres. De l'étude simultanée de ces législations, il en ressort que le principe de la protection du logiciel par la

---

[1] Art. 2 al. 11 de la loi camerounaise du 19 décembre 2000 relatif au droit d'auteur et aux droits voisins.

[2] Pour une définition plus complexe, voir art. 1er de la loi ivoirienne du 26 juillet 2016 relatif au droit d'auteur et aux droits voisins.

[3] Lire SEUNA (C.), *La protection juridique du logiciel par le droit d'auteur au Cameroun*, Thèse de doctorat de 3e cycle, Université de Yaoundé, 1992.

[4] DENELLE (M.-J.), *L'application du droit de la propriété intellectuelle sur internet*, Séminaire sur « Les Métiers du Droit », Institut d'Études politiques de Lyon, 2005, p. 41.

[5] CATALA (P.), *Le droit à l'épreuve du numérique. Jus ex machina*, PUF, 1998, spéc. chap. 15 : Le droit d'auteur sur les logiciels : protection banale ou spéciale ; GOUTAL (J.-L.), « Logiciel : l'éternel retour », *in Droit et techniques. Études à la mémoire du professeur Xavier Linant de Bellefonds*, Lexisnexis, 2007, p. 217.

[6] CARON (C.), *Droit d'auteur et droits voisins*, Litec, 4e éd., 2015, n° 176 ; voir aussi VIVANT (M.) et BRUGIERE (J.-M.), *Droit d'auteur et droits voisins*, Dalloz, 2e éd., 2012, 826 p.

propriété littéraire et artistique n'exclut cependant pas certaines dérogations dues à sa nature hybride.

a- La protection du logiciel par le droit d'auteur

737. La protection du logiciel nécessite de préciser les conditions et les éléments sur lesquels s'applique le droit d'auteur[1]. En effet, il importe de distinguer dans un logiciel ce qui en constitue l'idée et qui est par conséquent exclu du champ de protection par le droit d'auteur, et ce qui en est la structure et doit être protégé à ce titre. En l'absence de dispositions claires dans les législations étudiées, cette détermination peut être faite en s'inspirant de la jurisprudence française. Ainsi, pour la Cour d'appel de Paris, les algorithmes et les fonctionnalités d'un programme d'ordinateur en tant que telles ne sont pas protégeables au titre du droit d'auteur. L'algorithme n'est protégé par le droit d'auteur que lorsqu'il est intégré à un logiciel, lequel doit remplir les conditions d'originalité. Celle-ci suppose que l'auteur ait marqué le logiciel de son apport intellectuel par un effort créatif révélateur de sa personnalité, allant au-delà de la simple mise en œuvre d'une logique automatique et contraignante. La matérialisation de cet effort réside dans une structure individualisée[2]. Ne constituent pas une forme d'expression du programme d'ordinateur et ne sont, à ce titre, pas protégés par le droit d'auteur, la fonctionnalité du programme, le langage de programmation et le format de fichiers de données utilisés dans le cadre de ce programme pour exploiter certaines de ses fonctions. En revanche, le logiciel est protégé aussi bien sous la forme du « code source » (le code tel qu'il est écrit et manipulé par les programmeurs), que sous la forme du « code objet » (résultant d'une transformation du code source en un matériau directement exploitable par la machine). Ce foisonnement d'expressions techniques a fait dire par un auteur qu' « il s'agit là d'une anomalie et d'une véritable entorse aux principes fondamentaux de la discipline. Le droit d'auteur devrait toujours protéger des formes d'expression perceptibles par des sens humains. L'exemple du code objet nous prouve que ce n'est pas toujours le cas et que le logiciel demeure un corps étranger en droit d'auteur »[3].

738. S'agissant de la titularité des droits sur le logiciel, elle engage des conceptions différenciées selon chaque législation. De fait, les logiciels sont très souvent l'œuvre de salariés et de ce point de vue, sont susceptibles de mettre en jeu des conflits d'intérêts entre le salarié et l'employeur. Deux conceptions existent relativement à cette question. La conception idéaliste et orthodoxe du droit d'auteur soutient que seule une personne physique peut poser acte créateur et que seule cette approche compte. L'employeur, personne morale, ne peut créer et par conséquent ne peut être investi du droit d'auteur que par le

---

[1] POLLAUD-DULIAN (F.), « Reprise non contrefaisante mais parasitaire d'éléments exclus de la protection des logiciels », *RTD com*, 2018, p. 329 ; voir aussi : LUCAS (A.) et MACREZ (F.), « Objet du droit d'auteur – Œuvres protégées. Logiciels », *Jcl. Propriété littéraire et artistique*, 2023, Fasc. 1160.

[2] CA Paris, pôle 5, ch. 1, 24 nov. 2015, n° 13/24577.

[3] CARON (C.), *op. cit.*, n° 180.

truchement d'une cession consentie par l'auteur, personne physique[1]. Cette conception est celle adoptée par le législateur camerounais pour qui, l'auteur est la personne physique qui a créé ou conçu une œuvre, ou encore a déclenché la réalisation par un procédé automatique. Il est le premier titulaire du droit d'auteur sur ladite œuvre[2].

739. En revanche, suivant la conception matérialiste, l'employeur est investi par voie législative du droit d'auteur sur les logiciels créés par ses employés. La justification en est que le droit d'auteur octroyé à l'employeur est la contrepartie de ses investissements en vue de la réalisation et de la commercialisation du logiciel. En engageant le salarié à ses risques, l'employeur accepte de subir l'issue positive ou négative de la conception du logiciel. Mais aussi, il se charge de la distribution et du marketing du produit réalisé par sa main-d'œuvre. L'approche matérialiste est adoptée par le législateur ivoirien qui pose à l'article 43 de la loi du 26 juillet 2016 relatif au droit d'auteur et aux droits voisins que « les droits patrimoniaux sur un programme d'ordinateur ou sur une base de données créée par un auteur employé en exécution soit d'un contrat de travail, soit d'un contrat d'entreprise appartiennent à l'employeur ou au maître de l'ouvrage, sauf convention contraire ». Selon que la conception est idéaliste ou matérialiste, la durée des droits sur le logiciel sera soit celle de droit commun, soit une durée dérogatoire, plus réduite que celle de droit commun.

b- Les aspects dérogatoires du droit d'auteur portant sur un logiciel

740. La nature particulière des logiciels impose des distorsions au régime du droit d'auteur. Ce faisceau de dérogations comprend l'absence de copie privée, les droits de reproduction et de modification ainsi que le droit de décompilation.

741. L'exception de copie privée ne s'applique pas aux logiciels. Il n'est permis à l'utilisateur légitime que de réaliser une copie de sauvegarde. En effet, le logiciel est un outil, une forme fonctionnelle ; le monopole d'exploitation consiste essentiellement en une réservation privative et exclusive de son utilisation. La mise en œuvre de l'exception de copie privée, telle que prévue par le droit commun, aurait posé quelques difficultés[3]. Dans la mesure où il est nécessaire de conserver les programmes exploités en machine sur des supports distincts, au cas où la machine connaîtrait une défaillance et que les programmes seraient effacés du disque dur, l'utilisateur légitime a le droit de réaliser une copie de sauvegarde[4]. En cas de perte, de destruction ou de détérioration rendant inutilisable le logiciel, l'utilisateur pourra alors reproduire

[1] MIENDJIEM (I. L.), « Le Père Noël des créateurs et diffuseurs des œuvres de l'esprit au Cameroun : la loi n° 2000/011 du 19 décembre 2000 relative au droit d'auteur et aux droits voisins », *Revue générale de droit*, n° 32, 2002, p. 536.

[2] Art. 7 de la loi camerounaise n° 2000/001 du 19 décembre 2000 relatif au droit d'auteur et aux droits voisins.

[3] CARRE (S.), « Droits des auteurs. Droits patrimoniaux », *JCl. civil*, Fasc. 1250 (mise à jour de F. MACREZ), 2023, n° 16.

[4] Art. 31 de la loi ivoirienne du 26 juillet 2016 relatif au droit d'auteur et aux droits voisins.

le logiciel en remplacement de celui perdu, détruit ou rendu inutilisable. Il n'est toutefois pas autorisé à partager l'usage du logiciel, même à des fins purement privées au sein du cercle familial, et ne peut en effectuer qu'une copie unique. La copie de sauvegarde ne doit pas être utilisée en même temps que l'exemplaire orignal, sinon elle ne remplirait plus sa fonction de sauvegarde. De même, la copie de sauvegarde ne peut être revendue en lieu et place de la copie originale.

742. Par ailleurs, l'utilisateur légitime a le droit de reproduire ou de transformer le logiciel conformément à sa destination, y compris de corriger les erreurs[1]. Dans des conditions de nécessité, l'utilisateur ne peut se voir reprocher par le titulaire des droits les actes de reproduction, permanente ou provisoire ou les actes de traduction, d'adaptation, d'arrangement voire de modification du logiciel nécessaire à son utilisation. Cette liberté ne doit cependant pas être mise en œuvre en méconnaissance du droit moral de l'auteur relativement à l'intégrité de sa création[2]. Par ailleurs, la correction des erreurs dans les logiciels spécifiques nécessite la mise à disposition du code source par le fournisseur. À cet effet, si le fournisseur livre spontanément le code source, l'utilisateur peut faire toutes les modifications et corrections qu'il souhaite. Au cas où l'auteur se réserve par contrat le droit de corriger les erreurs, l'utilisateur n'aura pas la possibilité, par exemple, de recourir à la « maintenance tierce » c'est-à-dire qu'une entreprise concurrente, fournisseur de logiciels, ne pourra pas intervenir au profit du client pour des actes de maintenance corrective ou évolutive. L'utilisateur se trouve alors totalement dépendant du fournisseur.

743. Parmi les dérogations au droit commun d'auteur, il y a aussi celle selon laquelle l'utilisateur légitime d'un programme d'ordinateur peut, sans l'autorisation de l'auteur, observer, étudier ou tester le fonctionnement de ce programme afin de déterminer les idées et les principes qui sont à la base de n'importe quel élément du programme d'ordinateur, lorsqu'il effectue toute opération de chargement, d'affichage, d'exécution, de transmission ou de stockage du programme d'ordinateur qu'il est en droit d'effectuer[3]. Cette dérogation est une application aux logiciels du principe du libre parcours des idées. Ainsi, la protection des programmes d'ordinateur ne s'étend pas aux idées, aux principes, à la logique, aux algorithmes ou à la langue de programmation, qui sont à la base du programme.

744. Une autre dérogation réside dans le droit de décompilation au profit de l'utilisateur légitime. Celui-ci peut, sans l'autorisation du titulaire, reproduire et traduire le logiciel, lorsque ces actes permettent d'obtenir les informations nécessaires pour réaliser un logiciel compatible avec ce dernier ou avec un ou

[1] Art. 36 al. 2 (b) de la loi camerounaise relative au droit d'auteur et aux droits voisins.

[2] CA Montpellier, 5 juill. 2000, *JurisData* n° 2000-134504, *Propr. intell.* 2002, n° 5, p. 51, obs. A. Lucas. Le juge a considéré la maintenance tierce parfaitement licite dans la mesure où les contrats intervenus entre les parties n'avaient pas réservé au titulaire des droits d'auteur celui de corriger les erreurs et de déterminer les modalités particulières auxquelles seraient soumis les actes nécessaires pour l'utilisation du logiciel.

[3] Art. 31 al. 2 de la loi ivoirienne du 26 juillet 2016 relatif au droit d'auteur et aux droits voisins.

plusieurs autres logiciels[1]. Cette dérogation est clairement posée par le législateur camerounais qui n'en précise cependant pas les contours. Une incursion en droit européen du logiciel permet d'en comprendre les origines. En effet, le problème s'est posé de savoir si toute personne, même des concurrents d'un auteur de logiciels, pouvait avoir accès à la structure du programme en procédant à ce qu'il est convenu d'appeler l'ingénierie inverse. Sous la pression des constructeurs et sociétés de services, cette règle fut adoptée. Elle est singulière parce qu'elle méconnaît à la fois le monopole de reproduction et le droit de divulgation de l'auteur en reconnaissant aux tiers le droit de procéder au « décodage » de son programme. Toutefois, elle vise l'interopérabilité des logiciels, raison pour laquelle les informations obtenues ne doivent être ni utilisées à d'autres fins, ni communiquées aux tiers, ni utilisées pour la mise au point, la production ou la commercialisation d'un logiciel dont l'expression est substantiellement similaire ou pour tout autre acte portant atteinte au droit d'auteur[2].

2- Les bases de données

745. L'intrication de la donnée et de l'œuvre s'illustre dans les bases de données protégées par le droit d'auteur. Prenant la dénomination de « compilation » dans l'Accord sur les ADPIC, la notion y renvoie à des « compilations de données ou d'autres éléments, qu'elles soient reproduites sur support exploitable par machine ou sous toute autre forme, qui, par le choix ou la disposition des matières, constituent des créations intellectuelles »[3]. L'Accord de Bangui utilise le terme « base de données » et le définit à l'article 1er (xx) de son annexe VII comme « une compilation de données ou de faits ». Cette définition laconique renseigne très peu sur la notion et laisse aux législateurs nationaux la latitude de fournir une définition plus explicite. Aussi, donnent-ils pour la plupart, la définition suivante : une base de données est un « recueil d'œuvres, de données ou d'autres éléments systématisés de manière à pouvoir être recherchés et traités à l'aide d'un ordinateur »[4]. Comme le logiciel, la base de données est placée sous le giron du droit d'auteur[5]. La protection de cet objet immatériel soulève généralement des difficultés quant aux conditions et à l'étendue d'une telle protection.

---

[1] Art. 36 al. 2 (d) de la loi camerounaise n° 2000/011 du 19 décembre 2000 relative au droit d'auteur et aux droits voisins.

[2] CARRE (S.), *op. cit.*, n° 18.

[3] Art. 10 § 2 de l'Accord sur les aspects des droits de propriété intellectuelle qui touchent au commerce (ADPIC).

[4] Art. 2 al. 12 de la loi camerounaise relative au droit d'auteur et aux droits voisins. Voir pareillement art. 1er de la loi ivoirienne sur le droit d'auteur et les droits voisins ; la loi sénégalaise n° 2008-09 du 25 janvier 2008 portant loi sur le droit d'Auteur et les droits voisins, *JORS* n° 6407 du 10 mai 2008.

[5] Contrairement à l'espace l'OAPI, en Europe, la protection des bases de données comporte un droit dit « *sui generis* » au bénéfice du producteur d'une base de données ; MACREZ (F.), « Contrats de consultation et d'exploitation de bases de données », *Jcl. Communication*, 2022, Fasc. 700.

a- Les conditions de protection des bases de données

746. La protection des bases de données par le droit d'auteur repose sur deux conditions : l'objet de la protection et le/les sujets de la protection. S'agissant de l'identification des personnes bénéficiaires de la protection, les législations nationales ne prévoient pas de dispositions propres aux bases de données. Il y a donc lieu de se référer au droit commun de la propriété littéraire et artistique[1].

747. S'agissant de l'objet protégé, une base de données n'est protégeable que dans la mesure où elle satisfait au critère de l'originalité. L'originalité réside dans le choix, la coordination ou la disposition des matières[2]. En effet, une base de données est constituée de plusieurs éléments : le contenu, la structure et les outils d'organisation et d'interrogation. Le contenu comprend des données ou des œuvres constituant des entités propres telles que les œuvres audiovisuelles, littéraires et musicales. Les outils d'organisation et d'interrogation sont des logiciels utilisés pour la fabrication ou le fonctionnement de la base de données.

748. Le droit d'auteur sur une base de données est fondé sur le travail d'organisation de la base ou l'arrangement des données. L'incorporation d'œuvres préexistantes et le défaut de participation de leurs créateurs à l'élaboration de l'œuvre dérivée font de la base de données une œuvre composite. Le créateur de la base utilise des données qui existaient déjà et qui avaient été créées par une autre personne ; il les rassemble et les organise sous forme d'une base de données. Il appose le sceau de sa personnalité par le choix et l'agencement des données réalisées selon une chronologie ou une thématique, par le jeu de ses options, du seul fait de la disposition des données qu'il enregistre dans l'ordinateur et organise leur restitution à l'occasion d'une session d'interrogations.

749. La touche personnelle qui s'en dégage est la manifestation de l'originalité de la base de données. Même réalisées à partir d'éléments du domaine public[3], les bases de données peuvent constituer des œuvres de l'esprit par leur présentation et leur structure dès lors que ceux-ci traduisent une marque personnelle qui dépasse une logique contraignante. Ainsi, et comme il a été jugé par la Cour d'appel de Paris, « sont protégeables au titre du droit d'auteur, le texte de présentation du Sénégal et les bases de données relatives aux fêtes et/ou jours fériés internationaux soit dans la zone de l'UEMOA, soit sur le continent africain, figurant dans un agenda relatif au Sénégal, alors que le texte de présentation qui relate les caractéristiques géographiques, climatiques et ethniques du Sénégal, par sa composition et le style qui lui sont personnels,

---

[1] NDIAYE (E. O.), La protection des bases de données par le droit d'auteur : approche comparative entre le droit français et le droit sénégalais, Thèse de doctorat en droit privé et sciences criminelles, Université de Montpelier/Université de Saint-Louis, 2017, p. 44.

[2] Art. 4 al. 2 de la loi camerounaise sur le droit d'auteur et les droits voisins.

[3] CA Paris, 14e ch., 11 janv. 2002, *Golias c/ Ed. du Cerf*, n° 2001/20135, *CCE* 2002, p. 20, § 97, obs. C. Caron. Dans cette affaire, il avait été jugé que constituait un recueil de données et bénéficiant comme tel de la protection attachée aux œuvres de l'esprit, le Guide 2001 de l'église catholique de France consistant en une collecte de renseignements biographiques, même si ceux-ci relèvent du domaine public, et de photographies sur chacun des évêques français.

porte l'empreinte de la personnalité de son auteur, et que l'ordonnancement des informations relatives aux jours fériés sous la forme de tableaux chronologiques et par pays, et leur mise en page aux côtés des informations générales sur le Sénégal ne résultent pas d'une simple compilation mais procèdent d'un choix arbitraire au regard de la composition et de la présentation »[1].

750. Dès lors, la société qui justifie d'un investissement financier substantiel pour élaborer et mettre à jour le contenu de la base de données servant à la réalisation de l'agenda relatif au Sénégal peut se prévaloir de la protection spécifique accordée au producteur de base de données. Constituent une contrefaçon du contenu de cet agenda, d'une part, la reproduction servile du texte de présentation de ce pays et la reprise sous la même forme de la page mémento, d'autre part, l'extraction illicite quantitativement substantielle du contenu de sa base de données, alors que sont reproduits sous la même forme les tableaux des jours fériés.

751. Toutefois, la base de données peut être une œuvre non composite. Il peut s'agir d'une œuvre de collaboration, d'une œuvre collective ou d'une œuvre individuelle. La base de données est une œuvre de collaboration[2] lorsque l'auteur des données a activement pris part au choix ou à la disposition des données qui ont abouti à la construction de la base de données ainsi créée. Dans ce cas, il y a indivisibilité absolue des apports lorsque la contribution de l'auteur des données se dissout dans l'œuvre commune et se confond avec elle. En revanche, l'indivisibilité relative doit être retenue au cas où l'apport du créateur des données peut être intellectuellement discernable et matériellement séparable de l'œuvre commune. Dans ce cas, l'auteur des données a le droit d'exploiter séparément ses données tout en demeurant coauteur de la base de données[3].

752. La base de données est une œuvre collective lorsque l'initiative et la responsabilité de créer une telle œuvre peut revenir à une personne physique ou morale, bien que les personnes morales soient par nature inaptes à la création immatérielle. Mais, la personne morale agit de la même façon que les personnes physiques à travers ses représentants. Elle doit avoir la maîtrise de l'opération de création de la base de données envisagée. Elle décide du type de base à créer et de la variété de données à utiliser. Elle répartit les tâches, en assure la coordination intellectuelle et matérielle et exerce un contrôle sur la teneur des apports qui lui sont remis. Le rôle ainsi décrit incombe au producteur de base de données défini par les législateurs nationaux comme la personne physique ou

---

[1] CA Paris, 3 mai 2006, n° 05/03736, *Bresson Finance et Industrie c/ SA Services Conseils Pour mieux entreprendre et Société Horizons*. En clair, les informations constituant des bases de données ne sont protégées que s'il y a un effort créatif qui dépasse la mise en œuvre d'une logique automatique.

[2] L'œuvre de collaboration est une « œuvre à la création de laquelle ont concouru deux ou plusieurs auteurs, que ce concours puisse être individualise ou non », art. 1er de la loi ivoirienne sur le droit d'auteur et les droits voisins ; également art. 1er Annexe VII de l'Accord de Bangui, Acte de Bamako.

[3] Art. 8 al. 1 de la loi camerounaise sur le droit d'auteur et les droits voisins ; article 38 de la loi ivoirienne sur le droit d'auteur et les droits voisins.

morale qui prend l'initiative et assume à titre principal le risque d'effectuer les investissements nécessaires à la création d'une base de données.

753. L'anonymat des apports tient au fait que les différents auteurs des données utilisées pour créer la base de données pour créer la base puissent ne pas se connaître, chacun se limitant au domaine qui lui a été imparti. Ils ne prennent pas part à la direction de l'opération qui reste l'apanage du maître d'œuvre. Celui-ci fait fondre la prestation de chaque auteur de données utilisées dans l'ensemble qui est la base de données, en sorte qu'il est impossible de déterminer le rôle et la part de chacun dans la conception et la réalisation de la base de données.

754. La base de données peut être une œuvre individuelle. Elle résulte alors de l'initiative d'une seule personne physique. C'est elle qui crée les données, ou recueille des informations brutes, les agence selon la logique qu'elle définit, puis les enregistre dans l'ordinateur dans l'optique de les restituer à l'occasion d'une sollicitation. La base de données s'assimile à un recueil d'œuvres au même titre que les anthologies. Les recueils relevant du genre littéraire, la base de données est donc une œuvre littéraire[1]. Mais, l'automatisation des données dont est issue la base de données pose le problème de l'étendue de sa protection par le droit d'auteur.

b- L'étendue de la protection des bases de données par le droit d'auteur

755. Le droit d'auteur s'applique à la structure originale de la base et non aux données qui sont contenues dans une base. Telle est la délimitation opérée par les législateurs nationaux de l'espace OAPI. Toutefois, la distinction entre ce qui est protégé par le droit d'auteur et ce qui ne l'est pas est complexe à mettre en œuvre, dans la mesure où l'information[2], par essence, nécessite une forme d'expression et où la donnée n'existe pas à l'état de nature mais est souvent le « produit » de l'esprit humain. La donnée ou l'information constituent également une forme d'expression, quoique souvent rudimentaire. La connaissance qui figure dans l'information ou dans la donnée est très fortement enchâssée dans la forme qui la transporte et qui est gage de son intelligibilité[3].

756. L'orientation jurisprudentielle relative à la qualification de la base de données donne à penser que la valeur informationnelle des données pourrait faire l'objet d'une réservation indirecte. Cette possibilité découle en effet de la notion large et fonctionnelle qu'assigne la jurisprudence européenne à la base de données. Elle a reconnu qu'une carte topographique pouvait être qualifiée de

---

1 MIENDJIEM (I. L.), « Le Père Noël des créateurs et diffuseurs des œuvres de l'esprit au Cameroun : la loi n° 2000/011 du 19 décembre 2000 relative au droit d'auteur et aux droits voisins », *op. cit.*, p. 541.

2 BENABOU (L.), Pourquoi une œuvre de l'esprit est-elle immatérielle ? *Revue Lamy droit de l'immatérielm (RLDI)*, n° 1, 2005, p. 53 ; ELKAIM (J.), « ChatGPT et protection des contenus : réalité ou simple œuvre de l'esprit ? », *JCP E*, n° 17-18, 2023, étude 1137.

3 BENABOU (V.-L), ZOLYNSKI (C.) et CYTERMANN (L.), « Droit de la propriété littéraire et artistique, données et contenus numériques », Rapport présenté au CSPLA le 11 octobre 2011, publié en septembre 2018, p. 20.

base de données, et ce, en dépit de sa nature analogique[1]. Elle relève que la base de données est subordonnée à l'existence d'un recueil d'« éléments indépendants » c'est-à-dire d'éléments séparables les uns des autres, sans que la valeur de leur contenu informatif, littéraire, artistique, musical ou autre s'en trouve affectée. Il s'en suit que pour démontrer l'existence de la base de données, il suffit de prouver l'existence d'une indépendance des éléments qui la composent, laquelle dépend de leur valeur d'information autonome à l'issue de leur extraction de la base. Il faut cependant tenir compte du fait qu'une partie de cette valeur informationnelle peut disparaitre lors du procédé d'extraction. En effet, si la valeur d'un élément d'un recueil est augmentée par sa disposition dans une base de données, le fait que son extraction puisse éventuellement donner lieu à une diminution correspondante de valeur n'affectera cependant pas sa qualification d' « élément indépendant » s'il conserve une valeur informative autonome.

757. Quoi qu'il en soit, le critère fonctionnel de qualification des bases de données n'a pas de réelle conséquence sur le régime juridique applicable. Selon les principes du droit d'auteur, l'extraction de données et la reproduction qu'implique son traitement et sa diffusion nécessitent l'accord préalable du titulaire, sous réserve d'absence d'originalité de la forme empruntée et du jeu des exceptions. Ces exceptions sont les mêmes que celles dont est assorti le droit d'auteur, sauf l'exception de copie privée. L'absence de l'exception de copie privée pour les bases de données numériques est cependant susceptible de réduire encore la capacité d'usage des informations par des individus qui ne pourraient pas se prévaloir d'autres exceptions. Il existe en revanche une exception aux termes de laquelle l'auteur ne peut interdire les actes nécessaires à l'accès au contenu d'une base de données électronique pour les besoins et dans les limites de l'utilisation prévue par contrat. Cette exception est dite exception de la fouille de textes et de données (*Text and Data Mining*). Elle a été retenue sur la base de la fonction informationnelle de l'œuvre et traduit la possibilité de recréer une exclusivité autour des données à travers les outils du droit d'auteur lorsque ces données s'inscrivent dans une œuvre protégée et n'en sont pas dissociables.

B-De nouveaux concepts à conquérir en rapport avec les créations immatérielles

758. La création immatérielle est le théâtre d'un glissement conceptuel avec l'avènement d'internet. Le droit de la propriété littéraire et artistique tout particulièrement connaît un effritement du personnalisme et du jusnaturalisme[2] au profit d'une approche utilitariste. Internet entraîne des échanges rapides de

---

[1] CJUE, 29 oct. 2015, *Freistaat Bayern c/ Verlag Esterbauer GmbH*, aff. C-490/14, *JCP* 2016, chron. 480, n° 15, obs. N. Binctin ; *Propr. intell.* 2016, n° 58, p. 68, obs. C. Bernault ; *Dalloz IP/IT* 2016, p. 89, obs. V.-L. Benabou ; *RTD com.* 2016, p. 125, obs. F. Pollaud-Dulian ; *LEPI* 2016, n° 25, obs. C. Bernault.

[2] VIVANT (M.) et BRUGUIERE (J.-M.), *Droit d'auteur et droits voisins*, Dalloz, coll. « Précis », 4e éd., 2019, p. 39.

données à un coût négligeable et relève le potentiel résidant dans une répartition optimale des droits portant sur l'œuvre de l'esprit. Alors que l'accès à l'œuvre apparaissait comme laborieux avant l'avènement des différents médias, le réseau numérique facilite désormais cet accès et fait tomber les obstacles à l'accessibilité de l'œuvre. Il ouvre ainsi la voie à une multitude d'avenirs possibles pour le droit de la création immatérielle. Internet accorde une place inédite au public dont les membres se muent en véritables acteurs, devenant parfois créateurs de contenus purement originaux ou dérivés qu'ils partagent sur la toile[1]. Le flux abondant de données qui démultiplie le nombre des contenus (1) et des créateurs de contenus (2) ne saurait laisser exsangue le législateur qui doit s'adapter à ces nouveaux faits sociaux.

1- Le concept de « contenu numérique »

759. Le contenu numérique ou électronique est la manifestation même de l'information et de la communication. Son traitement tient compte de la collecte, l'utilisation et la communication des données, celles-ci étant en principe libres. D'après la définition donnée par le législateur camerounais, le contenu désigne un « ensemble d'informations relatives aux données appartenant à des personnes physiques ou morales, transmises ou reçues à travers les réseaux de communications électroniques et les systèmes d'information »[2]. Il s'agit de données produites et fournies sous une forme numérique, comme les programmes informatiques, les applications, les jeux, la musique, les vidéos ou les textes, que l'accès à ces données ait lieu au moyen du téléchargement ou du *streaming*, depuis un support matériel ou par tout autre moyen[3]. Si le contenu, en tant notion, participe d'une communication au public, il peut aussi connaître juridiquement un rattachement incident au droit de la propriété littéraire et artistique.

a- Le contenu, une forme de communication au public

760. Le contenu électronique est une forme de communication au public. La communication au public par voie électronique est comprise comme la mise à disposition du public ou de catégories de public, par un procédé de communication électronique, de signes, de signaux, d'écrits, d'images, de sons ou de messages de toute nature qui n'ont pas le caractère d'une correspondance privée[4].

761. Le contenu numérique se rattache à une prérogative que l'on rattache intuitivement à la liberté d'expression. Mais, il semble réducteur de se limiter à

[1] MONNIER (V.), *Contribution à l'étude de la propriété littéraire et artistique à partir d'internet*, Thèse de doctorat de droit privé, Université de Montpellier, 2022, p. 21.

[2] Art. 1er de la loi camerounaise n° 2010/012 du 21 décembre 2010 relative à la cyber-sécurité et à la cybercriminalité.

[3] Considérant 19 de la directive européenne du 25 octobre 2011 relative aux droits des consommateurs.

[4] Art. 1er de la Convention de l'Union Africaine (dite *Convention de Malabo*) sur la cyber-sécurité et la protection des données à caractere personnel (adopté le 27 juin 2014).

cette seule liberté. Le contenu numérique est susceptible de se rapporter à d'autres droits fondamentaux. C'est le cas de la liberté d'aller et venir que l'on ne saurait cantonner à la sphère physique. Dans une conception large, il serait possible de considérer que l'utilisateur se déplace dans l'espace virtuel. Le langage usuel utilise bien les verbes « surfer » et « naviguer » pour exprimer les « déplacements » de l'utilisateur sur internet. L'on peut citer également la liberté de commerce et de l'industrie. Internet étant le prolongement du monde tangible, les utilisateurs y déploient les mêmes activités commerciales à travers le commerce électronique. Une restriction de ces activités serait donc susceptible de porter atteinte à la liberté de commerce et de l'industrie des internautes. Néanmoins, le rattachement du contenu numérique à ces libertés ne remet pas en cause le rapport direct et évident qui existe entre le contenu et la liberté d'expression et de communication. Il s'agit de la liberté la plus caractéristique de cet espace, puisqu'elle concerne la quasi-totalité des activités ayant lieu sur internet.

762. Le contenu numérique requiert un encadrement juridique à large spectre c'est-à-dire une vision d'ensemble qui englobe toutes les valeurs impliquées. La liberté d'expression doit être le principe parce qu'elle constitue une liberté fondamentale[1]. Cependant de principe est assorti d'aménagements en vue de la protection de la personne et des biens d'autrui. Un contenu sera ainsi qualifié d'illicite s'il porte atteinte à la dignité humaine, à la vie privée, à l'honneur ou à la sécurité nationale[2]. En novembre 2005 à Tunis, a eu lieu le Sommet Mondial sur la Société de l'Information qui a abouti à des engagements de la part des États relativement au renforcement de la sécurité des réseaux de télécommunications, à la prévention de la cybercriminalité, aux questions éthiques et à la protection de la vie privée et des données à caractère personnel.

763. Il existe en effet un rapport étroit entre le contenu numérique et les données à caractère personnel[3]. En tant que « données produites et fournies sous une forme numérique », les contenus numériques présentent un risque réel pour la vie privée et les données à caractère personnel. Le domaine de la liberté d'information et de communication s'étend à perte de vue mais s'arrête où commence la sphère privée des individus. La Convention de l'Union Africaine sur la cyber-sécurité et la protection des données à caractère personnel définit la donnée à caractère personnel comme « toute information relative à une personne physique identifiée ou indentifiable directement ou indirectement, par référence à un numéro d'identification ou à un ou plusieurs éléments, propres à son identité physique, physiologique, mentale, économique, culturelle ou sociale ». Il s'agit au premier chef de renseignements nominatifs.

764. Mais, il peut aussi s'agir d'autres éléments pouvant directement se rattacher à la personne tels que le numéro de téléphone ou l'adresse

---

[1] Art. 11 de la DDHC de 1789.

[2] Art. 1er de la loi camerounaise n° 2010/012 précitée.

[3] En ce sens, voir acte additionnel A/SA.1/01/10 du 16 février 2010 relatif à la protection des données à caractère personnel dans l'espace CEDEAO.

électronique. Une adresse IP peut également constituer un renseignement personnel s'il est possible de l'associer à une personne identifiable. De même, les renseignements utilisés à des fins de publicité comportementale et qui permettent le suivi, le profilage et le ciblage en ligne, peuvent être considérés comme des renseignements à caractère personnel s'ils sont suffisamment personnalisés pour conduire à l'identification de personnes déterminées. La protection des données à caractère personnel est l'expression numérique du droit au respect de la vie privée[1]. La doctrine a développé un droit à l'anonymat qui en est l'émanation[2]. À l'échelle des États de l'espace OAPI, les données à caractère personnel font intervenir divers instruments nationaux qui font craindre une inflation juridique. La doctrine propose à cet effet, une codification qui apporterait une certaine cohérence au corpus législatif et réglementaire de protection des données à caractère personnel et qui permettrait de mieux en organiser les utilisations[3].

765. L'encadrement des contenus numériques implique également la protection des mineurs. À titre d'illustration, la loi camerounaise n° 2023/009 du 25 juillet 2023 portant Charte de protection des enfants en ligne au Cameroun a été adoptée dans le but de protéger les enfants de 18 ans[4] des dérives du cyberespace[5]. L'économie de cette loi permet de constater qu'elle met en œuvre une approche par la responsabilisation des différents intervenants du cyberespace. Aussi, identifie-t-elle les rôles et responsabilités des fournisseurs de contenus, des fournisseurs d'accès, des fournisseurs de moteurs de recherches, des gérants de cybercafé et des promoteurs de réseaux sociaux. Elle met ainsi à la charge de ces différents intervenants une obligation générale d'assurer la sécurité des enfants dans le cyberespace à travers notamment le respect de leurs droits, la sensibilisation et la formation mais aussi une obligation de collaboration avec le secteur public.

766. Concrètement, ils sont tenus entre autres de suspendre l'accès à internet au contenu numérique ou à l'auteur d'un contenu portant atteinte à l'intégrité

---

[1] TCHABO SONTANG (H. M.), « Le droit à la vie privée à l'ère des TIC au Cameroun », *La Revue des droits de l'homme* [En ligne], 17 | 2020, mis en ligne le 13 janvier 2020, consulté le 14 février 2024.

[2] MARCO (E. de), *L'anonymat sur internet et le Droit*, Thèse de doctorat, Université de Montpellier, 2005, p. 76 : « le droit à l'anonymat constitue l'un des aspects d'un droit plus vaste, le droit au respect de la vie privée, et n'a, eu égard à ce dernier, aucune autonomie » ; Voir également UNTERSINGER (M.), *Anonymat sur internet, protéger sa vie privée*, Eyrolles, 2e éd., 2014, 236 p. notamment pp. 15 et s.

[3] MAJILO (L. J.), « La protection des données personnelles du cyberconsommateur par le droit des technologies de l'information et de la communication de la CEMAC », *International Multilingual Journal of Science and Technology (IMJST)*, vol. 6, n° 10, 2021, p. 4394.

[4] Dans le contexte camerounais, ce choix législatif de l'âge de 18 ans suscite quelques interrogations puisque la minorité légale y est en dessous de 21 ans. Il laisse donc de côté les mineurs de 19 et 20 ans.

[5] WANGKARI WAIROU (G.), « Regard sur la loi n° 2023/009 du 25 juillet 2023 portant charte de protection des enfants en ligne au Cameroun », *La Revue des droits de l'homme* [En ligne], Actualités Droits-Libertés, mis en ligne le 16 octobre 2023, consulté le 09 février 2024. URL : http://journals.openedition.org/revdh/18563 ; DOI : https://doi.org/10.4000/revdh.18563.

ou à la dignité des enfants, ou encore de suspendre les sites identifiés comme portant atteinte à l'intégrité ou à la dignité des enfants. Comme obligations spécifiques, les intervenants concernés ont la charge de mettre à disposition des guides de bonnes pratiques, de procédures et moyens techniques dans le cyberespace. Le législateur opte davantage pour une démarche empreinte de *soft law* comme cela peut se déduire de l'intitulé même de ladite loi. Le contenu numérique est une illustration de la liberté d'expression qui peut incidemment rebondir sur le terrain de la propriété intellectuelle.

b- Le contenu, un rattachement incident à la propriété littéraire et artistique

767. Le contenu numérique participe plus de la liberté d'expression que de la propriété littéraire et artistique. Néanmoins, envisager le contenu électronique sous le prisme de la propriété intellectuelle amène à l'analyser soit en tant qu'œuvre susceptible d'une protection par le droit d'auteur, soit en tant qu'atteinte aux droits d'auteur sur les œuvres utilisées dans les contenus[1].

768. Internet est devenu un espace de création artistique sous forme numérique comportant du texte, de l'image et/ou du son et interrogeable à distance de façon interactive. Techniquement, le concept de « contenu électronique » peut s'assimiler à une œuvre composite. Celle-ci renvoie à une œuvre à laquelle est incorporée une autre œuvre préexistante, sans la collaboration de l'auteur de cette dernière. Dès lors, comme pour les bases de données, la protection juridique des contenus tient compte de deux aspects : d'une part l'œuvre autonome que peut constituer le contenu en lui-même, et d'autre part les éléments qui concourent à la constitution du contenu.

769. En effet, pour être protégé par le droit d'auteur, l'objet doit être original, en ce qu'il reflète l'empreinte de la personnalité de l'auteur par le travail de sélection, de présentation et de classement des informations qui y sont contenues. En d'autres termes, un contenu peut être qualifié d'œuvre de l'esprit et bénéficier à ce titre de la protection du droit d'auteur lorsqu'il comporte un apport intellectuel caractérisant une création originale, laquelle exclut la reprise d'éléments du domaine public.

770. L'originalité s'apprécie au regard du plan, de la composition, de la forme, de la structure, du langage et, plus généralement, de l'expression de l'œuvre en cause, et exige de son auteur la preuve d'un effort personnalisé dépassant la mise en œuvre d'une logique automatique et contraignante dans la conception et l'écriture du contenu. C'est dire que le contenu ne doit pas consister uniquement en un agencement servile d'autres contenus pris ailleurs, mais il doit laisser transparaître l'effort créatif du créateur de contenu à travers notamment l'originalité de la conception et de la présentation dudit contenu. Un blog a ainsi été qualifié d'œuvre de l'esprit engageant sa protection au titre du droit d'auteur. Le juge a retenu une telle qualification en relevant que

---

[1] KLOUKPO (Y.-M.), « Droit rural - Libres propos sur les biens à contenu numérique de l'agriculteur », *Revue de droit rural*, n° 3, 2024, étude 16.

l'auteur du blog l'avait suffisamment personnalisé et qu'il en ressortait l'empreinte de sa personnalité[1].

771. Il serait intéressant pour le législateur OAPI ainsi que les législateurs nationaux d'intégrer les contenus numériques dans le régime de protection du droit d'auteur, notamment dans la catégorie des œuvres multimédia. Evidemment, il ne s'agit pas de protéger le « menu fretin »[2] constitué de contenus dépourvus d'originalité réelle mais de construire un cadre juridique de protection pour des contenus qui répondraient effectivement à l'exigence d'originalité.

772. Le contenu numérique peut être le siège d'atteintes aux droits d'auteur sur les œuvres qui y sont utilisées. La contrefaçon est constituée chaque fois qu'une œuvre préexistante est utilisée dans un contenu numérique en fraude des droits de son auteur. Ainsi, dans l'affaire *Pressafrik* jugée par le tribunal régional Hors classe de Dakar le 19 janvier 2011, les juges ont considéré que le fait pour les sites kibar.net, gansentv.com et seneweb.com de produire et de diffuser des informations du site pressafrik.com sans son autorisation et sans mentionner en liens hypertextes la source de l'information, constitue une contrefaçon[3].

2- Le concept de « créateur de contenus »

773. Le concept de créateur de contenus s'impose de plus en plus dans le langage courant en lien avec l'utilisation du réseau numérique. Le concept est utilisé aux côtés d'autres tels que blogueur, influenceur, propriétaire de site web, etc. Les législateurs nationaux essayent tant bien que mal de donner une définition précise à chacun de ces termes afin de les soumettre au giron de la loi. Il en est ainsi de la loi ivoirienne n° 2022-979 du 20 décembre 2022 modifiant la loi n° 2017-868 du 27 décembre 2017 portant régime juridique de la communication audiovisuelle. De ce texte, l'on retient que le blogueur est une personne qui a créé un blog. Celui-ci est un « type de site web ou une partie de site web utilisé pour la publication périodique et régulière d'articles personnels, généralement succincts, rendant compte d'une actualité autour d'une thématique particulière (…) ». L'influenceur est quant à lui, une « personne qui utilise les réseaux sociaux, les blogs, les vidéos et autres moyens de communication sur le web pour diffuser ses opinions auprès des internautes et qui est capable d'influencer ces derniers en modifiant leurs modes de consommation ». Le blogueur, l'influenceur ou le propriétaire de site web sont des créateurs de contenus. En tant que processus, le contenu mis en ligne peut engager leur responsabilité ; et en tant que produit, le contenu peut leur conférer des droits d'auteur.

---

[1] T. com. Paris, 9 févr. 1998, *Cybion*, *RIDA* 1998/177, p. 292.

[2] HUGON (C.), *Le régime juridique de l'œuvre audiovisuelle*, LexisNexis, coll. « Bibliothèque droit entreprise », 1994, 537 p. notamment p. 61 ; voir aussi KAMINA (P.), « À quelle condition l'auteur d'une bande sonore musicale peut-il être considéré coauteur de l'œuvre audiovisuelle concernée ? », *Communication – Commerce électronique*, n° 5, 2023, p. 30.

[3] TRHC Dakar, 9 janv. 2011, *aff. Pressafrik*, jugement inédit.

a- Le créateur de contenus, un communicateur en ligne

774. Le créateur de contenus est une personne qui fournit ou produit des données sous une forme numérique, comme les programmes informatiques, les applications, les jeux, la musique, les vidéos ou les textes, que l'accès à ces données ait lieu au moyen du téléchargement ou du streaming, depuis un support matériel ou par tout autre moyen. Le créateur de contenus est avant tout un internaute c'est-à-dire un utilisateur du réseau internet. Celui-ci est défini par la directive n° 07/08-UEAC-133-CM-18 fixant le cadre juridique de la protection des droits des utilisateurs de services de communications électroniques au sein de la CEMAC, comme toute personne physique ou morale utilisant un service de communications électroniques à des fins privées ou professionnelles sans être nécessairement abonnée à ce service.

775. Considéré sous le prisme de la communication en ligne, le créateur de contenus peut être perçu comme une personne qui procède à une communication audiovisuelle transmise sur demande individuelle par un procédé de télécommunication. Cette catégorie regroupe les personnes qui mettent en ligne des données et des contenus et qui organisent un site web ou une page web. Sont concernés le simple internaute amateur, le blogueur professionnel, l'influenceur ou l'entreprise présente sur le réseau internet. Le législateur ivoirien dégage un critère de catégorisation basé sur le nombre d'abonnés pour déterminer les créateurs de contenus soumis au régime juridique de la communication audiovisuelle tel qu'organisé par la loi n° 2017-868 du 27 décembre 2017. Aux termes de l'article 80 bis de la loi ivoirienne n° 2022-979 du 20 décembre 2022 modifiant la loi n° 2017-868 portant régime juridique de la communication audiovisuelle, « la diffusion de contenus audiovisuels de toute plateforme de blogueur, activiste ou influenceur disposant de 25.000 abonnés en ligne, n'a pas le caractère de correspondance privée et est par conséquent soumise au respect des principes généraux de la communication audiovisuelle (...) ».

776. Le nombre d'abonnés constitue donc désormais un critère de détermination du régime applicable au créateur de contenus numériques. La communication en ligne relève de la « correspondance privée » chaque fois que le nombre d'abonnés n'atteint pas 25.000. Dès lors que ce nombre d'abonnés est atteint, le blogueur, l'activiste ou l'influenceur est soumis au droit de la presse. En dehors du choix arbitraire d'un nombre déterminé d'abonnés comme critère d'éligibilité au régime juridique de la communication audiovisuelle, l'admission de ces nouveaux acteurs du cyberespace au régime du droit de la presse n'est pas nouvelle. La jurisprudence française a eu à reconnaître que les internautes peuvent parfaitement se rendre coupables d'infractions au droit de la presse sur les forums, les réseaux sociaux, les wikis, les blogs ou encore les plateformes de partage[1]. En ce sens, la publicité, élément

[1] Cass. civ. 10 avr. 2013, *Société Agence du Palais*, n° 11-19.530, *Bull. civ.* I, n° 70 ; *D.* 2013, p. 2050, chron. C. Capitaine ; *JCP E* 2013, p. 1371, note B. Bossu ; *D.* 2013, p. 2713, obs. G. Roujou

constitutif de l'infraction, se trouvera établie en cas de diffusion à destination d'un nombre indéterminé de personnes, nullement liées par une communauté d'intérêts.

777. Dans le même sens, la Cour d'appel de Versailles a jugé que l'ouverture du mur Facebook aux seuls amis, devait conduire à écarter la publicité, car il s'agit de « membres qui, compte tenu du mode de sélection, par affinités amicales ou sociales, forment une communauté d'intérêts exclusive de la notion de public inconnu et imprévisible ». Plus récemment encore, le juge de cassation française a pu considérer qu'une communication qui n'était accessible qu'à des personnes agréées, en nombre « très restreint » et formant une communauté d'intérêts, ne constitue pas une « injure publique ». Suivant cette jurisprudence, il a été récemment considéré que ne constituent pas des injures publiques, celles diffusées sur un compte de réseau social accessible aux seules personnes agréées, en nombre très restreint, par l'auteur des propos injurieux, et qui forment entre elles une communauté d'intérêts[1]. De même, elle a estimé que les propos déplacés d'une salariée sur son compte *Facebook*, accessibles à un groupe fermé composé de quatorze personnes, de sorte qu'ils relevaient d'une conversation de nature privée, ne caractérisaient pas une faute grave ni même une cause réelle et sérieuse de licenciement.

778. L'on imagine que la mise en œuvre de la responsabilité des acteurs du web nécessite une certaine adaptation. Il n'y aura pas nécessairement transposition du régime de responsabilité dite « en cascade » à cette forme de communication au public par voie électronique. En effet, ce régime de responsabilité distingue une cascade de trois auteurs principaux, dite « petite cascade », selon laquelle le directeur de publication ou le codirecteur de publication sera poursuivi comme auteur principal, à défaut, l'auteur et à défaut de l'auteur, le producteur[2]. En général, l'internaute professionnel ou amateur anime lui-même et de manière individuelle sa page web. Et, s'il s'octroie des services d'assistance, ses collaborateurs ne sont pas connus des tiers. Il se voit donc attribuer la qualité de directeur de publication[3] et assume seul les délits de communication qui pourraient avoir lieu au travers de sa page web. Dans un forum, la responsabilité incombe au premier rang à l'administrateur qui tient lieu de directeur de publication. Lorsque ce dernier est une personne distincte de l'auteur du propos, cet auteur engagera sa responsabilité en tant que complice du directeur de publication. Il s'agit d'un cas de complicité automatique qui

---

de Boubée, T. Garé, M.-H. Gozzi, S. Mirabail et T. Potaszkin ; *D.* 2014, p. 508, obs. E. Dreyer ; *CCE* 2013, comm. 81, obs. A. Lepage ; *JCP* 2013, p. 466, note L. Marino.

[1] Cass. soc. 12 sept. 2018, *Société Agence du Palais et Madame Catherine X. c/ Mme Audrey Y.*, n° 16-11.690, *D.* 2018, p. 1812 ; *D.* 2019, p. 963, obs. P. Lokiec et J. Porta ; *JA* 2018, n° 587, p. 12, obs. D. Castel ; *JA* 2019, n° 592, p. 40, étude M. Julien et J.-F. Paulin ; *RDT* 2019, p. 44, obs. R. Dalmasso.

[2] Pour illustration, lire l'article 174 de la loi n° 2020-001 du 07 janvier 2020 relative au Code de la presse et de la communication en République Togolaise (JO 2020-01 bis).

[3] Sur internet, le directeur de publication est la personne qui rend le message public, celui qui « dirige » le site internet.

n'exige pas de démonstration particulière autre que la qualité d'auteur du contenu délictueux.

779. Dans la mise en œuvre du régime de responsabilité dite « en cascade », le producteur ne peut voir sa responsabilité pénale engagée que lorsque celle du directeur de publication et de l'auteur du contenu font défaut. La jurisprudence définit le producteur dans l'espace numérique comme la personne prenant l'initiative de créer un service de communication par voie électronique en vue d'échanger des opinions sur des thèmes définis à l'avance[1]. Sur internet, les qualités de directeur de publication et de producteur se confondent tellement que la Cour de cassation française assimile le régime de responsabilité du producteur à celui du directeur de publication[2]. L'internaute, créateur de contenu, peut se voir reconnaître le statut d'auteur s'il fait œuvre de création originale.

b- Le créateur de contenus, un potentiel auteur d'œuvre de l'esprit

780. Le créateur de contenus peut se voir reconnaître la qualité d'auteur d'œuvre de l'esprit lorsque le contenu numérique qu'il a créé revêt une certaine originalité caractéristique d'œuvres de l'esprit. Toutefois, la création en ligne comporte certaines difficultés liées notamment à l'identification des titulaires des droits d'auteur. Par principe, le bénéfice de ces droits revient à l'auteur de l'œuvre. Mais, il est fréquent que la création artistique dans le domaine numérique soit l'œuvre de la contribution de plusieurs internautes. De plus, les créations en ligne revêtent un caractère évolutif impliquant parfois une modification continuelle de l'œuvre. Ainsi, l'œuvre ayant dans sa réalisation fait intervenir plusieurs internautes peut d'abord relever du statut de l'œuvre collective au sein de laquelle chacun des contributeurs conserve des droits d'auteur propres à sa création personnelle. Toutefois, lorsque les internautes se coordonnent spontanément en apportant chacun sa pierre à l'édifice sans avoir de perception globale de l'édifice, il convient de retenir la qualification d'œuvre de collaboration. L'œuvre devient alors la propriété commune des coauteurs indépendamment de l'importance ou du mérite de leurs contributions[3].

---

[1] Cass. crim., 8 déc. 1998, n° 97-83.709, *Bull. crim.*, n° 335 ; *JCP G* 1999, II, 10135, note J.-Y. ; TGI Paris, 2 déc. 2010, *Sos Racisme – Touche pas à mon pote c/ Le Pen*, *Légipresse* 2011, n° 279, p. 12 ; Cons. const., 16 sept. 2011, n° 2011-164 QPC, *D.* 2011, p. 2444, note L. Castex ; *D.* 2012, p. 765, obs. E. Dreyer ; *AJ pénal* 2011, p. 594, obs. S. Lavric ; *RSC* 2011, p. 647, obs. J. Francillon ; *JCP G* 2011, p. 1247, note E. Dreyer.

[2] Cass. crim., 31 janv. 2012, *M. Antoine Jorge X.*, n° 11-80.010, *Bull. crim.* n° 29, *CCE* 2011, comm. 80, obs. A. Lepage ; *Constitutions* 2011, p. 398, obs. D. de Bellescize ; *RSC* 2011, p. 647, obs. J. Francillon ; *Gaz. Pal.* 2011, n° 286, chron. 11 ; Gaz. Pal. 2011, p. 11, note F. Fourment ; *Dr. pénal* 2011, n° 10, obs. A. Lepage ; Cass. crim., 30 oct. 2012, n° 10-88.825, *Bull. crim.* n° 233 ; *D.* 2012, p. 2606 ; *D.* 2012, p. 160, note E. Dreyer ; *AJ pénal* 2013, p. 157, obs. G. Royer ; *Gaz. Pal.* 2013, p. 15, note F. Fourment ; *Dr. pénal* 2012. chron. 10, obs. A. Lepage ; VERON (M.), « Responsabilité du producteur ou du directeur de la publication », *Dr. pén.*, n° 1, 2013.

[3] STELLA (E.), « Activités internet », *JCl Communication*, 2023, synthèse n° 100.

781. Les droits d'auteur sur des contenus numériques permettent au créateur de s'opposer à toute utilisation ou diffusion non autorisée. Il peut se prévaloir des droits patrimoniaux, particulièrement le droit de reproduction. De même, il est titulaire des droits moraux sur l'œuvre protégée tels que le droit de divulgation, le droit à la paternité, le droit au respect et le droit de repentir. Ainsi, dans une ordonnance de référés, le tribunal de grande instance de Paris a fait droit aux demandes de professionnels du cinéma et a ordonné aux fournisseurs d'accès internet et aux moteurs de recherches de bloquer l'accès et de déréférencer le réseau de sites « *allostreaming* »[1].

782. Le créateur de contenus peut poursuivre la contrefaçon de son œuvre compte tenu des spécificités de l'environnement numérique. Ainsi, la création d'un lien hypertexte constitue une contrefaçon dès lors qu'elle « procède d'une démarche délibérée et malicieuse, entreprise en toute connaissance de cause par l'exploitant du site d'origine, lequel doit alors répondre du contenu du site auquel il s'est, en créant ce lien, volontairement et délibérément associé dans un but déterminé »[2]. Par ailleurs, le contenu numérique peut être constitué de jeu vidéo en ligne. Il est protégé eu égard à son originalité. L'avatar en tant que composant du jeu présente également une originalité propre, qu'il soit le produit de la personnalité des développeurs du jeu vidéo ou qu'il soit issu de l'intervention créatrice de ses utilisateurs. Dans ces deux hypothèses, l'avatar est soumis aux règles de protection du droit d'auteur et le titulaire des droits peut agir en contrefaçon en cas de reproduction ou de représentation illicite[3].

§ 2. La protection de la propriété intellectuelle dans le cyberespace

783. L'essor des réseaux numériques a favorisé l'apparition de nouvelles formes de criminalité auxquelles n'échappe pas la société africaine de l'information[4]. Ces formes de criminalité sont réunies sous le vocable de « cybercriminalité ». Malgré les difficultés de conceptualisation de la cybercriminalité, il est possible de retenir les critères de l'infraction informatique pour lui attribuer un contenu. Selon les conclusions du congrès des Nations Unies pour la prévention du crime et la justice pénale du 18 au 25 avril 2005, l'infraction informatique recouvre : « tout comportement interdit par la législation et/ou par la jurisprudence qui : a) est dirigé contre les technologies de calcul électronique ou

[1] TGI Paris, réf., 28 nov. 2013, *APC et a. c/ Auchan Telecom et autres,* n° 11/60013, *RLDI* 2013, n° 3294 ; *RLDI* 2014, n° 3307, p. 25, note W. Duhen ; *LEPI* 2014, n° 001, p. 1, obs. C. Bernault ; *Gaz. Pal.* 2014, p. 22, note L. Marino.

[2] CA Paris, 4e ch., sect. A, 19 sept. 2001, *SA NRJ c/ Sté Europe 2 Communications*, n° 1999/21382, *CCE* 2002, comm. n° 3, obs. C. Caron ; *Gaz. Pal.* 2002, n° 108, p. 38, note L. Tellier-Loniewski ; *RLDA* 2002, n° 2914, J. Larrieu ; *Expertises* 2002, p. 141.

[3] STELLA (E.), *op. cit.*, n° 691.

[4] TOURE (P. A.), « La cybercriminalité dans les législations communautaires intégrées en Afrique », Formation des magistrats, avocats et officiers de police judiciaire des services d'INTERPOL, sur le thème : « La législation communautaire intégrée en matière de criminalité d'affaires (criminalité transfrontalière, cybercriminalité, propriété intellectuelle*)* », ERSUMA, 02-05 septembre 2013 ; lire aussi le Guide de l'Interpol d'avril 2021 sur la stratégie nationale de lutte contre la cybercriminalité, 41 pages.

de communication elles-mêmes ; b) fait intervenir l'utilisation de technologies numériques pour la commission de l'infraction ; c) et suppose l'utilisation incidente d'ordinateurs pour la commission d'autres infractions »[1]. Le comportement incriminé suppose donc que la technologie numérique (systèmes, logiciels, données informatiques, etc.) soit impliquée dans le processus criminel, soit comme objet, soit comme moyen de commission de l'infraction. De manière générale, le comportement incriminé peut faire l'objet de mesures préventives c'est-à-dire les mesures techniques de protection (A) ou de mesures répressives de protection (B).

A-Les mesures techniques de protection des biens immatériels

784. Les mesures techniques de protection (MTP) sont des moyens de sécurisation de l'environnement numérique, employées à diverses fins. Par exemple, la technique de filtrage[2] consiste à bloquer et à filtrer l'accès à des contenus inappropriés ou dangereux à l'effet de protéger les mineurs, rendre inaccessibles les médias sociaux dans un environnement de travail, alléger la bande passante du réseau, sécuriser le système d'information, etc. Au regard des facilités qu'offrent les nouvelles technologiques dans la réalisation des atteintes aux droits d'auteur, il a été reconnu par le Traité de l'OMPI sur le droit d'auteur[3] la possibilité de recourir aux MTP afin de renforcer la protection juridique déjà existante. Les législations nationales des États membres de l'OAPI ont ainsi étendu le champ du droit d'auteur à ces formes techniques de protection[4]. Une MTP en matière de droit d'auteur consiste précisément en une technologie, un dispositif ou un composant qui, dans le cadre normal de son fonctionnement, accomplit la fonction de contrôle des utilisations de l'œuvre ou de limitation des copies de l'œuvre considérée[5]. Pour les législations nationales, le défi consiste à concilier l'objectif de protection visé par ces techniques (1) avec les droits reconnus aux utilisateurs (2).

1- Les mesures techniques de protection au secours du droit d'auteur

785. Les MTP sont des moyens de sécurisation de la distribution des contenus numériques à travers des systèmes informatiques de gestion des droits. D'utilisation ancienne, elles ont pris de l'ampleur à la faveur de l'expansion des technologies de l'information. Elles ont été introduites dans le champ de la propriété intellectuelle avec pour objectif de lutter contre les atteintes aux

---

[1] Onzième Congrès des Nations Unies pour la prévention du crime et de traitement des délinquants, Bangkok, 18-25 avril 2005.

[2] En dehors du filtrage, il existe d'autres mesures telles que le blocage, le tatouage numérique, le chiffrement numérique et autres dispositifs anti-copie.

[3] Traité de l'OMPI sur le droit d'auteur adopté par la conférence diplomatique le 20 décembre 1996.

[4] Pour le régime des MTP, voir art. 108 à 111 de la loi ivoirienne de 2016 sur le droit d'auteur et les droits voisins ; également art. 81 al. 1(d) de la loi camerounaise de 2000 sur le droit d'auteur et les droits voisins.

[5] Art. 25 de la loi ivoirienne n° 2013-451 du 19 juin 2013 relative à la lutte contre la cybercriminalité.

œuvres de l'esprit et autres objets protégés. Ces atteintes peuvent concerner, soit le droit de reproduction, c'est-à-dire le téléchargement non autorisé d'œuvres protégées provenant d'autres ordinateurs (*download*), soit le droit de représentation qui consiste, lui, en la mise à disposition non autorisée des fichiers détenus (*upload*).

786. Présentées comme un appui technique au droit d'auteur, les MTP font obstacle aux actes d'exploitation non autorisés en jouant un rôle de contrôle ou de limitation[1]. Certaines MTP ont pour fonction de limiter l'accès des contenus protégés aux seuls utilisateurs autorisés[2]. Dans cette catégorie, l'on peut énumérer à titre illustratif la cryptographie, le mot de passe, et la signature numérique. La cryptographie est un procédé visant à coder des informations pour en assurer la confidentialité entre l'émetteur et le destinataire. Plus précisément, elle rend un contenu supposément inintelligible aux tiers. La *blockchain* en est l'une des applications.

787. Quant au mot de passe, c'est une série de caractères utilisés comme moyen d'authentification pour prouver l'identité de la personne voulant accéder à un compte informatique, un ordinateur, un logiciel ou à un service dont l'accès est protégé. Le mot de passe a un caractère arbitraire et secret. Il est aussi appelé « numéro d'identification personnel » lorsque les caractères autorisés ne peuvent être que numériques. Comme le mot de passe, la signature numérique (ou électronique) est un mécanisme d'authentification. Elle permet d'authentifier l'auteur d'un document et d'en garantir la « non-répudiation », à l'image de la signature manuscrite d'un document papier.

788. D'autres mesures techniques de protection ont pour fonction de contrôler l'utilisation faite du contenu protégé une fois que l'utilisateur y a accès. Elles restreignent les usages que les utilisateurs autorisés peuvent opérer sur le contenu en empêchant qu'ils n'outrepassent les droits concédés. Dans cette catégorie de mesures techniques de protection, l'on retrouve les mesures de contrôle des copies, les systèmes de régulation de la copie en série pour les appareils d'enregistrement audionumérique et les systèmes de brouillage du contenu pour les DVD. L'article 25 de la loi ivoirienne relative à la lutte contre la cybercriminalité prévoit à cet effet que l'auteur d'une œuvre ou ses ayants droit peuvent faire obstacle à la copie de l'œuvre en limitant le droit de copie reconnu par la loi, par l'établissement de MTP lorsque la mise en œuvre du droit de copie porte atteinte à l'exploitation normale de l'œuvre ou cause un préjudice injustifié aux intérêts de l'auteur. À titre illustratif, en matière musicale, les mesures techniques de protection restreignent la possibilité de téléchargement par le consommateur conformément aux droits concédés par le producteur à la plateforme numérique de téléchargement.

---

[1] KOUAHOU (Y. L.), La *mise en œuvre de la société de l'information au Cameroun : enjeux et perspectives au regard de l'évolution française et européenne*, Thèse de doctorat, Université de Montpellier 1, 2010, n° 1123-1142.

[2] NETTER (E.), *Numérique et grandes notions du droit privé : La personne, la propriété, le contrat*, éd. CEPRISCA, coll. « Essais », 2019, p. 331.

789. La technique du tatouage numérique[1], particulièrement, consiste à insérer une signature invisible et permanente à l'intérieur des œuvres numériques transitant par des réseaux tels internet, afin de lutter contre la fraude et le piratage et ainsi assurer la protection des droits de propriété intellectuelle sur lesdites œuvres. Cette technique permet de garantir la preuve de paternité d'une œuvre numérique car personne d'autre que l'auteur ne peut s'approprier l'œuvre marquée. Il est dissuasif pour le contrefacteur étant donné que ce marquage peut être retrouvé dans chaque copie de l'œuvre originellement marquée. L'efficacité du tatouage numérique réside cependant dans sa capacité à résister aux techniques de traitement de l'image comme la compression, le lissage, la rotation, etc.

790. Aussi sophistiquées les unes que les autres, les MTP présentent une efficacité certaine pour la protection du droit d'auteur. Cependant, elles sacrifient parfois les droits reconnus par la loi aux consommateurs à l'autel de la protection de la propriété intellectuelle. Ce qui suscite une controverse sur la licéité des dispositifs techniques mis en œuvre.

2- Les mesures techniques de protection au péril des droits des utilisateurs

791. Les MTP privilégient uniquement les intérêts des titulaires de droits d'auteur au détriment des utilisateurs. Il est en effet interdit à ces derniers d'user de techniques de contournement, de neutralisation ou de suppression des MTP. La loi camerounaise sur le droit d'auteur et les droits voisins assimile à la contrefaçon, « la neutralisation frauduleuse des mesures techniques efficaces dont les titulaires de droits d'auteur et de droits voisins se servent pour la protection de leurs productions contre les actes non autorisés »[2]. Mais en retour, l'accent n'est pas mis sur le contrôle de l'incidence des MTP sur les droits des utilisateurs. Si l'opportunité des MTP n'est pas discutée, il demeure que leur mise en œuvre met en péril les droits des consommateurs de contenus protégés.

792. Les MTP posent parfois des problèmes de compatibilité technologique avec une incidence de coût pour le consommateur. Ainsi, la consommation d'un contenu protégé peut être subordonnée à l'acquisition par le consommateur, d'un dispositif particulier lorsque les dispositifs concurrents sont incompatibles avec la MTP mise en œuvre. C'est le cas par exemple des disques compacts dotés de certaines protections et qui ne peuvent être lus que sur certains autoradios. La solution technique à cette difficulté réside dans la standardisation des procédés. Celle-ci peut prendre par exemple la forme d'un numéro international d'identification susceptible d'une part d'identifier l'œuvre

---

[1] Le tatouage numérique, qui est une application de la stéganographie (technique permettant de cacher un message dans un autre message), a été inventé dans les années 1990. Elle est utilisée aujourd'hui dans des sites de partage de vidéo comme *Youtube* et *Dailymotion* pour identifier les contenus protégés et empêcher leur mise en ligne.

[2] Art. 81 al. 1(d) de la loi camerounaise n° 2000/011 du 19 décembre 2000 relative au droit d'auteur et les droits voisins.

car contenant les informations inhérentes à l'œuvre numérique, d'autre part de délivrer les conditions d'exploitation des œuvres numériques.

793. En outre, l'exception de copie privée accorde à l'utilisateur le droit de procéder sans l'autorisation de l'auteur, à la reproduction de l'œuvre destinée à un usage privé. Or, certaines MTP empêchent toute copie de l'œuvre, privant l'utilisateur d'un droit légalement reconnu. Cet état des lieux pose donc le problème de la conformité des MTP aux dispositions légales fondant l'exception de copie privée et celles protégeant des droits du consommateur sur le support acheté. Sur le premier point, sans remettre en cause l'exception de copie privée, la jurisprudence considère que, « si la copie privée peut être, à considérer les conditions légales remplies, opposée pour se défendre à une action, notamment en contrefaçon, elle ne saurait être invoquée, comme étant constitutive d'un droit, au soutien d'une action formée à titre principal (...) »[1].

794. Pour les associations de consommateurs, la présence de MTP dans un support le rend impropre à l'usage normal et constitue dès lors un vice caché. La jurisprudence partage cette position en considérant que les restrictions d'usage rendent le support impropre à l'usage auquel l'utilisateur pouvait légitimement s'attendre et porte ainsi atteinte à l'une des fonctionnalités principales du produit[2]. Elle va plus loin en précisant que rien n'interdit de commercialiser un disque compact intégrant une MTP dont le fonctionnement serait normal à la condition que l'acheteur en soit prévenu[3]. Telle est la solution également apportée par l'article 25 de la loi ivoirienne relative à la lutte contre la cybercriminalité qui prévoit une obligation d'information à la charge du titulaire de droits d'auteur. Cette disposition indique que l'usager doit clairement être informé de l'existence de MTP sur l'œuvre qu'il acquiert ou utilise et sur les fonctions de ces mesures techniques, notamment si elles interdisent ou non l'usage de l'œuvre sur d'autres systèmes d'information ou d'exploitation.

795. C'est dire que la loi encadre la mise en œuvre des MTP et reprend le relai lorsque malgré ces obstacles techniques, l'infraction aux droits de l'auteur vient à être commise.

B-Les mesures répressives de protection des biens immatériels

796. En matière pénale, le principe de la légalité des délits et des peines impose une interprétation restrictive. Le juge ne doit prononcer que les peines déterminées par la loi pour les incriminations explicitement prévues par elle.

---

[1] CA Paris, 4 avr. 2007, n° 06/07506, *RLDI* 2007, n° 880, obs. O. Pignatari ; *D. actu* 20 avril 2007, note J. Daleau.

[2] TGI Nanterre, 24 juin 2003, n° 03/05747, *D.* 2003. 2823, obs. C. Le Stanc ; *Propr. intell.* 2003, comm. 9, obs. P. Sirinelli ; *CCE* 2003, comm. 86, note P. Stoffel-Munck ; *Gaz. Pal.* 2003, n° 268, p. 42, obs. B. Missé et C. Avignon ; *RLDA* 2003, n° 4007 ; *RLDA* 2003, n° 4061, obs. L. Costes ; *Cah. dr. entr.* 2004, n° 49, p. 1925, chron. O. Pignatari ; *Gaz. Pal.* 2003, n° 256, p. 15, comm. A. Rapini ; *Gaz. Pal.* 2003, n° 267, p. 42, obs. B. Misse ; *CCC* 2003, comm. 185, obs. G. Raymond ; voir aussi WERY (E.) et VAN DEN BULCK (P.), « Copie privée des œuvres numériques : la jurisprudence française au milieu du gré », *RLDI*, 2006, p. 13.

[3] CA Versailles, 15 avr. 2005, *Mme Marc et UFC Que choisir c/ Sté Emi France*, n° 03/07172, *CCE*, 2005, p. 30, comm. 101, note G. Raymond ; *RLDI*, 2005, n° 161, p. 16, obs. L. Costes.

Or, jusqu'à une date relativement récente, les incriminations pénales n'étaient conçues que pour la répression des formes traditionnelles de criminalité, inadaptées au traitement de la cybercriminalité. Les autorités judiciaires se heurtaient donc à un vide juridique lorsque le comportement de délinquance avait pour cible des valeurs nouvelles du cyberespace, ou était réalisé au moyen de procédés informatiques frauduleux (par exemple, diffusion de virus informatiques). L'issue qui s'offrait aux pouvoirs publics était soit de « mettre du vin nouveau dans de vieilles outres » par le mécanisme de l'adaptation, soit d'élaborer des incriminations complètement nouvelles qui s'appliquent au cyberespace. La stratégie a consisté à user de ces deux méthodes en adaptant les incriminations classiques lorsque les atteintes aux nouvelles valeurs du cyberespace étaient commises à l'aide de procédés traditionnels connus de la législation (1) et en procédant à de nouvelles incriminations lorsqu'elles ne peuvent s'insérer dans le cadre ancien (2).

1- L'adaptation des incriminations classiques au cyberespace

797. Les législations pénales des États de l'espace OAPI sont caractérisées par une conception matérialiste héritée du Code pénal français. Elles sont essentiellement orientées vers la protection pénale des biens corporels au détriment des biens immatériels. Pourtant, ces derniers occupent une place qui tend parfois à devancer celle des biens corporels dans le patrimoine d'une personne. D'ailleurs, l'avènement de la société de l'information a fini par hisser l'information en bien marchand à forte valeur stratégique. L'enjeu des textes élaborés contre la cybercriminalité consiste donc à protéger pénalement les informations numérisées (par exemple, les données d'entreprise, les fichiers de clientèle). À cet effet, l'article 25 de la Directive C/DIR/1/08/11 du 19 août 2011 portant lutte contre la cybercriminalité dans l'espace de la CEDEAO énonce : « Constitue une infraction, au sens de la présente Directive, le fait de commettre un vol, une escroquerie, un recel, un abus de confiance, une extorsion de fonds, un acte de terrorisme, ou une contrefaçon portant sur les données informatiques, les logiciels et les programmes ». De cette disposition, l'on constate une double approche consistant en la dématérialisation des infractions contre les biens et la modernisation de l'objet des atteintes au droit d'auteur.

a- La dématérialisation des infractions de droit commun contre les biens

798. Une donnée informatique est une « représentation de faits, d'informations ou de concepts sous une forme qui se prête à un traitement informatique ». L'adaptation des infractions contre biens à l'immatérialité des données informatiques passe par leur dématérialisation[1]. Ainsi, les législateurs sénégalais et ivoiriens consacrent dans leur arsenal juridique le vol d'information. L'article

[1] NGASSA NGEBDJO (S. C.), « La répression des infractions de droit commun commises par le moyen des TIC », *in* MOUTHIEU NJANDEU (M. A.) (dir.), *Le consommateur des technologies de l'information et de la communication en Afrique noire francophone*, L'Harmattan, 2021, p. 682.

431-53 du Code pénal sénégalais indique que « la soustraction d'information au préjudice d'autrui est assimilée à un vol ». L'article 26 de la loi ivoirienne n° 2013-451 du 19 juin 2013 relative à la lutte contre la cybercriminalité énonce pour sa part que : « quiconque prend frauduleusement connaissance d'une information à l'intérieur d'un système d'information électronique, ou copie frauduleusement une information à partir d'un tel système, ou encore soustrait frauduleusement le support physique sur lequel se trouve une information, est coupable de vol d'information ». Il s'ensuit que, au même titre que les biens corporels, les données informatiques peuvent être volées.

799. Dans une affaire, un ingénieur informaticien chargé du service clientèle dans une agence avait, pendant son service, copié dans sa clé USB des données de l'agence relatives aux clients et aux actes de cession. Au terme de son contrat de travail, il proposa à ses anciens employeurs la remise de la clé USB contre le versement d'une forte somme d'argent. Il fut déclaré coupable de vol par copiage de données[1]. Cette décision du juge sénégalais a fait l'objet de critique parce que l'incrimination du vol avait fait l'objet d'une interprétation extensive, le vol supposant la dépossession de la victime. La qualification du copiage était mieux appropriée en l'espèce. C'est en cela que la formulation de l'incrimination par le législateur ivoirien est plus adaptée en ce qu'elle identifie plusieurs éléments matériels susceptibles de constituer l'infraction du vol d'information. L'article 26 de la loi-type CEMAC contourne lui aussi cette difficulté en incriminant le copiage frauduleux de données informatiques[2] ainsi que le recel de celles-ci[3].

800. L'infraction d'escroquerie s'applique également aux données informatiques. Elle est commise par « une personne qui, soit en faisant usage de faux noms ou de fausses qualités, soit en employant des manœuvres frauduleuses quelconques, aura obtenu la remise ou aura tenté d'obtenir la remise de données informatiques et aura, par un de ces moyens, escroqué ou aura tenté d'escroquer la totalité ou partie de la fortune d'autrui »[4]. Dans la pratique, l'escroquerie de données informatiques prend souvent la forme du « *phishing* »[5]. Cette technique consiste pour le cyber-escroc à exploiter, non pas une défaillance informatique, mais une faille humaine pour soutirer des informations personnelles à des internautes (numéro téléphonique, numéro de compte bancaire, etc.) en leur envoyant un courrier électronique usurpant l'identité de banques, de fournisseurs de services en ligne[6].

---

[1] Tribunal régional de Thiès, 18 septembre 2012, *aff. Agence New Look Business*, inédit.

[2] Art. 26 de la loi-type CEMAC portant sur la lutte contre la cybercriminalité : « Une personne qui copie ou tente de copier frauduleusement des données informatiques au préjudice d'un tiers commet une infraction punissable (...) ».

[3] Art. 29 de la loi-type CEMAC.

[4] Art. 27 de la loi-type CEMAC.

[5] Ce néologisme, qui fait allusion à la pêche et désignant le piratage de ligne téléphonique, figure aujourd'hui au premier rang des menaces numériques.

[6] Pour en savoir davantage sur la notion de « *phishing* », MELIN (F.), « La négligence grave du titulaire d'une carte de paiement et le phishing », *D.* 2017, p. 2465 ; KILGUS (N.), « *Phishing* et

801. L'abus de confiance est également incriminé comme infraction pouvant porter sur des données informatiques. Elle est commise par « une personne qui, ayant reçu des propriétaires, possesseurs, ou détenteurs, des données informatiques à titre de louage, de dépôt, de mandat, de nantissement, de prêt à usage ou pour un travail salarié ou non salarié, n'aura pas, après simple mise en demeure, exécuté son engagement de les rendre ou représenter ou d'en faire un usage ou un emploi déterminé »[1]. Comme s'agissant des biens corporels, l'abus de confiance portant sur des données informatiques suppose une relation contractuelle préexistante entre le titulaire légitime des données et l'auteur de l'abus. La dématérialisation des infractions de droit commun est encore en chantier dans la CEMAC où elle n'a pas encore été intégrée dans les dispositions pénales des États membres.

b- L'incrimination des atteintes à la propriété intellectuelle par voie numérique

802. Les législations pénales intègrent l'incrimination des atteintes à la propriété intellectuelle par voie numérique. Cette démarche est entreprise notamment par le législateur ivoirien[2] qui, dans le cadre de la lutte contre la cybercriminalité, a assorti de peines d'emprisonnement et d'amendes les atteintes aux droits de propriété intellectuelle commises au moyen d'un système d'information.

803. L'atteinte aux droits patrimoniaux de l'auteur est constituée par la reproduction, la représentation et la mise à la disposition du public sur un système informatique ou un support numérique ou analogique, intégralement ou partiellement d'une œuvre de l'esprit sans l'autorisation de l'auteur ou de ses ayants droit. Elle résulte également de l'exploitation par reproduction ou par représentation d'une œuvre de l'esprit mise de façon illicite à disposition du public sur un réseau de communication électronique. L'atteinte aux droits moraux se manifeste par la traduction ou l'adaptation d'une œuvre par le biais d'un programme informatique ou la mise de cette traduction ou adaptation sur un système informatique ou un support numérique ou analogique à la disposition du public.

804. Les atteintes à la propriété industrielle par voie numérique sont aussi incriminées. Ainsi, sont constitutives d'infractions la reproduction, l'utilisation, la vente, la dénaturation, le dénigrement d'une marque, d'une raison sociale, d'un nom commercial, d'un nom de domaine ou de tout autre signe distinctif appartenant à un tiers par le biais d'un système informatique ouvert au public ou par le biais d'un programme informatique ou un support numérique ou analogique. De même, est incriminée la vente ou la mise à disposition du public par reproduction ou par représentation d'un bien ou d'un produit protégé par un brevet d'invention.

---

négligence grave du client : gare aux automatismes », Observations sous Cass. com. 12 nov. 2020, n° 19-12.112, *Dalloz IP/IT*, 2021, p. 297 ; *RD bancaire et fin.* 2021, comm. 49.

[1] Art. 27 de la loi-type CEMAC.

[2] Art. 33 de la loi ivoirienne du 19 juin 2013 relative à la lutte contre la cybercriminalité.

805. L'incrimination directe des atteintes aux droits de propriété intellectuelle, commises par voie numérique, participe d'une modernisation du droit pénal. Elle permet par ailleurs aux juges de respecter le principe de l'interprétation restrictive cher au droit pénal. Reste à espérer que la démarche du législateur ivoirien se généralise dans l'ensemble de l'espace OAPI.

2- Les nouvelles incriminations des atteintes aux biens immatériels

806. Qualifiés par la doctrine de « biens informationnels »[1] ou de « biens informatiques »[2], les nouveaux biens issus des technologies numériques se caractérisent par leur immatérialité. Ils sont variés et concernent les systèmes informatiques, les données informatiques, les logiciels, les bases de données, les réseaux informatiques, etc. Les nouvelles incriminations concernent de nouveaux procédés frauduleux visant les systèmes informatiques et les données informatiques.

a- La protection pénale des systèmes informatiques

807. En Afrique comme ailleurs, la plupart des entreprises et des administrations publiques fonctionnent à l'aide de systèmes voire de réseaux électroniques garantissant l'interconnexion entre plusieurs systèmes. Eu égard à leur importance dans le dispositif technique de ces organisations, les systèmes informatiques font l'objet d'une protection particulière de la part des législateurs communautaires et nationaux. Cette protection est d'autant plus opportune que l'actualité fait état de l'apparition d'une délinquance de réseaux et d'utilisation par des hackers de techniques d'intrusion dans les systèmes ou entre les différents systèmes transnationaux.

808. Le système informatique désigne « tout dispositif isolé ou non, tout ensemble de dispositifs interconnectés assurant en tout ou partie, un traitement automatisé de données en exécution d'un programme »[3]. Il peut s'agir d'un ordinateur pris isolément, d'un distributeur automatique de billets, d'un Smartphone ou d'une carte à puce. Ainsi, le juge sénégalais considère qu'un ordinateur pris isolément peut être assimilé à un système informatique au sens de la loi[4] ; de même qu'il admet qu'un terminal de paiement électronique constitue un système informatique[5] et qu'un distributeur automatique de billets mis en place par une banque constitue une partie du système bancaire[6]. Ces juges ont également considéré qu'un système de transfert électronique d'argent ainsi que le système d'une agence de voyage permettant de faire des réservations et de gérer électroniquement les billets émis au profit des clients,

---

[1] VIVANT (M.), « À propos des biens informationnels », *JCP* G., 1984, n° 3132.

[2] DEVEZE (J.), « Le vol des biens informatiques », *JCP G.*, 1985, I, n° 3, p. 3210.

[3] Art. 1er de la directive C/DIR/1/08/11 du 19 août 2011 portant lutte contre la cybercriminalité dans l'espace de la CEDEAO.

[4] TRHC Dakar, jugement n° 4241/09 du 18 septembre 2009, *aff. Pneumeca*, inédit.

[5] TRHC Dakar, 2e ch. corr., jugement du 21 janvier 2010, *aff. Fulgence BAHI*, inédit.

[6] TRHC Dakar, jugement n° 1087 du 22 mars 2011, *aff. America David*, inédit.

peuvent être assimilés à des systèmes informatiques au sens légal[1]. La doctrine s'accorde pour reconnaître à l'internet la qualification de système informatique, au sens légal du terme[2]. Le système informatique peut être ou non assorti d'un dispositif de sécurité tel qu'un mot de passe, un dispositif de cryptologie[3], etc. La présence d'un dispositif de sécurité constitue la preuve de l'élément moral de l'atteinte au système informatique.

809. Les législations nationales et communautaires relatives à la cybercriminalité répriment les atteintes à la confidentialité et à l'intégrité des systèmes informatiques. Les atteintes à la confidentialité d'un système informatique se manifestent par l'accès frauduleux et le maintien dans ledit système. Encore appelé *hacking* ou piratage informatique, l'accès frauduleux à un système informatique est une cyber-infraction décrite notamment à l'article 4 de la Directive de la CEDEAO comme « le fait pour une personne d'accéder ou de tenter d'accéder frauduleusement à tout ou partie d'un système informatique ».

810. La jurisprudence apporte des précisions à la qualification d'accès frauduleux à un système informatique en indiquant qu'il consiste en « une intrusion, une pénétration par une personne dans le système sans y être autorisé, à l'aide de manipulations ou de manœuvres quelconques, c'est-à-dire à l'établissement d'une communication avec le système ». Matériellement, la manœuvre peut consister à forcer un dispositif de sécurité, à utiliser un code d'accès ou une adresse internet obtenue par fraude ou même à l'aide d'un programme malsain. Il a ainsi été jugé que l'infraction d'accès frauduleux à un système est constituée par le fait pour un collaborateur d'une société spécialisée dans la vente de pneumatiques d'accéder aux données de l'ordinateur du directeur commercial de ladite société à son insu, avant de se faire envoyer dans sa propre boîte électronique les informations commerciales[4].

811. Le maintien frauduleux dans un système quant à lui, consiste pour une personne à « se maintenir ou de tenter de se maintenir frauduleusement dans tout ou partie d'un système informatique »[5]. Dans une affaire, un salarié avait reçu au cours de sa période d'essai, un code confidentiel permettant de se connecter gratuitement à une banque de données commerciales. La Cour de cassation française a jugé qu'il avait commis le délit de maintien frauduleux dans un système informatique, en utilisant durant plus de deux ans ce code qui

---

[1] TRHC Dakar, jugement n° 4423 du 20 décembre 2011, *aff. Eric Donys SIMEU et autres*, inédit ; jugement n° 4241/09 du 18 septembre 2009, *aff. Pneumeca*, précité.

[2] HOLLANDE (A.) et LINANT de BELLEFONDS (X.), *Pratique du droit de l'informatique et du numérique*, Delmas, coll. « Encyclopédie Delmas pour la vie des affaires », 7e éd., 2022, 480 p. notamment p. 350.

[3] La cryptologie est définie à l'article 1 de l'Acte additionnel A/SA.2/01/10 du 16 février 2010 relatif aux transactions électroniques dans l'espace CEDEAO, comme « *la science relative à la protection et à la sécurité des informations notamment pour la confidentialité, l'authentification, l'intégrité et la non répudiation* ».

[4] TRHC Dakar, jugement n° 4241/09 du 18 septembre 2009, *aff. Pneumeca*, précitée.

[5] Art. 5 de la directive C/DIR/1/08/11 du 19 août 2011 portant lutte contre la cybercriminalité dans l'espace de la Communauté économique des États de l'Afrique de l'Ouest (CEDEAO).

n'est accessible qu'aux personnes autorisées, car ledit code ne lui avait donné que pour la période d'essai[1].

812. S'agissant de la protection du système informatique contre les atteintes à son intégrité, elle est similaire à celle dont bénéficient les biens corporels classiques contre les destructions et les dégradations. L'atteinte à l'intégrité d'un système informatique est « le fait pour une personne d'entraver, de fausser, de tenter d'entraver ou de fausser le fonctionnement d'un système informatique »[2]. L'incrimination vise à protéger les systèmes informatiques contre les infections résultant des virus informatiques et autres chevaux de Troie qui ont pour effet de perturber le fonctionnement ou de détruire les éléments indispensables à leur fonctionnement. À titre illustratif, une personne a été condamnée pour avoir introduit une bombe logique dans le système d'une entreprise dans le but de garantir le paiement de redevances de maintenance, une autre pour avoir envoyé en masse de courriels par le biais de fausses adresses électroniques à une société, saturant par ce fait ses boîtes électroniques (*mail bombing*)[3].

b- La protection pénale des données informatiques

813. Comme le système informatique, la donnée informatique fait l'objet d'une protection pénale contre les atteintes à sa confidentialité et son intégrité. Les atteintes à la confidentialité des données informatiques sont similaires au délit classique de violation du secret des correspondances. Matériellement, elles se manifestent par le fait d'intercepter ou de tenter d'intercepter frauduleusement des données informatiques par des moyens techniques lors de leur transmission non publique à destination, en provenance ou à l'intérieur d'un système informatique. La jurisprudence a admis que le courrier électronique, qui relève de la vie privée, est couvert par le principe du secret des correspondances dans les conditions de droit commun[4]. Toutefois, pour être condamnée, l'interception doit être sans droit. Les autorités chargées d'une enquête judiciaire peuvent légalement collecter des données relatives au contenu de communications.

814. L'intégrité des données informatiques est protégée à travers l'incrimination de l'endommagement, l'altération, la modification, la détérioration, l'effacement frauduleux. Comme relevé pour les systèmes informatiques, cette protection opère comme celle prévue pour les biens matériels contre les détériorations, les dégradations et des destructions. Il n'est pas nécessaire que les données informatiques soient contenues sans un système informatique. Les atteintes à l'intégrité des données informatiques regroupent les techniques de fraude comme la gomme, le tripatouillage ou le maquillage des

---

[1] Cass. crim. 3 oct. 2007, *Société A.*, n° 07-81.045, *AJ pénal* 2007, p. 535, obs. G. Royer ; *D.* 2007, p. 2807 ; *RSC* 2008, p. 99, obs. J. FRANCILLON ; *RTD com.* 2008, p. 433, obs. B. Bouloc ; *Dr. pén.* 2007, comm, n° 158, p. 37.

[2] Art. 6 de la directive C/DIR/1/08/11 du 19 août 2011 portant lutte contre la cybercriminalité dans l'espace de la CEDEAO précitée.

[3] TGI Mans 7 nov. 2003, *Gaz. Pal.* 2004, p. 4, obs. E. Barby.

[4] TGI Paris, 2 nov. 2000, *JCP G.*, 2000, n° 49, actu, p. 2219 ; *Gaz. Pal.* 2000, p. 49.

données électroniques. Ainsi, dans une affaire, une jeune femme licenciée par son employeur a été déclarée coupable de détérioration frauduleuse de données informatiques parce qu'elle avait supprimé de son ordinateur portable de service des données relatives à la gestion de la société à une époque où le conseil d'administration devait se tenir.

815. Les textes communautaires, aussi bien que les textes nationaux, incriminent l'association de malfaiteurs informatiques consistant en « la participation à une association formée ou à une entente en vue de commettre des infractions informatiques »[1]. En matière numérique, la question de l'accès aux données se pose en termes de restriction protectrice ou d'ouverture suivant un idéal de liberté et de partage.

Section 2. La question du libre accès aux ressources documentaires

816. L'expression « société de l'information » repose sur le fait que l'information soit de nos jours devenue la principale ressource économique et stratégique des États, des organisations et des individus. Du point de vue terminologique, elle peut renvoyer à un processus ou à un résultat. En tant que processus, elle est une communication c'est-à-dire une transmission de message. En tant que résultat, elle est un produit c'est-à-dire un ensemble de données, de références ou de textes[2]. Pour garantir la durabilité de l'information, celle-ci est fixée sur un support[3]. Le support documentaire n'a cessé d'évoluer au fil des temps. De l'ère du papier, l'on est passé à l'ère du web. Les technologies de l'information et de la communication véhiculent une masse considérable de données (*Big data*) qui constituent un vivier de ressources. Le terme « ressource » est chargé de plusieurs sens. Il désigne un moyen auquel on a recours ; une force en biens ou en personnes ; des possibilités d'action qui peuvent être mises en œuvre afin de fournir ce qui peut satisfaire un besoin[4]. La ressource documentaire est l'ensemble des sources qui permettent de trouver les informations dont on a besoin. La conception classique distingue, de manière restrictive, trois types de ressources documentaires à savoir les monographies, les périodiques et les sites internet.

817. Mais, globalement, il faut reconnaître que les ressources documentaires recouvrent une diversité de documents. La problématique de l'accès aux ressources documentaires concerne le droit à l'information et le droit à la culture. La mise en œuvre de ces libertés pose le problème des conflits de droits subjectifs et de l'accessibilité des documents administratifs. Concrètement, l'information peut être contenue dans un document protégé par la propriété littéraire et artistique ou dans un document administratif. L'accès à ces

---

[1] Art. 15 de la directive C/DIR/1/08/11 du 19 août 2011 portant lutte contre la cybercriminalité dans l'espace de la CEDEAO.

[2] TAGUE (J.), « Les sciences de l'information : aspects théoriques et interdisciplinaires », *Argus*, vol. 13, n° 1, 1984, p. 6.

[3] DESLAURIERS (P.), « L'information documentaire : une ressource », *Documentation et bibliothèques*, vol. 30, n° 2, 1984, p. 39.

[4] *Le petit Robert* et *Le Grand Larousse Encyclopédique*, V° *Information.*

documents sera donc obstrué par différents types d'obstacles juridiques et factuels (§ 1). Toutefois, divers mouvements de fond contribuent à une levée de bouclier en faveur de l'ouverture des données (§ 2).

§ 1. Les obstacles à la liberté d'accès aux ressources documentaires

818. La propriété intellectuelle participe de la propriété privée. Si son utilité ne souffre d'aucune contestation, sa légitimité est en revanche parfois remise en cause par ceux qui font prévaloir le primat du partage et de la circulation de l'information[1]. Pour ces derniers, la propriété intellectuelle doit être pondérée par l'intérêt collectif afin de garantir à tous un accès équitable à la connaissance et au savoir. L'article 7 de l'Accord sur les ADPIC dispose d'ailleurs que « La protection et le respect des droits de propriété intellectuelle devraient contribuer à la promotion de l'innovation technologique et au transfert et à la diffusion de la technologie, à l'avantage mutuel de ceux qui génèrent et de ceux qui utilisent des connaissances techniques et d'une manière propice au bien-être social et économique, et à assurer un équilibre de droits et d'obligations ». Posé sous l'angle du partage des savoirs, le problème de l'accessibilité des ressources documentaires met en exergue des obstacles tels que l'appropriation des biens immatériels (A) et le secret des documents administratifs (B).

A- L'appropriation des biens immatériels : un point d'achoppement

819. Par le passé, le rétrécissement progressif de l'assiette du domaine public, sphère de libre exploitation, a suscité des discussions sur le fondement de la propriété intellectuelle[2]. Il a fallu limiter le champ de la propriété intellectuelle dans des proportions conciliables avec les autres droits subjectifs, les règles de la concurrence et, plus globalement, l'intérêt général[3]. Participent de cet objectif le principe du libre parcours des idées, la limitation de la durée des droits de propriété intellectuelle, le principe de l'épuisement des droits de propriété intellectuelle, le principe de l'indépendance de la propriété corporelle et incorporelle de l'œuvre, pour ne citer que ceux-ci. La numérisation de l'économie du savoir renouvelle le débat sur l'appropriation des biens immatériels. En effet, la pénétration des droits de propriété intellectuelle dans l'univers numérique à travers la protection des logiciels et des bases de données par le droit d'auteur, a fait dire que « la propriété intellectuelle a su faire valoir ses exigences dans l'univers numérique »[4].

---

[1] VANDENDORPE (C.), « Pour une bibliothèque virtuelle universelle », *Le Débat*, n° 117, 2001, p. 31.

[2] Sur les débats autour de la nature du droit d'auteur : propriété ou contrat social, voir PFISTER (L.), *L'auteur, propriétaire de son œuvre ? : la formation du droit d'auteur du XVIe siècle à la loi de 1957*, Thèse de doctorat en histoire du droit, Université Strasbourg 3, 1999, 969 p. notamment pp. 27 et s.

[3] CORNU (M.) et MALLET-POUJOL (N.), « Droit d'auteur à l'épreuve du droit à la culture », *in Droit d'auteur et culture*, Dalloz, coll. « Thèmes et commentaires », 2007, p. 131.

[4] WARUSFEL (B.), *La propriété intellectuelle et l'internet*, Flammarion, coll. « Domino », 2001, 128 p. notamment p. 109 ; voir aussi : AZZI (T.), « L'atteinte au droit de marque sur Internet – Regard de droit européen et de droit français », *Propr. Industr.*, n° 2, 2022, comm. 2.

820. En revanche, Christophe CARON relève que « le droit d'auteur ne verrouille pas classiquement l'accès au fond qu'il se contente d'exprimer dans une forme particulière. Force est de constater qu'il n'en est plus de même aujourd'hui. En effet, le droit d'auteur a de plus en plus tendance à protéger des créations de forme informationnelles qui sont des informations avant d'être des œuvres. Il en résulte que l'accès à l'information est limité à cause de l'existence du monopole »[1]. Ces sons de cloche divergents sont révélateurs d'une controverse opposant les partisans du maintien voire du renforcement de la propriété intellectuelle (1) aux partisans de sa relégation à sa plus simple expression (2).

1- La thèse en faveur de l'appropriation des biens immatériels

821. Pour les défenseurs de l'appropriation des biens immatériels, les droits de propriété intellectuelle représentent la rétribution que la société accorde à l'auteur d'une œuvre originale ou à l'inventeur d'une création innovante. En lui accordant une réservation par l'appropriation, le droit lui permet de tirer des avantages pécuniaires de sa création ou invention. Nicolas BINCTIN relève à ce sujet que la propriété privée demeure le modèle de référence de nos organisations sociales. Plus précisément, il indique que la propriété intellectuelle a de beaux jours devant elle « parce que si la collectivisation des gains plait à beaucoup, la collectivisation des risques est bien moins facilement assumée. Il est simple de reprocher les gains ces derniers mois de Moderna et BioIntech, rares étaient ceux qui finançaient ces sociétés entre leur création et 2020 lorsque leurs technologies n'avaient aucun succès sur le marché »[2]. Sous un angle comptable, les droits de propriété intellectuelle apparaissent donc comme un retour sur investissement. Leur légitimité repose sur les efforts et les risques pris par le titulaire à l'effet de la création de l'œuvre innovante. D'autres auteurs déclarent : « Encore que cette doctrine soit très répandue, il est loisible de ne pas y souscrire. (…) À l'époque moderne, le refus de principe de la propriété incorporelle est un non-sens économique. La liberté du commerce et de l'industrie commande l'appropriation des choses issues de sa mise en œuvre. Le commerce, qui n'est qu'un échange de propriétés, ne peut être que faussé par la possibilité de jouir sans contrepartie des valeurs utiles et rares issues de l'activité d'autrui, sous prétexte qu'elles ne sont pas matérielles »[3].

822. D'autres auteurs encore ont suggéré d'aller au-delà des bases traditionnelles et des limites de la propriété intellectuelle, en reconnaissant de véritables droits réels sur l'information[4]. Cependant, cette approche ne trouve

---

[1] CARON (C.), *Droit d'auteur et droits voisins*, LexisNexis, coll. « Manuels », 3e éd., 2013, n° 76.

[2] BINCTIN (N.), « Propos introductifs », *in* Actes du colloque sur *Le droit de la propriété intellectuelle à l'heure du numérique : les apports de l'Acte de Bamako*, *Penant*, n° 922, 2023, p. 156.

[3] ZENATI-CASTAING (F.) et REVET (T.), *Les biens*, PUF, coll. « Droit fondamental », 3e éd., 2008, n° 2, p. 20.

[4] TOURNEAU (P. le), « Folles idées sur les idées », *Com. com. electr.*, n° 2, 2001, chron. 4, p. 9 ; CATALA (P.), « La propriété de l'information » *in Le droit à l'épreuve du numérique. Jus ex Machina*, P.U.F, coll. « Droit, éthique, société », 1998, p. 247.

pas à prospérer sans doute parce qu'elle paraît excessive et incompatible avec la mise en œuvre du principe sacré de la libre circulation des idées. On lui préfère le recours aux moyens techniques de prévention et de protection. Ces mécanismes constituent des moyens alternatifs non juridiques pour accroître la protection des actifs immatériels et favoriser la rentabilité des investissements immatériels[1].

2- La thèse opposée à l'appropriation des biens immatériels

823. Le virtuel a exacerbé le sentiment d'abus que relevait déjà le Professeur Jean CARBONNIER en qualifiant de « faux droits », certains droits de propriété incorporelle qui, d'après l'auteur, « sont des illusions de droit dérivant d'un abus de la notion de propriété immatérielle »[2]. De nombreux chercheurs remettent en cause les fonctions mêmes de la propriété intellectuelle et s'interrogent sur sa possible obsolescence dans la société de l'information. De nature économique, philosophique ou politique, les critiques portent pour l'essentiel sur les logiques patrimoniales classiques de la propriété intellectuelle. Elles sont jugées obsolètes car ne correspondant plus à la modernité des réseaux et services numériques fondée essentiellement sur le partage et la circulation de l'information. La rémunération des créateurs est ainsi perçue comme anachronique à l'ère du numérique. D'après Pierre ASSOULINE, « la propriété intellectuelle semble de plus en plus un abus de droit parce qu'elle était purement conventionnelle, que de moins en moins de personnes en acceptent la légitimité, et qu'elle tient désormais par la force contre les mœurs »[3]. Dès lors, le principe de la gratuité s'imposerait au nom de l'intérêt général et de l'accès du plus grand nombre à la connaissance. L'argument de la fonction de rétribution de la propriété intellectuelle est d'ailleurs battu en brèche par des observateurs qui font valoir que les grands esprits à travers l'histoire n'ont pas eu besoin de cette protection pour se démarquer et rayonner[4].

824. Par ailleurs, certains auteurs dénoncent des excès en matière de propriété intellectuelle en relevant l'extension continue du champ d'application du droit d'auteur, la multiplication des droits de propriété intellectuelle et l'allongement de la durée de protection du droit d'auteur. Sur le premier point, l'extension du domaine du droit d'auteur aux œuvres purement fonctionnelles entraînerait un affadissement de la dimension littéraire et artistique et, partant, la disparition de la justification du droit d'auteur tirée de la noblesse de l'acte de création. Le degré d'originalité extrêmement faible fait donc douter de la nécessité d'un droit

---

[1] SOLEILHAC (Th.), « Les bibliothèques numériques, un domaine public immatériel », *AJDA*, 2008, p. 1133.

[2] CARBONNIER (J.), *Flexible droit : pour une sociologie du droit sans rigueur*, LGDJ, 10e éd., 2001, p. 355.

[3] ASSOULINE (P.), « Le droit d'auteur empêtré dans la Toile », *Le Monde*, publié le14 mai 2010, disponible à partir du lien [https://www.lemonde.fr/livres/article/2010/05/14/le-droit-d-auteur-empetre-dans-la-toile_1350801_3260.html], consulté le 27 novembre 2023 à 10h34.

[4] *Id.*

moral fort, d'une durée de protection étendue et, plus fondamentalement, de l'opportunité du monopole même. S'agissant de la multiplication des droits de propriété intellectuelle, la reconnaissance des droits voisins (hormis les artistes-interprètes) contribuerait à protéger non pas une prestation de nature intellectuelle, mais un investissement économique. En ce qui concerne la durée de protection du droit d'auteur, l'extension de la protection de cinquante (50) à soixante-dix (70) ans *post mortem auctoris* a été justifié par l'idée selon laquelle la *ratio legis* était de faire bénéficier deux générations d'héritiers des droits patrimoniaux, objectif que le délai de cinquante ans ne permettait plus d'atteindre compte tenu de l'augmentation de la durée de vie moyenne. Mais, cet argument est jugé arbitraire et inopportun[1].

825. La remise en cause de la légitimité de la propriété intellectuelle la rétrograde à l'époque de ses balbutiements où, le droit d'auteur naissant au début du XVIIIe siècle, les auteurs se contentaient volontiers des pensions et autres bienfaits des « grands de ce monde »[2] considérant comme indignes le fait d'exploiter de façon pécuniaire leurs ouvrages et de s'enrichir avec le produit qui en découlerait.

826. Exacerbé par l'avènement du numérique, le débat constant sur la légitimité de l'appropriation des biens immatériels met en évidence le fragile équilibre entre l'intérêt individuel et l'intérêt collectif. Le droit de la propriété intellectuelle recherche cet équilibre à travers la reconnaissance d'un domaine public qui assure à la collectivité de pouvoir jouir et user librement de la création, de l'invention ou de la production à l'expiration du droit exclusif. Après une durée déterminée où l'effort créatif ou inventif de l'auteur ou l'inventeur est rémunéré par une exclusivité, la création, l'invention ou la production tombe dans le domaine public et devient une chose (intellectuelle) commune, libre de droits exclusifs. Le domaine public dont il est question doit être compris au sens propre du droit des créations immatérielles. Suivant la terminologie civiliste, il s'agit des choses communes relevant de l'article 714 du Code civil de 1804 et non des propriétés publiques déterminées par l'article 537 al. 2 dudit Code.

B-Le secret des documents administratifs

827. L'imprégnation des nouvelles technologies dans la société contemporaine impose de considérer le paradigme de l'ouverture et de la circulation des données. À l'image de la Révolution française de 1789 qui se construisit en réaction à l'opacité de l'administration royale[3], la révolution informatique

---

[1] LUCAS-SCHLOETTER (A.), « Le domaine public informationnel », *Dalloz IP/IT*, 2018, p. 90.

[2] STROWEL (A.), « Le droit d'auteur et le copyright entre histoire et nature », *in Images et usages de la nature en droit*, sous la direction de P. GERARD, F. OST et M. VAN de KERCHOVE, Bruxelles, éd., Publ. des FUSL, 1993, p. 289.

[3] D'où la consécration, d'une part, du droit de tous les citoyens de « constater, par eux-mêmes ou par leurs représentants, la nécessité de la contribution publique, de la consentir librement, d'en suivre l'emploi, et d'en déterminer la quotité, l'assiette, le recouvrement et la durée » (art. 14 de la déclaration des droits de l'homme et du citoyen du 26 août 1789) et d'autre part, du droit de la

apparaît comme incompatible avec l'opacité de l'administration publique. Cette dernière conserve en effet de nombreux documents recelant des données utiles. Ce sont des documents produits ou reçus par elle dans le cadre de sa mission de service public[1]. Cependant, dans les États d'Afrique francophone, l'administration est essentiellement marquée par une culture historique du secret héritée de la colonisation (1). En conséquence, accéder aux documents administratifs est une initiative périlleuse pour l'usager qui ne peut se prévaloir d'aucun droit (2).

1- Les fondements du secret administratif

828. Le secret administratif ne résulte pas d'une législation générale établissant un tel principe, mais de textes particuliers prévoyant le secret dans des cas spécifiques. Généralement, l'on considère qu'une administration fermée est plus efficace, plus sûre et donc mieux gérée[2]. Aussi, l'accès à la documentation publique se heurte-t-il au « mutisme des agents de l'administration » et au « secret de ses papiers »[3].

829. Le « secret des papiers » de l'administration résulte de la conception jacobine (centralisation) des « papiers d'État » que les États francophones, dont ceux de l'espace OAPI-OHADA, ont héritée de la colonisation. Ainsi, un décret du 20 janvier 1809 prévoyait que « les manuscrits des archives (...) sont la propriété de l'État ». Ce dernier étant « propriétaire de ces papiers », il est, de ce fait, responsable et maître de leur utilisation[4].

830. Le mutisme de l'administration résulte du statut général de la fonction publique qui met à la charge de tout fonctionnaire une obligation de discrétion. Le fonctionnaire doit, en effet, « faire preuve de discrétion professionnelle pour tout ce qui concerne les faits, informations ou documents dont il a eu connaissance dans l'exercice ou à l'occasion de l'exercice de ses fonctions. En dehors des cas expressément prévus par les textes en vigueur, [il] ne peut être délié de cette obligation que par une décision expresse de l'autorité dont il relève. Tout document, toute soustraction de pièces ou de documents de service sont formellement interdits. Il en est de même de leur communication ou de leur reproduction, à moins qu'elles ne soient exécutées pour raison de service (…) »[5]. Il existe donc une interdiction stricte pour l'agent de

---

société de demander compte à tout agent public de son administration (art. 15 de la déclaration des droits de l'homme et du citoyen du 26 août 1789).

[1] Il s'agit de l'État, des collectivités territoriales ainsi que des autres personnes morales de droit public ou les personnes morales de droit privé chargées d'une mission de service public.

[2] GILLES (W.), « La construction du droit de l'open data. Les régimes de l'open data », *JCl. communication*, Fasc. 850, 2022, § 3 ; BELACEL (F.), « Tour d'horizon d'un nouvel acteur de la transparence administrative : *Ma Dada* », *AJCT*, n° 11, 2023, p. 615.

[3] FOUGERE (L.), « Les secrets de l'administration », *Bull. de l'Institut international de l'administration publique*, 1967, n° 4, p. 22.

[4] *Ibid*, p. 24.

[5] Art. 41 du décret n° 94/199 du 7 octobre 1994 portant statut général de la fonction publique (Cameroun). L'obligation de discrétion est également présente dans le statut général de la fonction publique de chacun des autres États de l'espace étudié.

l'administration, quel que soit son rang et son rôle, de diffuser les faits, informations et documents détenus par l'administration, quelles qu'en soient la nature et l'importance.

831. Le secret professionnel constitue un autre mécanisme permettant d'empêcher les fonctionnaires de divulguer des informations qu'ils ont eu à connaître dans le cadre de leur fonction. De ce point de vue, la protection pénale du secret professionnel et la sanction dont elle est assortie n'est pas spécifique au fonctionnaire, de même qu'elle ne vise pas l'ensemble des fonctionnaires ou agents publics, mais uniquement ceux qui sont tenus à un tel secret par état, par profession ou en raison d'une fonction ou d'une mission temporaire.

832. Par ailleurs, la nature régalienne des activités publiques et l'importance stratégique que peuvent revêtir certains documents justifient une protection spécifique, par exemple, à l'égard des renseignements présentant un intérêt militaire, économique, diplomatique, industriel ou de défense nationale.

833. Il n'existe pas, en principe, dans le contexte des États de l'espace étudié, de droit général à l'information. Il ressort d'une ancienne jurisprudence administrative que les décisions de l'administration ne devraient être communiquées que lorsqu'un texte spécifique l'impose[1]. Il n'en demeure pas moins que la jurisprudence a contribué à la reconnaissance d'un droit d'information des administrés, à travers la consécration des droits de la défense. Elle considère, pour établir ce principe, qu'une décision administrative ayant le caractère de sanction de nature à porter gravement atteinte à une situation individuelle ne peut intervenir que si la personne qui en est l'objet a pu être en mesure de se défendre contre les griefs dirigés contre elle[2]. Le principe des droits de la défense ouvre ainsi droit à la communication de l'information nécessaire à la défense de l'intéressé[3].

2- Les conséquences de la culture du secret administratif

834. La culture historique du secret qui caractérise les administrations des Etats de l'espace étudié est un véritable frein à l'accès aux documents administratifs. Cette situation constitue un obstacle pour toute personne désireuse d'accéder aux documents de l'administration, y compris dans le cadre de travaux de recherches destinés non pas à faire valoir un droit, mais uniquement à faire mieux connaître le fonctionnement administratif. Dès lors, pour « pénétrer les secrets de l'administration », il faut « emprunter bien des voies d'accès - parlementaire, judiciaire, administrative - combiner bien des moyens d'approche -, conversations, rapports, archives, etc. ». Aussi, la connaissance du fonctionnement de l'administration résultait-elle le plus souvent de la « seule source orale », celle-ci se révélant « dans la plupart des cas, la plus précieuse « en

[1] CE, 12 mars 1954, *Gauthier*, *Lebon tables*, p. 821 ; *D.* 1954, p. 363.
[2] CE, 8 mai 1944, *Dame veuve Trompier-Gravier*, n° 69.751, *Rec. CE* 1944, p. 133, concl. B. Chenot ; *D.* 1945, p. 110, note J. de Soto ; *RD publ.* 1944, p. 256, note G. Jèze.
[3] GILLES (W.), *op. cit.*, § 16.

apportant » la masse des faits, de souvenirs, d'explications qui, enregistrés par la mémoire de ses fonctionnaires, constituent les archives les plus riches et les plus vivantes de l'administration » et en fournissant « bien souvent en outre la clé permettant de comprendre et d'utiliser les renseignements qui proviennent d'autres sources, rapports, bulletins, archives, etc. »[1].

835. Le développement excessif du secret au sein de l'administration comporte un certain nombre de risques. Un auteur en a identifié cinq : le renforcement des prérogatives du gouvernement et de l'administration face aux citoyens ; l'impossibilité de contrôler leurs agissements par l'opinion, et même par les corps dont c'est la fonction ; l'encouragement au recours à des formes dévoyées d'information et autres manipulations ; la possibilité offerte à certains de bénéficier dans une plus grande proportion des avantages collectifs (emplois publics, commandes publiques, espaces appropriables) par une maximisation des inégalités d'accès aux informations ; l'existence d'une tentation d'arbitraire, de concussion, de corruption, de patrimonialisation et d'accaparement du pouvoir[2]. S'agissant particulièrement du recours à des formes dévoyées d'information et autres manipulations, l'actualité quotidienne rend compte de la mise en ligne de documents administratifs marqués du sceau de la confidentialité ainsi que la publication de documents faussement présentés comme émanant de l'administration encore qualifiés de « *fake* »[3].

Au regard de ces différents risques, une conciliation entre le secret et la transparence s'impose. S'il est vrai que certains secrets de l'administration doivent être protégés, il s'avère tout aussi important de favoriser la transparence administrative. Permettre aux citoyens d'accéder aux documents administratifs devrait pouvoir se faire toutes les fois que cet accès ne met pas en péril la sûreté de l'État. Le secret est aux antipodes de l'*open data* qui prône un changement de paradigme à travers l'ouverture des données.

§ 2. La levée de bouclier en faveur du libre l'accès aux ressources documentaires

836. Liberté, accessibilité et gratuité sont de nouvelles quêtes de la société de l'information. Elles sont à la base de l'émergence de divers mouvements mis en marche à la faveur du développement du numérique. Sans être réellement nouveau, le problème que posent ces mouvements s'articule autour de la reconnaissance d'une sphère où la connaissance et le savoir seront accessibles à tous. Une telle problématique relève d'une perpétuelle recherche d'équilibre entre l'intérêt individuel et l'intérêt général. En matière de propriété

---

[1] LAFOUGERE (L.), « Les secrets de l'administration », *Bull. de l'Institut international de l'administration publique*, 1967, n° 4, p. 30 ; voir aussi : SALON (S.), « Étendue de l'obligation de secret professionnel de l'administration », *AJDA*, 1993, p. 68.

[2] BELORGEY (J.-M.), « L'État, entre transparence et secret », *Pouvoirs*, n° 97, 2001, pp. 25-32.

[3] LABATUT (T.), « *Fake news* : proposition d'un nouveau dispositif de lutte », *Petites affiches*, n° 2, 2023, p. 11 ; HAAS (G.) et DUBARRY (A.), « Lutter contre les *fake news*, un défi juridique et démocratique », *Dalloz IP/IT*, 2020, p. 240 ; GUNEHEC (R. le), « Lutte contre les abus de la liberté d'expression en ligne : la simplicité et le juge », *Légipresse*, 2020, p. 423.

intellectuelle, l'équilibre est trouvé dans la limitation de la durée d'exploitation des biens intellectuels. Au terme de cette période, ils tombent dans le domaine public où ils sont désormais accessibles à tous (A). L'idéal de transparence dans la gouvernance des États renouvelle la question de l'accessibilité de la connaissance sous un angle différent mais qui nécessite d'être mis en perspective avec la propriété intellectuelle (B).

A-La reconnaissance traditionnelle du domaine public

837. Le domaine public en droit de la propriété intellectuelle est l'illustration d'un équilibre entre l'intérêt individuel du créateur ou inventeur, qui doit profiter des retombées économiques de sa création ou de son invention, et l'intérêt général de la société à travers l'innovation ainsi mise à la portée de tous à l'expiration de l'exclusivité. La reconnaissance du domaine public est assez ancienne (1) mais il est aujourd'hui au centre de problématiques nouvelles (2).

1- Le domaine public en droit de la propriété intellectuelle

838. La doctrine définit le domaine public comme le « régime de libre et gratuite exploitation qui devient applicable aux œuvres littéraires et artistiques [...] à l'expiration du délai pendant lequel leur auteur jouissait du droit exclusif de les exploiter »[1]. Bien qu'elle rende compte du concept du domaine public, cette définition est pour le moins réductrice dans la mesure où le domaine public ne se limite pas à la propriété littéraire et artistique uniquement mais il s'applique à la propriété intellectuelle tout entière ainsi qu'aux expressions culturelles traditionnelles. L'enjeu d'une définition positive du domaine public relatif au droit de la propriété intellectuelle est de garantir le libre accès aux ressources qui le composent. Une telle définition permet notamment de lutter contre le phénomène du « *copyfraud* » qui consiste à revendiquer frauduleusement un droit d'auteur sur une œuvre appartenant au domaine public.

a- La notion de domaine public

839. Le domaine public renvoie par essence à un fonds culturel commun dans lequel chacun est libre de puiser sans solliciter d'autorisation ou payer de redevances. Il appartient à la catégorie des *res communis* héritée du droit romain c'est-à-dire les « choses qui n'appartiennent à personne et dont l'usage est commun à tous »[2]. Il se constitue par un processus de sédimentation et comporte les créations immatérielles qui ont cessé d'être sous l'emprise d'un droit patrimonial, et de celles qui n'ont jamais pu satisfaire aux critères de protection et qui peuvent, de ce fait, être librement exploitées.

---

[1] BINCTIN (N.), *Droit de la propriété intellectuelle. Droit d'auteur, brevet, droits voisins, marque, dessins et modèles*, Paris, LGDJ, 7e éd., 2022, p. 621 ; CHOISY (S.), *Le domaine public en droit d'auteur*, Litec, 2002, pp. 35 et s. ; CHARDEAUX (M.-A.), « L'article 14 de la directive sur le droit d'auteur du 17 avril 2019. Une consécration symbolique du domaine public ? », *Communication – commerce électronique*, n° 2, 2022, comm. 3.

[2] Art. 714 du Code civil de 1804.

i- Le domaine public classique

840. En droit de la propriété intellectuelle, trois catégories d'éléments constituent le domaine public. La première comprend des objets qui ne sont pas susceptibles de protection par la propriété intellectuelle et qui forment ce que l'on appelle le « domaine public ontologique ». Il s'agit en premier lieu des idées, faits, concepts, informations brutes qui ne sont jamais protégés en tant que tels. Le droit d'auteur par exemple ne protège que les créations de forme originales à savoir le résultat de l'activité créative d'une personne humaine. Une idée, un thème, une méthode ne peuvent, à défaut de matérialisation, accéder au statut d'œuvre protégeable. Il en est de même des œuvres de l'esprit qui ne remplissent pas la condition d'originalité c'est-à-dire des créations de forme qui ne résultent d'aucun choix créatif et ne comportent aucune touche personnelle de l'auteur. La deuxième catégorie est constituée des œuvres et inventions protégées par un droit de propriété intellectuelle ayant expiré. Ces créations, qui ont bénéficié d'une protection, tombent dans le domaine public à l'expiration de la durée de protection. Elles forment le « domaine public temporel ». La troisième catégorie comprend des éléments expressément exclus par la loi du champ de protection, comme les textes officiels en matière de droit d'auteur ou les inventions contraires à l'ordre public et aux bonnes mœurs en droit des brevets, qui constituent le « domaine public réglementaire »[1].

841. L'existence du domaine public participe de la recherche d'un équilibre entre l'intérêt du public et l'intérêt individuel des créateurs. Les créations et inventions ne s'opèrent pas *ex nihilo* ; l'auteur ou l'inventeur s'inspirent des idées et phénomènes de la nature, de la société. Par un « contrat social », la société lui reconnaît des droits sur son œuvre pour rétribuer son ingéniosité. Il est donc normal qu'au bout d'un certain temps, l'œuvre ou l'invention retourne dans le fonds commun dont l'auteur ou l'inventeur s'était originellement inspiré[2].

842. Ainsi, par consensus, la réservation des utilités des créations immatérielles ne dure qu'un certain temps après lequel les droits patrimoniaux s'estompent. La durée des droits de propriété intellectuelle varie suivant qu'il s'agit de droits de propriété industrielle ou de propriété littéraire et artistique. La propriété industrielle est essentiellement dominée par une conception économique. C'est pourquoi, le principe y est à la limitation dans le temps du monopole d'exploitation accordé au titulaire (à l'exception des marques qui sont perpétuelles sous condition d'usage). À l'expiration de ce monopole, le titre disparait, son objet tombe dans le domaine public et peut désormais être exploité par toute personne. En revanche, du fait de sa forte connotation personnaliste, le droit d'auteur est dominé par une tendance à la perpétuité des droits de l'auteur. Alors que les droits moraux sont perpétuels, les droits patrimoniaux de ce dernier durent toute sa vie. Ils persistent après son décès

[1] LUCAS-SCHLOETTER (A.), « Le domaine public informationnel », *Dalloz IP/IT*, 2018, p. 90 ; CHOISY (S.), *Le domaine public en droit d'auteur*, *op. cit.*, p. 160

[2] MOYSE (P. E.), « La nature du droit d'auteur : droit de propriété ou monopole », (1998), *McGill Law Journal*, vol. 43, p. 558.

pendant au moins cinquante ans dans l'espace OAPI. Au terme de cette durée, l'œuvre tombe dans le domaine public et devient une *res communis*.

ii- Les expressions culturelles traditionnelles

843. En dehors des créations immatérielles dont la durée de réservation est expirée, les législateurs des États membres de l'OAPI insèrent également dans le champ du domaine public les expressions culturelles traditionnelles[1]. La notion d'« expressions culturelles traditionnelles » a été retenue par l'OMPI à la place de celle de « folklore » pour tenir compte des critiques qui considèrent que celle-ci véhicule une connotation péjorative, le terme « folklore » impliquant un niveau de culture inférieur[2]. Néanmoins, la problématique de la protection juridique du folklore a été abordée pour la première fois dans les années 1960 à l'initiative des pays africains nouvellement indépendants, désireux d'affirmer leur identité culturelle et politique[3]. Au fil des années, cette problématique a été exacerbée par le développement des techniques d'enregistrement et de radiodiffusion, puis de la télévision et du cinéma et enfin de l'internet. Ces technologies de la communication ont permis une commercialisation des expressions du folklore à l'échelle mondiale « sans que soient dûment respectés les intérêts culturels ou économiques des communautés dont elles sont issues, et sans qu'une partie des recettes de ces exploitations du folklore reviennent aux peuples »[4] qui en sont les auteurs. L'intérêt croissant pour les expressions du folklore a suscité des discussions au sujet de leur protection dans le cadre plus large de la sauvegarde des ressources des peuples « indigènes ». Une telle sauvegarde s'est avérée nécessaire pour diverses raisons.

844. D'abord, sur le plan de la biodiversité, de grandes entreprises multinationales chimiques et pharmaceutiques ont entrepris, dès la fin des années 1980, des recherches intensives sur les ressources génétiques et intellectuelles des régions riches en biodiversité, utilisant ainsi les modes de vie traditionnels des peuples de ces régions. Jusqu'à l'adoption de la Convention sur la diversité biologique[5], les ressources génétiques faisant partie du patrimoine commun de l'humanité, ces entreprises pouvaient utiliser librement, donc gratuitement, ces ressources génétiques ; utilisation qui pouvait alors donner naissance à un droit de propriété intellectuelle à leur profit, c'est-à-dire

[1] La loi ivoirienne sur le droit d'auteur et les droits voisins traite des expressions culturelles traditionnelles dans le chapitre 3 intitulé « domaine public ».

[2] WEINER (J. G.), « Protection of folklore : A Political and Legal Challenge », *International Review of Industrial property and Copyright Law*, 18, 1987, p. 58.

[3] LUCAS-SCHLOETTER (A.), « Protection juridique du folklore », *JCl. Propriété littéraire et artistique (PLA)*, Fasc. 1962, 2009, § 2 ; lire aussi : BRUGUIERE (A.), « La propriété intellectuelle au risque de l'ordre public », *in Les grands arrêts de la propriété intellectuelle*, Dalloz, 2e éd., 2015.

[4] OMPI/UNESCO, *Dispositions types de législation nationale sur la protection des expressions du folklore contre leur exploitation illicite et autres actions dommageables*, 1985, Observations liminaires, n° 2.

[5] Convention sur la diversité biologique, adoptée à la Conférence des Nations Unies sur l'environnement et le développement tenue à Rio de Janeiro en juin 1992 et entrée en vigueur le 29 décembre 1993.

au détriment des populations vivant dans les territoires concernés. Cette Convention reconnaît désormais que les ressources génétiques relèvent de la souveraineté des États ; ce qui implique, pour ces derniers, la possibilité d'en réglementer l'accès[1]. Il revient donc aux législations nationales de préciser les conditions d'accès aux ressources génétiques et le partage des bénéfices qui en résultent.

845. Ensuite, la sauvegarde des ressources des peuples porte sur les savoirs traditionnels. Ces ressources comprennent la médecine et les méthodes de guérison traditionnelles telles que l'usage de plantes médicinales ou des procédés thérapeutiques comme l'acupuncture, les systèmes agricoles conservant la biodiversité et protégeant l'environnement, les connaissances alimentaires ou les connaissances en matière de produits cosmétiques et de parfumerie. Juridiquement, il est question d'empêcher l'octroi de brevets pour des inventions basées sur des savoirs traditionnels au bénéfice d'entreprises occidentales. La difficulté réside dans le fait que la divulgation purement orale de ces savoirs ne peut suffire à détruire la nouveauté de telles inventions[2]. Les discussions au sein du Comité permanent de l'OMPI se sont donc orientées vers l'élaboration d'un projet d'instrument international relatif au droit substantiel des brevets qui retient une définition du critère de nouveauté beaucoup plus favorable aux savoirs traditionnels. Selon ce projet, l'état de la technique comprendrait, en cas d'adoption, « toute information qui a été mise à la disposition du public en quelque lieu du monde et sous quelque forme que ce soit »[3].

846. Enfin, s'agissant du folklore proprement dit, il constitue le fondement de l'identité culturelle collective des peuples « indigènes » et nécessite d'être protégé. Cette protection comporte un intérêt aussi bien économique que non économique. En effet, il faut, d'une part, faire bénéficier les communautés concernées des retombées économiques de l'exploitation de leur folklore. Ceci implique l'interdiction de l'octroi de droits de propriété intellectuelle à des étrangers ayant créé des œuvres inspirées de leur folklore, les empêchant par ce fait d'en faire librement usage. D'autre part, il s'agit de protéger les expressions du folklore contre des déformations et utilisations dans des contextes étrangers à la tradition. Certaines formes du folklore revêtent parfois un caractère sacré et secret, car constituant des symboles religieux des communautés concernées ou destinées à un cercle restreint de personnes. Leur utilisation par des étrangers constitue dès lors une profanation et une atteinte à leurs croyances.

847. La protection juridique du folklore passe par une définition précise de sa notion, car elle est différemment conçue dans le monde occidental et par les peuples directement concernés. Dans la conception occidentale, le folklore renvoie à des manifestations artistiques de la culture d'un peuple, transmises au

[1] Art. 15 al. 1 de la Convention sur la diversité biologique de juin 1992.

[2] LUCAS-SCHLOETTER (A.), « Protection juridique du folklore », *JCl. Propriété littéraire et artistique (PLA), op. cit.*, § 4.

[3] Projet de Traité sur le droit matériel des brevets, art. 8, WIPO/SCP/9/2, p. 21.

fil des générations et qu'il convient de préserver. En revanche, pour les peuples concernés, il s'agit d'un héritage vivant qui fait partie intégrante de leur vie, et dont le caractère est nécessairement évolutif. Malgré ces divergences, deux critères de définition semblent faire l'unanimité : les caractères anonyme et traditionnel auxquels l'on ajoute parfois le mode de transmission oral. Aussi, les dispositions types de l'Organisation mondiale de la propriété intellectuelle (OMPI) et de l'UNESCO[1] définissent-elles les expressions du folklore comme « les productions se composant d'éléments caractéristiques du patrimoine artistique traditionnel développé et perpétué par une communauté (...) ou par des individus reconnus comme répondant aux aspirations artistiques traditionnelles de cette communauté ». Le législateur camerounais reprend en la complétant cette définition[2].

848. Bien que les documents internationaux mentionnés ne revêtent qu'un caractère prospectif, le droit positif international en la matière repose néanmoins sur la Convention de l'UNESCO pour la sauvegarde du patrimoine culturel immatériel de 2003. Cet instrument retient une approche large et identifie le patrimoine culturel immatériel comme « les pratiques, représentations, expressions, connaissances et savoir-faire – ainsi que les instruments, objets, artefacts et espaces culturels qui leur sont associés – que les communautés, les groupes et, le cas échéant, les individus reconnaissent comme faisant partie de leur patrimoine culturel »[3].

849. Les créations immatérielles tombées dans le domaine public et les expressions culturelles traditionnelles obéissent au même régime juridique.

iii- Le régime du domaine public

850. D'après le droit de la propriété intellectuelle, le domaine public est d'accès libre et gratuit[4]. Cette affirmation nécessite cependant quelques précisions. En effet, l'articulation entre le domaine public tel que défini en droit administratif et la réserve du domaine public prévue en droit de propriété intellectuelle, n'est pas toujours aisée. Le décret camerounais fixant les modalités d'enregistrement et le régime des garanties et sûretés applicables aux concessions et aux baux domaniaux définit le domaine public comme un « ensemble des biens meubles

---

[1] Dispositions types de législation nationale sur la protection des expressions du folklore contre leur exploitation illicite et autres actions dommageables (OMPI/UNESCO), 1982 ; voir CRETIN (T.), « Qu'est-ce qu'une mafia », *RSC*, 1995, p. 281.

[2] L'article 2.10 de la loi camerounaise sur le droit d'auteur et les droits voisins définit le folklore comme « l'ensemble des productions d'éléments caractéristiques du patrimoine culturel traditionnel et perpétué par une communication ou par des individus reconnus comme répondant aux attentes de cette communauté, comprenant notamment les contes populaires, les danse et spectacles populaires ainsi que les expressions artistiques, les rituels et les productions d'art populaire ».

[3] Article 2.2 de la Convention de l'UNESCO pour la sauvegarde du patrimoine culturel immatériel.

[4] DUSSOLIER (S.), « Le domaine public, garant de l'intérêt public en propriété intellectuelle ? », *in* BUYDENS (M.) et DUSOLLIER (S.) (dir.), *L'intérêt général et l'accès à l'information en propriété intellectuelle*, Bruxelles, Bruylant, 2008, pp. 117 et 139.

et immeubles, qui par nature ou par destination, sont affectés soit à l'usage direct du public, soit aux services publics »[1]. L'on peut déduire de cette définition, l'existence d'un domaine public immobilier et d'un domaine public mobilier[2]. La domanialité publique des immeubles est déterminée par les textes alors que celle des meubles demeure une quête.

851. La doctrine a néanmoins dégagé des critères de la domanialité des meubles en distinguant les meubles ayant une destination d'utilité publique évidente et meubles irremplaçables et essentiels pour le service[3]. Suivant une autre approche, un nombre limité de meubles pourrait faire partie du domaine public, « seuls ceux qui constituent l'objet même d'un service public chargé de leur conservation et de leur exposition au public sont protégés par le régime de la domanialité publique ; il s'agit des objets qui font partie d'une collection publique présentée au public et qui ont un intérêt historique, artistique ou scientifique ainsi que des meubles garnissant les édifices cultuels publics »[4]. Le domaine public mobilier et le domaine public prévu en droit de propriété intellectuelle se recoupent effectivement au niveau de la catégorie des meubles objets d'un service public chargé de leur conservation et de leur exposition au public. Alors que les œuvres tombées dans le domaine public sont d'accès libre et gratuit, l'utilisation privative des biens du domaine public mobilier est synonyme d'occupation et donne par conséquent lieu au paiement d'une redevance.

852. Comment concilier la gratuité de l'utilisation des objets du domaine public défini par le droit de propriété intellectuelle et l'exigence d'une autorisation et d'une redevance en rapport avec le principe de l'égalité des usagers devant le service public ? Au centre de la problématique, se trouvent les objets détenus notamment par les musées et les bibliothèques publics. Le Conseil d'État français a eu à prendre position en décidant que « la prise de vues d'œuvres relevant des collections d'un musée public, à des fins de commercialisation des reproductions photographiques ainsi obtenues, doit être regardée comme une utilisation privative du domaine public mobilier impliquant la nécessité, pour celui qui entend y procéder, d'obtenir une autorisation »[5]. Pour la haute

---

[1] Voir à cet égard, le décret camerounais n° 2015/3580 PM/DU 11 août 2015 fixant les modalités d'enregistrement et le régime des garanties et sûretés applicables aux concessions et aux baux domaniaux.

[2] Dans certaines législations comme celles du Togo, il n'est pas fait mention du domaine public mobilier. L'article 505 de loi togolaise n° 2018-005 du 14 juin 2018 portant code foncier et domanial dispose que le « domaine public comprend tous les immeubles qui, par nature ou par destination, sont à la destination du public et qui appartiennent » soit à l'État, soit aux établissements publics ou collectivités publiques secondaires.

[3] OWONA (J.), *Domanialité publique et expropriation pour cause d'utilité publique au Cameroun*, L'Harmattan, coll. « Droits africains et malgache », 2012, p. 13.

[4] CHAMARD-HEIM (C.), « Les frontières de la propriété le domaine public », *in* Presses de l'Université Toulouse 1 Capitole, 2006, pp. 83-101.

[5] CE, 29 oct. 2012, *Commune de Tours c/ EURL Photo Josse*, n° 341.173, *AJDA*, 2013, p. 111, note N. Foulquier ; *CCE*, 2013, p. 7, note J.-M. Bruguière ; *Contrats march. publ.* 2012, comm. 342, note J.-C. Devillers ; *Dr. adm.* 2012, n° 96, note S. Zinai ; *JCP A* 2012, n° 2390, note S. Carpi-Petit ;

juridiction, il est loisible à une collectivité publique affectataire d'œuvres dans le respect du principe d'égalité, de ne pas autoriser un usage privatif de ce domaine public mobilier.

853. La soumission de l'utilisation privative à des fins commerciales de l'image des meubles aux règles de la domanialité publique implique un concours avec les règles de la propriété intellectuelle[1]. Cette position a été critiquée en raison de la confusion d'objets qu'elle comporte. La doctrine relève que les musées publics disposent bien de la propriété corporelle dépendante du domaine public mobilier, mais ne possèdent que rarement la propriété incorporelle dépendante du droit d'auteur. Le support, objet corporel, tel un tableau, une statue ou une gravure, est la propriété de la personne publique. En revanche, l'œuvre, élément incorporel, appartient à son auteur selon le principe de l'indépendance. Or, le droit de reproduction après un certain délai tombe dans le domaine public du droit d'auteur[2]. Autant que la représentation, la reproduction peut alors être librement effectuée par toute personne sans besoin d'autorisation ni de paiement de redevance.

854. Dans l'espace OAPI, les législateurs nationaux optent pour une solution similaire à celle du Conseil d'État français tout en la généralisant. Ils subordonnent l'exploitation des œuvres du domaine public au respect des droits moraux de l'auteur, ce qui est conforme au droit d'auteur, mais posent également l'exigence d'une déclaration[3] ou d'une autorisation[4] de l'autorité compétente et le paiement d'une redevance. Les mêmes conditions sont posées pour l'exploitation des expressions culturelles traditionnelles. Ces législations consacrent donc un domaine public payant dont les recettes sont versées dans un compte spécial de soutien à la politique culturelle[5]. Ce choix pragmatique, qui contraste avec l'orthodoxie du domaine public du droit d'auteur, est révélateur des problématiques actuelles de la matière.

2- Les problématiques actuelles du domaine public

855. La compétition industrielle et technologique donne lieu à un conflit entre les droits de propriété intellectuelle et le domaine public, fonds commun dans

ibid., n° 2391, note C. Vocanson ; *RJEP* 2013, n° 14, note M. Ubaud-Bergeron ; *RLC* 2013, n° 2218, note G. Clamour.

[1] BOUL (M.), « Les concours de droits sur l'image du domaine public mobilier », *AJDA*, 2023, n° 8, pp. 371-376 notamment p. 371 ; CHAMARD-HEIM (C.), « L'image du domaine public mobilier : un bien public spécial » ?, *AJDA*, 2023, p. 364.

[2] NOUAL (P.), « Propriété intellectuelle – Propriété incorporelle - Photographie au musée : méprise sur le domaine public », note sous CE, 23 déc. 2016, *Société Photo Josse c/ Commune de Tours*, n° 378.879, *Juris art etc*, 2017, n° 43, p. 11, obs. P. Noual et n° 46, p. 35 (Sur l'effet de l'appropriation du support par une personne publique).

[3] Déclaration préalable adressée au ministre en charge de la culture, art. 39 al. 2 de la loi camerounaise sur le droit d'auteur et les droits voisins.

[4] Autorisation de l'organisme de gestion collective habilité ; art. 125 de la loi ivoirienne sur le droit d'auteur et les droits voisins.

[5] Art. 39 al. 2 et 127 respectivement des lois camerounaise et ivoirienne sur le droit d'auteur et les droits voisins.

lequel chacun peut librement puiser. Alors que les titulaires de droits créent parfois des subterfuges pour retarder la perte de leurs droits au profit du domaine public, d'autres instaurent des mécanismes favorisant l'accès de tous aux créations immatérielles.

a- Les tentatives de restriction du domaine public

856. En droit de la propriété industrielle, il existe un phénomène dit de « blocage » consistant à utiliser les mécanismes juridiques à des fins individualistes à savoir empêcher les tiers d'acquérir des droits concurrents. C'est le cas des « brevets de blocage » et des « marques de barrage ».

857. Le système des brevets a pour objectif essentiel d'encourager la création de connaissances nouvelles ainsi que la diffusion des innovations. De fait, le dépôt d'un brevet a pour effet d'exclure les tiers de l'exploitation économique des connaissances protégées mais il a indirectement pour contrepartie la révélation de certains éléments relatifs auxdites connaissances. Dans une démarche stratégique, certaines entreprises obtiennent des brevets dans le but non pas de protéger directement l'invention décrite dans le document de brevet mais pour faire obstacle aux concurrents[1]. Ce faisant, elles excluent ces derniers de l'usage des nouvelles connaissances produites afin de renforcer leur position sur le marché.

858. Normalement, les brevets sont obtenus par les entreprises afin de protéger des innovations de haute qualité technique. Mais, la compétition entre elles a fait naître des stratégies consistant à déposer aussi des brevets de moindre importance autour de l'invention de base pour renforcer le pouvoir du brevet central. Il en résulte une prolifération des brevets avec pour conséquence de gêner les autres entreprises dans la poursuite de leurs efforts de recherche et de développement dans le domaine technologique concerné. Dès lors, un produit unique peut potentiellement contrefaire plusieurs droits de brevets. Les autres entreprises sont donc contraintes de négocier auprès de l'entreprise titulaire des contrats de licence dont le prix total s'avère élevé. La hausse des coûts de redevances liées aux droits de licence est de nature à entraîner un infléchissement des investissements ultérieurs dans la recherche et l'innovation.

859. La stratégie des brevets de blocage constitue donc un détournement de droit, car le brevet est obtenu à des fins autres que celles visées par le législateur. Au lieu de servir la cause de l'innovation, le brevet est dévoyé pour servir plutôt les intérêts individuels d'une entreprise. À part les contrats de licence, un concurrent peut, soit demander la nullité du brevet bloquant, soit attendre l'expiration de celui-ci, soit ignorer le blocage et contrefaire, soit constituer à son tour un portefeuille de brevets qui lui permettra d'acquérir une position de force pour négocier. Quoi qu'il en soit, le phénomène doit être rigoureusement endigué par l'office de propriété intellectuelle à travers un contrôle méticuleux de la brevetabilité de l'invention.

---

[1] LE BAS (C.) et MOTHE (C.), « Les déterminants de l'utilisation du brevet bloquant : une étude des entreprises françaises », *Management international*, vol. 14, n° 3, 2010, p. 31.

860. De la même manière, l'enregistrement d'une marque de barrage permet au déposant de rendre indisponible un signe afin d'empêcher les tiers de commercialiser la marque pour certains produits[1]. La jurisprudence sanctionne cette pratique en retenant la mauvaise foi du déposant qui réserve un signe dans le seul but de bloquer l'entrée sur le marché d'un concurrent. L'intention de nuire se déduit de la poursuite d'une telle finalité alors même que le droit des marques a pour finalité essentielle de garantir l'identité d'origine des produits et des services aux yeux du consommateur, et ce, afin d'éviter toute confusion avec les produits ou services commercialisés par un tiers. La chambre commerciale de la Cour de cassation française décide que « le dépôt de marque avait été effectué, non pas pour distinguer les produits en identifiant leur origine mais pour permettre à la société Christian Lacroix de l'opposer dans le cadre de l'action en contrefaçon introduite contre les sociétés Sicis, la Cour d'appel [...] a pu retenir que ce dépôt avait été opéré de mauvaise foi, pour détourner le droit de marque de sa finalité essentielle »[2].

861. L'encadrement des signes en série par le législateur OAPI vise entre autres à éviter l'enregistrement de marques dont le seul but serait de protéger un signe principal en construisant une « barrière » de marques secondaires empêchant la réservation par des tiers. La réservation frauduleuse des biens intellectuels contraste avec l'idéal de constitution d'un fonds commun disponible.

b- Les difficultés de constitution d'un fonds commun numérique

862. Le droit de la propriété intellectuelle a une vocation culturelle en lien avec l'impératif de diffusion du patrimoine culturel. Cette vocation à l'intérêt public culturel est le fondement des exceptions au droit d'auteur que sont notamment les possibilités de reproduction et de représentation dont disposent les services d'archives, de bibliothèques, de musées pour assurer leur mission d'accès aux contenus culturels. Si de telles initiatives ne posent guère de difficultés lorsqu'elles concernent les œuvres du domaine public, il en est différemment de celles encore appropriées. L'entité à l'initiative de la reproduction ou de la représentation doit nécessairement obtenir l'autorisation des ayants droit. C'est dans ce contexte que s'est posé le problème de la mise à disposition des « œuvres orphelines »[3]. En l'absence d'une définition de l'œuvre orpheline par le législateur OAPI, l'on peut invoquer celle avancée par son homologue français qui désigne comme telle, « une œuvre protégée et divulguée, dont le titulaire des droits ne peut être identifié ou retrouvé, malgré des recherches

---

[1] THRIERR (O.), « Enregistrement de la marque », *JurisClasseur Marques - Dessins et modèles*, 2023, Fasc. 7210 ; voir aussi : KAMINA (P.), « La demande d'enregistrement d'une marque n'est pas un acte de contrefaçon », *Communication – Commerce électronique*, n° 1, 2022, comm. 2.

[2] Cass. com. 8 févr. 2017, *Sté Christian X c/ Christian X*, n° 14-28.232, *D.* 2018, p. 479, obs. J.-P. Clavier, N. Lartial-Braz et C. Zolynski ; *AJ contrat* 2017, p. 222, obs. G. Cattalano-Cloarec ; *CCÉ* 2017, n° 32, obs. G. Loiseau ; *RTD civ.* 2017, p. 389, obs. H. Barbier, *Propr. industr.* 2017, comm. 24, note P. Tréfigny).

[3] MACREZ (F.), « Œuvres orphelines et œuvres indisponibles », *Jcl. Propriété littéraire et artistique*, 2023, Fasc. 1380.

diligentes, avérées et sérieuses »[1]. Bien qu'il soit assez convenable de parler d'œuvre orpheline, il semble qu'il s'agisse davantage de droit orphelin. En réalité, le choix du qualificatif « orphelin » repose sur le fait que le droit qui relie l'œuvre à son auteur n'est pas identifiable, ce qui rend inutilisable une œuvre dans son ensemble. Tous les types d'œuvres peuvent être concernés par le phénomène d'œuvres orphelines[2].

863. L'œuvre orpheline se distingue de l'œuvre indisponible[3]. Une œuvre est indisponible lorsque « l'ensemble de l'œuvre protégée, dans toutes ses traductions, versions et manifestations, n'est pas accessible au public par le biais des circuits commerciaux habituels et qu'on ne peut raisonnablement s'attendre à ce qu'elle le devienne ». La doctrine établit une différence entre les œuvres orphelines et les œuvres indisponibles en relevant que, si « une œuvre orpheline est nécessairement indisponible puisque les ayants droit, inconnus ou ne pouvant être retrouvés, ne sont pas en mesure d'en autoriser l'exploitation [...], une œuvre indisponible n'est pas nécessairement orpheline. Elle peut ne pas être exploitée en raison du désintérêt de l'éditeur, voire de l'auteur »[4]. Les œuvres indisponibles concernent la littérature dite « grise » constituée de documents produits par l'administration, l'industrie, l'enseignement supérieur et la recherche (thèses non publiées et mémoires), les services, les ONG, les associations, etc., diffusés en dehors des circuits commerciaux de l'édition et de la distribution[5].

864. L'intérêt pour les œuvres orphelines a été suscité par l'émergence de projets de numérisation massive d'œuvres tels que *Google Books*, qui se sont heurté à l'impossibilité d'exploiter ces œuvres[6]. À titre d'illustration, dans le cas

---

[1] Art. L. 113-10 du Code français de la propriété intellectuelle créé par la loi n° 2012-287 du 1er mars 2012.

[2] BERNAULT (C.) et CLAVIER (J.-P.), « Fiche 12. Les œuvres orphelines ou indisponibles » *in Fiches de droit de la propriété intellectuelle*, 2016, pp. 68-73 ; GALOPIN (B.), « Le régime des œuvres orphelines... adopté », *Juris art etc.*, n° 27, 2015, p. 27.

[3] BATTISTI (M.), « Focus sur les œuvres indisponibles », *Information, données et documents*, vol. 54, 2017, p. 26.

[4] LUCAS (A.), « Droits des auteurs. Contenus des droits », *Jcl. Propriété littéraire et artistique*, 2023, § 32. Il convient de constater avec cet auteur que l'exception à l'utilisation des œuvres indisponibles dans le commerce a été transposée au 13° de l'article L. 122-5 du CPI français qui renvoie à un article nouveau, l'article L. 122-5-5 dudit Code, dont le premier alinéa du I soustrait au consentement du titulaire des droits la représentation et la reproduction des œuvres indisponibles détenues par les bibliothèques accessibles au public, les musées, les services d'archives et les institutions dépositaires du patrimoine cinématographique, audiovisuel ou sonore, « dès lors que cette représentation et cette reproduction ont pour objet de rendre cette œuvre disponible sur un service de communication au public en ligne non commercial ».

[5] SCHOPFEL (J.), « Littérature « grise » : de l'ombre à la lumière », *Information, données et documents*, vol. 52, 2015, p. 28.

[6] PIRIOU (F.-M.), « Les « œuvres orphelines » en quête de solutions juridiques », *RIDA*, n° 218, 2008, p. 2 ; GINSBURG (J.-C.) et SIRINELLI (P.), « Google Book Search. Les enjeux internationaux pour le droit d'auteur », *JCP G*, 2010, p. 486, n° 48 ; FABIANI (M.-H.), « La diffusion et l'appropriation des œuvres orphelines à l'occasion de l'affaire Google », *Gaz. Pal.*, 2010, n° 170, p. 15 ; SOLEILHAC (T.), « Les bibliothèques numériques, un domaine public immatériel », *AJDA*, 2008, p. 1133. L'objectif du projet « *Google Books* » était de numériser les

des œuvres de collaboration, l'entité souhaitant utiliser l'œuvre doit obtenir l'autorisation de tous les ayants droit. L'impossibilité d'obtenir l'autorisation d'un seul d'entre eux fait obstacle à l'utilisation de l'œuvre. De même, lorsque l'exploitation commerciale d'une œuvre a été cédée à un éditeur, si le contrat d'édition n'a pas prévu de rétrocession de ces droits à l'auteur ou à ses ayants droit, il le conserve jusqu'à l'expiration des droits. Si d'aventure l'éditeur n'existe plus et que le contrat est introuvable, les ayants droit, titulaires de droits moraux, ne pourront pas délivrer l'autorisation requise même s'ils sont favorables à la numérisation de l'œuvre[1].

865. Face à l'obstacle des œuvres orphelines, il existe des hypothèses de solutions alternatives visant à concilier les intérêts des ayants droit, des entités concernées et des utilisateurs. Une solution consiste à limiter la responsabilité de l'utilisateur d'une œuvre s'il prouve qu'il a fait tout son possible pour identifier ou retrouver les ayants droit de l'œuvre dont il souhaite faire usage. Il se prémunit ainsi d'éventuelles poursuites de la part de ces ayants droit dans le cas où ils se manifesteraient. L'inconvénient de cette solution tient au fait qu'elle pourrait encourager une utilisation massive des œuvres par des acteurs n'ayant pas suffisamment poussé la recherche des ayants droit. En plus, elle suppose que ces derniers ne peuvent exercer les prérogatives que leur confère le droit d'auteur que par une action en justice coûteuse et complexe à mettre en œuvre.

866. Une autre solution repose sur une nouvelle exception qui serait introduite en droit d'auteur et en droit du *copyright* à l'effet de couvrir le problème des œuvres orphelines, au profit des bibliothèques dans un but de diffusion des connaissances, de préservation, et de mise à disposition des œuvres. À l'encontre de cette solution, certains acteurs concernés par l'utilisation des œuvres orphelines ont émis la crainte d'un risque de surexploitation de ces œuvres au détriment des œuvres contemporaines. Toutefois, cette crainte est à minimiser puisque le phénomène des œuvres orphelines touche principalement les œuvres sorties du circuit commercial et par conséquent dont la valeur marchande est faible.

867. Certaines législations portent leur choix sur le mécanisme de l'autorisation[2]. L'utilisateur a la possibilité de déposer auprès d'une instance administrative compétente une demande d'autorisation afin d'utiliser une œuvre précise, lorsque l'identité ou les coordonnées de l'ayant droit n'ont pu être établies à l'issue d'une recherche raisonnable. Cette démarche lui assure une certaine sécurité juridique tout en préservant les intérêts des ayants droit. Cette autorisation est non exclusive ; elle ne s'applique qu'au territoire national concerné et est accordée pour une période déterminée.

---

fonds de plusieurs bibliothèques universitaires américaines, soit 15 millions d'ouvrages, en 10 ans, en s'en tenant aux œuvres libres de droit, accessibles gratuitement aux internautes.

[1] LESPETS (S.), *Numérisation et œuvres orphelines*, Mémoire d'étude, Université de Lyon, 2010, p. 23 ; MACREZ (F.), « Œuvres orphelines et œuvres indisponibles », *Jcl. Propriété littéraire et artistique*, 2023, Fasc. 1380.

[2] Québec, Hongrie (*Act CXII* de 2008, entré en vigueur le 1er février 2009).

868. D'autres législations ont adopté un mécanisme consistant à confier à un organisme privé de représentation d'ayants droit un rôle de garant pour les utilisateurs[1]. L'organisme s'engage au travers d'une clause de garantie à protéger l'utilisateur contre l'engagement de sa responsabilité pour infraction au droit d'auteur. Pour bénéficier de cette garantie, l'utilisateur doit verser une somme équivalant au montant qu'il aurait normalement versé aux ayants droit. Cette provision est conservée pour être reversée aux ayants droit s'ils sont retrouvés.

869. Le phénomène des licences dites « libres » constitue une autre solution à l'obstacle des œuvres orphelines. Il en est ainsi de la licence *Creative Commons*, qui participe du mouvement « du libre ». Celui-ci met en avant la dimension de diffusion du droit d'auteur face à la protection fondée sur le droit d'auteur. Les auteurs qui participent à ce mouvement, stipulent clairement la manière dont ils souhaitent que leurs œuvres soient utilisées. Sans forcément renoncer à leur droit d'auteur, ils font le choix de ne pas percevoir tout ou partie des bénéfices auxquels ils ont droit. Par conséquent, si une œuvre publiée sous licence libre était de droit orphelin, son utilisation serait théoriquement possible[2]. Le mouvement du libre constitue donc l'un des moyens efficaces d'ouverture de l'accès aux données.

B-Les mouvements volontaristes pour une meilleure accessibilité des données

870. L'engouement pour l'information n'a jamais été aussi prégnant dans la société humaine. L'hostilité aux obstacles à l'information s'est exacerbée avec l'utilisation des outils numériques. Aussi, se sont développés ces dernières années deux grands mouvements volontaristes en faveur de libéralisation de l'information : le courant appelé mouvement « du libre » et celui de l'*open data*[3]. Le mouvement « du libre » prône le partage, contrairement au droit de la propriété intellectuelle qui fonde l'exclusivité sur la création. Il est apparu dans les années 1980 avec l'émergence des logiciels libres et s'est répandu au début du XXIe siècle à toutes les formes d'expression protégées par la propriété littéraire et artistique ; ce qui a donné naissance au vocable « œuvre libre ». Le phénomène du libre désigne une pratique consistant, pour l'auteur, en une invitation à participer à la création de son œuvre c'est-à-dire son autorisation à copier, diffuser et modifier sa création qui évolue alors au gré de l'intervention d'une multitude de personnes. Le mouvement du libre (1) se distingue du concept de l'*open data* qui est une pratique consistant à rendre des données publiques accessibles pour qu'elles puissent être exploitées et réutilisées par toute personne (2).

---

[1] VAN GOMPEL, (S.), *Les archives audiovisuelles et l'incapacité à libérer les droits des œuvres orphelines.* Iris plus, n° 4, 2007, *http://www.obs.coe.int/oea_publ/iris/iris_plus/iplus4_2007.pdf.fr*.

[2] LESPETS (S.), *Numérisation et œuvres orphelines, op. cit.*, p. 39.

[3] GILLES (W.), « OPEN DATA – La construction du droit de l'open data. – Les régimes juridiques de l'open data », *Jcl. Communication*, 2024, Fasc. 850 ; voir aussi : DESGENS-PASANAU (G.), « Publier les données publiques dans le respect de l'Open data et la protection des données », Lexisnexis, 2022, Fiche pratique n° 4360.

1- Le mouvement « du libre »

871. Du point de vue historique, la diffusion libre de l'œuvre n'est pas un phénomène nouveau puisque, avant la consécration des premières règles du droit d'auteur, l'œuvre était essentiellement évolutive et plurale. En l'absence du droit d'auteur, il existait des pratiques de reprises et de transformation des œuvres. Les écrits pouvaient ainsi être remaniés par des tiers, et les cathédrales construites durant plusieurs siècles par plusieurs générations d'architectes, de sculpteurs et de peintres. L'œuvre n'était jamais considérée comme achevée mais plutôt comme étant en cours d'achèvement[1]. Le mouvement du libre vient donc ressusciter cette ancienne conception de l'activité créatrice, face à une propriété intellectuelle jugée trop « réservataire ». Pour les défenseurs de ce mouvement, les monopoles constituent un frein à la recherche et un risque pour la société : un frein à la recherche, car ils mettent fin aux pratiques qui consistent à pouvoir étudier les programmes et à procéder à des modifications aussi essentielles que celles qui autorisent l'interopérabilité. Un risque pour la société, car le jeu du marché favorise la domination d'éditeurs de logiciels (en particulier la société *Microsoft*) qui fournissent la quasi-totalité des outils informatiques. Le mouvement du libre a débuté avec le logiciel libre qui est un concept développé à l'origine aux États-Unis par l'informaticien Richard M. STALLMANN qui créa en 1989 la *GNU General Public License* (GPL) et la *Free Software Foundation.*

872. Par la suite, va naître le mouvement « *open source* » dont l'objectif est de partager au sein de communautés d'internautes des logiciels au moyen de licences libres dont la particularité est de garantir aux licenciés directs une liberté d'amélioration et une transmission obligatoire à d'autres en vue de pérenniser l'œuvre et la chaîne des membres. En cas d'amélioration de l'œuvre initiale, les nouvelles variantes viennent enrichir le fonds des biens communs informationnels (*Commons*)[2]. L'auteur d'une adjonction ou d'une transformation de l'œuvre initiale ne peut faire valoir la plénitude de ses droits d'auteur, ceci afin de ne pas briser la chaîne des libertés. Le phénomène « *du libre* » s'applique aux œuvres, en particulier aux logiciels ainsi qu'aux licences dont ces œuvres font l'objet. Mais, l'on relève une incompatibilité conceptuelle entre « ce rapport alternatif à la propriété »[3] et le droit d'auteur.

a- L'œuvre libre

873. L'œuvre libre s'entend comme toute œuvre, quel que soit son mode d'expression, protégée par le droit d'auteur, évolutive, à pluralité d'auteurs, car il est possible de la copier, de la diffuser et de la modifier, de par la volonté de

---

[1] CLEMENT-FONTAINE (M.), *L'œuvre libre*, (préf. M. VIVANT), Larcier, 2014, n° 1.

[2] BROCA (S.) et EYNAUD (P.), « Biens communs et outils numériques : le cas des logiciels libres », *Juris associations*, n° 501, 2014, p. 33 ; lire aussi : MERCIER (S.) et EYNAUD (Ph.), « Le droit d'auteur au défi des biens communs de la connaissance », *J. A*, 2014, n° 501, p. 28.

[3] VARNEROT (V.), « Le droit de la propriété littéraire et artistique en réseau », *Communication commerce électronique*, n° 3, 2013, étude 4, pp. 7-15, spéc. p. 7.

son auteur, sans autres restrictions que celles nécessaires à la garantie de ces libertés[1]. C'est dire que la forme de l'œuvre change de même que ses créateurs varient. Le caractère gratuit n'est pas un élément déterminant bien qu'il semble être une conséquence de ce mode de diffusion qui peut, par ailleurs, concerner tout type d'œuvres protégées par le droit d'auteur. L'œuvre libre n'est admissible, au regard des principes du droit d'auteur, qu'à condition que l'auteur soit libre de prendre la décision de rendre son œuvre libre d'une part et d'autre part qu'il bénéficie en contrepartie des mêmes libertés d'utilisation sur les contributions à l'œuvre faites par des tiers. Les œuvres libres les plus connues sont l'encyclopédie *Wikipédia* et le système d'exploitation *Linux*.

874. Le domaine des logiciels est le champ de prédilection des œuvres libres. On parle alors de logiciels libres. La doctrine les définit comme des logiciels « protégés par le droit d'auteur et [qui] peuvent, généralement à titre gratuit, mais parfois aussi à titre onéreux, être exécutés, étudiés, diffusés et modifiés selon les termes d'une licence »[2]. Le logiciel libre est donc un logiciel fourni avec son code source, dont l'auteur autorise la copie, la diffusion et la modification. Dire que le logiciel est fourni avec son code source signifie qu'il est fourni sous sa forme initiale c'est-à-dire dans un langage de programmation compréhensible par l'homme qui, une fois compilé, devient un code objet compréhensible par une machine.

875. L'œuvre libre se distingue des autres formes d'œuvres qui, prévues par le droit d'auteur, peuvent résulter de la création d'un ou de plusieurs auteurs bien identifiés, sans admettre de possibilité de modification par le public (œuvre audiovisuelle, œuvre collective, œuvre de collaboration). Alors que l'œuvre envisagée par le droit d'auteur est figée et son créateur ou groupe de créateurs bien identifié, l'œuvre libre est au contraire dynamique et ouverte à toute modification par des auteurs non identifiés. L'œuvre ne peut être qualifiée de libre si, accompagnée des autorisations de copier et de diffuser librement, elle n'admet aucune possibilité de modification. Il s'agira plutôt d'une œuvre de libre copie ou une œuvre de libre diffusion. Ainsi, les œuvres diffusées sous une licence *creative commons* sont des œuvres de libre copie ou de libre diffusion parce qu'elles n'admettent pas de modification[3].

876. L'œuvre libre se distingue aussi des œuvres dites « transformatives »[4]. D'émergence récente, l'œuvre transformative est une forme d'œuvre dérivée qui emprunte à une œuvre préexistante protégée par le droit d'auteur. Elle est

---

[1] CLEMENT-FONTAINE (M.), *L'œuvre libre*, *op. cit.*, n° 410 : CLEMENT-FONTAINE (M.), « Pourquoi le grand modèle de langage Falcon 180B est en accès libre ? », *Dalloz actualité* du 22 septembre 2023.

[2] CARON (C.), « Les licences de logiciels dits « libres » à l'épreuve du droit d'auteur français », *D.*, 2003, p. 1556.

[3] Par exemple, les logiciels sous licences *Shareware, Crippleware* et *Freeware* qui autorisent l'utilisation du logiciel sans qu'il soit permis de le modifier.

[4] LUCAS (A.), LUCAS-SCHLOETTER (A.) et BERNAULT (C.), *Traité de la propriété littéraire et artistique*, LexisNexis, 2017, n° 378 ; VIVANT (M.) et BRUGUIERE (J.-M.), *Droit d'auteur et droits voisins*, Dalloz, 4e éd., 2019, n° 423.

souvent appelée *mashup* (réunir des œuvres préexistantes sans les modifier) ou encore *sampling* ou *remix* (modifier une œuvre préexistante pour en créer une nouvelle). Dans la pratique, la plupart des œuvres transformatives sont effectuées dans l'illégalité dans la mesure où il est difficile d'obtenir l'autorisation de toutes les personnes concernées par l'œuvre préexistante (auteur, compositeur, artiste interprète, producteur). Des propositions ont été formulées allant dans le sens de la création d'une nouvelle exception qui engloberait toute production intellectuelle, une forme de refonte d'œuvres préexistantes sans craindre d'être poursuivi pour contrefaçon dès lors que l'usage est à des fins non commerciales[1]. La loi canadienne sur le droit d'auteur a intégré une telle exception dans le but de rééquilibrer les droits des auteurs et ceux des utilisateurs. Cette nouvelle exception au profit des internautes prévoit de nouvelles utilisations équitables pour certaines reproductions faites à des fins privées et également pour les œuvres transformatives réalisées à des fins non commerciales à partir d'œuvres protégées par le droit d'auteur[2]. Par ailleurs, la jurisprudence française soumet à l'appréciation des juges du fond l'originalité de l'extrait et de la réalité de son incorporation dans l'œuvre litigieuse[3].

877. L'œuvre transformative et l'œuvre libre reposeraient donc sur des fondements distincts. Alors que l'œuvre transformative fait exception au droit d'auteur du fait que l'auteur ne peut interdire les transformations et les contributeurs ne peuvent revendiquer des droits sur leur contribution, à l'inverse s'agissant de l'œuvre libre, chaque contributeur conserve ses droits d'auteur ; tout usage est permis excepté d'interdire aux autres l'usage.

b- Les licences libres

878. La doctrine a essayé de conceptualiser les licences libres en les définissant comme « (…) les licences par lesquelles l'auteur autorise la copie, la modification et la diffusion de l'œuvre modifiée ou non, de façon concurrente, sans transférer les droits d'auteur qui y sont attachés et sans que l'utilisateur puisse réduire ces libertés tant à l'égard de l'œuvre originelle que de ses dérivés »[4]. Il s'agit de contrats consentis volontairement, généralement à titre gratuit, et qui revêtent un caractère non exclusif et international. Les licences libres apparaissent comme des contrats innommés[5]. La nature contractuelle des

---

[1] Comm. CE : *Livre Vert, Le droit d'auteur dans l'économie de la connaissance*, COM (2008) 466/3, [sect.] 3.4, p. 18 ; Rapp. GOWERS, recommandation 11, pp. 6 et 68 ; Rapp. LESCURE, *Mission Acte II de l'exception culturelle, Contribution aux politiques culturelles à l'ère numérique*, 2013, t. 1 spéc. Synthèse 2.a et fiche C.

[2] Loi canadienne du 29 juin 2012 sur la modernisation du droit d'auteur.

[3] Cass. civ. 1er, 8 févr. 2023, *Société Get Down SARL et al. c/ société Artiworks, société par actions simplifiée unipersonnelle et al.*, n° 21-24.980, *Dalloz IP/IT* 2023, p. 299, obs. G. Querzola ; *Légipresse* 2023, pp. 81 et 699, chron. C. Alleaume ; *Propr. intell.* 2023, n° 87, p. 31, obs. A. Lucas ; *Rec. Dalloz* 2024, p. 392, obs. P. Sirinelli.

[4] CLEMENT-FONTAINE (M.), « L'œuvre libre », *op. cit.*, n° 756.

[5] CLEMENT-FONTAINE (M.), « L'œuvre libre », *JCl Propriété littéraire et artistique*, Fasc. 1975, 2019, § 41.

licences libres résulte de la présence d'une offre formulée par l'auteur à travers les conditions de copie, de diffusion et de modification qui accompagnent l'œuvre d'une part, et d'autre part, l'acceptation tacite du licencié qui procède aux actes autorisés par l'auteur[1].

879. Le caractère non exclusif résulte de ce que la licence libre n'entraîne pas cession pure et simple des droits puisque l'auteur conserve la titularité de ses droits et ne concède que de simples autorisations. La non-exclusivité est en cohérence avec le principe même de ce type de licences, fondé sur le partage des connaissances, de même qu'elle contribue à créer une libre concurrence entre les utilisateurs. Ainsi, le juge administratif français a considéré qu'un appel d'offres ouvert en vue de l'attribution d'un marché de services ayant pour objet la mise en œuvre, l'exploitation, la maintenance et l'hébergement d'un logiciel libre particulier était conforme aux dispositions des marchés publics relatives à la libre concurrence alors même que le logiciel désigné dans l'appel d'offres avait été développé par l'une des sociétés candidates[2].

880. D'un point de vue analytique, les licences libres peuvent être classées en deux catégories : d'une part les licences « *copyleft* », et d'autre part les licences domaine public et licences « *open source* ». Les licences « *copyleft* » sont celles qui organisent une liberté pérenne suivant laquelle l'autorisation de copier, diffuser et modifier n'est accordée qu'à condition de conférer les mêmes libertés à autrui sur ses propres contributions[3]. Autrement dit, si une personne décide d'utiliser l'œuvre soumise à ce type de licence, elle ne doit se réserver ni l'usage de l'œuvre telle quelle, ni l'usage d'une variante de l'œuvre dès lors que les modifications ont été divulguées. Les licences « *copyleft* » visent donc à créer un fonds commun auquel tout le monde peut contribuer, mais duquel personne ne peut soustraire.

881. En revanche, les licences de type domaine public et les licences « *open source* » ne garantissent pas une telle liberté pérenne[4]. S'agissant des licences de type domaine public, leur mise en œuvre permet de rendre l'œuvre aussi librement utilisable qu'une œuvre tombée dans le domaine public, en conférant les libertés de copier, diffuser et de modifier l'œuvre sans obligation d'accorder réciproquement les mêmes libertés. De même, les licences « *open source* » renvoient à des logiciels dont le code source est accessible, modifiable et partageable par d'autres utilisateurs afin de le faire évoluer. Cependant, aucun des critères de *l'open source* n'impose que les modifications faites par les utilisateurs soient, en cas de diffusion, de libre utilisation.

882. Dans cette perspective du libre, une association appelée « *Creative Commons* » a été créée avec pour dessein de faciliter la diffusion et le partage des

---

[1] VIVANT (M.) et BRUGUIERE (J.-M.), *op. cit.*, n° 882.

[2] CE 30 sept. 2011, *Région Picardie*, n° 350.431, *Contrats-Marchés publ.* 2011, comm. 316, note J.-P. Pietri ; *Dr. adm.* 2011, comm. 96, note F. Brenet ; voir également JOURDAN (F.), « Open source dans les marchés publics : la liberté d'imposer une solution libre », *JCP E*, 2011, p. 1854.

[3] La licence *General Public GNU*, la licence CeCILL, l'*European Union Public Licence*, la licence *Creative commons* Paternité - Partage des conditions initiales à l'identique, et la Licence Art Libre.

[4] Par exemple, la licence *Creative commons* zéro (CC0) ou la licence *Berkeley Sotfware Distribution.*

œuvres libres, tout en accompagnant les nouvelles pratiques de création à l'ère du numérique. Ainsi, les licences dites « *creative commons* » sont des licences libres qui contribuent à la constitution de « communs » culturels. La licence libre *creative commons* permet à l'auteur d'un logiciel de mettre son œuvre à la disposition des utilisateurs en fixant des limites à son utilisation[1].

883. En réalité, l'objectif avoué des *creative commons* est triple. Il s'agit non seulement d'accorder plus de libertés que le régime minimum du droit d'auteur, mais aussi d'autoriser à l'avance le public à effectuer certaines utilisations selon les conditions exprimées par l'auteur, tout en préservant ses droits ; et enfin de faciliter la diffusion, la recherche et la réutilisation d'œuvres dans d'autres créations (textes, photos, musique, films, sites web)[2]. En réalité, la vision des droits d'auteur de *creative commons* est basée sur l'autorisation de l'utilisation de l'œuvre et non sur la vision traditionnelle d'interdiction. Plus concrètement, les licences *creative commons* sont fondées sur le droit d'auteur mais incitent l'auteur à ne conserver qu'une partie de ses droits alors considérés comme des « *droits réservés* »[3]. Dans le même ordre d'idées, l'existence d'une licence *Creative Commons* n'exclut pas le respect de certaines exigences du droit d'auteur considérées comme d'ordre public. C'est en tout cas la position de la jurisprudence qui soutient que « la musique diffusée dans un magasin sous une licence *Creative Commons* reste soumise au paiement de la redevance prévue par [le droit d'auteur] »[4]. Elle va plus loin en décidant qu'» une société qui diffuse dans ses magasins des phonogrammes mis en ligne sur une plateforme par des artistes-interprètes, qui font le choix de participer au programme commercial proposé par cette plateforme afin de sonoriser les locaux des professionnels qui y souscrivent, réalise, indépendamment du moyen ou du procédé technique utilisé, la communication directe dans un lieu public de phonogrammes publiés à des fins de commerce et est, en application [des règles pertinentes du droit d'auteur], tenue au paiement de la rémunération équitable ».

c- Les divergences d'approches entre le phénomène « du libre » et le droit d'auteur

884. Les applications du mouvement « du libre » présentent une incompatibilité avec l'approche individualiste du droit d'auteur. Elles s'articulent suivant une approche collectiviste de l'exploitation des droits sur l'œuvre. Au contraire, le droit d'auteur a pour fondement la protection du droit exclusif de l'auteur sur son œuvre. Ainsi, en matière contractuelle, l'interprétation stricte de la cession et l'inaliénabilité de la protection de l'intégrité de l'œuvre participent de ce fondement. La création étant le résultat d'une seule personne ou groupe de

---

[1] LEGEAIS (D.), « Blockchain », *JCl commercial*, LexisNexis, Fasc 534, 2023, § 19.

[2] BERTRAND (A.), *Droit d'auteur. Œuvres du domaine public ou mises à la disposition du public*, Dalloz, Chapitre 110, « § 2 Licences Creative Commons et GNU/GPL », 2010, §. 110-122.

[3] Sur la question, lire VIVANT (M.) et BRUGUIERE (J.M), *Droit d'auteur et droits voisins*, Dalloz, coll. « Précis », 4e éd., 2019, nos 881 et s.

[4] Cass. civ, 11 déc. 2019, *Sté Storever France et al. c/ Sté Tapis Saint-Maclou*, n° 18-21.211, *D.* 2019, p. 2406 ; *Dalloz IP/IT* 2020, p. 363, obs. P. Tafforeau ; *Légipresse* 2020, p. 112, étude G. Querzola.

personnes identifiées, elle est par conséquent intangible. L'acte autorisant l'exploitation des droits patrimoniaux sur une œuvre doit distinctement mentionner le but, le mode, la durée et le lieu de l'exploitation. Cette exigence d'ordre public est difficilement applicable dans le contexte des licences libres, car les œuvres libres sont évolutives au gré de l'intervention des contributeurs.

885. De plus, le droit d'auteur revêt un caractère personnaliste selon lequel l'œuvre est l'émanation de la personnalité de son auteur. Ce caractère inhérent aux droits moraux de l'auteur justifie l'inaliénabilité de la protection de l'intégrité de l'œuvre. En vertu de ses droits moraux, l'auteur peut interdire toute atteinte à l'intégrité de son œuvre, que l'atteinte trahisse ou non l'esprit de l'œuvre. La jurisprudence admet même le droit au respect de l'intégrité contextuelle de l'œuvre[1]. Le caractère extrapatrimonial des droits moraux justifie qu'ils soient inaliénables[2]. La protection de l'intégrité de l'œuvre se pose à chaque fois qu'un tiers voudrait apporter des modifications à une œuvre initiale. Tel est le cas des œuvres transformatives c'est-à-dire celles qui empruntent à une œuvre première et apportent à leur tour une création originale. Classiquement, le droit de la propriété littéraire et artistique aborde la problématique des usages transformatifs sous l'angle des œuvres composites. Cependant, les œuvres transformatives se sont diversifiées avec le développement du numérique qui offre de nouveaux moyens de création et de communication. L'emprunt créatif n'est plus l'apanage des seuls professionnels ; même les profanes reprennent, transforment puis partagent en ligne des contenues encore appelés « créations-amateurs ».

886. Dans le cas des œuvres libres, l'auteur n'est pas solitaire ; il crée avec d'autres personnes dans un rapport d'égalité. Lorsqu'il accorde une licence libre, il s'inscrit spontanément dans une démarche d'utilisation collective de sa création, renonçant en quelque sorte à user de son droit moral bien que celui-ci soit inaliénable. La licence libre ne devrait donc pas donner lieu à contentieux puisqu'elle suppose que l'auteur ait adhéré à la philosophie qui sous-tend de telles licences[3]. La doctrine propose par conséquent qu'à côté d'une propriété classique, individualiste et verticale, soit reconnue l'existence d'une forme nouvelle de propriété, non pas concurrente, mais alternative. Il est alors

---

[1] CA Paris, 5 juill. 2023, *La France Insoumise (LFI) et M. Mélenchon c/ Combo (Artiste)*, n° 21/11317, *Légipresse* 2023, p. 395, 474, comm. B. Domange, P. Allaeys et B. Vetel, et 699, chron. C. Alleaume ; *D. actu.* 14 sept. 2023, obs. D. Piatek, *Recueil Dalloz* 2024, p. 392, obs. J. Groffe-Charrier. Dans cette affaire où l'auteur d'une œuvre de *street art* reproche à un parti politique de l'avoir reproduite dans sa vidéo de campagne, le juge décide qu'il y a bien atteinte notamment au droit à l'intégrité contextuelle, car l'utilisation de l'œuvre dans une vidéo politique « était de nature à faire croire que l'auteur apportait son appui ou son concours à la France Insoumise et/ou M. Mélenchon » ; pour en savoir davantage, lire : RANOUIL (M.), « Un an de droit du marché de l'art », *Communication – Commerce électronique*, n° 10, 2023, étude n° 12.

[2] LUCAS-SCHLOETTER (A.), « Propriété littéraire et artistique – Droits des auteurs. Droit moral. Théorie générale du droit moral (CPI, art. L. 121-1 à L. 121-9) », *Jcl. Civil Annexes*, 2023, Fasc. 1210.

[3] BENABOU (V.-L.) et LANGROGNET (F.), *Rapport de la mission du CSPLA sur les « œuvres transformatives »*, 2014, p. 39.

question de « communs » ou de « domaine public consenti »[1], qui appellent à des règles de gestion horizontales par de larges groupes : les communautés[2].

2- Le mouvement de l'*open data*

887. L'*open data* se traduit littéralement en français par « ouverture des données ». Nouvel « or noir de l'eldorado technologique »[3], les données dont il est question sont des « données numériques, d'origine publique ou privée, qui sont librement accessibles et utilisables »[4]. L'ouverture des données consiste en la mise à disposition du public des données d'intérêt général, en particulier celles produites par les administrations[5]. L'*open data* désigne la politique par laquelle un organisme met à la disposition de tous des données numériques, dans un objectif de transparence ou afin de permettre leur réutilisation, notamment à des fins économiques[6]. De cette définition, l'on relève que l'*open data* est l'expression d'une démarche volontariste, car sur le plan historique, la culture du secret a de tout temps caractérisé les administrations. Il s'agit d'un défi technique[7] en faveur de la transparence et l'accessibilité des données d'intérêt général.

a- L'origine de l'*open data*

888. Au plan international, le mouvement de l'*open data* s'est popularisé à partir du milieu des années 2000, mais ses fondements sont plus anciens. Il s'inscrit dans la continuité d'autres mouvements en faveur de valeurs telles que la transparence et de l'accessibilité des informations. En effet, la volonté de favoriser la recherche scientifique est à l'origine du mouvement de l'*open data*. Cette volonté de développer une politique d'ouverture des données a été affirmée à l'occasion du Congrès de l'Organisation de Météorologie Mondiale (*WMO*) en 1995, cette organisation envisageant de commercialiser ses données environnementales. En vue de la préparation de ce colloque, le Comité sur les données géophysiques et environnementales du Conseil national de la Recherche aux États-Unis publie un rapport soulignant qu'une telle pratique pourrait entraver la recherche mondiale, et même régionale alors que la compréhension des enjeux environnementaux repose au contraire sur une

---

[1] CLEMENT-FONTAINE (M.), « L'œuvre libre », *Jcl Propriété littéraire et artistique*, *op. cit.*, § 32 ; MEURIS (F.), « Est-il nécessaire de protéger le domaine public ? », *CCE*, 2013, alerte 77.

[2] CLEMENT-FONTAINE (M.), « L'œuvre libre », *op. cit.*, n° 201.

[3] CADIET (L.), « Retour sur l'open data des décisions de justice. À propos d'un signal faible des relations entre la justice et les mathématiques », *in Études en l'honneur du professeur Marie-Laure MATHIEU*, Bruxelles, Bruylant, 2019, p. 146.

[4] Rapport de la Commission « Open data en santé » du ministère des affaires sociales et de la santé, 9 juillet 2014, *in* CADIET (L.) (dir.), *L'open data des décisions de justice, Mission d'étude et de préfiguration sur l'ouverture au public des décisions de justice,* 2017, p. 15.

[5] Voir notamment *La jurisprudence dans le mouvement de l'open data. Actes du colloque à la Cour de cassation,* 14 octobre 2016, *JCP G*, 2017, n° 9, supplément n° 1.

[6] Journal officiel français du 3 mai 2014.

[7] FASSASSI (Q.), « La Covid-19 et les défis de l'ouverture des données dans l'espace OHADA », *BEPP*, n° 34, 2020, pp. 9 et s.

analyse importante des données collectées à travers le monde et dans plusieurs secteurs d'activité. Partant, les chercheurs appelèrent à favoriser l'ouverture des données scientifiques[1].

889. En 2007, des principes vont être dégagés afin de donner à l'*open data* une consistance certaine. Selon ces principes, les données doivent être complètes, brutes, ouvertes en temps opportun, accessibles, réutilisables avec facilité par un processus automatisé, être enregistrées dans un format non-propriétaire, mises à disposition sous licences ouvertes et sans discrimination. En 2009, les États-Unis impulsent le mouvement *Open Government* pour prôner la transparence des administrations publiques, ainsi que la participation publique et la collaboration des acteurs en matière de politiques publiques[2]. L'*open data* joue un rôle essentiel pour répondre à cet objectif et apparaît comme un levier démocratique. L'ouverture des données publiques américaines se concrétise tant au niveau fédéral avec la mise en place du portail data.gov, qu'au niveau local avec la création de sites internet de villes américaines ouvrant l'accès en ligne de bases de données[3].

890. L'expérience américaine a inspiré d'autres États du monde. C'est ainsi qu'un autre mouvement obéissant à la même philosophie d'ouverture s'est développé avec la création en 2011 de l'*Open Government partnership* (Partenariat pour un gouvernement ouvert). Ce partenariat vise à développer la culture des bonnes pratiques de l'ouverture gouvernementale dans le monde entier.

891. Dans l'espace OAPI, et de façon générale en Afrique, le concept de l'*open data* en est encore à ses balbutiements tant sur le plan technique que sur le plan juridique[4]. Le droit d'accès aux documents administratifs demeure conditionné par les pesanteurs du secret de l'administration. Pourtant, l'ère est à la gouvernance par la transparence, certains de ces États[5] faisant d'ores et déjà partie du *Open Government partnership.* Néanmoins, l'*open data* connaît des débuts de mise en œuvre. Aussi assiste-t-on à la création, par les États de cet espace, de portails digitaux de données accessibles au public[6]. Au-delà des administrations étatiques, l'*open data* est expérimenté également par d'autres institutions. C'est le cas par exemple de l'OAPI, elle-même, qui a franchi un cap important en rendant désormais sa base de données des marques accessible au public à travers une plateforme digitale dénommée *TMview*[7]. Malgré son état

---

[1] *National Research Council, On the Full and Open Exchange of Scientific Data, The National Academies Press*, 1995, Washington. GILLES (W.), *Open data, in Dictionnaire Collectivités territoriales et développement durable*, Lavoisier, 2017, pp. 297-298.

[2] OBAMA (B.), *Transparency and Open Government*, Mémorandum du 21 janvier 2009.

[3] Exemple, data.seattle.gov ; datacityofchicago.org, etc.

[4] FASSASSI (Q.), « L'open data, une opportunité pour la justice ? », *Penant*, n° 918, 2022, p. 8.

[5] Burkina Faso, Côte d'Ivoire, Sénégal.

[6] Exemple, « data.gouv.ci », « cameroon.opendataforafrica.org » ; « togo.opendataforafrica.org » ; « senegal.opendataforafrica.org » ; « gabon.opendataforafrica.org ».

[7] *TMview* est une plateforme digitale développée depuis le 13 avril 2010 et administrée par l'Office de l'Union européenne pour la propriété intellectuelle (EUIPO). La base de données *TMview*, outil d'information en ligne gratuit, contient des informations sur les demandes et les enregistrements de marques.

embryonnaire, il importe de scruter l'univers de l'*open data* parce qu'il s'agit d'une question de l'heure impliquant le droit d'accès aux documents administratifs et le droit de réutilisation des documents rendus accessibles. Ces différentes libertés participent de l'économie de l'information dans laquelle les biens immatériels occupent une place importante.

b- Le contenu de l'*open data*

892. L'*open data* repose fondamentalement sur le libre accès aux documents administratifs et la libre réutilisation des informations du secteur public[1]. De ce point de vue, il se situe à la croisée des chemins entre le droit public et le droit privé. L'accès aux documents administratifs suppose leur communication ou leur diffusion par l'administration. La communication d'un document administratif repose sur l'initiative d'un administré. Dans un contexte d'*open data*, toute personne qui souhaite consulter un document peut en faire la demande auprès de l'administration, qui en principe est tenue de le lui communiquer. Le droit de communication couvre les documents produits ou reçus, dans le cadre de leur mission de service public, par l'État, les collectivités territoriales ainsi que par les autres personnes de droit public ou les personnes de droit privé chargées d'une telle mission. Il peut s'agir des dossiers, rapports, études, comptes rendus, procès-verbaux, statistiques, instructions, circulaires, notes et réponses ministérielles, correspondances, avis, prévisions, codes sources et décisions.

893. La diffusion d'un document administratif s'effectue en dehors de toute demande. Elle a vocation à profiter à un public bien plus vaste. Suivant les principes de l'*open data*, l'administration est tenue de publier divers documents en vue de l'information du public. La diffusion de tels documents devrait s'effectuer sous réserve des droits de propriété littéraire et artistique si, par extraordinaire, ils comportent des œuvres protégées.

894. Le phénomène de l'*open data* comporte, à côté de l'ouverture des données détenues par l'administration qui correspond à l'*open data* au sens strict, l'ouverture des données scientifiques, communément appelée *open access*, qui se rattache à l'*open data* au sens large. Le mouvement *open access* vise à développer le libre accès aux résultats de la recherche scientifique, en particulier lorsqu'il s'agit de recherches publiques. Ainsi, les auteurs de certains écrits scientifiques, issus d'une activité de recherche financée majoritairement sur des fonds publics, ont la faculté, sous certaines conditions, de mettre ces écrits à la disposition du public gratuitement sur internet dans un format ouvert, même s'ils ont consenti une cession exclusive de leurs droits à des éditeurs.

895. L'exploitation libre des données publiques peut contribuer au développement d'entreprises. Cet objectif lié à l'innovation est commun à celui poursuivi par la propriété intellectuelle.

---

[1] BENABOU (V.-L), ZOLYNSKI (C.) et CYTERMANN (L.), « Droit de la propriété littéraire et artistique, données et contenus numériques », Rapport présenté au CSPLA le 11 octobre 2011, publié en septembre 2018.

c- La mise en perspective de l'*open data* avec le droit d'auteur

896. L'intérêt d'explorer l'*open data* dans le cadre de cette étude réside dans sa mise en perspective avec le droit d'auteur. Il s'agit en effet de deux sources de légitimité aux logiques divergentes. Les enjeux de la confrontation sont politiques, juridiques et économiques. L'*open data stricto sensus* permet une plus grande transparence de l'action publique et garantit dès lors un meilleur contrôle démocratique. Dans son acception large intégrant l'*open access*, l'*open data* est facteur de progrès scientifique. Quant à la propriété intellectuelle, elle protège des actifs immatériels jugés bénéfiques pour le corps social. L'*open data* repose aussi sur l'idée que les données financées grâce à des fonds publics devraient profiter gratuitement à l'ensemble des contribuables.

897. À l'inverse, tout droit de propriété intellectuelle offre en principe à son titulaire la possibilité d'obtenir une rémunération lorsque l'objet protégé est exploité. La propriété intellectuelle assure la réservation privative d'objets immatériels. Elle constitue donc potentiellement une entrave à l'*open data.* Ainsi, une donnée ne pourra pas être exploitée librement du fait qu'une personne détenant sur elle un monopole intellectuel s'y oppose ou exige une rémunération. Les droits de propriété littéraire et artistique sont davantage concernés que les droits de propriété industrielle[1] et doivent être préservés dans le cadre d'une implémentation de l'*open data* aussi bien concernant l'accès aux données que la réutilisation de celles-ci.

898. S'agissant de l'accès aux données, il faut distinguer selon que les données concernent des documents administratifs ou qu'elles consistent en des données scientifiques. Un document administratif peut renfermer une œuvre soumise au droit d'auteur : un texte, une photographie, un dessin, un film, de la musique, un programme d'ordinateur, etc. Il peut également contenir une prestation protégée par un droit voisin : l'interprétation d'un musicien, d'un chanteur ou d'un acteur, un enregistrement sonore ou un film fixés par un producteur, le programme d'une chaîne de radio ou de télévision, une base de données. La communication de ces documents doit respecter les droits moraux et patrimoniaux de leurs titulaires. Du point de vue du droit moral, l'œuvre ne devra subir aucune altération à l'occasion de la communication (droit au respect) ; le nom de son auteur devra être mentionné sauf cas d'anonymat ou de pseudonyme (droit de paternité). Du point de vue des droits patrimoniaux, la communication d'un document administratif contenant des œuvres protégées constitue en soi un acte de représentation précédé d'un acte de reproduction et devrait donc être effectuée dans le respect des droits des auteurs.

899. La communication et la diffusion des données scientifiques concernent les textes et les données incluses ou associées aux écrits scientifiques. Il peut s'agir de textes ou d'images (dessins, photographies, etc.). Sont exclues les autres formes d'expression telles que le son ou l'audiovisuel. L'exploitation des

---

[1] AZZI (T.), « Open data et propriété intellectuelle. État des lieux au lendemain de l'adoption de la loi pour une République numérique », *Recueil Dalloz*, 2017, p. 583.

données n'est licite qu'à partir d'une source licite, telle qu'exigée dans le cas de la copie privée[1]. La finalité de la recherche importe également parce qu'elle doit être fondée uniquement sur la recherche et non être menée à des fins commerciales. Les données scientifiques doivent avoir un caractère public. Afin de préserver les intérêts des éditeurs, la législation française en la matière prévoit par exemple que ce mécanisme ne concerne que les écrits scientifiques publiés dans des périodiques paraissant au moins une fois par an[2]. Ne sont donc pas concernés les actes de colloques, les mélanges, les traités, les manuels, les thèses et autres monographies. Les intérêts des auteurs sont préservés puisque seuls ces derniers peuvent décider de mettre leurs écrits en libre accès, sans que personne ne puisse les y contraindre.

900. S'agissant de la réutilisation des données, la primauté de la propriété intellectuelle est normalement envisagée. Dans le cadre de la réutilisation des informations publiques, lorsqu'une personne jouit de droits de propriété intellectuelle sur une information figurant dans un document public, la réutilisation de cette information, si elle entre dans le champ du monopole, doit être soumise à l'autorisation de l'intéressé qui pourra, de surcroît, demander une rémunération. De ce fait, une administration qui communique un document protégé par un droit de propriété intellectuelle se doit de rappeler au bénéficiaire de cette communication les restrictions qui s'attachent à la réutilisation du document, ainsi que les sanctions auxquelles il s'expose s'il ne les respecte pas. Par ailleurs, la doctrine soutient que lorsque l'administration elle-même est titulaire de droits de propriété littéraire et artistique sur une information publique, elle ne peut pas s'opposer à la réutilisation de celle-ci[3]. De même, le droit moral est susceptible de subir des infléchissements lorsque l'auteur est un agent public. Toutefois, l'administration peut utilement alléguer un brevet, une marque ou un dessin et modèle qu'elle détient afin d'empêcher ou de restreindre la réutilisation d'une donnée publique[4]. En outre, si elle ne peut faire valoir ses propres droits de propriété littéraire et artistique pour empêcher la réutilisation d'informations publiques, il lui est tout de même loisible, dans certains cas, d'imposer à la personne qui souhaite utiliser des données protégées le versement d'une redevance.

901. La réutilisation des données de la recherche publique est soumise au respect des droits de propriété intellectuelle ; elle suppose que les données concernées aient été rendues publiques par le chercheur, l'établissement ou l'organisme de recherche. En ce qui concerne l'éditeur, il ne peut restreindre la réutilisation des données qu'il publie dès lors que ces données sont des données brutes. Toutefois, il en va différemment lorsqu'il s'agit de données protégées par des droits de propriété intellectuelle dont il est titulaire.

---

[1] TRIBOUT (J.), « Compensation équitable de l'exception de copie privée », *Europe*, n° 1, 2024, étude 27.

[2] Art. 533-4 du Code de la recherche issue de la loi française pour une République numérique du 7 octobre 2016.

[3] CORNU (M.), « Ouverture des données : les trompe-l'œil de la loi », *Dalloz IP/IT*, 2016, p. 515.

[4] AZZI (T.), *op. cit.*, p. 583.

902. En somme, les activités humaines s'organisent désormais autour des technologies et outils numériques. Les mutations engendrées créent un environnement virtuel caractérisé par l'interactivité, l'accès instantané aux informations, l'accélération de la vitesse des échanges de données et la déterritorialisation ; d'où le concept d'*homo numericus* développé pour décrire l'homme contemporain affranchi des contraintes temporelles et spatiales[1]. Cette « révolution du virtuel » est source de bouleversements des rapports juridiques. Le droit de l'incorporalité s'efforce donc d'appréhender et de réglementer de nouveaux objets immatériels et évanescents, tout en préservant les concepts juridiques préexistants que sont la personnalité et la propriété.

---

[1] COMPIEGNE (I.), *La société numérique en question (s)*, Ed. Sciences humaines, 2010, pp. 59-70.

CONCLUSION GÉNÉRALE

903. La propriété occupe une place centrale dans l'organisation de la société humaine. Dans la société féodale, elle se caractérisait par des « jouissances partagées »[1] qui avaient pour inconvénient de maintenir les individus « dans [des] liens interpersonnels asservissants »[2]. En 1804, rompant avec cette conception de la propriété, les Révolutionnaires vont retourner à la notion romaine de la propriété entendue comme une emprise directe de l'individu sur ses biens, et donc comme un droit réel absolu et exclusif[3]. Les piliers de la propriété reposent clairement sur l'individualisme et la matérialité. Dans la société contemporaine, la propriété est un droit fondamental dont les piliers connaissent un fléchissement dû à l'émergence de nouveaux types de biens. Le Conseil constitutionnel français a d'ailleurs jugé que « les finalités et les conditions d'exercice du droit de propriété ont subi depuis 1789 une évolution caractérisée par une extension de son champ d'application à des domaines nouveaux et également caractérisée par des limitations à son exercice, exigées par l'intérêt général »[4].

904. La propriété mettant en rapport une personne et un bien, les mutations dont elle est l'objet résultent notamment de l'immatérialité des biens sur lesquels elle porte. Au sein de la classe des biens meubles, les biens meubles incorporels correspondent à une sous-catégorie dont la valeur patrimoniale nourrit des enjeux tellement importants que le Droit s'en est approprié les spécificités par une extension du régime des biens meubles issu du Code civil de 1804. L'on admet ainsi que la possession mobilière puisse s'appliquer, avec quelques adaptations, aux biens incorporels. Les actes d'exploitation sont analysés comme des actes de possession.

905. La notion de propriété incorporelle désigne la propriété des « biens sans corps ». Elle participe résolument d'une pluralité bien singulière[5] de par sa composition hétéroclite qui laisse transparaître une physionomie particulière. Que le régime juridique des biens incorporels se structure hors du Code civil, cela ne traduit nullement une contrariété avec les règles dudit Code puisque celui-ci, dans ses dispositions, ouvre la voie à la réglementation de nouveaux biens. La doctrine a pu dégager trois critères dont la réunion peut conduire à rattacher une chose incorporelle à la catégorie des biens incorporels. Il s'agit de la valeur, de l'aliénabilité et de l'opposabilité. Ces critères se retrouvent dans les

---

[1] REBOUL-MAUPIN (N.), « Droits réels et propriété. Les influences du droit réel de jouissance spéciale sur le droit de propriété », *Droit et ville*, n° 86, 2018, p. 206.

[2] ROCHFELD (J.), *Les grandes notions du droit privé*, PUF, coll. « Thémis », 3è éd., 2022, notion n° 5, « La propriété », p. 270.

[3] CHICOT (P.-Y), « Droit positif et sacré : l'exemple du droit de propriété inspiré de la déclaration des droits de l'homme et du citoyen », *Les Annales de droit*, 2014, p. 33.

[4] Cons. const. 8 janv. 1991, n° 90-283 DC, *Loi relative à la lutte contre le tabagisme et l'alcoolisme*, *in* VIVANT (M.) (dir.), Les grands arrêts de la propriété intellectuelle, Dalloz, coll. « Grands arrêts », 2004, p. 4, note M. Vivant.

[5] RAYNARD (J.), « Propriétés incorporelles : un pluriel bien singulier » *in Mélanges offerts à Jean-Jacques Burst*, Paris, Litec, 1997, p. 527.

biens incorporels préalablement identifiés par le Code civil de 1804 à savoir les créances et les droits d'associés. Ces biens incorporels ont, depuis l'avènement de l'OHADA, fait l'objet de textes uniformes modernes plus adaptés à l'état de l'économie contemporaine marquée par la mobilité des créances et la dématérialisation des valeurs mobilières. De même, le fonds de commerce, meuble incorporel nécessaire à l'activité du commerçant, fait l'objet d'un régime propre. Celui-ci est désormais complété, en matière de saisies par l'introduction d'un titre VII bis dans l'Acte uniforme portant organisation des procédures simplifiées de recouvrement et des voies d'exécution du 17 octobre 2023 qui rend indispensable le commandement de payer avant que soient menées les opérations de saisie et de vente amiable ou forcée du fonds de commerce. En revanche, le régime du fonds de commerce serait plus complet si le législateur y associait le fonds de commerce électronique.

906. La propriété intellectuelle, qui offre le vivier le plus important de biens incorporels, se caractérise par l'objet auquel elle s'applique à savoir les choses de l'esprit et de l'intelligence. Elle se subdivise en propriété industrielle et en propriété littéraire et artistique. L'existence juridique de tout droit de propriété intellectuelle est subordonnée à la reconnaissance par la loi du bien intellectuel sur lequel il porte. Aussi, l'OAPI reconnaît-il de manière exhaustive les brevets d'invention, les modèles d'utilité, les marques de produits ou de services, les dessins et modèles industriels, les noms commerciaux, les indications géographiques, les schémas de configuration de circuits intégrés, les obtentions végétales ainsi que les droits d'auteur et droits voisins. Ce champ d'application est resté inchangé à la suite de la révision de l'Accord de Bangui par l'Acte de Bamako adopté le 14 décembre 2015 et entré en vigueur le 20 novembre 2020. Mais, l'Acte de Bamako apporte d'importantes modifications et réformes à savoir l'admission de dépôts électroniques, l'institution des modes alternatifs de règlement des litiges de la propriété intellectuelle avec la création du centre d'arbitrage et de médiation, l'institution d'un régime de copropriété des titres, l'institution d'une marque mixte pour les produits et les services, l'admission des indications géographiques transfrontalières, la consécration des règles de l'Annexe VII relative à la propriété littéraire et artistique comme une norme minimale, l'harmonisation du contentieux administratif relatif aux oppositions et aux revendications suite aux demandes d'enregistrement des titres, le renforcement du régime de protection des titres.

907. En perpétuelle évolution, la propriété intellectuelle se situe au confluent de diverses branches du droit, notamment le droit des biens, le droit des personnes, le droit commercial, le droit des contrats, le droit pénal, le droit international privé et public voire le droit de la concurrence et de la consommation.

908. Le domaine de l'incorporalité a vocation à s'étendre. En effet, d'autres actifs incorporels tels que le savoir-faire et l'information font l'objet de débats houleux relatifs à leur nature juridique. Si leur appropriation, ou mieux leur privatisation, est discutée, leur réservation est pour le moins protégée par le secret à travers des mécanismes contractuels, voire des actions civiles ou pénales sur la base d'incriminations telles que la violation du secret professionnel ou du secret commercial. L'incorporalité n'étant pas incompatible avec la circulation des biens, les biens incorporels font l'objet de contrats assortis d'un formalisme rigoureux. Le droit spécial des contrats portant sur les droits de propriété intellectuelle est marqué par une complexité tenant à l'objet même du contrat et, en matière de droits d'auteur, à une interprétation *in favorem auctoris*. Reste à noter cependant, que les parties doivent se garder de conclure des accords anticoncurrentiels au risque de subir des sanctions fondées sur les règles du droit de la concurrence ou encore l'application de licences obligatoires. Par ailleurs, une autre limitation au pouvoir d'exclusivité du titulaire de droit de propriété intellectuelle réside dans le principe de l'épuisement en vertu duquel, une fois qu'il a consenti à la première vente du produit incorporant son droit de propriété intellectuelle, le titulaire ne peut plus s'opposer à la circulation dudit produit sur le marché national, régional ou international. La première mise en circulation libère le produit des droits dont il est l'hôte et préserve dès lors les droits du propriétaire du bien corporel.

909. À l'ère du numérique, la propriété intellectuelle est confrontée à des défis liés aux mutations de la société de l'information. Ces défis concernent notamment la qualification juridique de nouveaux concepts à l'instar du concept de créateur de contenus. Les tensions entre la propriété et l'accessibilité de l'information posent le problème de la conciliation des intérêts des titulaires de droits de propriété intellectuelle notamment sur les logiciels et les bases de données, d'une part, avec ceux des utilisateurs des outils numériques qui aspirent à un libre accès aux ressources informationnelles, d'autre part. Aussi, le droit se doit-il de fournir les outils juridiques susceptibles d'encourager la créativité et l'innovation tout en assurant la diffusion des connaissances à travers le web.

BIBLIOGRAPHIE

I- Ouvrages

A. Ouvrages généraux

- CARBONNIER (J.), *Flexible droit : pour une sociologie du droit sans rigueur*, LGDJ, 10e éd., 2001, 493 pp.
- CORNU (G.), *Vocabulaire juridique*, Association Henry Capitant, PUF, 2020, 2300 pp.
- HALPERIN (J.-L.), *Histoire du droit des biens*, Economica, coll. « Corpus », 2008, 370 pp.
- LACOURT (B.), GAVALDA (C.) et PARLEANI (G.), *Droit des affaires de l'Union européenne*, Paris, LexisNexis, coll. « Manuels », 9e éd., 2024, 720 pp.
- LE BRIS (E.), LE ROY (E.) et MATHIEU (P.), *L'appropriation de la terre en Afrique noire*, Karthala, 1991, 359 pp.
- OSTRÖM (E.), *La gouvernance des biens communs : pour une nouvelle approche des ressources naturelles*, Éditions De Boeck, 1990, trad. française, 1ère éd., 2010, 301 pp.
- OWONA (J.), *Domanialité publique et expropriation pour cause d'utilité publique au Cameroun*, L'Harmattan, coll. « Droits africains et malgache », 2012, 132 pp.
- PLANIOL (M.) et RIPERT (G.), *Traité pratique de droit civil français*, t. 3, par PICARD, *Les biens*, LGDJ, 1926, 991 pp.
- RIPERT (G.) et ROBLOT (R.), *Traité de droit des affaires*, LGDJ, t. 1, 20e éd., 2016, par M. GERMAIN et L. VOGEL, 1454 pp.
- ROLAND (H.) et BOYER (L.), *Adages du droit français*, Litec, 4e éd., 1999, 1021 pp.
- SAVATIER (R.), *Les métamorphoses économiques et sociales du droit privé d'aujourd'hui*, Paris, Dalloz, 1959, troisième série, Approfondissement d'un droit renouvelé, 268 pp.

B. Ouvrages spécifiques

- ABELLO (A.), *La licence, instrument de régulation des droits de propriété intellectuelle*, LGDJ, coll. « Droit et économie », 1ère éd., 2008, 392 pp.
- ANDRE (L.), *Traité des brevets d'invention et de la contrefaçon industrielle*, Bruxelles, Bruylant, vol. 1, 1899, 1347 pp.
- ASSONTSA (R.) et TINKE (C.), *L'immatériel et le droit OHADA des saisies*, L'Harmattan, 2017, 219 pp.
- AZEMA (J.), *Le droit français de la concurrence*, PUF, coll. « Thémis », 1989, 392 pp.
- AZEMA (J.) et GALLOUX (J.-C.), *Droit de la propriété industrielle*, Précis Dalloz, 8e éd., 2017, 1312 pp.
- BINCTIN (N.), *Savoir-faire*, Répertoire de droit commercial, mise à jour de 2020.
- BINCTIN (N.), *Droit de la propriété intellectuelle : droit d'auteur, brevet, droits voisins, marque, dessins et modèles*, Paris, LGDJ, coll. « Manuels », 7e éd., 2022, 1236 pp.
- BINCTIN (N.), *Le capital intellectuel*, Litec, coll. « F.N.D.E. », 2007, 2007, 764 pp.
- BURST (J.-J.), *Breveté et Licencié, Leurs rapports juridiques dans le contrat de licence*, Litec, 1970, 322 pp.
- CARON (C.), *Droit d'auteur et droits voisins*, LexisNexis, 6e éd., 2020, 716 pp.
- CASTELL (B.), *L'épuisement » du droit intellectuel en droit allemand, français et communautaire*, Paris, P.U.F., 1989, 283 pp.
- CATALA (P.), *Le Droit à l'épreuve du numérique : Jus ex machina*, PUF, 1998, 345 pp.
- CHAVANNE (A.) et BURST (J.-J.), *Droit de la propriété industrielle*, Paris, Dalloz, 6e éd., 2006, 900 pp.

- CLAVIER (J.-P.) et BENSAMOUN (A.), *Droit du commerce électronique*, Bruylant, coll. « Paradigme – Masters », 2e éd., 2023, 356 pp.
- CORNU (G.), *Les biens*, Montchrestien, 13e éd., 2007, 377 pp.
- DESBOIS (H.), *Le droit d'auteur en France*, Dalloz, 3e éd., 1978, 1003 pp.
- DEZOBRY (G.), *La théorie des facilités essentielles. Essentialité et droit communautaire de la concurrence*, LGDJ, 2009, 508 pp.
- DONNAT (F.), *Droit européen de l'internet : réseaux, données, services*, LGDJ, 2018, 208 pp.
- EMERICH (Y.-L.), *La propriété des créances : approche comparative*, (préface F. Zenati-Castaing), LGDJ, coll. « Bibl. dr. privé », t. 469, 2007, 598 pp.
- EYANGO DJOMBI (A.-D.), *Droit économique de la CEMAC et pratiques anticoncurrentielles : entre droit communautaire et droit camerounais de la concurrence*, Paris, Dianoïa, coll. « Jus data », 2018, 238 pp.
- FARCHY (J.), *Internet et le droit d'auteur, La culture du Napster*, Paris, CNRS, 2003, 208 pp.
- GAUTIER (P.-Y.) et BLANC (N.), *Droit de la propriété littéraire et artistique*, LGDJ, 2021, 720 pp.
- GINOSSAR (S.), *Droit réel, propriété et créance. Elaboration d'un système rationnel des droits patrimoniaux*, Paris, LGDJ, 1960, 212 pp.
- GRYNFOGEL (C.), *Droit communautaire de la concurrence*, LGDJ, coll. « Système droit communautaire », 2e éd., 2000, 141 pp.
- HUGON (C.), *Le régime juridique de l'œuvre audiovisuelle*, LexisNexis, 1994, 537 pp.
- LEVENEUR (L.) et MAZEAUD-LEVENEUR (S.), *Droit des biens. Le droit de propriété et ses démembrements*, LexisNexis, coll. « Manuels », 2e éd., 2023, 322 pp.
- LOWE GNINTEDEM (P. J.), *Droit des brevets et santé publique dans l'espace OAPI*, Aix-en-Provence, PUAM, 2015, 446 pp.
- LUCAS (A.), *La protection des créations industrielles abstraites*, Litec, 1975, 320 pp.
- LUCAS (A.), *Traité de droit de la Propriété Littéraire et Artistique*, Litec, 3e éd., 2006, 1210 pp.
- MALAURIE (P.), AYNES (L.) et JULIENNE (M.), *Droit des biens*, Paris, LGDJ, coll. « Droit civil », 10e éd., 2023, 456 pp.
- MOYSE (P.-E.) (dir.), *Distribution des intangibles. La propriété intellectuelle dans le commerce des nouveaux biens*, Montréal, Thémis, coll. « Concurrence et innovation », 2014, t. 2, 312 pp.
- PEDAMON (M.) et KENFACK (H.), *Droit commercial, Commerçants et fonds de commerce, Concurrence et contrats du commerce*, Dalloz, coll. « Précis », 5e éd., 2023, 872 pp.
- PICARD (E.) et OLIN (X.), *Traité des brevets d'invention et de la contrefaçon industrielle, précédé d'une théorie sur les inventions industrielles*, Bruxelles, Larcier, 1869, 834 pp.
- POLLAUD-DULIAN (F.), *Le droit d'auteur*, Economica, coll. « Corpus », 2e éd., 2014, 1760 pp.
- POUILLET (E.), *Traité théorique et pratique des brevets d'invention et des secrets de fabrique*, Paris, Imprimerie et librairie générale de jurisprudence, 6e éd, 1915, 1327 pp.
- POUILLET (E.), *Traité théorique et pratique des dessins et modèles*, Ed., MARCHAL et GODDE, 5e éd., 1911, 914 pp.
- POUILLET (E.), *Traité théorique et pratique de la propriété littéraire et artistique et du droit de représentation*, Paris, Imprimerie et Librairie générale de jurisprudence, 3e éd., 1908, 1034 pp.
- RIPERT (G.) et ROBLOT (R.), *Traité de droit des affaires, Du droit commercial au droit économique*, tome 1, LGDJ-Lextenso, 21e éd., par L. VOGEL, 2020, 1300 pp.

- ROBLOT (R.), *La dématérialisation des valeurs mobilières*, Ed., Association Nationale des Sociétés par Actions (ANSA), vol. 185, 1984, 158 pp.
- ROUBIER (P.), *Droit de la propriété industrielle,* tome 1, Paris, Recueil Sirey, 1952, 612 pp.
- ROUBIER (P.), *Le droit de la propriété industrielle,* Sirey, t. 2, 1952, 1465 pp.
- THALMANN (A.), *La protection des réseaux de distribution contre le commerce parallèle*, Genève, éd. Droz, 2001, 492 pp.
- VANBRABANT (B.), *La propriété intellectuelle. Nature juridique,* Larcier, tome 1, 2016, 662 pp.
- VANBRABANT (B.), *La propriété intellectuelle. Régime patrimonial,* Larcier, tome 2, 2018, 1074 pp.
- VIVANT (M.) (dir.), *Les grands arrêts de la propriété intellectuelle*, Dalloz, coll. « Grands arrêts », 2004, 712 pp.
- VIVANT (M.) et BRUGUIERE (J.-M.), *Droit d'auteur et droits voisins*, Dalloz, 4e éd., 2018, 1385 pp.
- WARUSFEL (B.), *La propriété intellectuelle et l'internet*, Flammarion, 2001, 128 pp.
- ZENATI-CASTAING (F.) et REVET (T.), *Les biens*, Paris, PUF, 3e éd., 2008, 760 pp.

II-Actes de colloques

- ADJALLE-DEDJI (Y. D.), « La gestion collective face à l'exploitation numérique des œuvres », *in* Acte du colloque sur *Le droit de la propriété intellectuelle à l'heure du numérique : les apports de l'Acte de Bamako*, *Penant*, n° 922, 2023, pp. 267-276.
- BINCTIN (N.), « Propos introductifs » *in* Actes du colloque sur *Le droit de la propriété intellectuelle à l'heure du numérique : les apports de l'Acte de Bamako*, *Penant*, n° 922, 2023, pp. 147-156.
- BINCTIN (N.), « L'émergence des signes distinctifs collectifs dans le commerce électronique » *in* Acte du colloque sur *Le droit de la propriété intellectuelle à l'heure du numérique : les apports de l'Acte de Bamako*, *Penant*, n° 922, 2023, pp. 213-226.
- DUTOIT (B.), « Les importations parallèles au crible de quel droit ? », Essai de synthèse, Actes du colloque de Lausanne, *Conflit entre importations parallèles et propriété intellectuelle ?*, Librairie Droz, 1996.
- JOHNSON-ANSAH (A.), « Commerce électronique et épuisement du droit des marques dans l'espace OAPI », *in* Acte du colloque sur *Le droit de la propriété intellectuelle à l'heure du numérique : les apports de l'Acte de Bamako*, *Penant*, n° 922, 2023, pp. 167-192.
- KALIEU ELONGO (Y. R.), « La réparation des atteintes aux brevets dans l'Acte de Bamako portant révision de l'Accord de Bangui », *in* Acte du colloque sur *Le droit de la propriété intellectuelle à l'heure du numérique : les apports de l'Acte de Bamako*, *Penant*, n° 922, 2023, pp. 295-303.
- MONTCHO AGBASSA (E.), « La marque sonore », *in* Acte du colloque sur *Le droit de la propriété intellectuelle à l'heure du numérique : les apports de l'Acte de Bamako*, *Penant*, n° 922, 2023, pp. 159-166.
- NANEH-AZIAGBA (A. M.), « La consécration des indications géographiques dans l'Accord de Bangui, Acte de Bamako », *in* Acte du colloque sur *Le droit de la propriété intellectuelle à l'heure du numérique : les apports de l'Acte de Bamako*, *Penant*, n° 922, 2023, pp. 227-243.
- NORDMANN-ZIMMERMANN (U.), « Importations parallèles et droit des marques », *in* Actes du colloque de Lausanne, *Conflit entre importations parallèles et propriété intellectuelle ?*, Librairie Droz, Genève, 1996.

- OYHAMBERRY (A.) et BUSTIN (O.), « La contrefaçon des produits de santé et de beauté en Afrique subsaharienne », Actes de colloques, *Gazette du Palais* – édition spécialisée, 28 au 30 déc. 2014, pp. 20-24.
- SAWADOGO (F. M.), « La construction d'un modèle de droit d'auteur pour l'OAPI : Analyse de la technique légistique », *in* Acte du colloque sur *Le droit de la propriété intellectuelle à l'heure du numérique : les apports de l'Acte de Bamako*, *Penant*, n° 922, 2023, pp. 255-266.

III- Thèses

- EDOU EDOU (P.), *Les incidences de l'Accord des ADPIC sur la protection de la propriété industrielle au sein de l'OAPI*, Thèse de doctorat en droit privé, Université de Strasbourg II, 2005, 561 pp.
- GALAN (D.), *La protection de la création olfactive par la propriété intellectuelle*, Presses Universitaires d'Aix-Marseille - P.U.A.M, coll. « Institut de Droit des Affaires », 2010, 520 pp.
- KOUAHOU (Y. L.), *La mise en œuvre de la société de l'information au Cameroun : enjeux et perspectives au regard de l'évolution française et européenne*, Thèse de doctorat en droit privé, Université de Montpellier 1, 2010.
- NETTER (E.), *Numérique et grandes notions du droit privé : La personne, la propriété, le contrat*, Mémoire de HDR, Université de Picardie - Jules Verne, 2017, 442 pp.
- JOHNSON-ANSAH (A.), *L'épuisement des droits de propriété industrielle dans l'espace OAPI*, Thèse de doctorat en droit privé, Université de Strasbourg, 2013, 467 pp.
- MONNIER (V.), *Contribution à l'étude de la propriété littéraire et artistique à partir d'Internet*, Thèse de doctorat en droit privé, Université de Montpellier, 2022, 653 pp.
- NDIAYE (E. O.), *La protection des bases de données par le droit d'auteur : approche comparative entre le droit français et le droit sénégalais*, Thèse de doctorat, Université de Montpelier/Université de Saint-Louis, 2017, 518 pp.
- NGO MBEM (S. R.), *Les enjeux de la protection des dessins et modèles industriels dans le développement en Afrique : le cas des pays membres de l'OAPI*, Thèse de doctorat en droit, Université de Strasbourg, 2007, 386 pp.
- SEUNA (C.), *La protection juridique du logiciel par le droit d'auteur au Cameroun*, Thèse de doctorat de 3e cycle en droit privé, Université de Yaoundé, 1992.
- TCHABO SONTANG (H. M.), *La réglementation du commerce électronique dans la CEMAC, contribution à l'émergence d'un marché commun numérique*, Thèse de doctorat, Université de Dschang, 2014, 538 pp.
- ZENATI (F.), *Essai sur la nature juridique de la propriété. Contribution à la théorie du droit subjectif*, Thèse pour le doctorat d'Etat, Lyon III, 1981, 887 pp.

IV- Mélanges

- AZÉMA (J.), « Le juge de la marque », *in Mélanges en l'honneur de Michel Vivant, Penser le droit de la pensée*, *Dalloz*, 2020, p. 3.
- BINCTIN (N.), « La valeur des droits de propriété intellectuelle dans le contexte africain », *in Mélanges en l'honneur de l'action du Dr. P. EDOU EDOU pour l'OAPI. Regards sur la propriété intellectuelle en Afrique*, coll. « Droit de l'OAPI », *Juriscope*, 2017, p. 266.
- DERRUPPE (J.), « Clientèle et achalandage », *in Les orientations sociales du droit contemporain, Écrits en l'honneur de Jean Savatier*, PUF, 1992, p. 167.
- DERRUPPE (J.), « Fonds de commerce et clientèle », *in Études offertes à Alfred Jauffret*, Faculté de droit et de science politique d'Aix-Marseille, 1974, p. 22.

- DIDIER (P.), « À quoi sert le concept de clientèle ? », *in Liber amicorum J. Calais Auloy*, Dalloz, 2004, p. 351.
- GOUTAL (J.-L.), « Logiciel : l'éternel retour », *in Droit et techniques. Études à la mémoire du professeur Xavier Linant de Bellefonds*, Lexisnexis, 2007, p. 217.
- LOISEAU (G.), « L'immatériel et le contrat », *in Mélanges en l'honneur du professeur Gilles Goubeaux*, LGDJ, 2009, p. 353.
- MOUSSERON (J.-M.), « Secret et contrats, de la fin de l'un à la fin de l'autre », *in Mélanges en hommage à Jean Foyer*, PUF, 1997, p. 257.
- PIEDELIEVRE (A.), « Le matériel et l'immatériel. Essai d'approche de la notion de bien », *in Aspects du droit privé en fin du 20e siècle : études réunies en l'honneur de Michel de Juglart*, LGDJ-Montchrestien, 1986, pp. 55-61.
- PEROT-MOREL (M.-A.), « Notoriété et renommée : unité ou dualité de concept en droit des marques ? », *in Mélanges Jean-Jacques Burst*, Litec, 1997, pp. 463-478.
- RAYNARD (J.), « De l'originalité de la licence de brevet en tant que louage de chose », *in Mélanges J. Schmidt-Szalewski*, LexisNexis, coll. « CEIPI », t. 61, 2014, p. 267.
- RAYNARD (J.), « Propriétés incorporelles : un pluriel bien singulier », *in Mélanges offerts à Jean-Jacques Burst*, Paris, Litec, 1997, pp. 527-538.
- SCHMIDT-SZALEWSKY (J.), « L'internet ou l'illusion libertaire » *in Études offertes au doyen Philippe Simler*, Paris, Litec, 2006, pp. 803-821.
- TREBULLE (F.-G.), « La propriété à l'épreuve du patrimoine commun : le renouveau du domaine universel », *in* BAUDOIN (J.-L.), BÉNABENT (A.), BERGEL (J.-L.) et *al.*, *Études offertes au Professeur Philippe Malinvaud*, Litec, 2007, pp. 659 685.

V- Articles

- AGBEZOUKIN (D. A.), « Protection de la propriété intellectuelle : quelle harmonisation possible dans l'espace CEDEAO », *Propr. Intell.*, n° 76, 2020, p. 167.
- AZÉMA (J.), « L'épuisement communautaire », *in Quel droit de la propriété industrielle pour le 3e millénaire*, Litec, coll. « CEIPI », 2001, n° 47.
- AZZI (T.), « Droit des marques – L'atteinte au droit de marque sur Internet - Regard de droit européen et de droit français », *Propr. Ind*, n° 2, 2022, étude n° 2.
- AZZI (T.), « Open data et propriété intellectuelle. État des lieux au lendemain de l'adoption de la loi pour une République numérique », *Recueil Dalloz*, 2017, pp. 583-592.
- BAKAM TITGOUM (N. J.), « Les obligations de l'associé en industrie en droit des sociétés OHADA », *Juridis Périodique*, n° 134, 2023, pp. 133-145.
- BAKAM TITGOUM (N. J.), « Le nantissement des marques de produits ou de services : Le législateur OHADA à l'épreuve de l'immatérialité », *Les Cahiers de la propriété intellectuelle*, vol. 28, n° 3, 2016, pp. 591-614
- BEIER (F. K.), « La territorialité du droit des marques et les échanges internationaux », *Clunet (J.D.I.)*, 1971, pp. 5-30.
- BENABOU (L.), « Pourquoi une œuvre de l'esprit est-elle immatérielle ? », *RLDI*, n° 1, pp. 53-58.
- BERNAULT (C.) et CLAVIER (J.-P.), « Fiche 12. Les œuvres orphelines ou indisponibles » *in Fiches de droit de la propriété intellectuelle*, 2016, pp. 68-73
- BINCTIN (N.), « Le statut juridique des informations non appropriées », *Légicom*, 2013, pp. 29-40.
- BODIAN (Y.), « La saisie des droits d'associés et valeurs mobilières dans le droit uniforme OHADA », *La lettre juridique*, n° 708, 2017 [En ligne].

- BOISSON (A.), « Le principe d'interprétation *in favorem auctoris* des contrats d'auteur » *in Les principes en droit de l'entreprise*, MOUSSERON (P.) (dir.), Institut des Usages, coll. « Droit des usages », 2023, pp. 163-172.
- BOUL (M.), « Les concours de droits sur l'image du domaine public mobilier », *AJDA*, n° 8, 2023, pp. 371-376.
- CANDE (de P.), « Cession, cessionnaire, contrats relatifs aux droits d'exploitation », *JCl. Marques – Dessins et modèles*, Fasc. 3210, 2023.
- CARRE (S.), « Droits des auteurs. Droits patrimoniaux. Logiciel », *JCl. civil Annexes*, Fasc. 1250, 2023.
- CATALA (P.), « La « propriété » de l'information, » *in Le droit à l'épreuve du numérique, Jus ex Machina*, P.U.F., coll. « Droit, Éthique, Société, 1998, pp. 245-262.
- CATALA (P.), « Ébauche d'une théorie juridique de l'information », *Rev. de droit prospectif*, 1983, p. 185 ; *D.*, 1984, chron. p. 97.
- DARAGON (E.), « Étude sur le statut juridique de l'information », *Recueil Dalloz*, 1998, n° 13.
- DAVERAT (X.), « Droits voisins du droit d'auteur – Dispositions communes aux artistes-interprètes et aux producteurs de phonogrammes – Licence légale et rémunération équitable », *JCl. Propriété littéraire et artistique*, Fasc. 1450, 2023.
- DESGENS-PASANAU (G.), « Fonds de commerce : Composition du fonds. – Notion de fonds de commerce et internet », *JCl. notarial*, Fasc. 38, 2017.
- DESLAURIERS (P.), « L'information documentaire : une ressource », *Documentation et bibliothèques*, vol. 30, n° 2, 1984, pp. 39-42.
- DOUVILLE (T.), « Le fonds de commerce électronique : de sa reconnaissance à sa marginalisation », *Dalloz IP/IT*, 2019, p. 670.
- DUBUISSON (E.), « Le fonds du XXIe siècle, le temps de l'innovation », *in Propriétés incorporelles : 105e congrès des notaires de France 2009*, n° 4279, p. 1123
- EMERICH (Y.), « Faut-il condamner la propriété des biens incorporels ? Réflexions autour de la propriété des créances », *Les Cahiers de droit*, vol. 46, n° 4, 2005, pp. 905-939.
- FABRE (R.) et FABRE (V.), « Réservation de savoir-faire », *JCl. Contrats-distribution*, Fasc. 1860, 2021.
- FERRIER (D.), « La franchise industrielle », *CDE*, 1989, n° 1, p. 47.
- FILLE-LAMBIE (O.) et MARCEAU-COTTE (A.), « Les sûretés sur les meubles incorporels : le nouveau nantissement de l'Acte uniforme sur les sûretés », *Droit et patrimoine*, n° 197, 2010, p. 74.
- FILOSA (D.), « La notion de biens : biens corporels et biens incorporels, *Fiche pratique*, n° 3295, 2019.
- FOKO (A.), « Fonds de commerce », *in* POUGOUE (P.G.), (dir.), *Encyclopédie du droit OHADA*, Yaoundé, Lamy, 2011, p. 820.
- GIDROL-MISTRAL (G.), « Les biens immatériels en quête d'identité », *Revue de droit de l'université de Sherbrooke*, vol. 46, n° 1, 2016, pp. 67-134.
- GILLES (W.), « La construction du droit de l'open data. Les régimes de l'*open data »*, *JCl. Communication*, Fasc. 850, 2022.
- GONOMY (M.), « Douane et propriété intellectuelle au sein de la CEDEAO, à propos de l'épuisement des droits », *Propr. Industr.*, 2022, étude 11.
- GRYNFOGEL (C.), « Les accords anticoncurrentiels conclus dans le secteur pharmaceutique : une approche sévère des autorités de concurrence », *in Les nouveaux*

enjeux de la politique pharmaceutique européenne – pour des produits de santé sûrs, innovants et accessibles, GROVE-VALDEYRON (N. de) (dir.), 2019, p. 155.
- GUILLEMAIN (M.), « Droit d'auteur. Contrat d'exploitation », *JCl. Contrats-Distribution*, Fasc. 3350, 2016.
- ISSA-SAYEGH (J.), « Réflexions sur l'émission d'obligations convertibles en actions dans le droit OHADA », *Ohadata* D-03-08.
- JOHNSON-ANSAH (A.), « L'énigme du principe de la territorialité des droits de propriété intellectuelle dans l'espace OAPI », *Les Cahiers de la propriété intellectuelle*, vol. 32, n° 1, 2020, pp. 95-131.
- KABRE (W. D.), « Étude critique du nantissement des droits de propriété intellectuelle en droit OHADA », *CAMES Sciences Juridiques et Politiques*, vol. 1, n° 1, 2014, p. 152.
- KALIEU ELONGO (Y. R.), « Gage » *in* POUGOUE (P.G.), (dir.), *Encyclopédie du droit OHADA,* Yaoundé, Lamy, 2011, pp. 886-896.
- KALIEU ELONGO (Y. R.), « De la fongibilité des immeubles », *Petites affiches,* n° 207, 2001, pp. 5-13.
- KENDERIAN (F.), « Notion de fonds de commerce. Définition – éléments – nature », *JCl. entreprise individuelle*, Fasc. 1000, 2022.
- KENFACK DOUAJNI (G.), « Les nouvelles sûretés introduites dans l'Acte uniforme sur les sûretés adopté le 15 décembre 2010 », *Revue de l'ERSUMA*, n° spécial, 2011, pp. 81-86.
- KOVAR (R.), « Les licences mixtes de savoir-faire et le droit commun de la concurrence », *CDE*, 1989, n° 5, p. 1.
- KIRIMOU (R.), « De l'épuisement des droits de propriété industrielle dans l'OAPI », *Revue Internationale de la Propriété Industrielle et Artistique* (R.I.P.I.A), 2000, pp. 18-41.
- LAMBONI (C.) et SENECHAL (C.), « Naviguer sur internet jusqu'à l'épuisement ? », *Revue de Droit de l'Université de Sherbrooke*, vol. 42, 2012, n°s 1-2, pp. 629-675.
- LE BAS (C.) et MOTHE (C.), « Les déterminants de l'utilisation du brevet bloquant : une étude des entreprises françaises », *Management international*, vol. 14, n° 3, 2010, pp. 29-36.
- LE GOFFIC (C.), « activités numériques et propriétés intellectuelles », *Revue Lamy droit de l'immatériel* (RLDI), n° 102, 2014, p. 24.
- LE STANC (Ch.), « Propriété intellectuelle et savoir-faire », *Prop. Indust.*, n° 5, 2013, repère 5.
- LE STANC (Ch.), « Commercialisation de « logiciels d'occasion » : précisions », *Droit du numérique*, août 2011-août 2012, *Rec. Dalloz*, n° 35, 2012, pp. 2343-2354.
- LEGEAIS (D.), « Fonds de commerce. Généralités », *JCl. commercial*, Fasc. 201, 2021.
- LESTRADE (O.), « Cession de brevet », *JCl. Brevets*, LexisNexis, Fasc. 4730, 2023.
- LOISEAU (G.), « Biens : biens meubles par détermination de la loi ou meubles incorporels », *JCl. Notarial Répertoire*, Fasc. 70, 2019.
- LOISEAU (G.), « L'appropriation des espaces virtuels par les noms de domaine », *Dr. et patr.*, n° 91, 2001, p. 59.
- LOISEAU (G.), « Nom de domaine et Internet : turbulences autour d'un nouveau signe distinctif », *D.*, 1999, chron., p. 245.
- LUCAS (A.) et MACREZ (F.), « Objet du droit d'auteur – Œuvres protégées. Logiciels », *Jcl. Propriété littéraire et artistique*, 2023, Fasc. 1160.
- LUCAS-SCHLOETTER (A.), « Le domaine public informationnel », *Dalloz IP/IT*, 2018, p. 90.

- LUCAS-SCHLOETTER (A.), « Protection juridique du folklore », *JCl. Propriété littéraire et artistique*, Fasc. 1962, 2009.
- MACREZ (F.), « Œuvres orphelines et œuvres indisponibles », *JCl. Propriété littéraire et artistique*, Fasc. 1380, 2023.
- MARECHAL (C.), « L'incidence de la réforme du droit des contrats sur les contrats d'exploitation des droits d'auteur », *Comm. com. électr.* 2016, étude 11, n° 3.
- MARIE (A.), « La garantie d'éviction dans les cessions et licences de marques », *Comm. com. électr.* 2021, prat. 7.
- MARIE (A.), « La clause de durée dans les contrats de licence de marque », *CCE*, 2012, prat. 9.
- MASSART (T.), « Les apports de savoir-faire dans la SAS », *Bull. Joly Soc*, n° 12, 2009, pp. 1154-1162.
- MATIP (N.), « La révision du droit des brevets de l'Organisation Africaine de la Propriété Intellectuelle (OAPI) », *Lex Electronica*, vol. 13, n° 1, pp. 1-28.
- MAWUNYA NANEH-AZIAGBA (A.), « La consécration des indications géographiques dans l'accord de Bangui, acte de Bamako », *Penant*, n° 922, 2023, pp. 227-254
- MIENDJIEM (I. L.), « Arbitrabilité et contentieux des droits de propriété intellectuelle en droits OAPI et OHADA », *Petites affiches*, n° 108, 2020, pp. 18-42.
- MIENDJIEM (I. L.), « Nantissement », *in* POUGOUE (P.G.), (dir.), *Encyclopédie du droit OHADA*, Yaoundé, Lamy, 2011, pp. 1131-1175.
- MIENDJIEM (I. L.), « Le Père Noël des créateurs et diffuseurs des œuvres de l'esprit au Cameroun : la loi n° 2000/011 du 19 décembre 2000 relative au droit d'auteur et aux droits voisins », *Revue générale de droit*, n° 32, 2002, pp. 527-582.
- MOUSSERON (J.-M.), « Aspects juridiques du Know-How », *JCP, Ed. E,* 1972, pp. 1-14.
- MOYSE (P. E.), « La nature du droit d'auteur : droit de propriété ou monopole », *McGill Law Journal,* vol. 43, n° 1, 1998.
- NANDJIP MONEYANG (S.), « Réflexion sur l'égalité des créanciers dans les procédures collectives OHADA », *Revue des procédures collectives civiles et commerciales*, n° 4, 2010, pp. 24-35.
- NGASSA NGEBDJO (S. C.), « La répression des infractions de droit commun commises par le moyen des TIC », *in* MOUTHIEU NJANDEU (M. A.) (dir.), *Le consommateur des technologies de l'information et de la communication en Afrique noire francophone*, L'Harmattan, 2021, p. 682.
- NGOMBE (L. Y.), « Mise en œuvre du droit d'auteur dans les États membres de l'Organisation africaine de la propriété intellectuelle et questions de droit international privé », Journal du droit international (Clunet), n° 2, 2006, var. 9, § 22.
- NGOMBE (L. Y.), « Le contentieux de la propriété intellectuelle dans l'espace OAPI et dans l'espace ARIPO : aperçu jurisprudentiel », *Les Cahiers de la propriété intellectuelle*, vol. 26, n° 3, 2014, pp. 767-789.
- NOUNAMO KEMOGNE (D.), « Les marques non traditionnelles et le droit OAPI », *Juridis Périodique*, n° 123, 2020, pp. 103-112.
- NOUVION (F.), « Les valeurs mobilières composées et les valeurs mobilières subordonnées », *Penant*, n° 887, 2014, pp. 221-243.
- : PASSA (J.), « Marques collectives – Droit national et communautaire », *JurisClasseur Marques - Dessins et modèles*, 2021, Fasc. 7450.

- SCORDAMAGLIA (V.), « Fonction du droit des marques, épuisement et transit », *Propr. Ind.*, 2010, n° 10.
- SEUBE (J.-B.), « Le droit des biens hors le Code civil », *Petites affiches*, n° 9, 2005, p. 4.
- STOFFEL-MUNCK (P.) et DECOCQ (G.), « L'avènement du fonds de commerce électronique », *Gazette du Palais*, n° 155, 2009, pp. 52-63.
- TANKOANO (A.), « La mise en conformité du droit des brevets de l'Organisation Africaine de la Propriété Intellectuelle avec les prescriptions de l'ADPIC », *RTDCDE*, n° 3, 2001, pp. 623-629.
- TANKOANO (A.), « La protection des obtentions végétales dans les États membres de l'Organisation Africaine de la Propriété Intellectuelle (OAPI) », *RIDE*, T. XVII, 1, 2003, pp. 103-133.
- TARDIEU-GUIGUES (E.) et LE GOFFIC (C.), « Exploitation du droit de marque : l'article 714-1 du Code de la propriété intellectuelle », *JCl., Marques - Dessins et modèles*, Fasc. 7400, 2023.
- ULLRICH (H.), « Propriété intellectuelle, concurrence et régulation – limites de protection et limites de contrôle », *RIDE*, n° 4, 2009, pp. 399-450.
- VARNEROT (V.), « Le faux authentique en matière artistique », *Communication commerce électronique*, n° 9, 2019, étude 16, pp. 1-7.
- VARNEROT (V.), « La gestion collective du droit d'indexation et de référencement des images d'œuvre d'arts visuels », *Communication commerce électronique*, n° 1, 2018, étude 1, pp. 1-7.
- VARNEROT (V.), « Le droit de la propriété littéraire et artistique en réseau », *Communication commerce électronique*, n° 3, 2013, étude 4, pp. 7-15.
- VERBIEST (T.), « Le fonds de commerce électronique : vers une reconnaissance juridique », *CCE*, 2008, Étude 10.
- VERMELLE (G.), « L'immatériel et la répression » *in* F. TERRE (dir.), *Le droit et l'immatériel*, Archives de philosophie du droit, Sirey, t. 43, 1999, pp. 213-223.
- VIVANT (M.), « La privatisation de l'information par la propriété intellectuelle », *RIDE*, 2006, pp. 361-388.
- VIVANT (M.), « À propos des biens informationnels », *JCP*, 1984, éd. G.I. n° 3132.
- YAMTHIEU (S.), « Brevets et politiques de développement. Regards sur l'exploitation locale des droits », *RIDE* n° 4, 2014, pp. 453-469.

VI- Commentaires et annotations

- FOMETEU (J.), Commentaire sous Accord de Bangui, Acte de Bamako du 14 décembre 2015 *in OAPI : Accord de Bangui, Acte de Bamako, Accord et Annexes commentés et annotés*, FOMETEU (J.) (dir.), *Juriscope*, 2022, pp. 45-75.
- JIOGUE (G.), « Présentation introductive » (commentaire de l'Annexe VIII sur la protection contre la concurrence déloyale) *in OAPI : Accord de Bangui, Acte de Bamako, Accord et Annexes commentés et annotés*, FOMETEU (J.) (dir.), *Juriscope*, 2022, pp. 715-731.
- LOWE GNINTEDEM (P. J.), « Commentaire sous Annexe I sur les Brevets d'inventio »n *in OAPI : Accord de Bangui, Acte de Bamako, Accord et Annexes commentés et annotés*, FOMETEU (J.) (dir.), *Juriscope*, 2022, pp. 119-208.
- LOWE GNINTEDEM (P. J.) et ESSAMA MEKONGO (P.), « Commentaire sous Annexe II sur les modèles d'utilité » *in OAPI : Accord de Bangui, Acte de Bamako, Accord et Annexes commentés et annotés*, FOMETEU (J.) (dir.), *Juriscope*, 2022, pp. 209-288.

- MADIA (F.), Commentaire sous Annexe III de l'Accord de Bangui *in OAPI : Accord de Bangui, Acte de Bamako, Accord et Annexes commentés et annotés*, FOMETEU (J.) (dir.), *Juriscope*, 2022, pp. 301-472.
- NSIE (E.), « Présentation introductive » (Commentaire de l'Annexe V sur les noms commerciaux) *in OAPI : Accord de Bangui, Acte de Bamako, Accord et Annexes commentés et annotés*, FOMETEU (J.) (dir.), *Juriscope*, 2022, pp. 477-483.
- SAWADOGO (F. M.), Commentaire sous l'ancien article 68, *in OHADA – Traités et Actes Uniformes commentés et annotés – Juriscope*, 2002, pp. 805-953.

VII- Rapports et documents d'information

- BENABOU (L), ZOLYNSKI (C.) et CYTERMANN (L.), « Droit de la propriété littéraire et artistique, données et contenus numériques », Rapport présenté au CSPLA le 11 oct. 2011, publié en septembre 2018, p. 20.
- Groupe de travail interministériel sur la lutte contre la cybercriminalité (France), *Protéger les internautes*, Rapport sur la cybercriminalité, présidé par Marc ROBERT, 2014, p. 185.
- TANKOANO (A.), « Les importations parallèles et les licences non volontaires dans le nouveau droit des brevets des États membres de l'OAPI », *in Commerce, propriété intellectuelle et développement durable vus de l'Afrique*, document présenté au Dialogue régional de Dakar, organisé les 30 et 31 juillet 2002 par ICTSD, Solagral et ENDA Tiers-Monde, p. 120.

INDEX ALPHABÉTIQUE

(Les chiffres correspondent aux numéros de paragraphes)

TABLE DES MATIERES

Structures éditoriales du groupe L'Harmattan

L'Harmattan Italie
Via degli Artisti, 15
10124 Torino
harmattan.italia@gmail.com

L'Harmattan Hongrie
Kossuth l. u. 14-16.
1053 Budapest
harmattan@harmattan.hu

L'Harmattan Sénégal
10 VDN en face Mermoz
BP 45034 Dakar-Fann
senharmattan@gmail.com

L'Harmattan Cameroun
TSINGA/FECAFOOT
BP 11486 Yaoundé
inkoukam@gmail.com

L'Harmattan Burkina Faso
Achille Somé – tengnule@hotmail.fr

L'Harmattan Guinée
Almamya, rue KA 028 OKB Agency
BP 3470 Conakry
harmattanguinee@yahoo.fr

L'Harmattan RDC
185, avenue Nyangwe
Commune de Lingwala – Kinshasa
matangilamusadila@yahoo.fr

L'Harmattan Congo
219, avenue Nelson Mandela
BP 2874 Brazzaville
harmattan.congo@yahoo.fr

L'Harmattan Mali
ACI 2000 - Immeuble Mgr Jean Marie Cisse
Bureau 10
BP 145 Bamako-Mali
mali@harmattan.fr

L'Harmattan Togo
Djidjole – Lomé
Maison Amela
face EPP BATOME
ddamela@aol.com

L'Harmattan Côte d'Ivoire
Résidence Karl – Cité des Arts
Abidjan-Cocody
03 BP 1588 Abidjan
espace_harmattan.ci@hotmail.fr

Nos librairies en France

Librairie internationale
16, rue des Écoles
75005 Paris
librairie.internationale@harmattan.fr
01 40 46 79 11
www.librairieharmattan.com

Librairie des savoirs
21, rue des Écoles
75005 Paris
librairie.sh@harmattan.fr
01 46 34 13 71
www.librairieharmattansh.com

Librairie Le Lucernaire
53, rue Notre-Dame-des-Champs
75006 Paris
librairie@lucernaire.fr
01 42 22 67 13

www.ingramcontent.com/pod-product-compliance
Lightning Source LLC
LaVergne TN
LVHW011436061026
849535LV00004BA/831
* 9 7 8 2 3 3 6 4 6 7 0 8 5 *